LANGENSCHEIDTS
PRAKTISCHE LEHRBÜCHER

# LANGENSCHEIDTS PRAKTISCHES LEHRBUCH NEUGRIECHISCH

VON

DR. HEINZ F. WENDT

LANGENSCHEIDT

BERLIN · MÜNCHEN · WIEN · ZÜRICH

Dieses Lehrbuch wurde von
Herrn *Dr. Alexander Steinmetz* durchgesehen.

Die griechischen Texte und Übungen überprüfte außerdem
Herr *Panajotis Kartalas.*

*Auflage: 14. 13. 12. 11. | Letzte Zahlen*
*Jahr: 1988 87 86 | maßgeblich*



*Druck: Druckhaus Langenscheidt, Berlin-Schöneberg*
*Printed in Germany / ISBN 3-468-26210-8*

# Vorwort

## Die Sprachsituation im heutigen Griechenland

Im heutigen Griechenland herrscht keine einheitliche Sprache. Neugriechisch ist ein Sammelbegriff für zwei Sprachvarianten, die sich in Form, Wortschatz und Ausdrucksweise voneinander unterscheiden. Während die eine Variante, die *Dhimotiki* („Volkssprache"), als das Ergebnis einer natürlichen Entwicklung des Altgriechischen angesehen werden kann, hat die andere Sprachform, die *Katharevusa* („Reinsprache"), ihr Gepräge durch eine bewußte und zum Teil künstliche Belebung altgriechischen Sprachgutes erhalten. Beiden Sprachformen gemeinsam ist die Basis, der Lautbestand, der sich seit dem Altgriechischen wesentlich gewandelt hat.

*In diesem Buch wird die Dhimotiki gelehrt*, d. h. die Sprache, die das griechische Kind zuerst von seiner Mutter hört und die in einer weitgehend normierten Form in ganz Griechenland als allgemeine Umgangssprache verbreitet ist. In dieser Sprache sind die weitaus meisten Werke der schönen Literatur und die Schulbücher der vier Volksschulklassen verfaßt. Zeitschriften allgemeinen Inhalts, Illustrierte, Feuilletons und Kulturberichte in den Zeitungen werden in der Dhimotiki geschrieben; gesprochen wird sie auf der Bühne, im Kabarett, im Film. Auch Wissenschaftler, insbesondere Sprachwissenschaftler, bedienen sich in immer stärkerem Maße dieser Sprachform, die zweifellos eines Tages auch die übrigen heute noch der Katharevusa vorbehaltenen Gebiete erobern wird.

Die Katharevusa ist die Sprache der Kirche, des Rechtswesens, der Handelsbürokratie, der Behörden, der Wissenschaft und des Nachrichtenwesens. Rundfunknachrichten und amtliche Verlautbarungen hört man mehr in der Katharevusa.

Das Verhältnis der beiden Sprachformen zueinander sei im folgenden kurz umrissen: Am auffälligsten lassen sich die Unterschiede in den Deklinationsformen, einem Teil der Verbformen und dem Satzbau erkennen. Im Wortschatz ist die Grenze zwischen der Dhimotiki und der Katharevusa viel weniger ausgeprägt. Der hier seit Jahrzehnten stattfindende Verschmelzungsprozeß wird von zwei Kräften bestimmt, die auf die Bildung eines ziemlich großen gemeinsamen Wortbestandes als eines festen Kernes hinwirken, um den sich die Wörter der Sondersprachen (niedere Umgangssprache, Schriftsprache; Fachsprachen: Handwerk, Technik usw.) gruppieren. Die eine Kraft entspringt der Dhimotiki: Durch den allgemeinen und häufigen Gebrauch haben viele Wörter der Dhimotiki (z. B. Bezeichnungen der Körperteile) die entsprechenden Dubletten der Katharevusa, die dem griechischen Ohr allmählich ungewöhnlich und geschraubt klingen, verdrängt. Dagegen gibt die Katharevusa die Möglichkeit, mit Hilfe ihrer Wörter und Bestandteile die vielen Neuwörter zu schaffen, deren der Mensch zur sprachlichen Erfassung des technisierten Lebens und der Erkenntnisse der Wissenschaften bedarf. So ist die Katharevusa als zweite Kraft bei der Gestaltung eines allgemeinen griechischen Wortschatzes beteiligt.

Mit den neuen Wörtern drangen auch einige Formen der Katharevusa in die Dhimotiki; zuweilen werden auch Formen beider Varianten je nach persönlichem Geschmack nebeneinander gebraucht. In diesem Buch werden sowohl bei der Deklination der Substantive und der Adjektive als auch bei der Konjugation in solchen Fällen die Formen der Katharevusa berücksichtigt. Verzichtet werden mußte auf die Darstellung der Deklinationsschemata und der Partizipien der Katharevusa. Gerade der ausgedehnte Gebrauch der letzteren ist ein besonderes Merkmal der gelehrten Sprache.

Dennoch werden die vielen in diesem Lehrbuch gegebenen Hinweise auf die Katharevusa-Formen dem Lernenden von großer Hilfe sein, wenn er nach Durcharbeitung des Buches mit der Lektüre von Katharevusa-Texten beginnen will.

## Methodischer Aufbau des Lehrbuches

Zwei Grundsätze bestimmten den Aufbau des Lehrbuches: die allgemeinen Gesetze der sprachlichen Erfassung der Umwelt und die besondere Struktur des Neugriechischen. Man muß einerseits dem Wunsche des Lernenden Rechnung tragen, möglichst schnell auf einfachem Wege praktische Kenntnisse der Sprache zu erwerben, andererseits den Besonderheiten und Schwierigkeiten des Neugriechischen, die sich dem entgegenstellen. Die Struktur des Neugriechischen ist durch einen großen Reichtum verbaler Formen gekennzeichnet. Zum Beispiel besitzt von den in Europa gesprochenen indogermanischen Sprachen nur das Neugriechische noch besondere altererbte Formen für das Passiv. Bisher war es üblich, den grammatischen Stoff nach einem Schema darzustellen, das auf die praktischen Bedürfnisse wenig Rücksicht nahm. Man lernte z. B. zuerst die Verben nach bestimmten Konjugationen im Aktiv und Indikativ, später im Passiv und Konjunktiv.

Verführe man genauso im Neugriechischen, dann könnte man einfache Sätze wie „ich danke Ihnen", „ich stehe um 7 Uhr auf", „können Sie mir den Weg zeigen", erst dann bilden, nachdem man die 2. Konjugation der Verben, das Passiv im Präsens und den Konjunktiv gelernt hat.

In der grammatischen Darstellung hielt man früher an manchen altgriechischen Bezeichnungen fest, die für die Erfassung des neugriechischen Sprachbaus irreführend sind. Will man zu einem greifbaren Ziel gelangen, muß man die Darstellung der Grammatik den praktischen Bedürfnissen anpassen. Hierbei helfen die Erkenntnisse einer als *Strukturalismus* bezeichneten sprachwissenschaftlichen Richtung. Anstatt daß man ein Verb einer regelmäßigen Konjugation in allen Formen lernt, muß man sich umgekehrt mehrere wichtige Verben, wie z. B. *sagen, essen, trinken, gehen, kommen,* zunächst im Präsens aneignen, unbeschadet der Tatsache, welcher Konjugation sie angehören oder ob sie eine passive Form haben oder nicht; denn die einfache Mitteilung oder Frage, das einfache Gespräch, erfolgt im Präsens.

Im Einklang mit diesem Grundsatz und der Tatsache, daß das Verb eine beherrschende Rolle im Satz spielt, gliedert sich der dargebotene Stoff in folgende Stufen:

*1. Stufe* (Lektion 1—8): Die allgemeine einfache Mitteilung: Das aktivische und passivische Verb beider Konjugationen wird im Präsens gegeben. Die Deklination der Substantive, Adjektive und Personalpronomen wird nicht nach Typen, sondern in Abhängigkeit vom Verb geboten. Man lernt z. B. deshalb zuerst den Akkusativ verschiedener Substantive, auch wenn diese verschiedenen Deklinationstypen angehören. In der 8. Lektion wird die Abhängigkeit zwischen zwei Substantiven, die ja durch den Genitiv bewirkt wird, geübt (der Transport *der* Waren).

*2. Stufe* (Lektion 9—10): Der verbale Ausdruck wird durch die Modalität (können, müssen, wollen, sollen) und durch den Imperativ (Aufforderung an den Gesprächspartner) erweitert.

Der Reisende, der sich in Griechenland verständigen will, kann sich mit diesen beiden Stufen begnügen. Als Ergänzung werden sich die Reiseplatte Neugriechisch, der Metoula-Sprachführer und Langenscheidts Sprachführer Neugriechisch als sehr nützlich erweisen.

*3. Stufe* (Lektion 11—14): Der Lernende beginnt, seinem Gesprächspartner etwas zu erzählen. Das bedingt die Darstellung des Verbs in verschiedenen Zeitstufen, der damit verbundenen Datumsangaben und weitere Angaben über den Gebrauch der Personalpronomen.

*4. Stufe* (Lektion 15—16): Der Schritt zu größeren Wortgruppen und Sätzen: Die Arten der Verbindungen zwischen Wörtern und Wortgruppen werden durch eine ausführliche Übersicht über die Präposi-

tionen genauer beleuchtet. Die Verbindungen zweier Sätze zu einem Satzgefüge durch das Relativpronomen wird systematisch dargestellt.
5. *Stufe* (Lektion 17—18): Der Inhalt des Satzes wird durch die Steigerungsformen der Adjektive sowie durch die Indefinitpronomen bereichert.

6. *Stufe* (Lektion 19—20): Eine größere Beweglichkeit des Ausdruckes erfordert die Beherrschung des Satzgefüges. Eine Übersicht über die Konjunktionen, die Haupt- und Nebensatz zu einem Satzgefüge verbinden, und eine ausführliche Liste über die Rektion der Verben und Adjektive setzen den Lernenden in den Stand, auch kompliziertere Gedanken auszudrücken.

Der Stoff ist neuesten Grundschulbüchern, Zeitschriften, Romanen und Gesprächen in der modernen Umgangssprache entnommen. Wenn sich zwanglos zusammenhängende Lesestücke ergaben, um die grammatischen Besonderheiten in allen Spielarten zu veranschaulichen, wurden diese genommen; wenn nicht, wurde eine reiche Skala praktisch verwendbarer Sätze gegeben. Die zusammenfassende Behandlung der wichtigsten grammatischen Gebiete (Substantiv, Verb, Adjektiv, Pronomen, Präposition, Indefinitpronomen, Konjunktion) in einer oder mehreren aufeinanderfolgenden Lektionen sowie die vielen, alle wesentlichen Grundzüge der Sprache aufweisenden Tabellen ermöglichen mit Hilfe des ausführlichen Sachregisters eine rasche Orientierung über alle Fragen, die dem Lernenden während der Durcharbeitung des Buches begegnen. Auch als Nachschlagewerk für die Grammatik der Dhimotiki wird das Buch jedem willkommen sein, der sich mit dem Neugriechischen beschäftigt.

## Selbstunterricht

Folgende Merkmale machen das Buch besonders für den Selbstunterricht geeignet:

— Eine genaue Erklärung der Aussprache, der Aussprachezeichen der internationalen Lautschrift und des orthographischen Systems des Griechischen;

— Verwendung der internationalen Lautschrift;

— Durchgehende Umschrift der Texte und der Vokabeln der ersten Lektionen mit den lateinischen Buchstaben der internationalen Lautschrift;

— Vollständige wörtliche Übersetzung aller Texte der ersten 10 Lektionen, außerdem vollständige Vokabelliste mit allen nötigen Angaben;

— Reichhaltige und vielfältige Übungen, durch die der fest umgrenzte grammatische Stoff der Lektion festes Eigentum des Lernenden wird.

Die Aufgaben, die der Lernende in den Übungen zu lösen hat, sind so abwechslungsreich wie möglich gestaltet worden: Unvollständige grammatische Texte sind zu ergänzen. Bei längeren und schwierigen Texten ist eine genaue zeilengemäße deutsche Übersetzung geboten worden. Diese zweisprachigen Texte können als Dolmetscherübung verwendet werden. Verben, Substantive, Adjektive usw. müssen in vielen Formen abgewandelt werden. Die Fertigkeit, deutsch Gedachtes auf neugriechisch auszudrücken, wird durch die Übersetzung zahlreicher Sätze ins Neugriechische geübt. Dem gleichen Zweck dienen die Übungen mit dem Titel „Erinnern Sie sich?“. Hier werden in idiomatisch richtigem Deutsch aus vorangegangenen neugriechischen Texten Sätze und Stellen gegeben, die ins Neugriechische zurückzuübersetzen sind.

Ein vollständiger Schlüssel aller Übungen, der getrennt erhältlich ist, ermöglicht eine Überprüfung der Lösungen.

Der Abschnitt der ersten Lektionen „Brücke zum griechischen Wortschatz“ erschließt dem Lernenden die Bedeutung einer Fülle von sogenannten Fremdwörtern, die er aus dem Deutschen oder aus anderen europäischen Sprachen kennt und bisher als tote Siegel verwendet hat.

Mit dem Neugriechischen dringt der Lernende in eine *Kultursprache* ein, die in einer langen Geschichte wie keine andere Sprache tiefgreifenden Einfluß auf den Wortschatz der modernen Welt ausgeübt hat. Auch heute noch ergreift der Mensch von vielen Errungenschaften der Technik und Wissenschaft sprachlichen Besitz durch griechische Wortwurzeln (Atom, Kosmonaut usw.).

*Berlin* *Dr. Heinz Friedrich Wendt*

# Inhaltsverzeichnis

## Anhang

# Erklärung der grammatischen Fachausdrücke

| | |
|---|---|
| Adjektiv | Eigenschaftswort: der *bunte* Papagei |
| adjektivisch | als Eigenschaftswort gebraucht |
| Adverb | Umstandswort: er spricht *richtig* |
| Adverbialpartizip | als Umstandswort verwendetes Mittelwort der Gegenwart, in der neugr. Volkssprache unveränderlich: *lesend* |
| Akkusativ | 4. Fall, Wenfall: Er pflückt *den Apfel* für *seinen Bruder* |
| Aktiv | Tätigkeitsform: Der Mann *öffnet* die Tür |
| Aorist | Vollendet oder punktartig gedachte Form der Vergangenheit. *S. L.* 11 |
| analytisch | zerlegend, durch getrennte Wörter ausgedrückt |
| Artikel | Geschlechtswort: *der* Mann, *die* Frau, *das* Kind |
| Aspekt | Hinweis auf den Verlauf der Handlung (Wiederholung, Abschluß usw.) blicken, *er*blicken |
| Assimilation | Lautangleichung |
| Attribut | Beifügung, Eigenschaft: der *alte* Mann hat es nicht leicht |
| Augment | Wortbildungsteil vor dem Verbstamm |
| Dativ | 3. Fall, Wemfall: Er verspricht *ihr* goldene Berge |
| Dativ-Lokativ | Ortsbestimmung durch den 3. Fall. *S.* σέ *L.* 3 |
| Deklination | Beugung des Hauptwortes: *der Vater, des Vaters, dem Vater, den Vater* |
| deklinieren | Die Beugung durchführen, beugen |
| Demonstrativpronomen | hinweisendes Fürwort: *dieser, jener, solcher* |
| Diphthong | Zwielaut: *au, ei, eu, äu* |
| enklitisch | anderen Wörtern nachgestellte Wörter ohne eigenen Akzent |
| Femininum | weiblich(en Geschlechtes) |
| Futur | Zukunft(sform): ich *werde kommen* |
| Genitiv | 2. Fall, Wesfall: die Erzeugnisse *des Landes* |
| Genus | grammatisches Geschlecht |
| Imperativ | Befehlsform: *geh(e)!* |
| Imperfekt | unvollendete Form der Vergangenheit des Zeitwortes: ich *fragte* |
| indefinit | unbestimmt |
| indeklinabel | in allen Fällen oder Geschlechtern formengleich |
| Indikativ | Wirklichkeitsform: Der Mensch *denkt*, Gott *lenkt* |
| Infinitiv | Nennform, Grundform: *backen, arbeiten* |
| Infix | eingeschobene Silbe |
| Interjektion | Empfindungswort, Ausruf: *ah!, oh!* |
| Interrogativpronomen | Fragefürwort: *wer, wessen, wem, wen* |
| intransitiv | vom Zeitwort: kein Objekt bei sich habend, z. B.: *grübeln, gehen* |
| irreal | unwirklich (in bezug auf Bedingungssätze) |
| Komparation | Steigerung des Eigenschaftswortes: schön, schön*er*, *am* schön*sten* |
| Komparativ | I. Steigerungsstufe: schön*er*, größ*er* |

| | |
|---|---|
| Konditional | Bedingungsform: Unter Umständen *würden* wir es *versuchen* |
| Konjugation | Beugung des Zeitwortes: *ich* gehe, *du* geh*st* ... usw. |
| konjugieren | die Beugung des Zeitwortes durchführen |
| Konjunktion | Bindewort: Er ist unglücklich, *weil* er keine Post bekommt |
| Konjunktiv | im Deutschen: Möglichkeitsform: er *sei gekommen* |
| Konsonant | Mitlaut: *b, d, s* usw. |
| Maskulinum | männlich(en Geschlechtes) |
| medial | im Neugr. dem Passiv formengleich, *s. L.* 4! |
| Modalität | die Art und Weise des Geschehens; z. B. Notwendigkeit, Möglichkeit, Bedingtheit usw. |
| Modalverb | Hilfsverben, die eine bestimmte Modalität (s. o.) bedingen, z. B.: *sollen, müssen* |
| Neutrum | sächlich(en Geschlechtes) |
| Nominativ | I. Fall, Werfall: *Der Mann* kauft ein Buch |
| Objekt | Satzergänzung: Der Mann öffnet *die Tür* |
| Orthographie | Rechtschreibung |
| Partikel | kleine Wörter, die sich weder den Adverbien noch den Konjunktionen zuordnen lassen |
| Partizip | Mittelwort: *gebacken, backend* |
| Passiv | Leideform: Die Tür *wird* von dem Mann *geschlossen* |
| passiv-medial | in der Leideform stehend mit rückbezüglicher Bedeutung |
| Perfekt | Vollendung in der Gegenwart: ich *bin weggegangen* |
| Personalpronomen | persönliches Fürwort: *er, sie, wir* usw. |
| phonetisch | die Laute betreffend |
| Plural | Mehrzahl: *die* Kirsche*n* |
| Plusquamperfekt | Vorvergangenheit: ich *hatte* den Brief *geschrieben* |
| Positiv | Grundstufe des Eigenschaftswortes: *schön, schmutzig* |
| Possessivpronomen | besitzanzeigendes Fürwort: *mein, dein, euer* usw. |
| Präfix | Vorsilbe: *ab*fahren, *an*kommen, *ver*kommen |
| Präposition | Verhältniswort: *auf, gegen, mit* usw. |
| Präsens | Gegenwart: *ich gehe* |
| Pronomen | Fürwort: *er, sie, es* usw. |
| reflexiv | rückbezüglich: *er* wäscht *sich* |
| Reflexivpronomen | rückbezügliches Fürwort: *mich, dich, sich* usw. |
| Rektion | Beziehungsmittel zwischen Zeit- und Hauptwort: sich *über den* Regen freuen |
| Relativpronomen | bezügliches Fürwort: Wo ist das Buch, *das* ich gekauft habe? |
| Singular | Einzahl: *die, eine* Kirsche |
| Subjekt | Satzgegenstand: *Das Kind* spielt mit der Katze |
| Substantiv | Hauptwort: *der Tisch* |
| substantiviert | zum Hauptwort gemacht |
| substantivisch | als Hauptwort gebraucht |
| Suffix | Endung, Ableitungssilbe: Acht-*ung* |
| Superlativ | Höchststufe bei der Steigerung des Eigenschaftswortes: *am* schön*sten*, *am* schmutzig*sten* |
| synthetisch | durch Zusammensetzung (meist mit Vor- und Nachsilben) gebildet |
| transitiv | vom Zeitwort, das den 4. Fall bei sich hat: *den Schüler* loben, *das Geheimnis* verraten |
| Verb(um) | Zeitwort: *gehen, kommen* |
| Vokal | Selbstlaut: *a, e, i, o, u, ä, ö, ü* |
| Vokativ | Ruf-, Anredeform: „*Herr Schaffner!*“ |

# Abkürzungsverzeichnis

| | |
|---|---|
| *A*, *Akk.* | Akkusativ |
| *a.* | auch |
| *Adj.* | Adjektiv |
| *Adv.* | Adverb |
| *Akt.* | Aktiv |
| *allg.* | allgemein |
| *Aor.* | Aorist |
| *Art.* | Artikel |
| *bes.* | besonders |
| *best.* | bestimmt |
| *D*, *Dat.* | Dativ |
| *d. h.* | das heißt |
| *Dekl.* | Deklination |
| *Dh.* | Dhimotikí |
| *dim.* | Diminutiv |
| *dt.* | deutsch |
| *engl.* | englisch |
| *etw.* | etwas |
| *f*, *Fem.* | femininum |
| *fig.* | figürlich |
| *frz.* | französisch |
| *Fut.* | Futur |
| *G*, *Gen.* | Genitiv |
| *Gr.* | Grammatik |
| *Imper.* | Imperativ |
| *Impf.* | Imperfekt |
| *Ind.* | Indikativ |
| *indekl.* | indeklinabel |
| *Inf.* | Infinitiv |
| *ital.* | italienisch |
| *j-m* | jemandem |
| *j-n* | jemanden |
| *K.* | Katharévusa |
| *Komp.* | Komparativ |
| *Kond.* | Konditional |
| *Konj.* | Konjunktiv |
| *Konjug.* | Konjugation |
| *L.* | Lektion |
| *lat.* | lateinisch |
| *m*, *Mask.* | maskulinum |
| *mst.* | meist |
| *n*, *Neutr.* | neutrum |
| *N*, *Nom.* | Nominativ |
| *Neugr.* | Neugriechisch |
| *od.* | oder |
| *Part.* | Partizip |
| *Pass.* | Passiv |
| *Perf.* | Perfekt |
| *Pers.* | Person |
| *pl.*, *Plur.* | Plural |
| *Plusqu.* | Plusquamperfekt |
| *Präp.* | Präposition |
| *Präs.* | Präsens |
| *Pron.* | Pronomen |
| *regelm.* | regelmäßig |
| *s.* | siehe |
| *S.* | Seite |
| *sg.*, *Sing.* | Singular |
| *St.* | Stamm |
| I | I. Stamm |
| II | II. Stamm |
| *Su.*, *Subst.* | Substantiv |
| *Tab.* | Tabelle |
| *türk.* | türkisch |
| *u.* | und |
| *übers.* | übersetze |
| *unbest.* | unbestimmt |
| *unregelm.* | unregelmäßig |
| *usw.* | und so weiter |
| *vgl.* | vergleiche |
| *v/i.* | verbum intransitivum |
| *v/p.* | verbum passivum |
| *v/t.* | verbum transitivum |
| *wörtl.* | wörtlich |
| *z. B.* | zum Beispiel |

# Aussprache und Schrift (Vorkursus)

## Die Aussprache des Neugriechischen ①

Die Aussprache der einzelnen neugriechischen Laute ist abgesehen von einigen wenigen für die deutsche Zunge nicht allzu schwierig. Dagegen weichen die Lautkombinationen und die Häufigkeit der Laute sowie der Lautkombinationen — d. h. also die Klangbilder — ganz erheblich vom Deutschen ab. Um eine Sprache gut zu verstehen und zu sprechen, muß man die ihr eigenen Klangbilder mühelos erkennen und nachahmen können. Es ist deshalb ratsam, sich die phonetischen Eigentümlichkeiten gut einzuprägen und alle Texte, Übungen und Wörter möglichst häufig laut zu lesen, damit dem Lernenden die Klangbilder des Neugriechischen vertraut werden. Das hierdurch geübte, mit den Sprachwerkzeugen verknüpfte motorische Gedächtnis ist gerade für das aktive Sprechen sehr wichtig. Außerdem wird die Aneignung der Grammatik dadurch wesentlich erleichtert, da viele grammatische Regeln nichts weiter sind als phonetische Gewohnheiten, die durch den Rahmen des Lautbestandes einer Sprache bedingt sind.

Zur Darstellung der Laute des Neugriechischen benutzen wir die Zeichen der Lautschrift der Association Phonétique Internationale, die wir im folgenden — so weit wie möglich an Hand von Beispielen aus dem Deutschen — kurz erläutern.

## Die neugriechische Rechtschreibung ②

Das Neugriechische wird mit den 24 Buchstaben des altgriechischen Alphabets geschrieben, von denen viele in der Mathematik und Physik zur Bezeichnung bestimmter Größen verwendet werden und dem Lernenden bekannt sind.

Die neugriechische Rechtschreibung ist im wesentlichen *historisch*, d. h., die Wörter werden noch heute so geschrieben, wie sie im Altgriechischen aufgezeichnet waren. Im Laufe der Jahrhunderte hat sich jedoch der Lautwert vieler Buchstaben geändert, so daß die neugriechische Rechtschreibung kein getreues Bild der neugriechischen Lautung darstellt. Für den einen Laut gibt es z. B. sechs verschiedene Schreibungen, andererseits gibt es für verschiedene Laute nur einen Buchstaben, der seinen bestimmten Laut erst durch die ihn umgebenden Vokale erhält.

Man kann also ein gehörtes Wort, in dem z. B. der i-Laut vorkommt, nicht richtig schreiben, wenn man seine Orthographie nicht vorher gelernt hat, da man nicht weiß, welcher griechische Vokal oder welche Vokalgruppe diesen i-Laut wiedergibt. Dagegen lassen sich für die Buchstaben und Buchstabenverbindungen des griechischen Alphabets Regeln aufstellen, nach denen man mit wenigen Ausnahmen jedes neugriechische Wort aussprechen kann. Es ist also nicht nötig, wie z. B. im Englischen, hinter jedem Wort die Aussprache anzugeben, da die Veränderungen der Laute vom Altgriechischen zum Neugriechischen nach bestimmten Typen erfolgt sind, die sich leicht überblicken lassen, was im Englischen nicht der Fall ist.

Nachstehend geben wir zunächst das griechische Alphabet mit den griechischen Namen der Buchstaben und der Aussprache dieser Namen mit Hilfe der Zeichen der internationalen Lautschrift (A.P.I.). Dem Alphabet folgt

1. eine Erläuterung der verwendeten Lautzeichen der internationalen Lautschrift.
2. eine Tabelle: Vom Laut zur Orthographie.
3. eine Übersicht: Von der Orthographie zum Laut. In dieser Übersicht werden die Lautwerte aller griechischen Buchstaben und Buchstabenverbindungen angegeben.

**Das neugriechische Alphabet**

| Druckschrift | Schreibschrift | Lautwert | Buchstabenname | |
|---|---|---|---|---|
| Α α | A A α | a | ἄλφα | 'a·lfa |
| Β β | B B β | v | βῆτα | 'vi·ta |
| Γ γ | Γ Γ γ | ɣ, j | γάμα | 'ɣa·ma |
| Δ δ | Δ δ | ð | δέλτα | 'ðɛ·lta |
| Ε ε | E E ε | ɛ | ἔψιλο(ν) | 'ɛ·psilɔ(n) |
| Ζ ζ | Z ζ ζ | z | ζῆτα | 'zi·ta |
| Η η | H H η | i | ἦτα | 'i·ta |
| Θ ϑ | Θ ϑ | θ | ϑῆτα | 'θi·ta |
| Ι ι | I ι | i, j | γιῶτα | 'jɔ·ta |
| Κ ϰ | K K κ κ | k, ķ | ϰάπα | 'ka·pa |
| Λ λ | Λ Λ λ | l | λάμδα | 'la·mða |

| Druckschrift | Schreibschrift | Lautwert | Buchstabenname | |
|---|---|---|---|---|
| Μ μ | Μ Μ μ | m | μί | mi |
| Ν ν | Ν Ν ν | n | νί | ni |
| Ξ ξ | Ξ Ξ ξ | ks | ξί | ksi |
| Ο ο | Ο ο | o | ὄμικρο(ν) | 'ɔ·mikrɔ(n) |
| Π π | Π Π ϖ π | p | πί | pi |
| Ρ ρ | Ρ Ρ ρ | r | ρό | rɔ |
| Σ σ, ς | Σ Σ σ ς | s | σίγμα | 'si·ɣma |
| Τ τ | Τ Τ τ τ τ | t | ταῦ (τά) | ta·f (ta) |
| Υ υ | Υ υ | i | ὔψιλο(ν) | 'i·psilɔ(n) |
| Φ φ | Φ φ | f | φί | fi |
| Χ χ | Χ Χ χ | x, ç | χί | çi |
| Ψ ψ | Ψ ψ | ps | ψί | psi |
| Ω ω | Ω ω | ɔ | ὠμέγα | ɔ'mɛ·ɣa |

## Erläuterung der in diesem Lehrbuch verwendeten Zeichen der internationalen Lautschrift ③

Phonetisches Zeichen

[ˈ] steht vor der Silbe, die den Ton trägt.

[b] [d] [f] [g] [j] [l] [m] [n] lauten wie im Deutschen. [b] [d] [g] sind jedoch weniger stimmhaft als im Norddeutschen; genauer [b̥] [d̥] [g̊].

[a] kurzes mittleres a, etwas dunkler als in Wasser, wie in **Aka**demie.

[ç] wie **ch** in **ich**, **recht**.

[ð] wie stimmhaftes **th** in englisch **th**at. Während jedoch der englische Laut durch Anlegen der Zunge hinter die vorderen Oberzähne gebildet wird, ist die Zungenspitze im Neugriechischen hierbei unter der oberen Zahnreihe sichtbar.

[dz] enge Verbindung zwischen stimmhaftem **d** in **da** und stimmhaftem **s** in **S**onne. Stimmhafter als in ... un**d s**ie kamen.

[ɛ] kurzes offenes **e** wie in **E**cke, f**e**st.

[g̟] eine enge Verbindung zwischen g und j. Während das [g] durch Hebung des hinteren Zungenrückens gegen den hinten im Munde liegenden Teil des Gaumens entsteht, wird das [g̟] weiter vorn durch Hebung des mittleren Zungenrückens etwa gegen die Grenze zwischen hartem und weichem Gaumen gebildet.

[ɣ] wie **g** in Wa**g**en in dialektischer Berliner Aussprache, ähnlich dem deutschen Zäpfchen-r, jedoch ohne Schwingung. Man erzeugt diesen stimmhaften Reibelaut, wenn man versucht, den **ch**-Laut in no**ch** mit Stimmton zu sprechen.

[i] kurzes geschlossenes **i**, etwa wie in M**i**nute. Es darf nicht offen wie in **i**ch oder b**i**n gesprochen werden.

[ĭ] sehr kurzes, unsilbiges **i** wie in Fer**i**en. Dieses ĭ ist nie betont.

[k] ein k ohne Behauchung wie in französisch **c**oup. Man vermeide das im Deutschen dem k folgende h, der Grieche kennt diesen kh-Laut nicht.

[k̡] eine enge Verbindung zwischen k und j, die stimmlose Entsprechung des stimmhaften [g̡].

[l̡] eine enge Verbindung zwischen l und j, die etwa dem italienischen **gl** entspricht. Durch Heben des mittleren Zungenrückens gegen den harten Gaumen entsteht eine größere Berührungsfläche zwischen Zunge und Gaumen.

[m̆] ein sehr schwach ausgesprochenes **m** im Innern eines Wortes vor einem [b]-Laut.

[ɱ] halbnasales **m** vor [v] und [f]. Der Laut wird durch Heben der unteren Lippe gegen die oberen Schneidezähne erzeugt.

[n̆] **n** mit losem Verschluß vor [s] und [θ]. Die Zungenspitze nähert sich dem Zahnfleisch, ohne es zu berühren. Schwaches **n** vor d und t.

[ŋ̆g] [ŋ̆g̡] wie **ng** in si**ng**en, doch mit hörbarem g. Vor hellen Vokalen wird es etwas weiter vorn an der Grenze des weichen und harten Gaumens gesprochen. Das ŋ̆ ist schwach.

[ŋ̆ç] [ŋ̆x] schwaches nasales Element, etwa wie **ng** in si**ng**en mit folgendem **ch** in i**ch** bzw. **ch** in a**ch**.

[n̡] enge Verbindung zwischen n und j. Man spreche ein n und hebe den mittleren Zungenrücken gleichzeitig gegen den harten Gaumen, so daß die Berührungsfläche zwischen Zunge und Gaumen größer wird.

[ɔ] kurzes offenes **o** wie in L**o**tto, **o**ffen.

[p] wie **p** in französisch **p**ère, d. h. ohne Behauchung. *S. a.* k.

[r] Zungenspitzen-**r** wie im Italienischen oder Russischen.

[s] stimmloses s wie ss in Wasser oder ß in schließen. [s] klingt im Neugr. weniger „spitz“ als im Deutschen; ein sehr leichtes **sch**-Geräusch ist hörbar.

[t] wie **t** in französisch **t**ante, unbehaucht wie [k] und [p].

[ts] wie deutsch **z** oder **tz** in **Z**ahl oder Mü**tz**e.

[θ] wie das stimmlose **th** in englisch **th**ing. Man spreche mit der Zunge zwischen den vorderen Zahnreihen einen stimmlosen s-Laut. *S. a.* ð.

[u] geschlossenes **u**, etwa wie in **U**niversität.

[v] wie **w** in **W**asser, **w**er.

[x] wie **ch** in no**ch**, au**ch**.

[z] wie stimmhaftes **s** in **S**onne, lei**s**e, französisch **z**èle; weniger „spitz“, vgl. [s].

### Die neugriechischen Vokale ④

Das Neugriechische besitzt nur fünf Vokale (genauer: Vokalphoneme), deren Klangfarbe, ob kurz oder halblang, fast unverändert bleibt:

i u
ɛ ɔ
a

Im Deutschen ist die Vokallänge (— die Dauer des Vokallautes —) ein wichtiges Unterscheidungsmerkmal, von dem der Sinn des Wortes abhängt. Die Vokallänge ist im Deutschen ein bedeutungsgebender Faktor, ein Bauteil, der mit der Vokalqualität (der Klangfarbe) oder einem Konsonanten gleich wichtig auf einer Stufe steht. Man vergleiche z. B. Schlaf mit langem a [ɑː] und schlaff mit kurzem a [a]. Diese bedeutungsunterscheidende Funktion fehlt im Neugriechischen.

Die Dauer des Vokals im Neugriechischen ist lediglich von der Akzentstelle abhängig; sie ist also eine Funktion des Akzentes. Der mit der größten Stärke gesprochene Vokal eines Wortes — d. h. also der betonte Vokal — ist meist halblang. Eine Dehnung des Vokals, zu der der Deutsche unwillkürlich neigt, macht das neugriechische Wort nicht unbedingt unverständlich, entspricht aber nicht den Sprachgewohnheiten und zerstört den Rhythmus des Satzes.

Im einzelnen gelten folgende Regeln:

1. Jeder betonte Vokal ist halblang; Beispiel: νόμος ['nɔ·mɔs] Gesetz
2. Der betonte Vokal in der geschlossenen Endsilbe ist häufig kurz; Beispiel: καλός [ka'lɔs] gut
3. Alle unbetonten Vokale sind kurz; Beispiel: νόμος ['nɔ·mɔs], τιμή [ti'mi]
4. In mehrsilbigen Wörtern werden Vokale, die unmittelbar vor oder nach der betonten Silbe stehen, oft überkurz oder tonschwach. Das gilt besonders für die auf eine betonte Silbe folgende letzte Silbe eines Wortes. Beispiel: κάνετε ['ka·nĕtɛ] ihr macht, κάνει ['ka·nĭ] er macht

Für die Intonationskurve des betonten Vokals in mehrsilbigen Wörtern gilt grob gesehen die Regel, daß der Ton dem Ende des Vokals zu steigt und in den nächsten unbetonten Silben ziemlich deutlich abfällt.

Der die halbe Länge andeutende Punkt nach dem Vokal wird in den Vokabelspalten und der Umschrift des Textes nicht mehr gesetzt, da das vor der betonten Silbe stehende Betonungszeichen schon den Hinweis auf die halbe Länge enthält.

## Vom Laut zur Orthographie ⑤

Rechts neben dem Lautzeichen steht der griechische Buchstabe oder die griechische Buchstabengruppe, die dem Lautzeichen entspricht. Die Tabelle erweist sich als nützlich bei der Wiedergabe nichtgriechischer Namen und Ausdrücke im Griechischen, z. B. Goethe: Γκαίτε, Washington: Ουάσιγκτων, Bonn Μπόν.

| *Vokale* | | *Konsonanten geordnet nach der Artikulationsstelle* | | | | | | | |
|---|---|---|---|---|---|---|---|---|---|
| a | α | p | π | ň | ν(+σ,ϑ,τ) | l | λ | ŋg | γγ[2], γκ[2] |
| ε | ε, αι | b | μπ | θ | ϑ | ļ | λ | ŋg̡ | γγ[1], γκ[1] |
| i | ι, η, υ, | f | φ, υ[3] | ð | δ | ç | χ[1] | x | χ[2] |
| | ει, οι | v | β, υ[4] | t | τ | j | γ[1] | ɣ | γ[2] |
| ɔ | ο, ω | m | μ | d | ντ | k | κ | ps | ψ |
| u | ου | m̌ | μ (+ π) | s | σ, ς | ķ | κ[1] | ks | ξ |
| | | ɱ | μ (+ β, φ) | z | ζ | g | γκ | dz | τζ |
| | | n | ν | r | ρ | g̡ | γκ[1] | ts | τσ |

[1]) vor den hellen Vokalen ι, η, υ, ει, οι, αι
[2]) vor den dunklen Vokalen α, ο, ου und Konsonanten
[3]) zwischen α, ε, η und stimmlosen Konsonanten; *s.* ⑥
[4]) zwischenvokalisch oder zwischen α, ε, η und stimmhaften Konsonanten; *s.* ⑥

## Von der Orthographie zum Laut ⑥

a) Die einzelnen Vokalzeichen und ihre Kombinationen (alphabetisch: α, ε, η, ο, υ, ω)

Das aus dem Altgriechischen stammende, unter einem Vokal stehende Iota (iota subscriptum, griech. ὑπογεγραμμένη) wird heute in Dhimotiki-Texten häufig ganz fortgelassen. Es steht unter α, η und ω und hat auf die Aussprache keinen Einfluß.

| | | | | |
|---|---|---|---|---|
| **α, ᾳ** | [aˑ] | κάνω | [ˈkaˑnɔ] | ich mache; ᾅδης [ˈaˑðis] Hölle, *Hades* |
| | [a] | ϑέμα | [ˈθεˑma] | Thema ἰδίᾳ [iˈðiˑa] besonders |
| **αι** | [εˑ] | γυναίκα | [jiˈnεˑka] | Frau, *vgl. Gynäkologie* |
| | [ε] | αἰῶνας | [εˈɔˑnas] | Jahrhundert, *vgl. Äon, Äonen* |
| **αϊ** | [ai] | νεράϊδα | [nεˈraiða] | Wassernymphe, Nereide |
| **αυ** | [av] | αὔριο | [ˈaˑvrĭɔ] | morgen |
| | [af] | vor den stimmlosen Konsonanten: ϑ, κ, ξ, π, σ, τ, φ, χ, ψ | | |
| | | αὐτός | [aˈftɔs] | er, dieser |
| **αϋ** | [ai] | ἀϋπνία | [aiˈpnia] | Schlaflosigkeit |
| **ε** | [εˑ] | ἔϑνος | [ˈεˑθnɔs] | Nation, *vgl. Ethnologie* |
| | [ε] | κάνετε | [ˈkaˑnεtε] | ihr macht |
| **ει** | [iˑ] | εἴκοσι | [ˈiˑkɔsi] | zwanzig |
| | [i] | εἰκόνα | [iˈkɔˑna] | Bild, *vgl. Ikone, Heiligenbild* |
| | [ĭ, j] | unbetont vor Vokal: | | |
| | | ἀδειάζω | [aˈðjaˑzɔ, aˈðĭaˑzɔ] | ich leere; ich habe Zeit (In Wörtern aus der Katharevusa bevorzugt man [ĭ].) |
| **εϊ** | [εi] | nicht wie *ei* in *Eis*, sondern deutsches *ä* + *i* | | |
| | | ϑεϊκός | [θεiˈkɔs] | göttlich |
| **ευ** | [εv] | Εὔα | [ˈεˑva] | *der Frauenname* Eva |
| | [εf] | s. unter αυ | | |
| | | εὔκολος | [ˈεˑfkɔlɔs] | leicht |

| | | | | |
|---|---|---|---|---|
| **η** | [i·] | ἥλιος | ['i·ᶅɔs, 'i·lĭɔs] | Sonne, *vgl. Sonnengott Helios* |
| | [i] | ἠλεκτρισμός | [ilɛktri'zmɔs] | Elektrizität |
| **ῃ** | [i·, i] | in den Konjunktivendungen -ῃς, -ῃ, heute meist -ης, -η. | | |
| **ηυ** | [iv] | In Formen der gehobenen Sprache: | | |
| | | ηὗρα | ['i·vra] | ich fand, *Aorist. K. von* εὑρίσκω ich finde |
| | [if] | ηὔξησα | ['i·fksisa] | ich vermehrte, *Aorist K. von* αὐξάνω ich vermehre |
| **ι** | [i·] | ἵππος | ['i·pɔs] | Pferd, *vgl. Hippodrom* |
| | [i] | ἰδέα | [i'ðɛ·a] | Idee |
| | [ĭ, j] | vgl. die Bemerkungen unter ει: | | |
| | | διαβάζω | [ðja'va·zɔ, ðĭa'va·zɔ] | ich lese |
| **ο** | [ɔ·] | νόμος | ['nɔmɔs] | Gesetz |
| | [ɔ] | ὁρίζω | [ɔ'rizɔ] | ich bestimme, setze fest; *vgl. Horizont* |
| **οι** | [i·] | ποίημα | ['pi·ima] | Gedicht, *vgl. Poem* |
| | [i] | λοιπόν | [li'pɔn] | also |
| | [ĭ, j] | vgl. ει | | |
| | | ὁμοιάζω | [ɔ'mja·zɔ] | ich gleiche, ähnele, *vgl. Homöopathie* |
| **οϊ** | [ɔi] | βοΐζω | [vɔ'i·zɔ] | ich brause |
| **ου** | [u·] | μοῦσα | ['mu·sa] | *Muse* |
| | [u] | οὐρανός | [ura'nɔs] | Himmel, *vgl. Uranus* |
| **υ** | [i·] | μύτη | ['mi·ti] | Nase |
| | [i] | ὑγιεινή | [ijii'ni] | *Hygiene*, Gesundheitslehre |
| | [ĭ, j] | δυό | [ðĭɔ, ðjɔ] | zwei |
| **υι** | [i·] | μυῖα | ['mi·a] | gewöhnlich μύγα ['mi·ɣa] Fliege |
| **ω, ῳ** | [ɔ] | ὥρα | ['ɔ·ra] | Stunde, *vgl. Horoskop* |
| | | κωμῳδία | [kɔmɔ'ði·a] | Komödie |

## b) Die Konsonantenbuchstaben und ihre Gruppen

| | | | | |
|---|---|---|---|---|
| **β** | [v] | βιβλίο *n* | [vi'vli·ɔ] | Buch |
| **γ** | [ɣ] | *vor* [a], [ɔ], [u] *und Konsonanten:* | | |
| | | γάλα *n* | ['ɣa·la] | Milch; *vgl. galaktisch (auf die Milchstraße bezüglich)* |
| | | γοῦστο *n* | ['ɣu·stɔ] | Geschmack (*aus dem Italienischen*); *vgl. auch deutsch Gusto* |
| | | γράφω | ['ɣra·fɔ] | ich schreibe; *vgl. Graphologie* |
| | [j] | *vor* [i], [ɛ]: | | |
| | | Γερμανία *f* | [jɛrma'ni·a] | Deutschland |
| | | ὑγεία *f* | [i'ji·a] | Gesundheit; *vgl. Hygiene* |
| | | οἱ μάγοι *m/pl* | [i'ma·ji] | die Zauberer; *vgl. die Magier* |
| | | Aus den Beispielen ist ersichtlich, daß für die Aussprache des γ (ob ɣ oder j) nicht der *Buchstabe*, sondern der folgende *Laut*wert entscheidend ist. Die Gruppe οι hat den Lautwert [i], und deshalb wird γ wie [j] gesprochen. | | |
| **γκ** | [g] | *am Anfang eines Wortes:* | | |
| | | γκάζι *n* | ['ga·zi] | Gas; *aus frz. gaz* |
| | | γκαρσόν(ι) *n* | [gar'sɔň] [gar'sɔᶇĭ] | Kellner; *aus frz. garçon* |
| **γγ, γκ** | [ŋ̆g], | *im Innern eines Wortes vor* [a], [ɔ], [u] *und Konsonanten;* | | |
| | [ŋ̆gᶃ] | *vor* [ɛ], [i]: | | |

ʼΆγγλος *m* ['a·ŋ̆glɔs] Engländer
ἀγγοῦρι *n* [a'ŋ̆gu·ri] Gurke
ὄγκος *m* ['ɔ·ŋ̆gɔs] Volumen, Masse
ἄγγελος *m* ['a·ŋ̆g̦ɛlɔs] Engel; *Deutsch Engel aus lat. angelus, dies aus* ἄγγελος
ἄγκυρα *f* ['a·ŋ̆g̦ira] Anker

**γχ** [ŋ̆x], [ŋ̆ç] *im Wortinnern:*
σύγχρονος ['siŋ̆xrɔnɔs] modern
συγχαίρω [si'ŋ̆çɛrɔ] beglückwünschen

**δ** [ð] [d] *häufig im Inlaut nach* ν: *Ob hier* [ð] *oder* [d] *gesprochen wird, hängt von dem Stil der Sprache und vom Sprecher ab. Im allgemeinen schreibt man heute* ντ, *wenn* νδ *wie* [n̆d] *gesprochen wird.*
δέκα ['ðɛ·ka] zehn; *vgl. Dekade*
δενδροκομία *f* [ðɛn̆drɔkɔ'mi·a] Baumschule
*aber:* δένδρο(ν) *n* *meist*
δέντρο *n* ['dɛ·n̆drɔ] Baum; *vgl. Rhododendron*

**ζ** [z] ζάχαρη *f* ['za·xari] Zucker; *vgl. Sacharin*
βάζω ['va·zɔ] ich stelle, setze, lege

**ϑ** [θ] [t] *häufig nach* σ, χ, φ, αυ, ευ. *Ob hier* [θ] *oder* [t] *gesprochen wird, hängt vom Stil der Sprache und vom Sprecher ab. Im allgemeinen schreibt man* τ, *wenn* [t] *gesprochen wird. Nach* σ *hört man meistens* [t]:
ϑέατρο *n* ['θɛ·atrɔ] Theater
ʼΑϑήνα *f* [a'θi·na] Athen
*K.* ʼΑϑῆναι *f/pl.* [a'θi·nɛ]
χϑές, χτές [xθɛs], [xtɛs] gestern
ἀσϑενής [astɛ'nis] krank, schwach; *vgl. Astheniker*
αἰσϑάνομαι [ɛ'sta·nɔmɛ] ich fühle (mich), ich empfinde

**κ** [k] *vor* [a, [ɔ], [u] *und den meisten Konsonanten:*
καλός [ka'lɔs] gut; *vgl. Kalligraphie* (*Schönschrift*)
κακός [ka'kɔs] schlecht; *vgl. Kakophonie* (*Mißklang*)
καφές *m* [ka'fɛs] Kaffee
κράτος *n* ['kra·tɔs] Staat, Macht; *vgl. Demokratie*

[g] *vor* β *und* δ:
ἔκδοση *f* ['ɛ·gðɔsi] Ausgabe (*eines Buches*)

[k̦] *vor* [i], [ɛ]:
καί [k̦ɛ·] und (*in diesem Wort klingt das* [ɛ] *oft geschlossen*: [e])
κύκλος *m* ['k̦i·klɔs] Kreis; *vgl. Zyklus*
steht vor [k̦] ein Vokal, so wird dieser mit einem schwachen [j]-Laut gesprochen.
παιδάκι *n* [pɛ'ðaĭk̦i] kleines Kind, Kindchen, *von* παιδί [pɛ'ði] *Kind; vgl. Pädiater* (*Kinderarzt*)

**...ν κ...** s. unter **ν**.

**κι** [k̦] *vor* [a], [ɔ], [u]:
κιόλας ['k̦ɔ·las] schon, noch

**λ** [l] *vor* [a], [ɔ], [u] *und Konsonanten:*
λάμπα *f* ['la·mpa] Lampe
λόγος *m* ['lɔ·ɣɔs] Wort, Grund; *vgl. logisch* (*folgerichtig*)

**λι** [l̦i] *oder* [li]:
λίγο ['li·ɣɔ] *oder* ['l̦i·ɣɔ] (ein) wenig, etwas; *vgl. Oligarchie* (*Herrschaft Weniger*)

[l̦] *vor Vokal:*
ἥλιος *m* ['i·l̦ɔs] Sonne

| | | | | |
|---|---|---|---|---|
| **μ** | [m] | μηχανή *f* | [mixa'ni] | Maschine; *vgl. Mechanik* |
| | [ɱ] | *vor φ und β:* | | |
| | | σύμφωνος | ['si·ɱfɔnɔs] | einverstanden; *vgl. Symphonie* |
| **μπ** | [m̆b] | *im Wortinnern:* | | |
| | | κουμπί *n* | [ku'm̆bi] | Knopf |
| | [mp] | *im Wortinnern bei Wörtern nichtgriechischen Ursprungs:* | | |
| | | λάμπα *f* | ['la·mpa] | Lampe |
| | | *Am Wortanfang und zuweilen im Wortinnern:* | | |
| | [b] | μπαίνω | ['bɛ·nɔ] | ich gehe hinein |
| | | μπάρμπας *m* | ['ba·rbas] | (Onkel) *vertrauliche Anrede für ältere Männer aus dem Volke* |
| **ν** | [n] | νερό *n* | [nɛ'rɔ] | Wasser |
| | [ň] | *vor* ϑ *und* σ; *vor* [d] *und* [t]: | | |
| | | ἄνθρωπος *m* | ['a·ňθrɔpɔs] | Mensch; *vgl. Anthropologie* |
| | | δόντι | ['ðɔňdi] | Zahn; *s. a. unter* **ντ, τσ** |
| | [ɱ] | ν *vor φ und β:* | | |
| | | μὲ τὸν φίλο | [mɛ tɔɱ'fi·lɔ] | mit dem Freund; *s. unter* μ [ɱ] |
| **νι** | [ni] | *oder* [ɲi]: | | |
| | | νύχτα *f* | ['ni·xta] *oder* ['ɲi·xta] | Nacht |
| | | *vor Vokal:* | | |
| | | ἐννιά | [ɛ'ɲa] | neun |
| **...ν κ, ξ...** | [ŋ̆g] | *in Wortgruppen, d. h. im Auslaut eines Wortes, dem ein Wort ohne Sprechpause mit anlautendem* κ, ξ *folgt:* | | |
| | | μὲ τὸν καιρό | [mɛ tɔŋ̆g̦ɛ'rɔ] | mit der Zeit |
| | | τὸν ξέρω | [tɔŋ̆'gzɛ·rɔ] | ich kenne ihn |
| | | στὴν καρδιά | [stiŋ̆gar'ðja] | im Herzen |
| **...ν π, ψ...** | [m̆b] | *in Wortgruppen, d. h. im Auslaut eines Wortes, dem ein Wort ohne Sprechpause mit anlautendem* μπ, π, ψ *folgt:* | | |
| | | δὲν πειράζει | [ðɛm̆bi'razi] | schadet nichts, macht nichts |
| | | γιὰ τὸν πατέρα | [ja tɔm̆ba'tɛ·ra] | für den Vater |
| | | μὲ πολλὴν ψυχή | [mɛ pɔlim̆bzi'çi] | (*ein Gedicht*) mit viel Seele, gefühlvoll |
| **ντ** | [d] | *am Wortanfang* [d], *im Wortinnern meist* [ňd], *in Wörtern fremden Ursprungs meist* [d]; | | |
| | | ντύνομαι | ['di·nɔmɛ] | ich ziehe mich an |
| | | ἀντί(ς) | [a'ňdi(s)] | anstatt; *vgl. die Vorsilbe anti-* (*gegen*) |
| | | ἀντίο | [a'di·ɔ] | auf Wiedersehen (*aus dem Venezianischen adio*) |
| **...ν τ,τσ...** | | τὴν Τρίτη | [ti'ňdriti] | am Dienstag |
| **ξ** | [ks] | ξέρω | ['ksɛ·rɔ] | ich weiß |
| | [gz] | *nach einem Wort mit Schluß-ν ohne Sprechpause:* | | |
| | | τὸν ξεχνῶ | [tɔŋ̆gzɛx'nɔ] | ich vergesse ihn; *s. a. unter* **ν** |
| **π** | [p] | πάθος *n* | ['pa·θɔs] | Leiden; Leidenschaft; Pathos |
| | | πέντε | ['pɛ·ňdɛ] | fünf |
| | | *s. unter* **μ** *die Gruppe* μπ *und unter* **ν** [m] | | |
| **ρ** | [r] | ρολόγι *n* | [rɔ'lɔ·ji] | Uhr |
| | | μαῦρος | ['ma·vrɔs] | schwarz |
| **σ** | [s] | σάλα *f* | ['sa·la] | Wohnzimmer |
| | | στόμα *n* | ['stɔ·ma] | Mund; *vgl. medizinisch „das Stoma“* |

| | | | | |
|---|---|---|---|---|
| | [z] | *vor den stimmhaften Konsonanten* β, γ, δ, ντ, μ, ν, ρ, *auch vor einem folgenden Wort, das mit diesen Konsonanten beginnt, ohne daß eine Sprechpause eintritt:* | | |
| | | κόσμος *m* | ['kɔ·zmɔs] | Welt, Weltall, Kosmos; Leute |
| | | σβήνω | ['zvi·nɔ] | ich lösche aus, mache (*das Licht*) aus |
| | | τῆς δείχνω τὸ βιβλίο [tiz'ði·xnɔ tɔ vi'vli·ɔ] | | ich zeige ihr das Buch |
| **τ** | [t] | τέχνη *f* | ['tɛ·xni] | Handwerk, Geschicklichkeit, Kunst |
| | | τεχνική *f* | [tɛxni'ķi] | Technik |
| **τζ** | [dz] | τζάμι *n* | ['dza·mi] | Fensterscheibe (*aus dem Türkischen cam*) |
| **τσ** | [ts] | τσιγάρο *n* | [tsi'ɣa·rɔ] | Zigarette (*nicht Zigarre!*) |
| | [dz], | *wenn* ν *voraufgeht:* | | |
| | | στὴν τσάντα | [sti'ňdzaňda] | in der Tasche |
| **φ** | [f] | φύση *f* | ['fi·si] | Natur; *vgl. Physik* |
| | | φράση *f* | ['fra·si] | Satz; *vgl. Phrase* |
| **χ** | [x] | *vor* [a], [ɔ], [u] *und Konsonanten:* | | |
| | | χάος *n* | ['xa·ɔs] | Chaos, Durcheinander |
| | | τέχνη *f* | ['tɛ·xni] | Handwerk, Geschicklichkeit, Kunst |
| | | ἔχω | ['ɛ·xɔ] | ich habe |
| | [ç] | *vor* [i], [ɛ]: | | |
| | | χέρι *n* | ['çɛ·ri] | Hand |
| | | *s. auch* **γχ** | | |
| **χι** | [ç] | *vor* [a], [ɔ], [u]: | | |
| | | χιόνι *n* | ['çɔ·ni] | Schnee |
| | | Steht vor [ç] ein Vokal, so wird dieser mit einem schwachen [j]-Laut gesprochen. Er klingt für das deutsche Ohr fast diphthongisch. In Wirklichkeit stellen sich die Sprachwerkzeuge schon vor Erzeugung des [ç] auf die Palatalisierung ein, und zwischen Vokal und [ç] bildet sich ein kurzer Übergangslaut. | | |
| | | ὄχι | ['ɔĭçi] | nein |
| | | ἔχει | ['ɛĭçi] | er, sie, es hat |
| **ψ** | [ps] | ψυχή *f* | [psi'çi] | Seele; *vgl. Psyche* |
| | | ψωμί *n* | [psɔ'mi] | Brot |
| | [bz] | *vgl.* **ν** | | |

## Betonung und Tonzeichen ⑦

Die Betonung eines neugriechischen Wortes wird in der Schrift durch ein auf dem betonten Vokal stehendes Zeichen zum Ausdruck gebracht. Drei Tonzeichen können über einem griechischen Vokal stehen:

´ : der Akut
` : der Gravis
~ : der Zirkumflex

Die Form des Tonzeichens hat auf die Art der Betonung keinen Einfluß; sie bezieht sich auf frühere Verhältnisse in der Sprache.

Das Altgriechische hatte den sogenannten musikalischen Akzent, für den nicht so sehr die Druckstärke oder Schallfülle einer bestimmten Silbe als die Tonhöhenunterschiede und Länge der Vokale charakteristisch sind. Ähnliche Akzentverhältnisse herrschen heute noch im

Serbokroatischen, Litauischen, Lettischen, und man kann sie auch in gewissem Sinne im Schwedischen und Norwegischen beobachten. Auch das Französische hat musikalischen Akzent, doch betrifft dieser Akzent nicht das einzelne Wort, sondern er schließt vielmehr einzelne Wörter zu Sinngruppen zusammen. Um im Altgriechischen die richtige Form der Betonung, d. h. also die Verteilung des Drucks, der Tonhöhen und Längen über das ganze Wort zu zeigen, schuf der griechische Grammatiker und Lexikograph Aristophanes von Byzanz in Alexandrien (260—180 vor Chr.) die zunächst als Lesehilfen dienenden Tonzeichen, die erst später in etwas abgewandelter Form allgemein Verwendung fanden.

Sie werden trotz mancher Reformbestrebungen in Griechenland bis auf den heutigen Tag geschrieben, obwohl der musikalische Akzent des Altgriechischen längst verlorengegangen ist und einem einfachen Druckakzent Platz gemacht hat. Dieser Akzent kann nicht nur auf der sinngebenden Silbe, sondern sehr häufig auch auf einem Formelement, d. h. einer Verbendung, einer Fallendung beim Substantiv usw. stehen. Er erfüllt also eine grammatische Funktion, und man kann ihn deshalb als grammatischen Akzent bezeichnen.

Die Art des Akzentes (ob ὀξεία, βαρεία oder περισπωμένη) eines neugriechischen Wortes muß der Lernende lexikographisch oder grammatisch ermitteln, d. h. er muß ihn zusammen mit der Schreibung des Wortes und seiner Flexion (seinen grammatischen Endungen) lernen. Über die Grundform eines Wortes (1. Pers. Sing. Präs. beim Verb, Nominativ beim Substantiv) gibt das Wörterbuch Aufschluß, über den Akzent der anderen Formen die Grammatik.

Beispiel: δένω *ich binde.* So steht das Wort im Wörterbuch.

ϑὰ δεϑῆ *es wird gebunden werden.* In dieser flektierten (abgewandelten) Form des Verbs δένω ruht der Ton auf der letzten Silbe. Man muß lernen, daß η hier mit dem Zirkumflex versehen wird.

Über die Verwendung der Tonzeichen lassen sich gewisse Regeln aufstellen, deren historischer Hintergrund in diesem praktischen Lehrbuch des Neugriechischen nicht gegeben werden kann.

### Regeln für das Setzen der Tonzeichen im Neugriechischen

1. Man unterscheidet lange und kurze Silben. Immer kurz sind ε und ο sowie die grammatischen Endungen οι und αι. Silben mit η und ω sowie mit zwei Vokalen (αι, ει, αυ, ευ usw.) sind immer lang. Silben mit α, ι υ können kurz oder lang sein.

| | |
|---|---|
| ε, ο, -αι, -οι | kurz |
| η, ω, αι, ει, οι, υι, αυ, ευ, ηυ, ου | lang |
| α, ι, υ | kurz oder lang |

Diese Regel hat mit der heutigen Lautgestalt der Sprache, die vorher beschrieben worden ist, nichts zu tun.

Sie hat einzig und allein den Zweck, die richtige Verwendung der Tonzeichen zu ermöglichen, wie sie die heutige, so stark traditionsgebundene neugr. Orthographie verlangt.

2. Nur eine der drei letzten Silben eines Wortes kann betont sein:

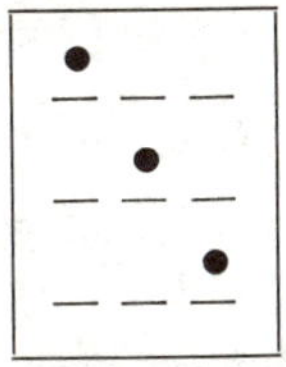

3. Der Gravis (`) steht an Stelle des Akuts (´) am Ende eines Wortes, wenn ein anderes Wort mit Akzent folgt. Vor einem Satzzeichen steht der Akut.

μὲ τὸν καιρό [mɛtɔŋ̆g̦ɛ'rɔ] mit der Zeit

Der Gravis wird meist nur in gedruckten Werken und Schriftstücken verwendet. In privaten oder auch geschäftlichen Mitteilungen setzt man immer den Akut. Auch einige Zeitungen haben in letzter Zeit den Gravis aufgegeben.

4. Kurze Silben — solche mit ε und ο also immer — können nur den Akut haben:

| | | | |
|---|---|---|---|
| ἔχει | ['ɛĭçi] | ´ — | er hat |
| νόμος | ['nɔ·mɔs] | ´ ◡ | Gesetz |
| σωστός | [sɔ'stɔs] | — ´ | richtig |

5. Die drittletzte Silbe (ἡ προπαραλήγουσα) kann nur den Akut haben:

| | | | |
|---|---|---|---|
| ἄνθρωπος | ['a·n̆θrɔpɔs] | ´ — ◡ | Mensch |
| κάνετε | ['ka·nɛtɛ] | ´ ◡ ◡ | ihr macht |

6. Die vorletzte Silbe (ἡ παραλήγουσα) kann den Akut oder den Zirkumflex haben.

a) Sie hat den Akut, wenn die letzte Silbe lang ist, also auf -ω, -ει, -η usw. ausgeht:

| | | | |
|---|---|---|---|
| γράφω | ['ɣra·fɔ] | ´ — | ich schreibe |
| τρώει | ['trɔ·i] | ´ — | er ißt |

b) Sie hat den Zirkumflex, wenn sie selbst lang und die letzte Silbe kurz ist:

| | | | |
|---|---|---|---|
| ὁ κῆπος | ['k̦i·pɔs] | ≃ ◡ | der Garten |
| οἱ κῆποι | ['k̦i·pi] | ≃ ◡ | die Gärten |

7. Die letzte Silbe (ἡ λήγουσα) kann — wie die vorletzte Silbe — den Akut oder den Zirkumflex haben:

a) Sie hat immer den Akut, wenn sie kurz ist (*s. unter* 3):

| | | | |
|---|---|---|---|
| σωστός | [sɔ'stɔs] | — ´ | richtig |
| καλός | [ka'lɔs] | ◡ ´ | gut |

b) Sie hat den Zirkumflex bei den Verben, die auf der letzten Silbe betont sind und bei den Adverbien, die auf -ως ausgehen:

| | | | |
|---|---|---|---|
| ἀγαπῶ | [aɣa'pɔ] | ⏑ ⏑ ≃ | ich liebe |
| ἀγαπᾶς | [aɣa'pas] | ⏑ ⏑ ≃ | du liebst |
| ἀγαπᾶ | [aɣa'pa] | ⏑ ⏑ ≃ | er liebt |
| εὐτυχῶς | [ɛfti'xɔs] | — ⏑ ≃ | glücklicherweise |

8. Bei den Vokalkombinationen — gleichgültig, ob sie einen Laut oder zwei Laute bezeichnen — steht das Tonzeichen immer über dem zweiten Element, also:

αί [ɛ], αῖ [ɛ], αύ [av, af], αῦ [av, af], εύ [ɛv, ɛf], εῦ [ɛv, ɛf], ού [u], οῦ [u] usw.

9. Beginnt ein Wort mit einem groß geschriebenen Vokal, so steht das Tonzeichen vor diesem (*s. a. Trennpunkte und Hauchzeichen* ⑩ *letzter Abschnitt*): Ἀγαπῶ. Ἄνθρωπος. Ἔχει.

aber: Εὐτυχῶς.

**Tabelle zur Veranschaulichung der Regeln über die Akzentsetzung im Neugriechischen** ⑧

| drittletzte Silbe | vorletzte Silbe | letzte Silbe |
|---|---|---|

Der Akut (ἡ ὀξεία)

| Προπαροξύτονες | Παροξύτονες | Ὀξύτονες |
|---|---|---|
| Die letzte Silbe muß kurz sein[1]) | Wenn die vorletzte Silbe lang ist, muß die letzte auch lang sein | Die letzte Silbe kann kurz oder lang sein |
| **ἄ**νθρωπος ⏑́ — ⏑<br>κ**ά**νετε ⏑́ ⏑ ⏑<br>γρ**ά**φετε ⏑́ ⏑ ⏑ | ν**ό**μος ⏑́ ⏑<br>γρ**ά**φω ⏑́ —<br>**ὥ**ρα —́ —<br>ἀνθρ**ώ**που ⏑ —́ — | αὐτ**ό**ς — ⏑́<br>τεχνικ**ή** ⏑ ⏑ —́<br>οὐραν**ό**ς — ⏑ ⏑́<br>μηχαν**ή** — ⏑ —́ |

[1]) *Ausnahme Dh.* δύναμη *s. S. 103.*

Der Zirkumflex (ἡ περισπωμένη)

| | Προπερισπώμενες | Περισπώμενες |
|---|---|---|
| Kein Zirkumflex | Die vorletzte Silbe muß lang, die letzte kurz sein | Die letzte Silbe muß lang sein |
| | **ὧ**ρες ≃ ⏑<br>Stunden, pl. von **ὥ**ρα<br>κ**ῆ**πος ≃ ⏑ | ξεχν**ῶ** ⏑ ≃<br>ἀγαπ**ῶ** ⏑ ⏑ ≃<br>εὐτυχ**ῶ**ς — ⏑ ≃ |

### Wörter ohne Akzentzeichen ⑨

Einige Wörter stehen immer ohne Tonzeichen. Es sind vor allem die Formen des bestimmten Artikels: ὁ, ἡ [i], οἱ [i].

Einige Wörter verlieren ihren Eigenton und damit auch ihr Akzentzeichen, wenn sie einem anderen Wort folgen. Sie lehnen sich unter Verlust ihres Tones an das vorangegangene Wort an. Die griechischen Grammatiker haben sie deshalb als *Enklitika* oder *enklitische Wörter* (ἐγκλιτικὲς λέξεις) bezeichnet. Ἐγκλίνω = *sich neigen zu*; es sind also Wörter, die sich zu dem vorangegangenen Wort neigen, sich an dieses anlehnen.

Die wichtigsten Enklitika sind im Neugriechischen die Possessivpronomen. Sie haben die gleiche Form wie die Genitiv-Dativ-Kurzform der Personalpronomen und lauten:

| | | | | | |
|---|---|---|---|---|---|
| μοῦ | [mu] | mir | μᾶς | [mas] | uns |
| σοῦ | [su] | dir | σᾶς | [sas] | euch |
| τοῦ | [tu] | ihm | τούς | [tus] | ihr |
| τῆς | [tis] | ihr | | | |

Ohne Akzent nach einem Substantiv heißen diese Wörter: mein, dein, sein, ihr, unser, euer, ihr.

Für die Verbindung mit einem davorstehenden Wort gelten folgende Regeln:

1. Wörter mit dem Akut auf der letzten oder vorletzten Silbe bleiben unverändert:

| | | |
|---|---|---|
| ὁ φίλος μου | [ɔ'filɔzmu] | mein Freund |
| οἱ φίλοι σου | [i'filisu] | deine Freunde |
| τὸ σπίτι μας | [tɔ'spitimas] | unser Haus |
| τὸ σπίτι σας | [tɔ'spitisas] | Ihr Haus |

2. Wörter mit dem Akut auf der drittletzten Silbe erhalten außerdem einen Akut auf der letzten Silbe. Auf dieser Silbe ruht jetzt der Hauptakzent. Gezählt werden nicht die Sprechsilben, sondern die geschriebenen Silben. Man spricht z. B. δωμάτιο [ðɔ'ma·tiɔ] *Zimmer* dreisilbig, weil das ι unsilbig wird; man zählt aber vier Silben: δω-μά-τι-ο, daher:

| | | |
|---|---|---|
| τὸ δωμάτιό μου | [tɔ ðɔma'tjɔ·mu] | mein Zimmer |
| τὸ τετράδιό σας | [tɔ tɛtra'ðjɔ·sas] | Ihr Heft |

3. Wörter mit dem Zirkumflex auf der vorletzten Silbe erhielten auf der letzten Silbe einen Akut. Heute bleiben sie jedoch unverändert, weil der Ton nicht mehr verschoben wird.

τὰ δῶρά σας [ta'ðɔ·rasas] Ihre Geschenke (von τὸ δῶρο das Geschenk), heute meist τὰ δῶρα σας [ta'ðɔ·rasas].

## Trennpunkte und Hauchzeichen ⑩

(Διαλυτικὰ καὶ πνεύματα)

Neben den Tonzeichen finden sich über den Vokalen noch das Trema oder die Trennpunkte (¨) und die Hauchzeichen ʽ und ʼ. Das Trema steht nur über ι und υ und bedeutet, daß dieses ι oder υ nicht mit dem davorstehenden Vokal den sonst üblichen Vokallaut bildet, sondern getrennt gesprochen wird, z. B. γάϊδαρος [ˈɣaˑïðarɔs] *Esel*. αϊ werden getrennt als [ai] gesprochen und nicht [ɛ]; κοροϊδεύω [kɔrɔiˈðɛˑvɔ] *spötteln, sich lustig machen* (*über*) wird als [ɔi] gesprochen, nicht als [i]. Siehe zu diesem Abschnitt auch „Die einzelnen Vokalzeichen und ihre Kombinationen" ⑥ a. Heute läßt man das Trema häufig weg, wenn durch das Akzentzeichen die Vokale getrennt sind: τὸ πρωί, τσάι *Tee*, aber καί (ķɛ].

Die Hauchzeichen sind für die Aussprache ohne Bedeutung. Sie stehen auf dem Anfangsvokal eines Wortes. Es gibt zwei Zeichen:

- ʽ lateinisch „spiritus asper" (wörtl.: rauher Hauch), neugriechisch δασεία genannt;
- ʼ lateinisch „spiritus lenis" (wörtl.: sanfter Hauch), neugriechisch ψιλή genannt.

Im Altgriechischen bezeichnete die δασεία (ʽ) einen Laut, der dem deutschen h entsprach; die ψιλή (ʼ) stand entweder für einem dem deutschen „Knacklaut" entsprechenden Laut oder sollte nur auf einen „sanften" Einsatz der Stimme aufmerksam machen, der einem sehr schwachen, kaum hörbaren h gleichkommen kann. Im Neugriechischen wird jeder anlautende Vokal eines Wortes ohne „Knacklaut" (Stimmbandverschlußlaut) gesprochen, also anders als im Deutschen. Die meisten Deutschen können keinen reinen Vokal im Anlaut sprechen. Sie können einen Vokal nur mit einem anlautenden Konsonanten sprechen. Steht vor einem deutschen Wort kein Konsonantenbuchstabe, so spricht der Deutsche den Knacklaut, der in der internationalen Lautschrift mit ʔ bezeichnet wird. In der deutschen Schrift wird dieser Konsonant nicht ausgedrückt, er wird aber immer (und zwar von fast allen Deutschen völlig unbewußt) gesprochen. Im Neugriechischen ist dies nicht der Fall. Dagegen hat aber das Neugriechische ein Zeichen, das im Altgriechischen vielleicht einen Laut darstellte, der wie der deutsche Knacklaut klang.

Da die mit ʽ versehenen Anlautvokale weit weniger vorkommen, als die mit ʼ versehenen, empfiehlt es sich, die mit dem spiritus asper (δασεία) anlautenden Wörter als Ausnahmen zu lernen. Eine gewisse Hilfe bieten dabei die griechischen Fremdwörter im Deutschen, die den griechischen *spiritus asper* mit h wiedergeben. Ferner ist zu merken, daß alle mit υ beginnenden Wörter den spiritus asper haben. Δασεία haben z. B. folgende Wörter:

| | | | *Vergleiche:* |
|---|---|---|---|
| ἅγιος | ['a·jɔs] | heilig | Die Hagia Sophia (*Die heilige Weisheit*), *Sophienkirche in Istanbul* |
| αἷμα | ['ɛ·ma] | Blut | Hämoglobin (*Farbstoff der roten Blutkörperchen*) |
| ἅδης | ['a·ðis] | Hölle | Hades |
| ἅλμα | ['al·ma] | Sprung | Halma (*Brettspiel*) |
| αἱρετικός | [ɛrɛti'kɔs] | ketzerisch | häretisch |
| ἁπλός | [a'plɔs] | einfach | haploid (*in der Biologie: mit einfachem Chromosomensatz*) |
| ἁρμονίζω | [armɔ'ni·zɔ] | passen (zu) | harmonisieren |
| ἑκατό | [ɛka'tɔ] | hundert | Hekatombe (*großes Opfer von 100 Stieren*) |
| ἑπτά | [ɛ'pta] | sieben | Heptateuch (*die ersten sieben Bücher des Alten Testaments*); Heptode (*Rundfunkröhre mit sieben Polen*) |
| Ἑλλάδα | [ɛ'la·ða] | Griechenland | Hellas |
| ἑταιρεία | [ɛtɛ'ri·a] | (Handels-) Gesellschaft | Hetäre, Gesellschafterin (*Halbweltdame im alten Griechenland*) |
| ἡγεμονία | [ijɛmɔ'ni·a] | Fürstentum; Herrschaft | Hegemonie |
| ἡδονή | [iðɔ'ni] | Genuß, Vergnügen | Hedonismus, Luststreben (*eine altgr. Lebensauffassung*) |
| ἥλιος | ['i·l̡ɔs] | Sonne | Sonnengott Helios |
| ἧπαρ | ['i·par] | Leber | Hepatitis (*Leberentzündung*) |
| ἥρωας | ['i·rɔas] | Held | Heroe, heroisch |
| ἱερός | [iɛ'rɔs] | heilig, geheiligt | Hierokratie, Priesterherrschaft |
| ἵππος | ['i·pɔs] | Pferd | Hippodrom, Reitbahn |
| ἱστορία | [istɔ'ri·a] | Geschichte | Historie |
| ὅλος | ['ɔ·lɔs] | ganz | holographisch „ganz geschrieben“ (*d.h. eigenhändig geschrieben*) |
| ὅμοιος | ['ɔ·mjɔs] | ähnlich, gleich | Homöopathie |
| ὁρίζω | [ɔ'ri·zɔ] | bestimmen, festsetzen | Horizont |
| ὥρα | ['ɔ·ra] | Stunde | Die Horen (*griechische Göttinnen der Jahreszeiten*) |

Beginnt ein Wort mit einem großen Vokalbuchstaben, so steht das Hauchzeichen vor diesem (*s. a. Betonung und Tonzeichen* ⑦): Ἅγιος, Ἑλλάδα, Ἱστορία.

## Vokalabfall ⑪

In der Umgangssprache werden oft bestimmte Vokale ausgestoßen oder verändert. Die neugriechische Grammatik unterscheidet verschiedene Arten:

1. Treffen an der Wortgrenze zwei gleiche Vokale zusammen, so fällt der Endvokal des ersten Wortes ab. Diese Erscheinung heißt ἔκϑλιψις (von ἐκϑλίβω *auspressen*). Der ausgefallene Vokal wird durch einen Apostroph ersetzt. Wir nennen besonders folgende Fälle:

— Die Artikel τό, τοῦ, τά werden vor [ɔ], [u], [a] zu τ'.
— Die Partikeln θά und νά werden vor Wörtern mit α- zu θ', ν'.
— Die Personalpronomina μέ, σέ, τό, τά werden vor [ε], [ɔ], [a] zu μ', σ' bzw. τ'.
— Die Präposition ἀπό wird häufig zu ἀπ'.

2. Bei der Kontraktion (συναίρεσις) wird ein Vokal zugunsten eines anderen innerhalb eines Wortkörpers aufgegeben:

| | | | |
|---|---|---|---|
| δεκαέξι | (sechzehn) | oder | δεκάξι |
| χρεωστῶ | (ich schulde) | oder | χρωστῶ |

Dabei läßt sich folgende Vorrangliste aufstellen:

| | | |
|---|---|---|
| [a] | verdrängt | [a, ɔ, u, ε, i] |
| [ɔ] | verdrängt | [ɔ, u, ε, i] |
| [u] | verdrängt | [u, ε, i] |
| [ε] | verdrängt | [ε, i] |
| [i] | verdrängt | [i] |

3. Geschieht die Kontraktion über die Wortgrenze hinweg — also zwischen zwei Vokalen — so nennt man sie Aphärese (ἀφαίρεσις):

ποῦ εἶναι [pu 'inε] wird zu ποῦ 'ναι ['punε] wo ist er?

4. Die Erscheinung, daß sich die beiden Vokale [u] + [ε] zu [ɔ] verbinden, heißt Krasis oder Krase (κράσις):

σοῦ ἔλεγα [su 'εlεγa] wird zu σὄλεγα ['sɔlεγa] (ich habe dir gesagt)

5. Im Neugriechischen wird eine Anzahl Wörter mit oder ohne Anfangsvokal gebraucht. Man spricht von einem fakultativen Vokalabfall (ἀποβολή):

| | | | | | |
|---|---|---|---|---|---|
| ἐρωτῶ | [εrɔ'tɔ] | oder | ρωτῶ | [rɔ'tɔ] | fragen |
| ἐπάνω | [ε'panɔ] | oder | πάνω | ['panɔ] | oben |

6. Die Synkope (συγκοπή) bezeichnet den Ausfall eines tonschwachen Vokals besonders bei dreisilbigen Wörtern:

| | | | | | |
|---|---|---|---|---|---|
| κορυφή | [kɔri'fi] | oder | κορφή | [kɔr'fi] | Gipfel, Höhepunkt |

7. Erfolgt die Synkope über die Wortgrenze, so spricht man von Apokope (ἀποκοπή):

| | | | | | |
|---|---|---|---|---|---|
| φέρε το | ['fεrε tɔ] | wird zu | φέρ'το | ['fεrtɔ] | bring es! |

## Großschreibung ⑫

(Κεφαλαῖα γράμματα)

Mit großem Anfangsbuchstaben werden geschrieben:

1. Wörter, die am Anfang eines Satzes stehen.
2. Eigennamen:

Vor- und Familiennamen: Νῖκος Καζαντζάκης Nikos Kazantzakis
Völker- und Ländernamen: Ἕλλην(ας) der Grieche, ἡ Ἑλλάδα Griechenland

3. Namen der Wochentage, Monate und Feste:

| | |
|---|---|
| ἡ Δευτέρα | Montag |
| ὁ Ἰανουάριος | Januar |
| τὸ Πάσχα | Ostern |

4. Titel von Würdenträgern:

| | |
|---|---|
| ὁ Πρύτανις τοῦ Πανεπιστημίου τῶν Ἀθηνῶν | der Rektor der Universität Athen (aber allgemein ὁ πρύτανις der Rektor) |

5. Bezeichnungen von Ämtern:

| | |
|---|---|
| τὸ Ὑπουργεῖον τῶν Ἐξωτερικῶν | das Außenministerium |

6. Begriffe, die in besonderer Achtung stehen oder die besonders hervorgehoben werden sollen:

| | |
|---|---|
| ἡ Πατρίδα | das Vaterland |
| ὁ Πρῶτος Παγκόσμιος Πόλεμος | der erste Weltkrieg |

Im letzteren Fall bestehen keine festen Regeln; selbst in Schulbüchern wird derselbe Begriff einmal groß, einmal klein geschrieben.

### Silbentrennung ⑬

(Συλλαβισμός)

1. Ein Konsonant zwischen zwei Vokalen bleibt bei dem folgenden Vokal:

| | | | | | |
|---|---|---|---|---|---|
| νόμος | Gesetz: | νό-μος; | εἰκόνα | Bild: | εἰ-κό-να |

2. Zwei Konsonanten bleiben zusammen, wenn ein griechisches Wort damit beginnen kann:

| | | | | | |
|---|---|---|---|---|---|
| βιβλίο | Buch: | βι-βλί-ο; | denn es gibt z. B.: | **βλέπω** | sehen |
| ἐχθρός | Feind: | ἐ-χθρός; | denn es gibt z. B.: | **χθές** | gestern |

aber: ἄνθρωπος: ἄν-θρω-πος; denn die Konsonantengruppe νθρ- kommt am Anfang eines Wortes nicht vor, wohl aber θρ- (s. θρόνος *Thron*).

3. Trotz der Regel unter 2. bleiben χμ, θμ, τν, φν, γμ bei der Trennung zusammen: δρα-χμή

4. Doppelkonsonanten und häufig auch μπ, ντ, γκ werden getrennt, wenn vorher kein Konsonant steht:

| | | | |
|---|---|---|---|
| θάρρος | Mut: | θάρ-ρος; | ἄλλος ein anderer: ἄλ-λος |
| ἐμπόδιον | Hindernis: | ἐμ-πό-δι-ον | |
| πάντα | immer: | πάν-τα | |
| μπαρμπούνι | Barbe: | μπαρ-μπού-νι | |

In reinen Dhimotiki-Wörtern können μπ, ντ, γκ meist ungetrennt bleiben. Das gleiche gilt für τζ und τσ:

| | | |
|---|---|---|
| ἄντρας | Mann: | ἄ-ντρας |
| τζίτζικας | Grille: | τζί-τζι-κας |

5. Entgegen der Regel unter 1. bleiben Vorsilben bei der Trennung erhalten, z. B.:

συνάνθρωπος Mitmensch: συν-άνθρωπος

## Satzzeichen ⑭

(Σημάδια στίξεως)

Punkt τελεία: .

Semikolon ἄνω (*od.* ἐπάνω) τελεία (= Hochpunkt): · (Unser Semikolon ist im Neugriechischen ein Fragezeichen.)

Doppelpunkt διπλὴ τελεία: :

Komma κόμμα: ,

Fragezeichen ἐρωτηματικό: ; (Nicht: ?. Dies Zeichen gibt es nicht.)

Ausrufungszeichen θαυμαστικό: !

Anführungszeichen εἰσαγωγικά: «. . . » *od.* “. . .„

Auslassepunkte ἀποσιωπητικά: . . .

Gedankenstrich παύλα: —

Klammer παρένθεση: ( )

Die Zeichensetzung entspricht im wesentlichen der deutschen. Vor Relativ- und daß-Sätzen (πού) wird nur ein Komma gesetzt, wenn eine kurze Atempause angedeutet werden soll. Vor sehr kurzen Nebensätzen steht meist kein Komma. An Stelle der Anführungszeichen steht zur Andeutung der direkten Rede meist nur —.

An weiteren Zeichen kommen vor:

Der Apostroph (Auslassungszeichen) ἀπόστροφος ('), der den Ausfall eines Vokals andeutet;

das Trennkomma (ὑποδιαστολή), das ὅ,τι „was“ von ὅτι „daß“ unterscheidet.

## Kleine Übung zur Erlernung der Schrift und der Aussprache des Neugriechischen ⑮

Eine interessante *ἱστορία* [istɔ'ri·a].

Was soll ich Euch sagen? *Μπαίνω* ['bɛ·nɔ] in die *βιβλιοθήκη* [vivliɔ'θiki̧] *καὶ* [ķɛ·] treffe dort meinen *φίλο* ['fi·lɔ], den *Πέτρο* ['pɛ·trɔ], der gerade aus *'Αθήνα* [a'θi·na] gekommen war.

„Nun, *Πέτρο*“, sage ich, „wie gefällt es dir hier in *Γερμανία* [jɛrma'ni·a]?“

„Ganz gut, aber meiner *ὑγεία* [i'ji·a] bekommt das *κλῖμα* ['kli·ma] nicht. Das Wetter ist nicht *καλός* [ka'lɔs], es ist *κακός* [ka'kɔs]. Sieh hinaus! Der *οὐρανός* [ura'nɔs] ist *μαῦρος* ['ma·vrɔs], es ist fast *νύχτα* ['ŋi·xta], und *αὔριο* ['a·vriɔ] wieder dasselbe. Der *ἥλιος* ['i·ʎɔs] scheint fast nie, und selbst im Frühling fällt noch *χιόνι* ['çɔ·ŋi]. Die *δέντρα* ['ðɛ·ňdra] bleiben lange kahl. Aber *δὲν πειράζει* [ðɛm̆bi'ra·zi], der *ἠλεκτρισμός* [ilɛktri'zmɔs] hilft uns. Hier ist die *λάμπα* ['la·mba], dort stehen die *βιβλία* [viv'li·a]. Ich sitze *καὶ διαβάζω* [ķɛ ðja'va·zɔ] *καὶ γράφω* [ķɛ'ɣra·fɔ]. *Μὲ τὸν καιρό* [metɔŋ̆gɛ'pɔ] wird es schon werden. Wollen wir jetzt ins Kasino gehen?“

„*Σύμφωνος* ['si·ŋfonos]", sage ich. „*Ἡ ὥρα εἶναι δυό* [i'ɔ·ra 'i·nɛ 'ðjɔ] jedenfalls nach meinem *ρολόγι* [rɔ'lɔ·ji]. Es wird nicht mehr soviel *κόσμος* ['kɔ·zmɔs] da sein. Wo ist denn der *γκαρσόνι* [gar'sɔŋi]? — Hallo, *γκαρσόν* [gar'sɔn]! Keiner kommt."

„Guck mal", sagt der *Πέτρος*, „den Herrn da! Kennst du ihn?"

„Ja, *τὸν ξέρω* [tɔŋ'gzɛ·rɔ], es ist ein *Ἄγγλος* ['a·ŋglɔs], der an *ἀϋπνία* [ai'pni·a] leidet und nur *ψωμί* [psɔ'mi] ißt, *γάλα* ['ɣa·la] oder *νερό* [nɛ'rɔ] mit *ζάχαρη* ['za·xari] trinkt. Seine *γυναίκα* [ji'nɛ·ka] geht jeden Abend ins *θέατρο* ['θɛ·atrɔ]; das ist ihr *πάθος* ['pa·θɔs]. Sieh doch ihr *παιδάκι* [pɛ'ðaïki], ein wahrer *ἄγγελος* ['aŋgelɔs]. Jetzt setzt sich eine *μύγα* ['mi·ɣa] auf die *μύτη* ['mi·ti] des Mannes. Mit großer *τέχνη* ['tɛ·xŋi] versuchen die *γυναίκα* und das *παιδί* [pɛ'ði] die *μύγα* zu fangen. Nur der Mann ißt sein *ἀγγοῦρι* [a'ŋgu·ri] weiter. Er ist ein *φιλόσοφος* [fi'lɔ·sɔfɔs] und kümmert sich nicht um das *χάος* ['xa·ɔs]. Ist das nicht eine *τραγῳδία* [traɣɔ'ði·a]? *Ὄχι* ['ɔïçi], im Gegenteil, eher eine *κωμῳδία* [kɔmɔ'ði·a], auf jeden Fall eine interessante *ἱστορία*."

**Die Regeln für das Einakzentsystem**

Die neue Regelung, die seit dem 1. September 1982 in Kraft ist, sieht vor:

1. Die beiden Hauchzeichen s. ⑩ entfallen; z. B. **άγιος** heilig, **αίμα** Blut.
2. Als alleiniges Tonzeichen wird der Akut (´) verwendet, der auch an die Stelle des Gravis und des Zirkumflexes tritt, z. B. **με τον καιρό** mit der Zeit.
3. Einsilbige Wörter bleiben ohne Akzent, z. B. **με** mit, **φως** Licht. Dazu gehören auch Wörter wie **μια** [mja], **για** [ja], **δυο** [ðjɔ], **ποιος** [pjɔs].
4. Ausnahmsweise tragen als Unterscheidung einen Akzent die einsilbigen Wörter:
   **ή** in der Bedeutung *oder*
   **πού** in der Bedeutung *wo, wohin*
   **πώς** in der Bedeutung *wie*
5. Die Trennpunkte bleiben im allgemeinen, z. B. **κοροϊδεύω** sich lustig machen ⑩; sie fallen weg, wenn die diphthongische Aussprache gewährleistet ist, z. B. **γάιδαρος** Esel, **τσάι** Tee (meist schon früher so).

Im folgenden der erste Text aus Lektion 11 (im Anhang in Schreibschrift) mit der vereinfachten Akzentsetzung:

*Αγαπητή μου Ασημίνα.*

*Με την βοήθεια του Θεού είμαι καλά και εύχομαι το ίδιο και για σας. Ετοιμάζομαι να έλθω στο χωριό για να εορτάσωμε την Γέννηση του Χριστού όλοι μαζί. Επεθύμησα πολύ να σας ιδώ. Πόσο θα χαρώ, αν μάθω, πως το παιδί μας, ο Φάνης, προοδεύει στα μαθήματα! Λίγες ημέρες μας χωρίζουν ακόμα απ' τη μεγάλη εορτή. Χαιρέτησέ μου το παιδί.*

*Με αγάπη Νίκος Αυγέρης*

Zur Beherrschung des Neugriechischen ist es vorteilhaft, die alte (weit kompliziertere) Setzung der Ton- und Hauchzeichen zu kennen, da bis 1982 das gesamte Schrifttum, von dem viele Werke, z. B. Enzyklopädien, noch lange Gültigkeit haben, mit diesen Zeichen versehen ist.

# 1. Lektion

## Ξέρετε ἑλληνικά;

| | | | | | | |
|---|---|---|---|---|---|---|
| 1. | Καλημέρα, | κύριε, | τί κάνετε; | — | Καλά, | εὐχαριστῶ. |
| | kali'mεra | 'ķiriε | ti 'kanεtε | | ka'la | εfxari'stɔ |
| | Guten Tag, | mein-Herr, | wie geht es Ihnen? (Was machen Sie?) | | Gut, | danke. |

| | | | | | | | |
|---|---|---|---|---|---|---|---|
| 2. | Ξέρεις | ἑλληνικά; — | Ὄχι, | δυστυχῶς, | δὲν | ξέρω | ἑλληνικά. |
| | 'ksεris | εlini'ka | 'ɔĭçi | ðisti'xɔs | ðεŋ̆'gzεrɔ | | εlini'ka |
| | Kannst-du | Griechisch? | Nein, | leider | nicht | kann-ich | Griechisch. |

| | | | | | | | |
|---|---|---|---|---|---|---|---|
| 3. | Μαθαίνετε | ἑλληνικά; | — | Ναί | (Μάλιστα), | μαθαίνομε | ἑλληνικά. |
| | ma'θεnεtε | εlini'ka | | nε | 'malista | ma'θεnɔmε | εlini'ka |
| | Lernt-ihr | Griechisch? | | Ja, | | wir lernen | Griechisch. |

| | | | | | | |
|---|---|---|---|---|---|---|
| 4. | Καταλαβαίνετε | γαλλικά; | — | Καταλαβαίνω | μόνο | λίγο. |
| | katala'vεnεtε | ɣali'ka | | katala'vεnɔ | 'mɔnɔ | 'liɣɔ |
| | Verstehen-Sie | Französisch? | | Verstehe-ich | nur | wenig. |

| | | | | | | | | |
|---|---|---|---|---|---|---|---|---|
| 5. | Ὁ Τάκης | πηγαίνει | στὸ | σχολεῖο | καὶ | λέει: | Χαίρετε | |
| | ɔ 'taĭķis | pi'jεni | stɔ | sxɔ'liɔ | ķε | 'lεi | 'çεrεtε | |
| | Takis | geht | zur | Schule | und | sagt: | Auf | Wiedersehen, |

| | | | | | | |
|---|---|---|---|---|---|---|
| μητέρα. | — | Χαίρετε, | παιδί μου, | λέει | ἡ | μητέρα. |
| mi'tεra | | 'çεrεtε | pε'ðimu | 'lei | i | mi'tεra |
| Mutter. | | Auf Wiedersehen, | Kind-mein, | sagt | die | Mutter. |

| | | | | | | | | |
|---|---|---|---|---|---|---|---|---|
| 6. | Ὁ Τάκης | εἶναι | μαθητής. | Τώρα | εἶναι | στὸ | σχολεῖο. | Μαθαίνει |
| | ɔ 'taĭķis | 'inε | maθi'tis | 'tɔra | 'inε | stɔ | sxɔ'liɔ | ma'θεni |
| | Takis | ist | Schüler. | Jetzt | ist-er | in-der | Schule. | Er-lernt |

| | |
|---|---|
| γερμανικά. | Διαβάζει. |
| jεrmani'ka | ðja'vazi |
| Deutsch. | Er-liest. |

| | | | | | | | | | |
|---|---|---|---|---|---|---|---|---|---|
| 7. | Τὸ πρωὶ | ὁ Τάκης | πίνει | γάλα. | Πίνει | ἕνα | ποτήρι | γάλα. | |
| | tɔ prɔ'i | ɔ 'taĭķis | 'pini | 'ɣala | 'pini | 'εna | pɔ'tiri | 'ɣala | |
| | Morgens | Takis | trinkt-er | Milch. | Er-trinkt | ein | Glas | Milch. | |

Ὁ πατέρας καὶ ἡ μητέρα πίνουν τσάι καὶ τρῶνε ψωμί.
ɔ pa'tɛras ķɛ i mi'tɛra 'pinun 'tsai ķɛ 'trɔnɛ psɔ'mi
Der Vater und die Mutter trinken-sie Tee und essen Brot.

8. Ὁ πατέρας εἶναι στὸ γραφεῖο καὶ γράφει ἕνα γράμμα.
ɔ pa'tɛras 'inɛ stɔ ɣra'fiɔ ķɛ 'ɣrafi 'ɛna 'ɣrama
Der Vater ist im Büro und schreibt einen Brief.

9. Ἡ μητέρα εἶναι στὸ σπίτι. Συγυρίζει τὸ δωμάτιο.
i mi'tɛra 'inɛ stɔ 'spiti siji'rizi tɔ ðɔ'matĭɔ
Die Mutter ist im Haus. Sie-macht das Zimmer.

10. Τὸ παιδὶ παίζει. Παίζει μ'ἕνα (= μὲ ἕνα) τόπι.
tɔ pɛ'ði 'pɛzi 'pɛzi 'mɛna 'tɔpi
Das Kind spielt. Es-spielt mit einem Ball.

11. Ὁ κύριος μπαίνει σ'ἕνα (σὲ ἕνα) κατάστημα καὶ λέει:
ɔ 'ķirĭɔs 'bɛni 'sɛna ka'tastima ķɛ 'lɛi
Der Herr geht-hinein in-ein Geschäft und sagt:

Πόσο κάνει τὸ βιβλίο; Ἡ δεσποινὶς λέει: Δέκα δραχμές.
'pɔsɔ 'kani tɔ vi'vliɔ i ðɛspi'nis 'lɛi 'ðɛka ðra'xmɛs
Wieviel macht das Buch? Das Fräulein sagt: Zehn Drachmen.

Ὁ κύριος δὲν καταλαβαίνει καὶ λέει: Ὁρίστε; Δέκα δραχμές.
ɔ 'ķirĭɔs ðɛŋgatala'vɛni ķɛ 'lɛi ɔ'ristɛ 'ðɛka ðra'xmɛs
Der Herr nicht versteht und sagt: Wie-bitte? Zehn Drachmen.

12. Ποῦ εἶναι ὁ σταθμός; — Εἶναι ἐκεῖ. (ἐκεῖ πέρα). Εἶναι
pu 'inɛ ɔ sta'θmɔs 'inɛ ɛ'ķi ɛ'ķi 'pɛra 'inɛ
Wo ist der Bahnhof? Er-ist dort (dort drüben). Ist-er

μακριά; — Ὄχι, κύριε, εἶναι κοντά.
ma'krĭa 'ɔĭçi 'ķirĭɛ 'inɛ kɔ'ňda
weit? Nein, mein-Herr, er-ist nahe.

## Vokabeln

| | |
|---|---|
| *ἑλληνικά* [ɛlini'ka] | griechisch |
| *καλημέρα* [kali'mɛra] | guten Tag! |
| *ὁ κύριος* [ɔ 'ķirĭɔs] | der Herr |
| *τί* [ti] | was, wie |
| *εὐχαριστῶ* [ɛfxari'stɔ] | danken |
| *δυστυχῶς* [ðisti'xɔs] | leider |
| *δέν* [ðɛn] | nicht |
| *μαθαίνω* [ma'θɛnɔ] | lernen |
| *ναί* [nɛ] | ja |
| *μάλιστα* ['malista] | jawohl, ganz recht |
| *καταλαβαίνω* [katala'vɛnɔ] | verstehen |
| *γαλλικά* [ɣali'ka] | französisch |
| *μόνο* ['mɔnɔ] | nur |
| *πηγαίνω* [pi'ʝɛnɔ] | gehen |

| | |
|---|---|
| *τὸ σχολεῖο* [tɔ sxɔ'liɔ] | die Schule |
| *λέγω* ['lεγɔ] | sagen |
| *χαίρετε* ['çεrεtε] | (freut euch =) Auf Wiedersehen! |
| *ἡ μητέρα* [i mi'tεra] | die Mutter |
| *τὸ παιδί* [tɔ pε'ði] | das Kind |
| *εἶναι* ['inε] | sein |
| *ὁ μαθητής* [ɔ maθi'tis] | der Schüler |
| *τώρα* ['tɔra] | jetzt |
| *γερμανικά* [jεrmani'ka] | deutsch |
| *διαβάζω* [ðĭa'vazɔ] | lesen |
| *τὸ πρωί* [tɔ prɔ'i] | der Morgen, morgens |
| *πίνω* ['pinɔ] | trinken |
| *τὸ γάλα* [tɔ 'γala] | die Milch |
| *τὸ ποτήρι* [tɔ pɔ'tiri] | das Glas |
| *τὸ τσάι* [tɔ 'tsai] | der Tee |
| *τρώω* ['trɔɔ] | essen |
| *τὸ ψωμί* [tɔ psɔ'mi] | das Brot |
| *ὁ πατέρας* [ɔ pa'tεras] | der Vater |
| *τὸ γραφεῖο* [tɔ γra'fiɔ] | das Büro |
| *γράφω* ['γrafɔ] | schreiben |
| *τὸ γράμμα* [tɔ 'γrama] | der Brief |
| *τὸ σπίτι* [tɔ 'spiti] | das Haus |
| *συγυρίζω* [siji'rizɔ] | aufräumen; machen |
| *τὸ δωμάτιο* [tɔ ðɔ'matĭɔ] | das Zimmer |
| *παίζω* ['pεzɔ] | spielen |
| *τὸ τόπι* [tɔ 'tɔpi] | der Ball |
| *μπαίνω* ['bεnɔ] | hineingehen |
| *σέ* [sε] | in |
| *τὸ κατάστημα* [tɔ ka'tastima] | das Geschäft |
| *πόσο* ['pɔsɔ] | wieviel |
| *τὸ βιβλίο* [tɔ vi'vliɔ] | das Buch |
| *ἡ δεσποινίς* [i ðεspi'nis] | das Fräulein |
| *δέκα* ['ðεka] | zehn |
| *ἡ δραχμή Plur. δραχμές* [ðra'xmi] | die Drachme |
| *ὁ σταθμός* [ɔ sta'θmɔs] | der Bahnhof |
| *ἐκεῖ* [ε'ķi] | dort |
| *ἐκεῖ πέρα* [ε'ķi 'pεra] | dort drüben |
| *κοντά* [kɔ'ňda] | in der Nähe |
| *μακριά* [ma'krĭa] | weit entfernt |

*ξέρω, κάνω, καλά, ὄχι, λίγο, καί s. Vorkursus S. 23—27.*

## Grammatik **A**

Das Griechische ist wie das Deutsche eine indogermanische Sprache. In seinem grammatischen Bau teilt es viele Eigentümlichkeiten mit dem Deutschen.

Die grammatischen Formen werden in diesem Lehrbuch zunächst in lateinischer Schrift gegeben, um das für das Sprechen so wichtige, tatsächliche Lautbild deutlich zu machen, das durch die historische Orthographie verschleiert wird. Die häufigsten grammatischen Formen werden zu Gruppen zusammengefaßt und übersichtlich in Tabellen geordnet. Diese Tabellen bilden das grammatische Gerüst, das jederzeit eine schnelle Orientierung erlaubt.

### Das Substantiv **B**

Die Substantive werden drei Klassen zugeordnet, die man wie im Deutschen als maskulin, feminin und neutral bezeichnet. Die Klasse des Substantivs ist meist an der Endung zu erkennen. Der Nominativ Singular ist durch folgende Formen gekennzeichnet:

| | *Artikel* | *Endung des Substantivs* |
|---|---|---|
| *m* | ɔ | -ɔs, -as, -is |
| *f* | i | -a, -i |
| *n* | tɔ | -ɔ, -i, -ma |

Einige weitere Endungen des Substantivs werden später behandelt.

*Beispiele:*
*m*: **ὁ** κύριο**ς**, **ὁ** σταθμό**ς**, **ὁ** πατέρα**ς**, **ὁ** Τάκη**ς**, **ὁ** μαθητή**ς**.
*f*: **ἡ** μητέρ**α**, **ἡ** μέρ**α**, **ἡ** δραχμ**ή**.
*n*: **τὸ** σχολεῖ**ο**, **τὸ** γραφεῖ**ο**, **τὸ** βιβλί**ο**, **τὸ** σπίτ**ι**, **τὸ** πρω**ί**, **τὸ** παιδ**ί**, **τὸ** γράμμ**α**, **τὸ** κατάστημ**α**, **τὸ** κλῖμ**α** (Klima).
In den Lesestücken werden die Endungen kursiv gesetzt.

## Das Verb **C**

Das neugriechische Verb hat keine Form für den Infinitiv. Es muß immer eine Personalendung tragen. In den Wörterbüchern ist die *ich*-Form, z.B. γράφω *ich schreibe* angeführt. Die Personalpronomen werden im Nominativ (*ich, du, er* usw.) nur ausgedrückt, wenn sie betont sind. Nach der Betonung der ersten Person Singular Präsens unterscheidet man zwei Verbgruppen:
1. Verben mit dem Akzent auf der vorletzten Silbe; z. B.: γράφω
2. Verben mit dem Akzent auf der letzten Silbe, z.B.: ρωτῶ *ich frage*.
Zunächst muß man sich die Formen der ersten Gruppe einprägen, die sehr einheitlich sind.

## Präsens der 1. Konjugation, der Verben auf ˈ-ɔ **D**

| | | | | | |
|---|---|---|---|---|---|
| -ɔ | *ich* | γράφ**ω** | ich schreibe | πίν**ω** | ich trinke |
| -is | *du* | γράφ**εις** | du schreibst | πίν**εις** | du trinkst |
| -i | *er, sie, es* | γράφ**ει** | er, sie, es schreibt | πίν**ει** | er, sie, es trinkt |
| -ɔmɛ | *wir* | γράφ**ομε** | wir schreiben | πίν**ομε** | wir trinken |
| -ɛtɛ | *ihr* | γράφ**ετε** | ihr schreibt | πίν**ετε** | ihr trinkt |
| -un | *sie* | γράφ**ουν** | sie schreiben | πίν**ουν** | sie trinken |

*ebenso:*
ἔχ**ω** [ˈɛxɔ] ich habe
ἔχ**εις** [ˈɛiçis] du hast *usw.*

**E**

Einige wenige Verben haben im Präsens eine Kurzform. Diese Form ist dadurch entstanden, daß diese Verben sehr häufig gebraucht werden. Man merke sich zunächst λέγω „sagen", τρώγω „essen":

| | | | | | |
|---|---|---|---|---|---|
| λέγω | *oder* | λέω | τρώγω | *oder* | τρώω |
| λέγεις | | λές | τρώγεις | | τρῶς |
| λέγει | | λέει | τρώγει | | τρώει |
| λέγομε | | λέμε | τρώγομε | | τρῶμε |
| λέγετε | | λέτε | τρώγετε | | τρῶτε |
| λέγουν | | λέν(ε) | τρώγουν | | τρῶν(ε) |

**F**

**Verneinung.** Verneint wird das Verb im Indikativ durch δέ, das vor dem Verb steht. Lautet das dem δέ folgende Wort mit Vokal oder κ, ξ, π, ψ, τ, τσ, τζ an (*s.* Vorkursus ⑥ b), so erhält δέ ein ν.

Dieses -ν verbindet sich mit dem folgenden Konsonanten zu einer neuen Lautgruppe: [-ŋ̆g-, -ŋ̆gz-, -m̆b-, -m̆bz-, -n̆d-, -n̆dz-], z. B. δὲν τρώει [ðɛ'n̆droi].

G

**Wortstellung.** In Aussagesätzen steht das Subjekt meist an erster, das Verb an zweiter Stelle. In Fragesätzen steht das Subjekt nach dem Verb: Μαθαίνει ὁ κύριος ἑλληνικά; „Lernt der Herr Griechisch?" Ist das Subjekt nicht durch ein besonderes Wort ausgedrückt, so unterscheidet sich im Neugriechischen der Fragesatz nur durch seine Intonation von dem Aussagesatz. Wie im Deutschen steigt die Stimme, z. B.:

| | |
|---|---|
| Καταλαβαίνει ἑλληνικά. | (mit sinkendem Ton) Er versteht Griechisch |
| Καταλαβαίνει ἑλληνικά; | (mit steigendem Ton) Versteht er Griechisch? |

## Übungen

a) Ergänzen Sie und setzen Sie alle möglichen Formen ein:

Ξέρ- ἑλληνικά; Ὄχι, δὲν — ἑλληνικά.
Μαθαίν- ἑλληνικά; Ναί, — ἑλληνικά.
Ὁ Τάκης λε- : Χαίρ- , μητέρ-.
— Τάκης — μαθητ-.
— πατέρ- καὶ — μητέρ- πίν- γάλα. Ὁ πατέρ- γράφ- ἕνα γράμμ- καὶ ἡ μητέρ- διαβάζ- ἕνα βιβλί-.
— πατέρ- — στὸ γραφεῖ- καὶ — μητέρ- — στὸ σπίτ-. — κύρι- λέ-: Πόσο κάν- — βιβλί-;

b) Setzen Sie den bestimmten Artikel:

σταθμός, τόπι, κατάστημα, ψωμί, δραχμή, μέρα, δεσποινίς, σχολεῖο, πρωί, μαθητής.

c) Übersetzen Sie:

Wie geht es dir? (Was machst du?) Wir lernen Griechisch. Sie trinken und essen. Was trinkst du? Was trinkt er? Was eßt ihr? (Was essen Sie?) Ich trinke ein Glas Milch. Er (sie, es) trinkt Tee. Wir essen Brot. Gehen Sie ins Büro? Ich gehe ins Büro, du gehst ... usw. Das Fräulein liest ein Buch. Der Herr ist nicht im Hause. Ich mache das Zimmer, du machst ..., ich verstehe nicht, du verstehst nicht ..., Wir treten in ein Geschäft ein und sagen..., Ihr tretet ..., Sie treten ...

## Brücke zum griechischen Wortschatz

| | |
|---|---|
| κύριος: | Kyrie eleison — Herr, erbarme dich! |
| εὐχαριστῶ: | Eucharistie („Danksagung") |
| ἑλληνικά: | Hellene |
| γαλλικά: | Gallier |
| ἀγγλικά: | Angelsachsen |
| μαθαίνω, μαθητής: | Mathematik („Lehre") |
| σχολεῖο: | Scholastik; Schule |

| | |
|---|---|
| μητέρα: | Mutter (*urverwandt*) |
| παιδί: | Pädagoge („Kinderführer“) |
| πατέρας: | *lat.* pater (*urverwandt*) |
| γάλα: | Galaxie („Milchstraße“) |
| τσάι: | *russ.* tschai |
| γράφω, γράμμα: | Graphologie, Graphik |
| βιβλίο: | Bibliothek („Bücherbehälter“), Bibel (Das Buch) |
| δέκα: | Dekade („Zehntheit“) |

# 2. Lektion

1. ’Αντίθετα: μεγάλος — μικρός κτλ.

| | | | |
|---|---|---|---|
| Ἡ | πόρτα | εἶναι | ἀνοιχτή. |
| i | 'pɔrta | 'inɛ | ani'xti |
| Die | Tür | ist | geöffnet. |

| | | | |
|---|---|---|---|
| Τὸ | παράθυρο | εἶναι | κλειστό. |
| tɔ | pa'raθirɔ | 'inɛ | kli'stɔ |
| Das | Fenster | ist | geschlossen. |

| | | | |
|---|---|---|---|
| Ὁ | Τάκης | εἶναι | ἄταχτος. |
| ɔ | 'taĭk̡is | 'inɛ | 'ataxtɔs |
| | Takis | ist | ungezogen. |

| | | | |
|---|---|---|---|
| Ἡ | Ἑλενίτσα | εἶναι | φρόνιμη. |
| i | ɛlɛ'nitsa | 'inɛ | 'frɔnimi |
| | Elenitsa | ist | artig. |

| | | | |
|---|---|---|---|
| Ἡ | μητέρα | εἶναι | λυπημένη. |
| i | mi'tɛra | 'inɛ | lipi'mɛni |
| Die | Mutter | ist | traurig. |

| | | | |
|---|---|---|---|
| Ὁ | πατέρας | εἶναι | χαρούμενος. |
| ɔ | pa'tɛras | 'inɛ | xa'rumɛnɔs |
| Der | Vater | ist | fröhlich. |

| | | | | | | | | | | |
|---|---|---|---|---|---|---|---|---|---|---|
| Ἡ | ἑλληνικὴ | γλώσσα | εἶναι | δύσκολη. | Οὔτε | | ἡ | γερμανικὴ | γλώσσα | εἶναι | εὔκολη. |
| i | ɛlini'k̡i | 'ɣlɔsa | 'inɛ | 'ðiskɔli | 'utɛ | | i | jɛrmani'k̡i | 'ɣlɔsa | 'inɛ | 'ɛfkɔli |
| Die | griechische | Sprache | ist | schwer. | Auch | nicht | die | deutsche | Sprache | ist | leicht. |

| | | | | | |
|---|---|---|---|---|---|
| Αὐτὸ | τὸ | ἑλληνικὸ | λεξικὸ | εἶναι | φτηνό. |
| a'ftɔ | tɔ | ɛlini'kɔ | lɛksi'kɔ | 'inɛ | fti'nɔ |
| Dies | | griechische | Wörterbuch | ist | billig. |

| | | | | | |
|---|---|---|---|---|---|
| Ἕνα | ταξίδι | στὴν | Ἑλλάδα | εἶναι | ἀκριβό. |
| 'ɛna | ta'ksiði | stin | ɛ'laða | 'inɛ | akri'vɔ |
| Eine | Reise | nach | Griechenland | ist | teuer. |

| | | | |
|---|---|---|---|
| Ὁ | Τάκης | εἶναι | ἔξυπνος. |
| ɔ | 'taĭk̡is | 'inɛ | 'ɛksipnɔs |
| | Takis | ist | klug. |

| | | | |
|---|---|---|---|
| Ὁ | Πᾶνος | εἶναι | κουτός. |
| ɔ | 'panɔs | 'inɛ | ku'tɔs |
| | Panos | ist | dumm. |

| | | | | | | | | | |
|---|---|---|---|---|---|---|---|---|---|
| Αὐτὸ | τὸ | παλιὸ | σπίτι | εἶναι | ψηλό. | Ἐκεῖνο | τὸ | καινούργιο | σπίτι |
| a'ftɔ | tɔ | pa'ʎɔ | 'spiti | 'inɛ | psi'lɔ | ɛ'ķinɔ | tɔ | ķɛ'nurjɔ | 'spiti |
| Dieses | | alte | Haus | ist | hoch. | Jenes | | neue | Haus |

| | |
|---|---|
| εἶναι | χαμηλό. |
| 'inɛ | xami'lɔ |
| ist | niedrig. |

| | | | | | | | | | |
|---|---|---|---|---|---|---|---|---|---|
| Αὐτὴ | ἡ | δουλειὰ | εἶναι | δύσκολη. | Ἐκείνη | ἡ | δουλειὰ | εἶναι | εὔκολη. |
| a'fti | i | ðu'ʎa | 'inɛ | 'ðiskɔli | ɛ'ķini | i | ðu'ʎa | 'inɛ | 'ɛfkɔli |
| Diese | die | Arbeit | ist | schwierig. | Jene | (die) | Arbeit | ist | leicht. |

| | | | | | | | |
|---|---|---|---|---|---|---|---|
| Αὐτὸς | ὁ | ἔμπορος | εἶναι | πλούσιος. | Ἐκεῖνος | εἶναι | φτωχός. |
| a'ftɔs | ɔ | 'ɛm̃bɔrɔs | 'inɛ | 'plusĭɔs | ɛ'ķinɔs | 'inɛ | ftɔ'xɔs |
| Dieser | der | Kaufmann | ist | reich. | Jener | ist | arm. |

| | | | | | | | | |
|---|---|---|---|---|---|---|---|---|
| Παίρνω | αὐτὸ | τὸ | μικρὸ | δωμάτιο. | Τὸ | μεγάλο | δὲν | μ'ἀρέσει |
| 'pɛrnɔ | a'ftɔ | tɔ | mi'krɔ | ðɔ'matĭɔ | tɔ | mɛ'ɣalɔ | ðɛn | ma'rɛsi |
| Ich-nehme | dieses | das | kleine | Zimmer. | Das | große | nicht | mir-gefällt. |

| | |
|---|---|
| (μοῦ | ἀρέσει). |
| mu | a'rɛsi |

| | | | | | | | |
|---|---|---|---|---|---|---|---|
| Χθὲς | ὁ | καιρὸς | ἦταν | κρύος. | Σήμερα | εἶναι | ζεστός. |
| xθɛs | ɔ | ķɛ'rɔs | 'itan | 'kriɔs | 'simɛra | 'inɛ | zɛ'stɔs |
| Gestern | das | Wetter | war | kalt. | Heute | ist-es | warm. |

*Sprichwort:*

| | | | | | |
|---|---|---|---|---|---|
| Τὸ | μεγάλο | ψάρι | τρώει | τὸ | μικρό. |
| tɔ | mɛ'ɣalɔ | 'psari | 'trɔi | tɔ | mi'krɔ |
| Der | große | Fisch | frißt | den | kleinen. |

## 2. Die wichtigsten Wörter und Formen.

| | | | | | | | |
|---|---|---|---|---|---|---|---|
| Ὁ | Κωστάκης | βλέπει | τὴν | Ἑλλάδα | καὶ | φωνάζει: | Πόσο |
| ɔ | kɔ'staĭķis | 'vlɛpi | tin | ɛ'laða | ķɛ | fɔ'nazi | 'pɔsɔ |
| | Kostakis | sieht | das | Griechenland | und | ruft: | Wie |

| | | | | | | | |
|---|---|---|---|---|---|---|---|
| εἶναι | μικρή, | κύριε! — | Εἶναι | μικρή, | ὅμως | εἶναι | ὄμορφη, |
| 'inɛ | mi'kri | 'ķirĭɛ | 'inɛ | mi'kri | 'ɔmɔs | 'inɛ | 'ɔmɔrfi |
| ist-es | klein, | mein Herr! | Es-ist | klein, | jedoch | ist-es | schön, |

| | | |
|---|---|---|
| λέει | ἡ | Ἑλενίτσα. |
| 'lɛi | i | ɛlɛ'nitsa |
| sagt | die | Elenitsa. |

| | | | | | | | | |
|---|---|---|---|---|---|---|---|---|
| 3. | Ἕνας | μαθητής, | μὲ | ὡραία | φωνή, | λέγει | ἕνα | ποίημα | γιὰ |
| | 'ɛnas | maθi'tis | mɛ | ɔ'rɛa | fɔ'ni | 'lɛji | 'ɛna | 'piima | ja |
| | Ein | Schüler | mit | schöner | Stimme | sagt | ein | Gedicht | über |

| | |
|---|---|
| τὸ | καλοκαίρι. |
| tɔ | kalɔ'k̡ɛri |
| den | Sommer. |

| | | | | | | | |
|---|---|---|---|---|---|---|---|
| 4. | Εἶμαι | σ'ἕνα | ἑλληνικὸ | ξενοδοχεῖο | καὶ | λέω: | Θέλω |
| | 'imɛ | 'sɛna | ɛlini'kɔ | ksɛnɔðɔ'çiɔ | k̡ɛ | 'lɛɔ | 'θɛlɔ |
| | Ich-bin | in-einem | griechischen | Hotel | und | sage: | Ich-möchte |

| | | | | | | | |
|---|---|---|---|---|---|---|---|
| ἕνα | δωμάτιο | μ'ἕνα | κρεββάτι. | Ἔχει | στὸ | δωμάτιο | καὶ |
| 'ɛna | ðɔ'matĭɔ | 'mɛna | krɛ'vati | 'ɛĭçi | stɔ | ðɔ'matĭɔ | k̡ɛ |
| ein | Zimmer | mit-einem | Bett. | Hat (gibt) es | im | Zimmer | auch |

| | | | | | | | |
|---|---|---|---|---|---|---|---|
| τρεχούμενο | ζεστὸ | καὶ | κρύο | νερό; | — | Βεβαίως, | κύριε! |
| trɛ'xumɛnɔ | zɛ'stɔ | k̡ɛ | 'kriɔ | nɛ'rɔ | | vɛ'vɛɔs | 'k̡irĭɛ |
| fließendes | warmes | und | kaltes | Wasser? | | Gewiß, | mein-Herr! |

| | | | | | | | |
|---|---|---|---|---|---|---|---|
| 5. | Ποῦ | εἶναι | ὁ | καινούργιος | κινηματογράφος; | Δὲν ξέρω | ἀκριβῶς |
| | pu | 'inɛ | ɔ | k̡ɛ'nurjɔs | k̡inimatɔ'ɣrafɔs | ðɛŋ̆'gzɛrɔ | akri'vɔs |
| | Wo | ist | das | neue | Kino? | nicht weiß-ich | genau. |

| | | | | | | | | |
|---|---|---|---|---|---|---|---|---|
| Ἄλλος | κύριος | λέει: | Εἶναι | ἐκεῖ. | Τί | ὥρα | ἀρχίζει | ὁ |
| 'alɔs | 'k̡irĭɔs | 'lɛi | 'inɛ | ɛ'k̡i | ti | 'ɔra | ar'çizi | ɔ |
| Ein anderer | Herr | sagt: | Es-ist | dort. | Wann | | fängt-an | das |

| | | | | | | | | |
|---|---|---|---|---|---|---|---|---|
| κινηματογράφος; | Στὶς | πέντε | καὶ | στὶς | ὀχτώ. | Πότε | φθάνει | τὸ |
| k̡inimatɔ'ɣrafɔs | stis | 'pɛn̆dɛ | k̡ɛ | stis | ɔ'xtɔ | 'pɔtɛ | 'ftani | tɔ |
| Kino? | Um | fünf | und | um | acht. | Wann | kommt-an | der |

| | | | | | | | | | |
|---|---|---|---|---|---|---|---|---|---|
| τραῖνο; | Στὶς | δύο | (τρεῖς, | τέσσερεις, | ἕξι, | ἑφτά). | Καὶ | τί |
| 'trɛnɔ | stiz | 'ðiɔ | tris | 'tɛsɛris | 'ɛksi | ɛ'fta | k̡ɛ | ti |
| Zug? | Um | zwei | (drei, | vier, | sechs, | sieben). | Und | wann |

| | | | | | | | | |
|---|---|---|---|---|---|---|---|---|
| ὥρα | φεύγει | τὸ | βαπόρι | (τὸ | τράμ, | τὸ | λεωφορεῖο); — | Στὶς |
| 'ɔra | 'fɛvji | tɔ | va'pɔri | tɔ | tram | tɔ | lɛɔfɔ'riɔ | stis |
| | fährt-ab | der | Dampfer | (die | Straßenbahn, | der | Bus)? | Um |

| | | | |
|---|---|---|---|
| ἐννέα | (δέκα, | ἕνδεκα, | δώδεκα). |
| ɛ'nɛa | 'ðɛka | 'ɛn̆dɛka | 'ðɔðɛka |
| neun | (zehn, | elf, | zwölf). |

6. Ὁ κύριος Μαραγκὸς δὲν εἶναι εὐχαριστημένος ἀπὸ τὴ ζωή του.
ɔ 'ķirĭɔs mara'ŋ̃gɔs ðɛn 'inɛ efxaristi'mɛnɔs a'pɔ ti zɔ'itu
Herr Marangos nicht ist zufrieden von (mit) Leben-sein.
(seinem Leben)

Εἶναι λυπημένος, δὲν εἶναι χαρούμενος. Ἡ γυναίκα του,
'inɛ lipi'mɛnɔs ðɛn 'inɛ xa'rumɛnɔs i ji'nɛkatu
Er-ist traurig, nicht ist-er fröhlich. Frau-seine,

ἡ κυρία Μαραγκοῦ, εἶναι ἄρρωστη. Ὁ γιός του, ὁ Τάκης,
i ķi'ria mara'ŋ̃gu 'inɛ 'arɔsti ɔ 'jɔstu o 'taĭķis
die Frau Marangos, ist krank. Sohn-sein, der Takis,

εἶναι ἄταχτος, οὔτε ἡ Ἑλενίτσα εἶναι πάντα φρόνιμη.
'inɛ 'ataxtɔs 'utɛ i ɛlɛ'nitsa 'inɛ 'paňda 'frɔnimi
ist ungezogen, auch nicht Elenitsa ist immer artig.

Τὸ γραφεῖο του εἶναι μικρό, δὲν ἔχει παράθυρο στὸ δρόμο
tɔ ɣra'fiɔtu 'inɛ mi'krɔ ðɛn 'ɛĭçi pa'raθirɔ stɔ 'ðrɔmɔ
Das Büro-sein ist klein, nicht hat-es (ein) Fenster zur Straße

καὶ εἶναι σκοτεινό (δὲν εἶναι φωτεινό). Δὲν ὑπάρχει
ķɛ 'inɛ skɔti'nɔ ðɛn 'inɛ foti'nɔ ðɛn i'parçi
und ist dunkel nicht ist-es hell. Nicht gibt-es

χαλὶ στὸ δωμάτιο. Ἡ δουλειὰ εἶναι δύσκολη.
xa'li stɔ ðɔ'matĭɔ i ðu'ļa 'inɛ 'ðiskɔli
(einen) Teppich im Zimmer. Die Arbeit ist schwierig.

Ὁ καφὲς ποὺ πίνει εἶναι πικρός. Τὸ τσάι δὲν τοῦ
ɔ ka'fɛs pu 'pini 'inɛ pi'krɔs tɔ tsai 'ðɛňdu
Der Kaffee, den er-trinkt, ist bitter. Der Tee nicht ihm

ἀρέσει. Τὸ φαγητὸ εἶναι πάντα κρύο.
a'rɛsi tɔ faji'tɔ 'inɛ 'paňda 'kriɔ
gefällt. Das Essen ist immer kalt.

## Vokabeln

*zu 1:*

| | |
|---|---|
| *τὸ ἀντίθετο* [tɔ a'ňdiθɛtɔ] | der Gegensatz |
| *κτλ.* = *καὶ τὰ λοιπά* [ķɛtali'pa] | usw. |
| *ἡ πόρτα* [i 'pɔrta] | die Tür |
| *ἀνοιχτός* [ani'xtɔs] | geöffnet |
| *τὸ παράθυρο* [tɔ pa'raθirɔ] | das Fenster |
| *κλειστός* [kli'stɔs] | geschlossen |
| *ἄταχτος* ['ataxtɔs] | unartig |
| *ἡ Ἑλενίτσα* [i ɛlɛ'nitsa] | Elenitsa |
| *φρόνιμος* ['frɔnimɔs] | artig |
| *λυπημένος* [lipi'mɛnɔs] | traurig |
| *χαρούμενος* [xa'rumɛnɔs] | froh, fröhlich |
| *ἡ γλώσσα* [i 'ɣlɔsa] | die Sprache |
| *δύσκολος* ['ðiskɔlɔs] | schwierig |

| | |
|---|---|
| *οὔτε* ['utε] | auch nicht |
| *εὔκολος* ['efkɔlɔs] | leicht |
| *τὸ λεξικό* [tɔ lεksi'kɔ] | das Wörterbuch |
| *φτηνός* [fti'nɔs] | billig |
| *τὸ ταξίδι* [tɔ ta'ksiði] | die Reise |
| *ἀκριβός* [akri'vɔs] | teuer |
| *ἔξυπνος* ['εksipnɔs] | klug |
| *κουτός* [ku'tɔs] | dumm |
| *παλιός* [pa'ʎɔs] | alt |
| *ψηλός* [psi'lɔs] | hoch |
| *καινούργιος* [kε'nurjɔs] | neu |
| *χαμηλός* [xami'lɔs] | niedrig |
| *ἡ δουλειά* [i ðu'ʎa] | die Arbeit |
| *αὐτός* [a'ftɔs] | dieser |
| *ὁ Πᾶνος* [ɔ 'panɔs] | Panos |
| *ὁ ἔμπορος* [ɔ 'εm̆bɔrɔs] | der Kaufmann |
| *πλούσιος* ['plusjɔs] | reich |
| *ἐκεῖνος* [ε'ķinɔs] | jener |
| *φτωχός* [ftɔ'xɔs] | arm |
| *μικρός* [mi'krɔs] | klein |
| *μεγάλος* [mε'ɣalɔs] | groß |
| *ἀρέσω* [a'rεsɔ] | gefallen |
| *χθές* [xθεs] | gestern |
| *ὁ καιρός* [ɔ ķε'rɔs] | die Zeit, das Wetter |
| *ἦταν* ['itan] | war |
| *κρύος* ['kriɔs] | kalt |
| *σήμερα* ['simεra] | heute |
| *ζεστός* [zε'stɔs] | warm |
| *τὸ ψάρι* [tɔ 'psari] | der Fisch |

*zu 2:*

| | |
|---|---|
| *βλέπω* ['vlεpɔ] | sehen |
| *φωνάζω* [fɔ'nazɔ] | rufen |
| *πόσο* ['pɔsɔ] | wie sehr |
| *ὅμως* ['ɔmɔs] | jedoch |
| *ὁ Κωστάκης* [ɔ kɔ'staïķis] | Kostakis |
| *ὄμορφος* ['ɔmɔrfɔs] | schön |
| *ἡ Ἑλλάδα* [i ε'laða], *ἡ Ἑλλάς* [ε'las] | Griechenland |

*zu 3:*

| | |
|---|---|
| *ὡραῖος* [ɔ'rεɔs] | schön |
| *ἡ φωνή* [i fɔ'ni] | die Stimme |
| *τὸ ποίημα* [tɔ 'piima] | das Gedicht |
| *γιά* [ja] | für, über |
| *τὸ καλοκαίρι* [tɔ kalɔ'ķεri] | der Sommer |

*zu 4:*

| | |
|---|---|
| *τὸ ξενοδοχεῖο* [tɔ ksεnɔðɔï'çiɔ] | das Hotel |
| *θέλω* ['θεlɔ] | wünschen, wollen |
| *τὸ κρεββάτι* [tɔ krε'vati] | das Bett |
| *τρεχούμενος* [trε'xumεnɔs] | laufend, fließend |
| *βεβαίως* [vε'vεɔs] | gewiß |

*zu 5:*

| | |
|---|---|
| *ὁ κινηματογράφος* [ɔ ķinimatɔ'ɣrafɔs] | Kino |
| *ἀκριβῶς* [akri'vɔs] | genau |
| *ἄλλος* ['alɔs] | ein anderer |
| *τί ὥρα* [ti 'ɔra] | wie spät? |
| *πότε* ['pɔtε] | wann? |
| *ἀρχίζω* [ar'çizɔ] | anfangen |
| *στίς* [stis] | um ... Uhr |
| *δύο* ['ðiɔ] | zwei |
| *τρεῖς* [tris] | drei |
| *τέσσερεις* ['tεsεris] | vier |
| *πέντε* ['pεn̆dε] | fünf |
| *ἔξι* ['εksi] | sechs |
| *ἑφτά* [ε'fta] | sieben |
| *ὀχτώ* [ɔ'xtɔ] | acht |
| *ἐννέα* [ε'nεa] | neun |
| *ἕνδεκα* ['εn̆dεka] | elf |
| *δώδεκα* ['ðɔðεka] | zwölf |
| *φθάνω* ['ftanɔ] | ankommen |
| *τὸ τραῖνο* [tɔ 'trεnɔ] | der Zug |
| *φεύγω* ['fεvɣɔ] | fortgehen, abfahren |
| *τὸ βαπόρι* [tɔ va'pɔri] | der Dampfer |
| *τὸ τράμ* [tɔ tram] | die Straßenbahn |
| *τὸ λεωφορεῖο* [tɔ lεɔfɔ'riɔ] | der Bus |

*zu 6:*

| | |
|---|---|
| *εὐχαριστημένος ἀπό* [εfxaristi'mεnɔs a'pɔ] | zufrieden mit |
| *ἡ ζωή* [i zɔ'i] | das Leben |
| *ἡ γυναίκα* [i ji'nεka] | die Frau |
| *ἡ κυρία* [i ķi'ria] | die Dame, Frau ... (*bei Namen*) |
| *ἄρρωστος* ['arɔstɔs] | krank |
| *ὁ δρόμος* [ɔ 'ðrɔmɔs] | die Straße |
| *σκοτεινός* [skɔti'nɔs] | dunkel |
| *φωτεινός* [fɔti'nɔs] | hell |
| *ὑπάρχω* [i'parxɔ] | existieren, geben |
| *τὸ χαλί* [tɔ xa'li] | der Teppich |
| *ὁ καφές* [ɔ ka'fεs] | der Kaffee |
| *πικρός* [pi'krɔs] | bitter |
| *τὸ φαγητό* [tɔ faji'tɔ] | das Essen |
| *πάντα* ['pan̆da] | immer |
| *τοῦτος* ['tutɔs] | dieser |
| *ἡ χώρα* [i 'xɔra] | das Land |
| *ὁ στρατός* [ɔ stra'tɔs] | das Heer |
| *ποιός, ποιά, ποιό;* [pjɔs, pja, pjɔ] | wer? welcher? |

# Grammatik

## Das Adjektiv A

Die Form des Adjektivs richtet sich nach dem Substantiv, auf das es sich bezieht. Anders als im Deutschen ändert sich die Form des Adjektivs auch, wenn es nach dem Satzband („sein") oder ähnlichen Verben („werden") steht. Die Endungen der meisten Adjektive im Nominativ Singular entsprechen den in Lektion 1, Grammatik B gegebenen Endungen der Substantive, und zwar für das Maskulinum und Neutrum denen der ersten und dritten Reihe (-ɔs, -ɔ), für das Femininum denen der zweiten Reihe (-i).

B

## Der unbestimmte Artikel und die häufigsten Adjektivendungen

| | | | | |
|---|---|---|---|---|
| *m* | 'ɛnas | -ɔs | ἕνας καλὸς κύριος | ein guter Herr |
| *f* | mja | -i (-a) | μιὰ καλὴ μητέρα | eine gute Mutter |
| *n* | 'ɛna | -ɔ | ἕνα καλὸ παιδί | ein artiges Kind |

**-a** an Stelle von **-i** steht im Femininum, wenn der Stamm des Adjektivs auf einen Vokal (meist **-i**) ausgeht:

| | | | |
|---|---|---|---|
| πλούσιος | reich: | μιὰ πλούσια κυρία | eine reiche Dame |
| ὡραῖος | schön: | μιὰ ὡραία χώρα | ein schönes Land |

Das Adjektiv kann auch wie im Deutschen substantivisch gebraucht werden (*Sprichwort*):

ὁ καλὸς καλὸ δὲν ἔχει (der Gute Gutes nicht hat)
„Der gute Mensch hat's immer schwer".

Beispiele mit dem Satzband *sein* siehe weiter unten unter Demonstrativpronomen.

## Das Demonstrativpronomen C

| | *dieser, der hier* | *dieser hier* | *jener, der da* |
|---|---|---|---|
| *m* | αὐτός | τοῦτος | ἐκεῖνος |
| *f* | αὐτή | τούτη | ἐκείνη |
| *n* | αὐτό | τοῦτο | ἐκεῖνο |

Die Endungen der Demonstrativpronomen sind die gleichen wie die oben für die Adjektive gegebenen. Sie werden selbständig (in substantivischer Funktion) oder unselbständig (in adjektivischer Funktion) gebraucht. Im zweiten Fall müssen sie von dem bestimmten Artikel begleitet sein. Sie können vor oder nach dem Substantiv stehen. τοῦτος wird seltener gebraucht als αὐτός und ἐκεῖνος.

Selbständig:

| | |
|---|---|
| πάρε τοῦτο | Nimm dies hier! |
| Τί θέλεις, αὐτὸ ἢ ἐκεῖνο; | Was willst du, dies hier oder das da? |

Unselbständig:

| | |
|---|---|
| αὐτὸς ὁ κύριος εἶναι καλός | dieser Herr ist gut |
| αὐτὴ ἡ μητέρα εἶναι καλή | diese Mutter ist gut |
| αὐτὸ τὸ παιδὶ εἶναι καλό | dies Kind ist artig |
| αὐτὴ ἡ κυρία εἶναι πλούσια | diese Dame ist reich |
| αὐτὴ ἡ χώρα εἶναι ὡραία | dies Land ist schön |

ὁ κύριος αὐτὸς ... ἡ μητέρα αὐτὴ ... τὸ παιδὶ αὐτὸ ...

## Das Adverb D

1. Aus vielen Adjektiven kann ein Adverb gebildet werden. Die Endung des Adverbs ist **-a**. Es ist die neutrale Pluralform des Adjektivs.

| | | |
|---|---|---|
| -a | Μαθαίνω ἑλληνικ**ά**. | ich lerne Griechisch |

Man vergleiche dagegen die adjektivischen Formen:

| | |
|---|---|
| ὁ ἑλληνικὸς στρατός | die griechische Armee |
| ἡ ἑλληνικὴ γλῶσσα | die griechische Sprache |
| τὸ ἑλληνικὸ σπίτι | das griechische Haus |

Man unterscheide:

| | |
|---|---|
| Εἶμαι καλά | (ich bin „in gutem Zustand") = es geht mir gut |
| Εἶμαι καλός (*f* καλή). | ich bin gut (*d. h.* ein guter Mensch). |

2. Die Katharevusa-Endung ist -ως. Einige Adverbien werden auch in der Umgangssprache nur in dieser Form gebraucht:

| | |
|---|---|
| εὐτυχῶς | glücklicherweise, Gott sei Dank |
| δυστυχῶς | leider |

3. Einige Adverbien können auch attributiv gebraucht werden:

Διαβάζω τὸ ἑξῆς γράμμα:... Ich lese den folgenden Brief:...

## Zahlen E

| | | | |
|---|---|---|---|
| Man zählt: | 1 ἕνα | 6 ἕξι | *Die Formen* τρία, τέσσερα *sind neutral.* |
| | 2 δυό, δύο | 7 ἑφτά | *Die maskuline und feminine Form lauten* |
| | 3 τρία | 8 ὀχτώ | τρεῖς, τέσσερεις. |
| | 4 τέσσερα | 9 ἐννιά | *Sie werden auch zur Angabe der Uhrzeit* |
| | 5 πέντε | 10 δέκα | *verwendet:* |
| | | | στὶς τρεῖς um 3 Uhr |
| | | | στὶς τέσσερεις um 4 Uhr |

Für 7 8 9 verwenden viele die Katharevusa-Formen **ἑπτά, ὀκτώ, ἐννέα.**

## Übungen

a) Setzen Sie die fehlenden Endungen und Wörter ein:

1. Τ- ἕν- παράθυρ- εἶναι ἀνοιχτ-, τ- ἄλλο εἶναι —.
2. — Ἑλενίτσα δὲν εἶναι κουτ-, εἶναι —.
3. Ἡ ἑλληνικ- γλώσσ- δὲν εἶναι εὔκολ-, εἶναι —.
4. — νερ- εἶναι ζεστ-, δὲν εἶναι —.
5. Αὐτ- — μικρ- δωμάτι- δὲ μ' ἀρέσ-.
6. Ἡ Ἑλλάδ- δὲν εἶναι μεγάλ-, ἀλλὰ πολὺ ὄμορφ-.
7. — κινηματογράφ- ἀρχίζ- — —.
8. — τραῖν- φεύγ- στὶς —.
9. — λεωφορεῖ- φθάν- στὶς —.
10. Θέλ- ἕν- δωμάτι- μ' — κρεββάτι.
11. Αὐτ- — δωμάτι- εἶναι φτην-, ἀλλὰ δὲν ἔχει τρεχούμεν- κρύ- καὶ ζεστ- νερ-.
12. — ξενοδοχεῖ- αὐτ- εἶναι καλ- καὶ φτην-.

b) Antworten Sie auf folgende Fragen!

Ποιὸς εἶναι μαθητής; Εἶναι ἔξυπνος; Ποιὰ γλώσσα εἶναι δύσκολη; Καὶ ἡ γερμανικὴ γλώσσα; Ποιὸς εἶναι στὸ γραφεῖο; Τί κάνει ὁ πατέρας στὸ γραφεῖο; Εἶναι εὐχαριστημένος ὁ κύριος Μαραγκός; Γιατί ὄχι; Ποιὸ λεξικὸ εἶναι φτηνό; Διαβάζετε κάθε μέρα ἕνα βιβλίο; Εἶναι ἕνα ταξίδι στὴν Ἑλλάδα ἀκριβό; Εἶναι ὁ κύριος Μαραγκὸς πλούσιος; Τί εἶναι;

c) Setzen Sie in das Lesestück 6) anstatt der negativen positive Ausdrücke: Herr Marangos ist mit seinem Leben zufrieden...

d) Übersetzen Sie:

Herr Marangos ist nicht zufrieden. Frau Marangos ist nicht zufrieden. Wer ist zufrieden? Nur das Kind ist zufrieden. Takis ist immer froh. Gern (εὐχαρίστως) geht er in die Schule. Er ist intelligent und (ein) guter Schüler. Er geht in ein Geschäft und sagt: Was kostet dieser Ball? Das Fräulein sagt: Fünf Drachmen. Takis kauft (nimmt) den Ball. Zuhause spielt er mit dem Ball.

Ein Herr ist in einem Hotel und sagt: Ich wünsche ein großes, helles Zimmer. Das Zimmer hat ein Fenster zur Straße. Guten Tag, mein Herr, wie geht es Ihnen? Das Zimmer gefällt mir nicht, es ist dunkel.

## Brücke zum neugriechischen Wortschatz

| | |
|---|---|
| πόρτα | < *ital.* porta: *vgl.* Pforte |
| γλῶσσα: | Glosse, Glossar |
| λεξικό: | Lexikon |
| ἔξυπνος | *aus* ex-hypnos (*vgl.* Hypnose „Einschläferung") „aus dem Schlaf", „aufgeweckt" |

| | |
|---|---|
| παλιός: | *Paläo*ntologie |
| πλούσιος: | *Pluto*kratie ,,Herrschaft der Reichen“ |
| μικρός: | *Mikro*skop ,,Kleinsehgerät“, Mikrokopie ,,fotografische Kleinaufnahme“ |
| μεγάλος: | *Megalo*manie ,,Größenwahn“ |
| φωνή: | *Phone*tik ,,Lautlehre“ |
| ποίημα: | Poem ,,Gedicht“ |
| κινηματο-γράφος: | Kinematograph (,,Bewegungsschreiber“, *1895 von Lumière künstlich gebildetes Wort*), *die Abkürzung ,,Kino“ ist im Neugr. nicht üblich*). |
| ἀκριβῶς: | Akribie ,,Genauigkeit, Sorgfalt“ |
| δύο: | *dy*adisches System = binäres (Zweier-)System. *Vgl. lat.* duo |
| τρεῖς, τρία: | Trias ,,Dreiheit“. *Vgl.* Trio ,,Dreiergruppe“ Trilogie ,,aus drei Teilen bestehendes Werk“ |
| τέσσερεις, τέσσερα: | Tetraeder ,,Vierflach, Körper mit 4 Flächen“ |
| πέντε: | *Penta*gon ,,Fünfeck“ |
| ἕξι: | *Hex*ameter ,,sechsfüßiger Vers, aus 6 Metren bestehender Vers“ |
| ἑφτά, ἑπτά: | *Hept*ode ,,Elektronenröhre mit 7 Elektroden“ Heptameron ,,Erzählungen der Sieben Tage“ *der Margarete von Navarra.* |
| ὀχτώ, ὀκτώ: | *oktog*onal, oktagonal, achteckig |
| δώδεκα: | *Dodek*anes ,,Zwölf Inseln“ |
| βαπόρι | < *ital.* vapore, *vgl. franz.* vapeur ,,Dampf, Dampfer“ |
| τραῖνο | < *frz.* train |
| τράμ: | *vgl. schweizerisch* Tram |
| στρατός: | *Strat*egie ,,Heerführung“ |
| γυναῖκα: | *Gynäk*ologie ,,Frauenheilkunde“ |

# 3. Lektion

## Σχηματίζομε τὸν πληθυντικό

| | | | | | | | |
|---|---|---|---|---|---|---|---|
| 1. *Ὅλοι* | *εἶναι* | *στὸ* | τραπέζι. | Παίρνουν | τὸ | πρωϊνό | τους. |
| 'ɔli | 'inɛ | stɔ | tra'pɛzi | 'pɛrnun | tɔ | prɔi'nɔ | tus |
| Alle | sind | bei | Tisch. | Sie nehmen | das | Frühstück-ihr. | |

| | | | | | | | |
|---|---|---|---|---|---|---|---|
| Πίνουν | ζεστὸ | γάλα, | πίνουν | τσάι. | Τρώγουν | καὶ | λίγες |
| 'pinun | zɛ'stɔ | 'ɣala, | 'pinun | tsai | 'trɔɣun | ķɛ | 'lijɛs |
| Sie trinken | warme | Milch, | sie trinken | Tee. | Sie-essen | auch | einige |

φέτες ψωμί. Ὅλοι εἶναι χαρούμενοι καὶ τρώγουν μὲ ὄρεξη.
'fɛtɛs psɔ'mi 'ɔli 'inɛ xa'rumɛni ķɛ 'trɔɣun mɛ 'ɔrɛksi
Schnitten Brot. Alle sind fröhlich und essen mit Appetit.

Μὲ ὄρεξη τρώγει καὶ ἡ Λόλα. Ξέρει πῶς τὸ γάλα κάνει
mɛ 'ɔreksi 'trɔji ķɛ i 'lɔla 'ksɛri pɔs tɔ 'ɣala 'kani
Mit Appetit ißt auch Lola. Sie-weiß daß die Milch tut

μεγάλο καλὸ στὰ παιδιά.
mɛ'ɣalɔ ka'lɔ sta pɛ'ðja
großes Gutes den Kindern.

2. Ὁ Τάκης πηγαίνει στὸ σχολεῖο. Δίπλα του πηγαίνει ἡ Ἄννα.
ɔ 'taĭķis pi'jɛni stɔ sxɔ'liɔ 'ðipla tu pi'jɛni i 'ana.
Takis geht in-die Schule. Neben ihm geht Anna.

Τώρα βρίσκονται στὴν πλατεῖα καὶ κοιτάζουν τὰ
'tɔra 'vriskɔn̆dɛ stim̆bla'tia ķɛ ķi'tazun ta
Jetzt befinden-sie-sich auf-dem Platz und betrachten die

καταστήματα. Ἡ Ἄννα διαβάζει: Παντοπωλεῖον
kata'stimata i 'ana ðĭa'vazi pan̆dɔpɔ'liɔn
Geschäfte. Anna liest: Lebensmittelgeschäft

ΛΙΓΑ ΑΠ' ΟΛΑ (λίγα ἀπ' ὅλα). Πιὸ πέρα ἡ Ἄννα
'liɣa ap 'ɔla pjɔ 'pɛra i 'ana
ein-wenig von allem. Etwas weiter Anna

διαβάζει: ΟΠΩΡΟΠΩΛΕΙΟΝ «ΤΟ ΠΕΡΙΒΟΛΙ» (ὀπωροπωλεῖον
ðĭa'vazi ɔpɔrɔpɔ'liɔn
liest Obsthandlung

«Τὸ Περιβόλι»). Ὁ ὀπωροπώλης λέγει στὰ παιδιά: —
tɔ pɛri'vɔli ɔ ɔpɔrɔ'pɔlis 'lɛji sta pɛ'ðja
„Der Garten". Der Obsthändler sagt zu-den Kindern:

Ὅλα εἶναι φρέσκα, παιδιά. Ὅλα εἶναι ἀπὸ τὸ περιβόλι. Ὁ
'ɔla 'inɛ 'frɛska 'pɛ'ðja 'ɔla 'inɛ a'pɔ tɔ pɛri'vɔli ɔ
Alles ist frisch Kinder. Alles ist von dem Garten. Der

μανάβης λέγει δυνατά: Ρόδια, καλὰ μῆλα, λάχανα,
ma'navis 'lɛji ðina'ta 'rɔðja ka'la 'mila 'laxana
Gemüsehändler sagt laut: Granatäpfel, schöne Äpfel, Gemüse.

πατάτες.
pa'tatɛs
Kartoffeln.

| | | | | | | | |
|---|---|---|---|---|---|---|---|
| 3. | Αὐτὰ | τὰ | σπίτια | εἶναι | παλιά | (καινούργια, | μοντέρνα). |
| | a'fta | ta | 'spitja | 'inε | pa'lja | (ķε'nurja | mɔ'dεrna) |
| | Diese | | Häuser | sind | alt | (neu, | modern). |

| | | | | | | | |
|---|---|---|---|---|---|---|---|
| Οἱ | πλατεῖες | εἶναι | μεγάλες. | Οἱ | φίλοι | εἶναι | χαρούμενοι. |
| i | pla'tiεs | 'inε | mε'ɣalεs | i | 'fili | 'inε | xa'rumεni |
| Die | Plätze | sind | groß. | Die | Freunde | sind | fröhlich. |

| | | | | | | | |
|---|---|---|---|---|---|---|---|
| Οἱ | δάσκαλοι | καὶ | οἱ | μαθητὲς | (μαθηταὶ) | εἶναι | στὸ | σχολεῖο. |
| i | 'ðaskali | ķε | i | maθi'tεs | (maθi'tε) | 'inε | stɔ | sxɔ'liɔ |
| Die | Lehrer | und | die | Schüler | | sind | in-der | Schule. |

| | | | | | | | |
|---|---|---|---|---|---|---|---|
| Οἱ | καθηγηταὶ | καὶ | οἱ | φοιτηταὶ | εἶναι | στὸ | πανεπιστήμιο. |
| i | kaθiji'tε | ķε | i | fiti'tε | 'inε | stɔ | panεpi'stimĭɔ |
| Die | Professoren | und | die | Studenten | sind | in-der | Universität. |

| | | | | | | | |
|---|---|---|---|---|---|---|---|
| Οἱ | ἐργάτες | δὲν | εἶναι | εὐχαριστημένοι. | Οἱ | μητέρες | καὶ |
| i | εr'ɣatεs | ðε'ninε | | efxaristi'mεni | i | mi'tεrεs | ķε |
| Die | Arbeiter | nicht | sind | zufrieden. | Die | Mütter | und |

| | | | | | |
|---|---|---|---|---|---|
| οἱ | πατέρες | φροντίζουν | τὰ | παιδιά | τους. |
| i | pa'tεrεs | frɔ'ňdizun | ta | pε'ðja | tus |
| die | Väter | kümmern-sich-um | | Kinder | ihre. |

| | | | | | | | | |
|---|---|---|---|---|---|---|---|---|
| 4. | Κάθε | μέρα | ἀκοῦμε | ραδιόφωνο | καὶ | ἔτσι | μαθαίνομε | τί |
| | 'kaθε | 'mεra | a'kumε | ra'ðjɔfɔnɔ | ķε | 'εtsi | ma'θεnɔmε | ti |
| | Jeden | Tag | hören-wir | Radio | und | so | erfahren-wir | was |

| | | | | | | |
|---|---|---|---|---|---|---|
| γίνεται | στὸν | κόσμο. | Ἀκοῦμε | καὶ | μουσική, | ὀπερέττες, |
| 'jinεtε | stɔ'ŋgɔzmɔ | | a'kumε | ķε | musi'ķi | ɔpε'rεtεs |
| geschieht | auf-der | Welt. | Wir-hören | auch | Musik, | Operetten, |

| | | | | | | | |
|---|---|---|---|---|---|---|---|
| μελοδράματα, | σκέτς. | Ὁ | ἐκφωνητὴς | λέει: | Κυρίες | | καὶ |
| mεlɔ'ðramata | skεts | ɔ | εkfɔni'tis | 'lεi | ķi'riεs | | ķε |
| Opern, | Hörspiele. | Der | Ansager | sagt: | meine | Damen | und |

| | | | |
|---|---|---|---|
| κύριοι, | καλὴ | νύχτα | σας. |
| 'ķirii | kali'nixta | | sas |
| Herren, | gute | Nacht | Ihnen! |

| | | | | | | | | |
|---|---|---|---|---|---|---|---|---|
| 5. | Ἐγὼ | εἶμαι | Γερμανός. | Ἐσὺ | εἶσαι | Ἕλλην | (Γάλλος, | Ἄγγλος, |
| | ε'ɣɔ | 'imε | jεrma'nɔs | ε'si | 'isε | 'εlin | ('ɣalɔs | 'aŋglɔs |
| | Ich | bin | Deutscher. | Du | bist | Grieche | (Franzose, | Engländer, |

| | | | | | |
|---|---|---|---|---|---|
| Ἀμερικανός). | Ἐμεῖς | εἴμαστε | Γερμανοί. | Ἐσεῖς | εἶστε Ἕλληνες. |
| amɛrika'nɔs) | ɛ'mis | 'imastɛ | jɛrma'ni | ɛ'sis | 'istɛ 'ɛlinɛs |
| Amerikaner). | Wir | sind | Deutsche. | Ihr | seid Griechen. |

| | | | | | | |
|---|---|---|---|---|---|---|
| Ἐγὼ | εἶμαι | Γερμανίδα. | Ἐσὺ | εἶσαι | Ἑλληνίδα | (Γαλλίδα, |
| ɛ'ɣɔ | 'imɛ | jɛrma'niða | ɛ'si | 'isɛ | ɛli'niða | (ɣa'liða |
| Ich | bin | Deutsche. | Du | bist | Griechin | (Französin, |

| | |
|---|---|
| Ἀγγλίδα, | Ἀμερικανίδα). |
| a'ŋgliða | amɛrika'niða |
| Engländerin, | Amerikanerin). |

6.

| | | | | | | | |
|---|---|---|---|---|---|---|---|
| Μαθαίνω | ξένες | γλῶσσες. | Μαθαίνετε | κ'ἐσεῖς | ξένες | γλῶσσες; |
| ma'θɛnɔ | 'ksɛnɛz | 'ɣlɔsɛs | ma'θɛnɛtɛ | ķɛ'sis | 'ksɛnɛz | 'ɣlɔsɛs |
| Ich-lerne | fremde | Sprachen. | Lernen | auch-Sie | fremde | Sprachen? |

## Vokabeln

| | |
|---|---|
| *σχηματίζω* [sçima'tizɔ] | bilden |
| *τὸν πληθυντικό* [tɔm̃bliθiñdi'kɔ] | den Plural |
| *ὅλοι* ['ɔli] | alle |
| *τὸ τραπέζι* [tɔ tra'pɛzi] | der Tisch |
| *παίρνω* ['pɛrnɔ] | nehmen, einnehmen |
| *τὸ πρωϊνό* [tɔ prɔi'nɔ] | das Frühstück |
| *λίγοι* ['liji] | einige, wenige |
| *ἡ φέτα* [i 'fɛta] | die Scheibe |
| *ἡ ὄρεξη* [i 'ɔrɛksi] | der Appetit |
| *πώς* [pɔs] | daß |
| *καλός* [ka'lɔs] | gut |
| *τὸ καλό* [tɔ ka'lɔ] | das Gute |
| *δίπλα* ['ðipla] | neben |
| *βρίσκομαι* ['vriskɔmɛ] | sich befinden |
| *ἡ πλατεῖα* [i pla'tia] | der Platz |
| *κοιτάζω* [ķi'tazɔ] | betrachten, sehen |
| *τὸ παντοπωλεῖον* [tɔ pañdɔpɔ'liɔn] | das Lebensmittelgeschäft |
| *λίγα* ['liɣa] (*Plur. n von λίγος*) | (ein) wenig, etwas |
| *ὅλα* ['ɔla] (*Plur. n von ὅλος*) | alles |
| *πέρα* ['pɛra] | weiter |
| *τὸ ὀπωροπωλεῖον* [tɔ ɔpɔrɔpɔ'liɔn] | die Obsthandlung |
| *τὸ περιβόλι* [tɔ pɛri'vɔli] | der Garten |
| *ὁ ὀπωροπώλης* [ɔ ɔpɔrɔ'pɔlis] | der Obsthändler |
| *φρέσκος* ['frɛskɔs] | frisch |
| *ὁ μανάβης* [ɔ ma'navis] | der Gemüsehändler |
| *δυνατά* [ðina'ta] | laut |
| *τὸ ρόδι* [tɔ 'rɔði] | der Granatapfel |
| *τὸ μῆλο* [tɔ 'milɔ] | der Apfel |
| *τὰ λάχανα* [ta 'laxana] | das Gemüse |
| *οἱ πατάτες* [i pa'tatɛs] | die Kartoffeln |
| *μοντέρνος* [mɔ'dɛrnɔs] | modern |
| *ὁ δάσκαλος* [ɔ 'ðaskalɔs] | der Lehrer |
| *ὁ καθηγητής* [ɔ kaθiji'tis] | der Professor |
| *ὁ φίλος* [ɔ 'filɔs] | der Freund |
| *ὁ φοιτητής* [ɔ fiti'tis] | der Student |
| *τὸ πανεπιστήμιον* [tɔ panɛpi'stimĭɔn] | die Universität |
| *ὁ ἐργάτης* [ɔ ɛr'ɣatis] | der Arbeiter |
| *φροντίζω* (*A*) [frɔ'ñdizɔ] | sorgen für |
| *κάθε* ['kaθɛ] | jeder |
| *ἀκούω* [a'kuɔ] | hören |
| *τὸ ραδιόφωνο* [tɔ ra'ðiɔfɔnɔ] | das Radio |
| *ἔτσι* ['ɛtsi] | so |
| *γίνομαι* ['jinɔmɛ] | geschehen |
| *ὁ κόσμος* [ɔ 'kɔzmɔs] | die Welt |
| *ἡ μουσική* [i musi'ķi] | die Musik |
| *ἡ ὀπερέττα* [i ɔpɛ'rɛta] | die Operette |
| *τὸ μελόδραμα* [tɔ mɛ'lɔðrama] | die Oper |
| *τὸ σκέτς* [tɔ skɛts] | das Hörspiel |
| *ὁ ἐκφωνητής* [ɔ ɛkfɔni'tis] | der Ansager (*im Rundfunk*) |

| | | | |
|---|---|---|---|
| *κυρίες καὶ κύριοι* [ķi'riεs ķε 'ķirii] | meine Damen und Herren! | *ὁ 'Αμερικανός* [ɔ amεrika'nɔs] | der Amerikaner |
| *ἡ νύχτα* [i 'nixta] | die Nacht | *ἡ Γερμανίδα* [i jεrma'niða] | die Deutsche |
| *καληνύχτα (σας)* [kali'nixta (sas)] | Gute Nacht! | *ἡ 'Ελληνίδα* [i εli'niða] | die Griechin |
| *ὁ Γερμανός* [ɔ jεrma'nɔs] | der Deutsche | *ἡ Γαλλίδα* [i ɣa'liða] | die Französin |
| *ὁ "Ελλην; Dh.: "Ελληνας* [ɔ 'εlin ('εlinas)] | der Grieche | *ἡ 'Αγγλίδα* [i a'ŋgliða] | die Engländerin |
| *ὁ Γάλλος* [ɔ 'ɣalɔs] | der Franzose | *ἡ 'Αμερικανίδα* [i amεrika'niða] | die Amerikanerin |
| *ὁ "Αγγλος* [ɔ 'aŋglɔs] | der Engländer | *ξένος* ['ksεnɔs] | fremd |
| | | *καί* [ķε] | auch |

## Grammatik **A**

### Plural des bestimmten Artikels, Substantivs und Adjektivs

| | *Artikel* | *Substantiv* | *Adjektiv* |
|---|---|---|---|
| *m* | i | -i, -εs | -i |
| *f* | i | -εs | -εs |
| *n* | ta | -a, -ia, '-mata | -a |

Maskuline Substantive auf **-is** haben im Plural an Stelle von -εs häufig -ε (-αι). Diese Endung stammt aus der Katharevusa.

Neutra mit dem Ton auf dem letzten **-i** betonen im Plural das **-a.** Aussprache der Endung **-ia** ist [-ja]: παιδί — παιδιά.

*Beispiele:*

*m*

| | |
|---|---|
| φίλ**οι** ἀχώριστ**οι** | unzertrennliche Freunde |
| **οἱ** ἱκαν**οὶ** δάσκαλ**οι** | die tüchtigen Lehrer |
| **οἱ** καλ**οὶ** μαθητ**ές**, μαθητ**αί** | die guten Schüler |
| **οἱ** νέ**οι** καθηγητ**αί** | die neuen Professoren |

*f*

| | |
|---|---|
| **οἱ** ἐργατικ**ὲς** 'Ιταλίδ**ες** | die arbeitsamen Italienerinnen |
| **οἱ** ἔξυπν**ες** 'Ελληνίδ**ες** | die intelligenten Griechinnen |
| **οἱ** εὐχαριστημέν**ες** μητέρ**ες** | die zufriedenen Mütter |
| **οἱ** γρήγορ**ες** γάτ**ες** | die schnellen Katzen |

*n*

| | |
|---|---|
| **τὰ** φωτειν**ὰ** δωμάτι**α** | die hellen Zimmer |
| **τὰ** μοντέρν**α** ξενοδοχεῖ**α** | die modernen Hotels |
| **τὰ** παλι**ὰ** σπίτι**α** | die alten Häuser |
| **τὰ** σύντομ**α** γράμ**ματα** | die kurzen Briefe |

Einige Substantive, die in neuerer Zeit aus anderen Sprachen ins Neugr. gedrungen sind, haben keine Pluralendung, oder mit anderen Worten: sie haben die Pluralendung Null. Dazu gehören:

τὸ, τὰ τράμ, σκέτς, φίλμ; φεστιβάλ (Festspiel[e])

### Kasus. Allgemeine Akkusativ-Regel

**B**

Im Neutrum ist der Akkusativ Singular und Plural gleich dem Nominativ:

| | |
|---|---|
| *Nom.* / *Akk.* | τὸ παιδί — τὰ παιδιά |

Femininum: Die Substantivendung des Femininums ist im Singular und Plural gleich der des Nominativs:

| | |
|---|---|
| *Nom.* / *Akk.* | γλώσσα — γλῶσσες[1]) |

[1]) *s.* ⑧

**C**

**Dativ.** Der Dativ wird durch die Präposition σέ mit nachfolgendem Akkusativ ausgedrückt. σ' anstatt σέ steht vor Vokal. Mit dem Artikel wird σέ in einem Wort geschrieben, z. B. στό, στά.

*Beispiel:*

| | |
|---|---|
| Τὸ γάλα κάνει καλὸ στὸ παιδί, στὰ παιδιά. | Die Milch tut dem Kind, den Kindern gut. |

Die Präposition σέ bezeichnet auch die Lageverhältnisse *in, an, auf,* z. B.:

| | |
|---|---|
| στὸ περιβόλι | im Garten, in den Garten |
| στὸ τραπέζι | am Tisch, an den Tisch, auf dem Tisch, auf den Tisch |
| Εἶναι στὸ σχολεῖο | Er ist in der Schule |
| Πηγαίνει στὸ σχολεῖο | Er geht in die Schule |

Es ist praktisch, diesen durch die Präposition σέ ausgedrückten Funktionsbereich durch die Kasusbezeichnung **Dativ-Lokativ** zu beschreiben.

**D**

**Präpositionen.** Die meisten neugr. Präpositionen verlangen den Akkusativ, z. B.:

| | |
|---|---|
| μέ mit | γιά für, über (*in übertragener Bedeutung z. B.* „Gedicht über") |
| ἀπό von, aus | σέ Dativ-Lokativ |

**E**

**Verb.** Das Verb *ἀκούω hören* hat zusammengezogene Formen:

| | |
|---|---|
| **ἀκούω** | **ἀκοῦμε** |
| **ἀκοῦς** | **ἀκοῦτε** |
| **ἀκούει** | **ἀκοῦνε** |

**F**

Das **Verb** εἶμαι *sein* hat unregelmäßige Formen. Sie decken sich jedoch zum größten Teil mit den passiv-medialen Formen, die in der nächsten Lektion behandelt werden.

| | | | |
|---|---|---|---|
| **εἶμαι** | ['imɛ] | **εἴμαστε** | ['imastɛ] |
| **εἶσαι** | ['isɛ] | **εἶστε** | ['istɛ] |
| **εἶναι** | ['inɛ] | **εἶναι** | ['inɛ] |

**G**

**Personalpronomen.** Der Nominativ der betonten Personalpronomen lautet:

| | | | |
|---|---|---|---|
| ἐγώ | ich | ἐμεῖς | wir |
| ἐσύ | du | ἐσεῖς | ihr, Sie |
| αὐτός | er | αὐτοί | sie *m* |
| αὐτή | sie | αὐτές | sie *f* |
| αὐτό | es | αὐτά | sie *n* |

*καί* verliert vor einem betonten Personalpronomen seinen Vokal (*s. Vorkursus* ⑪).

*Beispiel:*
'Εγὼ εἶμαι Γερμανός, κ' ἐσεῖς; Ich bin Deutscher, und Sie?

Auch das ε von ἐγώ, ἐσύ, ἐμεῖς, ἐσεῖς kann nach ⑪ abfallen, jedoch nur nach a- und o-Lauten, z. B.:
Δὲν φταίω (ἐ)γώ **ich** habe keine Schuld

**H**

**Interrogativpronomen.** Das Interrogativpronomen ποιός wird sowohl nach dem Genus als auch nach der Zahl wie die Adjektive auf -ος, -ια, -ο verändert. Für *wer* steht im allgemeinen ποιός. Nur wenn man weiß, daß es sich um eine Frau handelt, sagt man ποιά.

Der Gleichsetzungsnominativ (wer ist ..., wer sind ...) verlangt Übereinstimmung der Formen, z. B.:
ποιὲς εἶναι ἐκεῖνες οἱ γυναῖκες δὲν ξέρω. Wer die Frauen da sind, weiß ich nicht.
ποιοὶ εἶναι αὐτοὶ οἱ κύριοι δὲν ξέρω. Wer diese Herren sind, weiß ich nicht.

In adjektivischer Funktion muß es durch das deutsche *welcher*, *welche* usw. wiedergegeben werden, z. B.:
Μὲ ποιὰ παιδιὰ παίζει ὁ Τάκης; Mit **welchen** Kindern spielt Takis?

Die Katharevusa-Form ist τίς *m*, *f* „wer".

**I**

*ὅλοι*, *ὅλες*, *ὅλα* „alle" steht wie die Demonstrativpronomina αὐτός usw. (*s.* L. 2 C) bei selbständiger (substantivischer) Funktion **ohne,** bei unselbständiger (adjektivischer) Funktion **mit** nachgesetztem Artikel: ὅλοι κάθονται
*aber:* ὅλοι οἱ κύριοι κάθονται

Merke besonders: **ὅλοι μας** wir alle; **ὅλοι σας** ihr alle; **ὅλοι τους** sie alle.

Im Singular steht *ὅλος*, *ὅλη*, *ὅλο* mit Artikel:

| | |
|---|---|
| ὅλος ὁ δρόμος | der ganze Weg |
| ὅλη ἡ 'Ελλάδα | ganz Griechenland |
| ὅλο τὸ πεπόνι | die ganze Melone |

## Übungen

a) Ergänzen Sie das Personalpronomen:

— εἶστε δάσκαλος. — εἶσαι φοιτητ- . — εἶμαι ἐργάτ- . — εἶναι μανάβ- .

Ergänzen Sie:

'Εγὼ ἀκού- ὀπερέττ -, ἐσεῖς ἀκου- σκέτς. Αὐτὴ ξέρ- τέσσερεις ξένγλώσσ-. Κι ἐσύ; — ξέρω δύο: Ξέρω γερμανικ- καὶ λίγ- ἐλληνικ-.

b) Nennen Sie das Gegenstück von:

μαθητής, κυρία, μακρυά, πατέρας, χαρούμενος, παλιός, μεγάλος, καθηγητής, εὔκολος, κουτός, ἐκεῖνος, σήμερα, ἄταχτος, σκοτεινός, κρύος.

c) Ποιοὶ εἶναι στὸ τραπέζι; Τί παίρνουν; Καὶ τί τρῶνε; Πῶς τρῶνε; Τί ξέρει ἡ Λόλα; Ποιὸς πηγαίνει στὸ σχολεῖο; Καὶ ποιὸς πηγαίνει δίπλα του *oder genauer:* Καὶ ποιὰ πηγαίνει δίπλα του, ἡ 'Ελενίτσα ἢ ἡ Λόλα; Ποῦ βρίσκονται; Τί κοιτάζουν; Τί λέγει ὁ μανάβης; 'Ακοῦτε κάθε μέρα ραδιόφωνο; Καὶ τί μαθαίνετε; Τί λέγει ὁ ἐκφωνητής;

d) Übersetzen Sie:

Die Türen sind geschlossen. Die Fenster sind geöffnet. Die Kinder sind artig (unartig). Die Väter sind betrübt. Die Mütter sind froh. Alle Sprachen sind schwer. Die Wörterbücher sind billig. Die Reisen sind teuer. Takis und Panos sind intelligent. Diese alten Häuser sind niedrig. Jene neuen Häuser sind hoch. Die Arbeiten da sind schwierig. Diese Arbeiten hier sind leicht. Diese Kaufleute sind arm. Jene sind reich. Wir nehmen diese großen Zimmer hier. Die kleinen gefallen uns (μᾶς ἀρέσουν) nicht. Zwei Schüler sagen Gedichte auf. Wir sind in einem deutschen Hotel und sagen: Wir möchten zwei Zimmer mit fließendem warmen und kalten Wasser. Die Herren betreten den Laden und sagen guten Tag. Der eine Herr sagt: Wie teuer sind die Bücher hier? Morgens trinken Takis und Lola Milch. Sie trinken zwei Glas Milch. Die Autobusse fahren schnell. Im Autobus sind zwei Deutsche, drei Franzosen, fünf Engländer, sieben Amerikaner und zehn Griechen.

## Brücke zum neugriechischen Wortschatz:

| | |
|---|---|
| τραπέζι: | Trapez (Tra-pezi „Vierfuß“) |
| πλατεῖα: | *vgl.* Plateau |
| φρέσκος | < *ital.* fresco: „frisch“ |
| πατάτες | < *ital.* patata; *vgl. engl.* potatoes, *dt.* Bataten |
| μοντέρνος | < *ital.* modern |
| φίλος: | anglophil „england-freundlich“ |
| ἀκούω: | *vgl.* Akustik „Schallehre“ |
| ραδιόφωνο: | Radio |
| κόσμος: | Kosmos „Weltall“ |
| μουσική: | Musik |
| ὀπερέττα | < *ital.* Operette |
| μελόδραμα: | Melodrama |
| σκέτς | < *engl.* sketch: Sketch („Skizze“), kurzes Theaterstück |
| νύχτα: | *vgl.* Nacht (*urverwandt*) |

# 4. Lektion

## Τὸ πρωί

| | | | | | | | |
|---|---|---|---|---|---|---|---|
| 1. Ὁ Τάκης | σηκώνεται | τὸ | πρωὶ | ἀπὸ | τὸ | κρεββάτι | του, |
| ɔ 'taĭk̯is | si'kɔnεtε | tɔ | prɔ'i | a'pɔ | tɔ | krε'vatitu | |
| Takis | steht-auf | morgens | | vom | | Bett-seinem | |

| | | | | | | | | |
|---|---|---|---|---|---|---|---|---|
| πλένεται | μὲ | κρύο | νερό, | σκουπίζεται | μὲ | τὴν | πετσέτα | καὶ |
| 'plεnεtε | mε | 'kriɔ | nε'rɔ | sku'pizεtε | mε | tim̆bε'tsεta | | k̯ε |
| er wäscht-sich | mit | kaltem | Wasser | trocknet-sich | mit | dem | Handtuch ab | und |

| | | | | | |
|---|---|---|---|---|---|
| ντύνεται | ἀμέσως. | Ἔπειτα | χτενίζεται | (χτενίζει | τὰ |
| 'dinεtε | a'mεsɔs | 'εpita | xtε'nizεtε | xtε'nizi | ta |
| zieht-sich-an | sofort. | Dann | kämmt-er-sich | (er-kämmt | die |

| | | | | | | |
|---|---|---|---|---|---|---|
| μαλλιά | του). | Μπαίνει | στὴ | σάλα | καὶ | λέγει |
| ma'l̯atu | | 'bεni | sti | 'sala | k̯ε | 'lεji |
| Haare-seine). | | Er-tritt-ein | in-das | Wohnzimmer | und | sagt |

| | | | | | | | | |
|---|---|---|---|---|---|---|---|---|
| «καλημέρα» | σὲ | ὅλους, | στὴ | μητέρα | καὶ | στὸν | πατέρα, | στὴ |
| k̯ali'mεra | sε | 'ɔlus | sti | mi'tεra | k̯ε | stɔm̆ba'tεra | | sti |
| guten Tag | allen | | der | Mutter | und | dem | Vater, | der |

| | | | | | | |
|---|---|---|---|---|---|---|
| γιαγιὰ | καὶ | στὸν | παππού. | Κατεβαίνει | στὸν | κῆπο. |
| ja'ja | k̯ε | stɔm̆ba'pu | | katε'vεni | stɔ'ŋ̆g̯ipɔ | |
| Großmutter | und | dem | Großvater. | Er-geht-hinunter | in-den | Garten. |

| | | | | | | | | |
|---|---|---|---|---|---|---|---|---|
| Ἐκεῖ | τρέχει | καὶ | ἡ | ἐξαδέλφη | του, | ἡ | Ἑλενίτσα. | Μὲ |
| ε'k̯i | 'trεĭçi | k̯ε | i | εksa'ðεlfitu | | i | εlε'nitsa | mε |
| Dort | läuft | auch | die | Kusine-seine | | die | Elenitza. | Mit |

| | | | | | | | |
|---|---|---|---|---|---|---|---|
| τὴν | Ἑλενίτσα | πηγαίνουν | μαζὶ | στὸ | σχολεῖο | καὶ | μάλιστα |
| tin | εlε'nitsa | pi'jεnun | ma'zi | stɔ | sxɔ'liɔ | k̯ε | 'malista |
| (der) | Elenitza | gehen-sie | zusammen | zur | Schule | und | sogar |

| | | | | | | | | | |
|---|---|---|---|---|---|---|---|---|---|
| καὶ | οἱ | δυὸ | στὴν | τρίτη | τάξη. | Ὁ | κῆπος | μοσχομυρίζει. | Τὰ |
| k̯ε | i | 'ðjɔ | sti'n̆driti | | 'taksi | ɔ | 'k̯ipɔs | mɔsxɔmi'rizi | ta |
| | beide | | in-die | dritte | Klasse. | Der | Garten | duftet-schön. | Die |

| | | | | | | | |
|---|---|---|---|---|---|---|---|
| παιδιὰ | ἀναπνέουν | βαθιὰ | τὸ | δροσερὸ | καὶ | μυρωμένο | ἀεράκι. |
| pε'ðja | ana'pnεun | va'θja | tɔ | ðrɔsε'rɔ | k̯ε | mirɔ'mεnɔ | aε'raĭk̯i |
| Kinder | atmen-ein | tief | die | frische | und | wohlriechende | Brise. |

| | | | | | | | |
|---|---|---|---|---|---|---|---|
| Κόβουν | μερικὰ | λουλούδια | καὶ | φτιάνουν | καθένα | ἀπὸ | ἕνα |
| 'kɔvun | mɛri'ka | lu'luðja | ķɛ | 'ftjanun | ka'θɛna | a'pɔ | 'ɛna |
| Sie-pflücken | einige | Blumen | und | machen | jedes | je | einen |

| | | | | | | | | |
|---|---|---|---|---|---|---|---|---|
| ὡραῖο | μπουκέτο. | Ὕστερα | γυρίζουν | μέσα | στὸ | σπίτι | καὶ | βάζουν |
| ɔ'rɛɔ | bu'ķɛtɔ | 'istɛra | ji'rizun | 'mɛsa | stɔ | 'spiti | ķɛ | 'vazun |
| schönen | Strauß. | Später | gehen-sie | in | das | Haus | und | stellen |

| | | | | |
|---|---|---|---|---|
| τὰ | λουλούδια | στὸ | ἀνθογυάλι | (βάζο). |
| ta | lu'luðja | stɔ | aňθɔ'jali | 'vazɔ |
| die | Blumen | in-die | | Vase. |

2.

| | | | | | | |
|---|---|---|---|---|---|---|
| Τὰ | παιδιὰ | ντύνονται | ζεστὰ | ροῦχα. | Κατεβαίνουν | στὴν | αὐλή. |
| ta | pɛ'ðja | 'dinɔňdɛ | zɛ'sta | 'ruxa | katɛ'vɛnun | stin | a'vli |
| Die | Kinder | ziehen-an | warme | Kleider. | Sie-gehen-hinunter | auf-den | Hof. |

| | | | |
|---|---|---|---|
| Κάνουν | μπάλες | μὲ | χιόνι. |
| 'kanun | 'balɛs | mɛ | 'çɔni |
| Sie-machen | Bälle | mit | Schnee (Schneebälle). |

3.

| | | | | | | |
|---|---|---|---|---|---|---|
| Ἀπὸ | ποῦ | εἶστε; | Εἶμαι | ἀπὸ | τὴ | Γερμανία. |
| a'pɔ | pu | 'istɛ | 'imɛ | a'pɔ | ti | jɛrma'nia |
| Woher | | sind-Sie? | Ich-bin | aus | | Deutschland. |

| | | | | | | |
|---|---|---|---|---|---|---|
| Ἀπὸ | ποῦ | ἔρχεστε; | Ἔρχομαι | ἀπὸ | τὸ | Βερολῖνο. |
| a'pɔ | pu | 'ɛrçɛstɛ | 'ɛrxɔmɛ | a'pɔ | tɔ | vɛrɔ'linɔ |
| Woher | | kommen-Sie? | Ich-komme | aus | | Berlin. |

| | | | | | | | | | | |
|---|---|---|---|---|---|---|---|---|---|---|
| Ἀπὸ | ποῦ | ἔρχεται | ὁ | καφές; | Ὁ | καφὲς | ἔρχεται | ἀπὸ | τὴ | Βραζιλία. |
| a'pɔ | pu | 'ɛrçɛtɛ | ɔ | ka'fɛs | ɔ | ka'fɛs | 'ɛrçɛtɛ | a'pɔ | ti | vrazi'lia |
| Woher | | kommt | der Kaffee? | | Der | Kaffee | kommt | aus | | Brasilien. |

| | | | | | |
|---|---|---|---|---|---|
| Τὰ | γράμματα | ἔρχονται | ἀπὸ | τὴν | Ἀθήνα. |
| ta | 'ɣramata | 'ɛrxɔňdɛ | a'pɔ | tin | a'θina |
| Die | Briefe | kommen | aus | (dem) | Athen. |

4.

| | | | | | | |
|---|---|---|---|---|---|---|
| Ὁ | κύριος | Μαραγκὸς | ξυρίζεται | μὲ | μιὰ | ἠλεκτρικὴ |
| ɔ | 'ķirĭɔs | mara'ŋ̌gɔs | ksi'rizɛtɛ | mɛ | 'mja | ilɛktri'ķi |
| | Herr | Marangos | rasiert-sich | mit | einem | elektrischen |

| | |
|---|---|
| ξυριστικὴ | μηχανή. |
| ksiristi'ķi | mixa'ni |
| Rasierapparat. | |

5.

| Ὅλοι | κάθονται | γύρω | ἀπὸ | τὸ | τραπέζι. | Ἐγὼ | κάθομαι |
|---|---|---|---|---|---|---|---|
| 'ɔli | 'kaθɔn̆dɛ | 'jirɔ | a'pɔ | tɔ | tra'pɛzi | ɛ'ɣɔ | 'kaθɔmɛ |
| Alle | sitzen | um | | den | Tisch. | Ich | sitze |

| μπροστὰ | στὸ | τραπέζι. | Κ'ἐσεῖς, | ποῦ | κάθεστε; |
|---|---|---|---|---|---|
| brɔ'sta | stɔ | tra'pɛzi | ķɛ'sis | pu | 'kaθɛstɛ |
| vor | dem | Tisch | und Sie, | wo | sitzen-Sie? |

| Ἡ | δεσποινὶς | Μαραγκοῦ | στέκεται | πάντοτε | μπροστὰ | στὸν |
|---|---|---|---|---|---|---|
| i | ðɛspi'nis | mara'ŋ̆gu | 'stɛĭķɛtɛ | 'pan̆dɔtɛ | brɔ'sta | stɔŋ̆- |
| | Fräulein | Marangos | steht | immer | vor | dem |

| καθρέφτη. |
|---|
| ga'θrɛfti |
| Spiegel. |

6.

| Ὁ | Γεώργιος | ἐργάζεται | σ'ἕνα | γραφεῖο. | Εἶναι | ὑπάλληλος. |
|---|---|---|---|---|---|---|
| ɔ | jɛ'ɔrjɔs | ɛr'ɣazɛtɛ | 'sɛna | ɣra'fiɔ | 'inɛ | i'palilɔs |
| | Georg | arbeitet | in-einem | Büro. | Er-ist | Angestellter. |

| Οἱ | ἐργάτες | ἐργάζονται | στὰ | ἐργοστάσια. |
|---|---|---|---|---|
| i | ɛr'ɣatɛs | ɛr'ɣazɔn̆dɛ | sta | ɛrɣɔ'stasja |
| Die | Arbeiter | arbeiten | in-den | Fabriken. |

| Ἡ Ἑλλάδα | βρίσκεται | στὴν | Εὐρώπη. |
|---|---|---|---|
| i ɛ'laða | 'vrisķɛtɛ | stin | ɛ'vrɔpi |
| Griechenland | befindet-sich | in | Europa. |

| Αὐτὲς | οἱ | μηχανὲς | κατασκευάζονται | ἐξ ὁλοκλήρου | στὴν | Ἑλλάδα. |
|---|---|---|---|---|---|---|
| a'ftɛs | i | mixa'nɛs | katasķɛ'vazɔn̆dɛ | ɛksɔlɔ'kliru | stin | ɛ'laða |
| Diese | | Maschinen | werden-hergestellt | ganz-und-gar | in | Griechenland. |

| Οἱ | εἰκόνες | κρέμονται | στοὺς | τοίχους. |
|---|---|---|---|---|
| i | i'kɔnɛs | 'krɛmɔn̆dɛ | stus | 'tixus |
| Die | Bilder | hängen | an-den | Wänden. |

7.

| | |
|---|---|
| Γλυκὰ φυσᾶ ὁ μπάτης, | ἡ θάλασσα δροσίζεται. |
| Mild weht die Brise, | das Meer kühlt ab; |
| στὰ γαλανὰ νερά της | ὁ ἥλιος καθρεφτίζεται. |
| in seinen blauen Wassern | spiegelt sich die Sonne. |

# Vokabeln

| | |
|---|---|
| *σηκώνομαι* [si'kɔnɔmɛ] | aufstehen |
| *ἀπό* [a'pɔ] | von |
| *πλένομαι* ['plɛnɔmɛ] | sich waschen |
| *σκουπίζομαι* [sku'pizɔmɛ] | sich abtrocknen |
| *τὸ νερό* [tɔ nɛ'rɔ] | das Wasser |
| *ἡ πετσέτα* [i pɛ'tsɛta] | das Handtuch |
| *ντύνομαι* ['dinɔmɛ] | sich anziehen |
| *ἀμέσως* [a'mɛsɔs] | sofort |
| *ἔπειτα* ['ɛpita] | dann |
| *χτενίζω* [xtɛ'nizɔ] | kämmen |
| *χτενίζομαι* [xtɛ'nizɔmɛ] | sich kämmen |
| *τὰ μαλλιά* [ta ma'ʎa] | die Haare |
| *ἡ σάλα* [i 'sala] | das Wohnzimmer |
| *ἡ γιαγιά* [i ja'ja] | die Großmutter |
| *ὁ παππούς* [ɔ pa'pus] | der Großvater |
| *κατεβαίνω* [katɛ'vɛnɔ] | hinuntergehen |
| *ὁ κῆπος* [ɔ 'ķipɔs] | der Garten |
| *τρέχω* ['trɛxɔ] | laufen |
| *ἡ ἐξαδέλφη* [i ɛksa'ðɛlfi] | die Kusine |
| *μαζί* [ma'zi] | zusammen |
| *μάλιστα* ['malista] | sogar |
| *καὶ οἱ δυό* [ķɛ i 'ðjɔ] | beide |
| *τρίτος* ['tritɔs] | dritter |
| *ἡ τάξη* [i 'taksi] | die Klasse |
| *μοσχομυρίζω* [mɔsxɔmi'rizɔ] | duften |
| *ἀναπνέω* [ana'pnɛɔ] | einatmen |
| *βαθιά* [va'θja] | tief |
| *δροσερός* [ðrɔsɛ'rɔs] | frisch |
| *μυρωμένος* [mirɔ'mɛnɔs] | wohlriechend |
| *τὸ ἀεράκι* [tɔ aɛ'raǐķi] | die Brise |
| *κόβω* ['kɔvɔ] | pflücken |
| *μερικοί* [mɛri'ķi] | einige |
| *τὸ λουλούδι* [tɔ lu'luði] | die Blume |
| *φτιάνω α. φτειάνω* (*s. L.* 5) ['ftjanɔ] | machen |
| *καθένας* [ka'θɛnas] | jeder |
| *ἀπὸ ἕνα* [a'pɔ 'ɛna] | je einen |
| *τὸ μπουκέτο* [tɔ bu'ķɛtɔ] | der (Blumen-)Strauß |
| *ὕστερα* ['istɛra] | später |
| *γυρίζω* [ji'rizɔ] | zurückgehen, zurückkehren |
| *μέσα σέ* ['mɛsa sɛ] | in |
| *βάζω* ['vazɔ] | stellen, setzen, legen |

| | |
|---|---|
| *τὸ ἀνθογυάλι* [tɔ aňθɔ'jali] | die Blumenvase |
| *τὸ βάζο* [tɔ 'vazɔ] | die Blumenvase |
| *τὰ ροῦχα* [ta 'ruxa] | die Kleider |
| *ἡ αὐλή* [i a'vli] | der Hof |
| *ἡ μπάλα* [i 'bala] | der Ball |
| *τὸ χιόνι* [tɔ 'çɔni] | der Schnee |
| *ἀπὸ ποῦ;* [a'pɔ pu] | woher? |
| *ἡ Γερμανία* [i jɛrma'nia] | Deutschland |
| *ἔρχομαι* ['ɛrxɔmɛ] | kommen |
| *τὸ Βερολῖνο* [tɔ vɛrɔ'linɔ] | Berlin |
| *ἡ Βραζιλία* [i vrazi'lia] | Brasilien |
| *ἡ 'Αθήνα* [i a'θina] | Athen |
| *ξυρίζομαι* [ksi'rizɔmɛ] | sich rasieren |
| *ἠλεκτρικός* [ilɛktri'kɔs] | elektrisch |
| *ἡ μηχανή* [i mixa'ni] | die Maschine |
| *ἡ ξυριστικὴ μηχανή* [i ksiristi'ķi mixa'ni] | der Rasierapparat |
| *γύρω ἀπό* ['jirɔ a'pɔ] | um ... herum |
| *μπροστὰ σέ* [brɔ'sta sɛ] | vor |
| *στέκομαι* ['stɛkɔmɛ] | stehen |
| *πάντοτε* ['paňdɔtɛ] | immer |
| *ὁ καθρέφτης* [ɔ ka'θrɛftis] | der Spiegel |
| *ἐργάζομαι* [ɛr'ɣazɔmɛ] | arbeiten |
| *ὁ ὑπάλληλος* [ɔ i'palilɔs] | der Angestellte |
| *τὸ ἐργοστάσιο* [tɔ ɛrɣɔ'stasjɔ] | die Fabrik |
| *ἡ Εὐρώπη* [i ɛ'vrɔpi] | Europa |
| *κατασκευάζομαι* [kataskɛ'vazɔmɛ] | hergestellt werden |
| *ἐξ ὁλοκλήρου* [ɛksɔlɔ'kliru] | ganz und gar |
| *ἡ εἰκόνα* [i i'kɔna] | das Bild |
| *κρέμομαι* ['krɛmɔmɛ] | hängen |
| *ὁ τοῖχος* [ɔ 'tixɔs] | die Wand |
| *γλυκά Adv.* [ɣli'ka] | süß, mild |
| *φυσῶ* [fi'sɔ] | wehen |
| *ὁ μπάτης* [ɔ 'batis] | die Brise |
| *ἡ θάλασσα* [i 'θalasa] | das Meer |
| *δροσίζομαι* [ðrɔ'sizɔmɛ] | abkühlen |
| *γαλανός* [ɣala'nɔs] | blau |
| *ὁ ἥλιος* [ɔ 'ilĭɔs, 'iʎɔs] | die Sonne |
| *καθρεφτίζομαι* [kaθrɛ'ftizɔmɛ] | sich spiegeln |

# Grammatik

## Akkusativ beim Maskulinum und Femininum Singular A

Kennzeichen des Akkusativs sind die Formen des Artikels und beim Substantiv und Adjektiv der vokalische Auslaut:

| | *bestimmter Artikel* | *unbestimmter Artikel* | *Adjektiv-endung* | *Substantiv-endung* |
|---|---|---|---|---|
| *m* | tɔ(n) | 'εna(n) | -ɔ | -ɔ, -a, -i |
| *f* | ti(n) | mja(n) | -i (-a) | -a, -i |

Das **-n** des Artikels wird gewöhnlich nur gesetzt, wenn das folgende Wort (Substantiv oder Adjektiv) mit Vokal oder mit [k p t], griechisch κ ξ π ψ τ τσ τζ beginnt (*s. Vorkursus* ⑥ b). Außer dem Artikel nehmen oft auch die Demonstrativpronomen αὐτός, ἐκεῖνος und zuweilen das Adjektiv das Akkusativ-**n** an. **mja** steht fast immer ohne **-n**, so z. B. immer nach Präpositionen.

B

**Der Dativ-Lokativ.** Wie bereits in *L.* 3 erwähnt, wird er durch die Präposition σέ mit nachfolgenden Akkusativformen gekennzeichnet:

| | | |
|---|---|---|
| *m* | stɔ(n) | 'sεna(n) |
| *f* | sti(n) | sε mja(n) |

*Beispiele:*

| | |
|---|---|
| μὲ τὴ**ν π**ετσέτα | mit dem Handtuch |
| Λέει «Καλημέρα» στὴ μητέρα καὶ στὸ**ν π**ατέρα, στὴ γιαγιὰ καὶ στὸ**ν π**αππού. | Er sagt „Guten Tag" zur Mutter und zum Vater, zur Großmutter und zum Großvater. |
| Κατεβαίνει στὸ**ν κ**ῆπο. | Er geht in den Garten hinunter. |
| Εἶμαι ἀπὸ τὴ Γερμανία. | Ich bin aus Deutschland. |
| μὲ μιὰ ἠλεκτρικὴ ξυριστικὴ μηχανή | mit einem elektrischen Rasierapparat. |

C

**Verb.** Das neugr. Verb hat eine besondere Passiv- oder Passivmedialform, die im Deutschen drei verschiedene Entsprechungen haben kann; sie entspricht der deutschen

| | | | |
|---|---|---|---|
| 1. aktiven Form: | κάθεται | ['kaθεtε] | er, sie, es sitzt |
| | ἐργάζεται | [εr'ɣazεtε] | arbeitet |
| 2. reflexiven Form: | ντύνεται | ['dinεtε] | zieht sich an |
| | βρίσκεται | ['vriskʹεtε] | befindet sich |
| 3. passiven Form: | γράφεται | ['ɣrafεtε] | wird geschrieben |
| | βλέπεται | ['vlεpεtε] | wird gesehen |

### Passivmedialformen der 1. Konjugation (Präsens)

| | | | |
|---|---|---|---|
| *Sing.* 1. | '-ɔmɛ | **κάθομαι** | ich sitze |
| 2. | '-ɛsɛ | **ἐργάζεσαι** | du arbeitest |
| 3. | '-ɛtɛ | **γίνεται** | es geschieht |
| *Plur.* 1. | -'ɔmastɛ | **βρισκόμαστε** | wir befinden uns |
| 2. | '-ɛstɛ | **σηκώνεστε** | ihr erhebt euch |
| 3. | '-ɔn̆dɛ | **πλένονται** | sie waschen sich |

*Man beachte:* 1. die Akzentverschiebung in der ersten Person Plural; 2. den Gleichklang der 3. Pers. Sing. dieser Passivmedialform mit der 2. Pers. Plur. des Aktivs:

| | | |
|---|---|---|
| **γράφετε** | ['ɣrafɛtɛ] | ihr schreibt, Sie schreiben |
| **γράφεται** | ['ɣrafɛtɛ] | es wird geschrieben |

*Anmerkung:*
Das Passiv hat zuweilen modale Kraft; so kann **γίνεται** *es geschieht* auch heißen *es* **kann** *geschehen*; **τρώγεται** *es* **kann** *gegessen werden*: es ist eßbar.

## Übungen

a) Ich stehe morgens früh auf, wasche mich mit kaltem und warmem Wasser, trockne mich mit einem Handtuch ab, rasiere mich mit einem elektrischen Rasierapparat und ziehe mich an. Dann kämme ich mich, gehe in das Wohnzimmer und sage allen „Guten Morgen“ (= Tag).

Setzen Sie diesen Abschnitt in die 2. und 3. Pers. Sing. und in die 1., 2. und 3. Pers. Plur.

b) Wo befinden Sie sich? Ich befinde mich in einem Geschäft. Woher kommst du? Und woher kommt er? Ich komme aus Griechenland, und er kommt aus England. Womit (mit was) rasieren Sie sich? Womit trocknen Sie sich ab? Wann steht er auf? Wann zieht er sich an? Wo sitzen sie morgens? Am (um den) Tisch. Die Mutter sitzt vor dem Tisch. Und du? Ich sitze an der Seite (πλευρά). Stehen Sie auch immer lange (πολλὴ ὥρα) vor dem Spiegel?

Arbeitest du auch in einem Büro oder (ἤ) in einer Fabrik? Ich arbeite in einem Büro. Ich bin Angestellter. Der Vater arbeitet in einer Fabrik. Wo liegt (ist) Griechenland?
England 'Αγγλία [a'ŋ̆glia]

## Brücke zum neugriechischen Wortschatz

| | |
|---|---|
| σάλα | < *ital.* sala; *vgl.* Saal |
| τρίτος: | **drit**ter (*urverwandt*) |
| βαθιά: | Bathyskaph „Tiefenschiff“ |
| μπουκέτο | < *frz.* bouquet: Bukett |
| βάζο | < *ital.* vaso: Vase |
| αὐλή: | Aula |
| μπάλα | < *ital.* balla: Ball |

Γερμανία: Germanien
ἠλεκτρικός: elektrisch (*zu* ἤλεκτρον „Bernstein")
μηχανή: Mechanik; *lat.* machina (*aus dem Dorischen, einem altgriech. Dialekt* μαχανά), *daraus frz.* machine, *dt.* Maschine
εἰκόνα: *vgl.* Ikone „Heiligenbild"
ἥλιος: *vgl.* heliozentrisch „die Sonne als Zentrum habend"

# 5. Lektion

1. Τὸ καινούργιο βιβλίο.
tɔ ķε'nurjɔ vi'vliɔ
Das neue Buch.

Τί μεγάλη χαρά, πού ἔχουν τὰ παιδιὰ σήμερα: Ἔχουν
ti mε'ɣali xa'ra pu 'εxun ta pε'ðja 'simεra 'εxun
Was große Freude, welche haben die Kinder heute: Sie haben
(für eine)

ὅλα καινούργια βιβλία. *Τὸ* κοιτάζουν καὶ δὲν *τὸ* χορταίνουν.
'ɔla ķε'nurja vi'vlia tɔ ķi'tazun ķε 'ðεňdɔ xɔr'tεnun
alle neue Bücher. Das sie-sehen-an und nicht das sattwerden.

Τί ὡραῖο ἐξώφυλλο. Τί ζωγραφιές. Τί καθαρὰ γράμματα. —
ti ɔ'rεɔ ε'ksɔfilɔ ti zɔɣra'fjεs ti kaθa'ra 'ɣrammata
Was schöner Umschlag. Was (für) Bilder. Was (für) reine Buchstaben.
(für ein) (deutliche)

Ἀλήθεια, παιδιά. Ποιὸς *τὸ* φτειάνει τὸ βιβλίο; λέει ὁ Ζα-
a'liθja pε'ðja pjɔs tɔ 'ftjani tɔ vi'vliɔ 'lεi ɔ za-
Wirklich, Kinder, wer das macht das Buch? sagt der Sa-

φείρης. — Ὁ βιβλιοπώλης, λέει ἡ Μαρίτσα. Ἀπ' *αὐτὸν*
'firis ɔ vivliɔ'pɔlis 'lεi i ma'ritsa ap a'ftɔn
firis. Der Buchhändler, sagt die Maritza. Von ihm
(Kaufen wir

δὲν *τὸ* ἀγοράζομε; Ἔ, *αὐτὸς τὸ* φτειάνει.
'ðεňdɔ aɣɔ'razɔmε ε a'ftɔs tɔ 'ftjani
nicht-es wir-kaufen? Nun, der es macht.
es denn nicht von ihm?)

| | | | | | | | | |
|---|---|---|---|---|---|---|---|---|
| Ἄλλο | παιδὶ | πάλι | λέγει, | πῶς | τὸ | φτειάνει | ὁ | βιβλιοδέτης. |
| 'alɔ | pɛ'di | 'pali | 'lɛji | pɔs | tɔ | 'ftjani | ɔ | vivliɔ'ðɛtis |
| (Ein) anderes | Kind | wieder | sagt, | daß | es | macht | der | Buchbinder. |

| | | | | | | | | | |
|---|---|---|---|---|---|---|---|---|---|
| Τὴν | συζήτηση | τὴν | ἀκούει | καὶ | ὁ | δάσκαλος | καὶ | τοὺς | λέγει: |
| ti(n) | si'zitisi | tin | a'kui | ķɛ | ɔ | 'ðaskalɔs | ķɛ | tuz | 'lɛji |
| Die | Diskussion | die | hört | auch | der | Lehrer | und | ihnen | sagt: |

| | | | | | | | | |
|---|---|---|---|---|---|---|---|---|
| — | Οὔτε | ὁ | βιβλιοπώλης, | παιδιά μου, | τὸ | φτιάνει | τὸ | βιβλίο |
| | 'utɛ | ɔ | vivliɔ'pɔlis | pɛ'ðjamu | tɔ | 'ftjani | tɔ | vi'vliɔ |
| | Weder | der | Buchhändler, | Kinder-meine, | es | macht | das | Buch |

| | | | | | | | | |
|---|---|---|---|---|---|---|---|---|
| οὔτε | ὁ | βιβλιοδέτης. | Γιὰ | νὰ | γίνῃ | ἐργάζονται | πολλοί. | Καὶ |
| 'utɛ | ɔ | vivliɔ'ðɛtis | ja | na | 'jini | ɛr'ɣazɔn̆dɛ | pɔ'li | ķɛ |
| noch | der | Buchbinder. | Damit | es-wird, | | arbeiten | viele. | Und |
| | | | (= An seiner Herstellung) | | | | | |

| | | | | | | | |
|---|---|---|---|---|---|---|---|
| πρῶτα-πρῶτα | αὐτός, | ποὺ | τὸ | γράφει. | Τὸ | ὄνομά του | τὸ |
| 'prɔta'prɔta | a'ftɔs | pu | tɔ | 'ɣrafi | tɔ | ɔnɔ'matu | tɔ |
| zuallererst | der, | der | es | schreibt. | Den | Namen-sein | den |

| | | | | | | |
|---|---|---|---|---|---|---|
| βλέπετε | στὸ | ἐξώφυλλο. | Ὕστερα | ἔρχεται | ὁ | ζωγράφος, |
| 'vlɛpɛtɛ | stɔ | ɛ'ksɔfilɔ | 'istɛra | 'ɛrçɛtɛ | ɔ | zɔ'ɣrafɔs |
| seht-ihr | auf-dem | Umschlag. | Dann | kommt | der | Maler |

| | | | | | | | | |
|---|---|---|---|---|---|---|---|---|
| ποὺ | κάνει | τὶς | εἰκόνες. | Καὶ | αὐτὸς | κοπιάζει | πολύ. | Ἔπειτα |
| pu | 'kani | tis | i'kɔnɛs | ķɛ | a'ftɔs | kɔ'pjazi | pɔ'li | 'ɛpita |
| der | macht | die | Bilder | und | er | müht-sich | sehr. | Dann |

| | | | | | | | | |
|---|---|---|---|---|---|---|---|---|
| οἱ | τυπογράφοι | καὶ | τόσοι | ἄλλοι. | — | Ὥστε | τόσοι | ἐργάζονται |
| i | tipɔ'ɣrafi | ķɛ | 'tɔsi | 'ali | | 'ɔstɛ | 'tɔsi | ɛr'ɣazɔn̆dɛ |
| die | Buchdrucker | und | so viele | andere. | | Also | so viele | arbeiten |

| | | | | | | | | | |
|---|---|---|---|---|---|---|---|---|---|
| γιὰ | τὸ | βιβλίο; | λέγει | ἡ | Φωτούλα. | — | Μάλιστα, | καὶ | σ'ὅλους |
| ja | tɔ | vi'vliɔ | 'lɛji | i | fɔ'tula | | 'malista | ķɛ | 'sɔlus |
| für | das | Buch? | sagt | die | Fotula. | | Ja, | und | allen |

| | | | | | | |
|---|---|---|---|---|---|---|
| αὐτοὺς | χρωστοῦμε | χάρη. | Τὸ | βιβλίο μας | μαθαίνει | τόσα |
| a'ftus | xrɔ'stumɛ | 'xari | tɔ | vi'vliɔmaz | ma'θɛni | 'tɔsa |
| diesen | schulden-wir | Dank. | Das | Buch-unser | lehrt | so viele |

| | |
|---|---|
| χρήσιμα | πράγματα. |
| 'xrisima | 'pra(ɣ)mata |
| nützliche | Sachen. |

2. Νὰ ὁ κύριος Σταμάτης. Νά τος μὲ ἕνα καλάθι. *Τὸ* βαστᾶ
na ɔ 'ķirĭɔs sta'matis 'natɔs mɛ 'ɛna ka'laθi tɔ va'sta
Da-ist Herr Stamatis. Da-ist-er mit einem Korb. Ihn hält-er

στὸ ἕνα χέρι. Στὸ ἄλλο βαστᾶ ζυγαριά. Ὁ Σταμάτης
stɔ 'ɛna 'çɛri stɔ 'alɔ va'sta ziɣa'rja ɔ sta'matis
in einer Hand. In-der anderen hält er (eine) Waage. Stamatis

λέει: «Ἔχω ψάρια, καλὰ ψάρια.»
'lɛi 'ɛxɔ 'psarja ka'la 'psarja
sagt: Ich habe Fische, gute Fische.

3. *Σᾶς* εὐχαριστῶ γιὰ τὰ ὡραία λουλούδια, τὰ καλά *σας* λόγια,
sas ɛfxari'stɔ ja ta ɔ'rɛa lu'luðja ta ka'lasas 'lɔja
Euch danke-ich für die schönen Blumen, die guten euren Worte,

γιὰ τὸ γράμμα *σας*, τὴν ἐπιστολήν *σας*. Μ'εὐχαριστεῖ τὸ
ja tɔ 'ɣramasas tin ɛpistɔ'liňsas mɛfxari'sti tɔ
für den Brief-euren, das Schreiben euer. Mich erfreut das

τραγοῦδι *του*.
tra'ɣuðitu
Lied sein.

4. Δὲ *μοῦ* λέτε, *σᾶς* παρακαλῶ, πόσο κοστίζει (ἔχει) τὸ εἰσι-
'ðɛmu'lɛtɛ sas paraka'lɔ 'pɔsɔ kɔ'stizi ('ɛĭçi) tɔ isi-
Nicht mir sagen-Sie, Sie bitte-ich, wieviel kostet die Fahr-
(Sagen Sie mir mal) (bitte)

τήριο ἀπ'ἐδῶ ὡς τὴν Πάτρα; — Ἡ πρώτη θέση
'tirĭɔ apɛ'ðɔ ɔs ti'm̆batra i 'prɔti 'θɛsi
karte von hier nach Patras? Die erste Klasse

......... δραχμές, ἡ δευτέρα ....... δραχμές. Κάθε πότε
......... ðrax'mɛs i ðɛ'ftɛra ....... ðrax'mɛs 'kaθɛ 'pɔtɛ
......... Drachmen, die zweite ....... Drachmen. Jedes wann
(=Wie oft)

φεύγει τὸ τραῖνο; Ὦ, κάθε μισὴ ὥρα. — Πηγαίνομε αὔριο
'fɛvji tɔ 'trɛnɔ ɔ 'kaθɛ mi'si 'ɔra pi'jɛnɔmɛ 'avrĭɔ
fährt-ab der Zug? Oh, jede halbe Stunde. Fahren-wir morgen

στὴν Πάτρα; Αὔριο δὲν μπορῶ, ἀλλὰ μεθαύριο.
sti'm̆batra 'avrĭɔ 'ðɛm̆bɔ'rɔ a'la mɛ'θavrĭɔ
nach Patras? Morgen nicht kann-ich, aber übermorgen.

5. Ποιὸ εἶναι τὸ ἄταχτο ἐκεῖνο παιδί, ποὺ φωνάζει ἔτσι;
pjɔ 'inɛ tɔ 'ataxtɔ ɛ'ķinɔ pɛ'ði pu fɔ'nazi 'ɛtsi
Wer ist das unartige jenes Kind, das ruft (schreit) so?

Εἶναι ὁ γιός *μου*. Καὶ τὸ κορίτσι ποὺ τραβάει τὴν οὐρὰ
'inɛ ɔ 'jɔzmu ķɛ tɔ kɔ'ritsi pu tra'vai tin u'ra
Es-ist der Sohn-mein. Und das Mädchen, das zieht den Schwanz

τοῦ γατιοῦ; Εἶναι ἡ ἀδελφή *του*. Καὶ ποιὰ εἶναι ἡ κυρία
tu ɣa'tju 'inɛ i aðɛl'fitu ķɛ pja 'inɛ i ķi'ria
der Katze? Es-ist die Schwester-seine. Und wer ist die Dame

μὲ τὸ παράξενο καπέλλο; Δὲν τὴν γνωρίζετε; *Μοῦ* φαίνεται
mɛ tɔ pa'raksɛnɔ ka'pɛlɔ 'ðɛn̆din ɣnɔ'rizɛtɛ mu 'fɛnɛtɛ
mit dem merkwürdigen Hut? Nicht sie kennen-Sie? Mir scheint,
(kennen Sie sie nicht?)

πῶς εἶναι ἡ γυναίκα *σας*.
pɔs 'inɛ i ji'nɛkasas
daß es-ist die Frau-Ihre

6. Πῶς *σὲ* λένε; *Μὲ* λένε Παῦλο. Καὶ αὐτὸς ὁ μικρός,
pɔs sɛ 'lɛnɛ mɛ 'lɛnɛ 'pavlɔ ķɛ a'ftɔs ɔ mi'krɔs
Wie dich nennen-sie? Mich nennen-sie Pavlos. Und dieser der Kleine,
(wie heißt du?) (Ich heiße Pavlos).

ποιὸς εἶναι; Εἶναι ὁ γιὸς τοῦ κυρίου Μαραγκοῦ. Καὶ πῶς *τὸν*
pjɔs 'inɛ 'inɛ ɔ jɔs tu ķi'riu mara'ŋ̆gu ķɛ pɔs tɔn
wer ist-er? Es-ist der Sohn des Herrn Marangos. Und wie ihn

λένε; *Τὸν* λένε Πέτρο, σὰν τὸν θεῖο *του*.
'lɛnɛ tɔn 'lɛnɛ 'pɛtrɔ 'san̆dɔn 'θiɔtu
nennen-sie? Ihn nennen-sie Petros wie den Onkel-seinen.

7. Αὐτὸς ὁ ἀλλιώτικος ἄνθρωπος δίνει συμβουλὲς *σὲ* *ὅλους*,
a'ftɔs ɔ a'ļɔtikɔs 'an̆θrɔpɔs 'ðini siɱvu'lɛs sɛ 'ɔlus
Dieser der sonderbare Mensch gibt Ratschläge (an) alle(n)

*στοὺς* κυρίους, *στὶς* κυρίες, *στὰ* παιδιά, *στοὺς* δασκάλους,
stus ķi'rius stis ķi'riɛs sta pɛ'ðja stuzða'skalus
den Herren, den Damen, den Kindern, den Lehrern,

στοὺς μαθητάς, στοὺς καθηγητάς, στοὺς φοιτητάς, στοὺς
stuzmaθi'tas stus kaθiji'tas stus fiti'tas stus
den Schülern, den Professoren, den Studenten, den

φίλους μας.
'filuzmas
Freunden-unsern.

8. Τὰ λουλούδια μ' ἀρέσουν πολύ. Κ' ἐσᾶς, πῶς σᾶς ἀρέσουν;
ta lu'luðja ma'rεsun po'li ķε'sas pɔs sas a'rεsun
Die Blumen mir gefallen sehr. Und Ihnen, wie Ihnen gefallen-sie?

Ναί, πράγματι εἶναι πολὺ ὡραῖα, μ' ἀρέσουν κ' ἐμένα.
nε 'praɣmati 'inε pɔ'li ɔ'rεa ma'rεsun ķε'mεna
Ja, wirklich sie-sind sehr schön, mir-gefallen-sie auch mir.

Ὁ ἀδελφός μου μοῦ γράφει ὅτι ὅλα εἶναι ἐν τάξει. Ὁ
ɔ aðεl'fɔzmu mu 'ɣrafi 'ɔti 'ɔla 'inε ε'ňdaksi ɔ
Der Bruder-mein mir schreibt, daß alles ist in Ordnung. Der

ξένος μᾶς λέγει ὅτι δὲν καταλαβαίνει τὴ γλῶσσα μας.
'ksεnɔs maz 'lεi 'ɔti ðεŋ̌gatala'vεni ti 'ɣlɔsamas
Fremde uns sagt, daß nicht er-versteht die Sprache-unsere.

9. Αὐτὴ ἡ κυρία ἀγοράζει ψάρι, κρέας, τυρί, βούτυρο, φροῦτα
a'fti i ķi'ria aɣɔ'razi 'psari 'krεas ti'ri 'vutirɔ 'fruta
Diese die Dame kauft Fisch, Fleisch, Käse, Butter, Obst

καὶ δέκα μποτίλιες κρασὶ γιὰ τοὺς ξένους.
ķε 'ðεka bɔ'tiļεs kra'si ja tus 'ksεnus
und zehn Flaschen Wein für die Gäste.

10. Χαρίζομε στὸν φίλο μας ἕνα ρολόγι. Τί ἔχεις στὸ
xa'rizɔmε stɔŋ'filɔmas 'εna rɔ'lɔi ti 'εçis stɔ
Wir-schenken dem Freund-unserem eine Uhr. Was hast-du in-der

χέρι; Ἕναν κρῖκο μὲ κλειδιά.
'çεri 'εna'ŋ̌grikɔ mε kli'ðja
Hand? Ein Bund mit Schlüsseln.

## Vokabeln

| | |
|---|---|
| *ἡ χαρά* [i xa'ra] | die Freude |
| *τὸ ἐξώφυλλο* [tɔ ε'ksɔfilɔ] | der (Buch-) Umschlag |
| *ἡ ζωγραφία (-φιά)* [i zɔɣra'fia (-'fja)] | das Bild |
| *καθαρός* [kaθa'rɔs] | rein |
| *τὸ γράμμα* [tɔ 'ɣrama] | der Brief |
| *πού* [pu] | der, die, das, *vgl.* 16 A |
| *ἡ ἀλήθεια* [i a'liθja] | die Wahrheit |
| *ἀλήθεια!* [a'liθja] | wirklich!, ***hier:*** eigentlich |

| | |
|---|---|
| ὁ βιβλιοπώλης [ɔ vivliɔ'pɔlis] | der Buchhändler |
| ἀγοράζω [aɣɔ'razɔ] | kaufen |
| ὁ βιβλιοδέτης [ɔ vivliɔ'ðεtis] | der Buchbinder |
| ἡ συζήτηση (-ις) [i si'zitisi(s)] | die Diskussion |
| οὔτε ... οὔτε ['utε ... 'utε] | weder ... noch |
| γιὰ νὰ γίνῃ [ja na 'jini] | damit es wird (entsteht) |
| πρῶτα-πρῶτα ['prɔta 'prɔta] | zuallererst |
| τὸ ὄνομα [tɔ 'ɔnɔma] | der Name |
| ὁ ζωγράφος [ɔ zɔ'ɣrafɔs] | der Maler |
| κοπιάζω [kɔ'pjazɔ] | sich mühen |
| ὁ τυπογράφος [ɔ tipɔ'ɣrafɔs] | der Buchdrucker |
| τόσοι ['tɔsi] | so viele |
| χρωστῶ [xrɔ'stɔ] | schulden |
| ἡ χάρη [i 'xari] | der Dank |
| μαθαίνω [ma'θεnɔ] | lehren |
| χρήσιμος ['xrisimɔs] | nützlich |
| νά [na] | hier ist!, da ist! |
| τὸ καλάθι [tɔ ka'laθi] | der Korb |
| βαστῶ [va'stɔ] | halten |
| τὸ χέρι [tɔ 'çεri] | die Hand |
| ἡ ζυγαριά [i ziɣa'rja] | die Waage |
| ὁ λόγος [ɔ 'lɔɣɔs] | das Wort |
| *Plur.*: τὰ λόγια [ta 'lɔja] | |
| ἡ ἐπιστολή [i εpistɔ'li] | der Brief |
| τὸ τραγοῦδι [tɔ tra'ɣuði] | das Lied |
| δὲ μοῦ λέτε ['ðεmu'lεtε] | sagen Sie mal |
| κοστίζω [kɔ'stizɔ] | kosten |
| τὸ εἰσιτήριο [tɔ isi'tiriɔ] | die Fahrkarte |
| ἐδῶ [ε'ðɔ] | hier |
| ὡς [ɔs] | nach, bis |
| ἡ θέση (-ις) [i 'θεsi(s)] | die Klasse, der Platz |
| πρῶτος ['prɔtɔs] | erster |
| δεύτερος ['ðεftεrɔs] | zweiter |

| | |
|---|---|
| κάθε πότε ['kaθε 'pɔtε] | wie oft? |
| μισός [mi'sɔs] | halb |
| ἡ ὥρα [i 'ɔra] | die Stunde |
| αὔριο ['avriɔ] | morgen |
| μπορῶ [bɔ'rɔ] | können |
| ἀλλά [a'la] | aber |
| μεθαύριο [mε'θavriɔ] | übermorgen |
| ὁ γιός [ɔ jɔs] | der Sohn |
| τὸ κορίτσι [tɔ kɔ'ritsi] | das Mädchen |
| ἡ οὐρά [i u'ra] | der Schwanz |
| τὸ γατί [tɔ ɣa'ti] | die Katze |
| ἡ ἀδελφή [i aðεl'fi] | die Schwester |
| παράξενος [pa'raksεnɔs] | merkwürdig |
| τὸ καπέλλο [tɔ ka'pεlɔ] | der Hut |
| γνωρίζω [ɣnɔ'rizɔ] | kennen |
| φαίνομαι ['fεnɔmε] | scheinen |
| σάν [san] | wie |
| ὁ θεῖος [ɔ 'θiɔs] | der Onkel |
| ἀλλιώτικος [a'ʎɔtikɔs] | sonderbar |
| ἡ συμβουλή [i siŋvu'li] | der Ratschlag |
| δίνω ['ðinɔ] | geben, reichen |
| πολύ *Adv.* [pɔ'li] | sehr |
| πράγματι ['praɣmati] | wirklich |
| ὁ ἀδελφός [ɔ aðεl'fɔs] | der Bruder |
| ἐν τάξει [ε'ndaksi] | in Ordnung |
| ὁ ξένος [ɔ 'ksεnɔs] | der Fremde; der Gast |
| ὅτι ['ɔti] | daß |
| τὸ κρέας [tɔ 'krεas] | das Fleisch |
| τὸ τυρί [tɔ ti'ri] | der Käse |
| τὸ βούτυρο [tɔ 'vutirɔ] | die Butter |
| τὰ φροῦτα (*Plur.*) [ta 'fruta] | das Obst |
| ἡ μποτίλια [i bɔ'tiʎa] | die Flasche |
| τὸ κρασί [tɔ kra'si] | der Wein |
| χαρίζω [xa'rizɔ] | schenken |
| τὸ ρολόγι [tɔ rɔ'lɔ(j)i] | die Uhr |
| ὁ κρῖκος [ɔ 'krikɔs] | der Ring |
| ὁ κρῖκος μὲ κλειδιά [ɔ 'krikɔz mε kli'ðja] | das Schlüsselbund |

## Grammatik

### Akkusativ beim Maskulinum und Femininum Plural **A**

| | *bestimmter Artikel* | *Adjektivendung* | *Substantivendung* |
|---|---|---|---|
| *m* | tus | -us | -us, -εs, -εs (-as) |
| *f* | tis | -εs | -εs |

Akzent: Wie in *Vorkursus* ⑦ 1 bemerkt, ist das **u** immer lang. Daher können maskuline Substantive im Akkusativ Plural auf **-us** nur auf der letzten oder vorletzten Silbe betont sein. Auf der letzten Silbe ruht der Ton nur dann, wenn er auch im Nominativ Singular auf der letzten Silbe steht, z. B.:

ὁ νομός Verwaltungsbezirk τοὺς νομούς

In allen anderen Fällen ist im Akkusativ Plural die vorletzte Silbe betont:

ὁ φίλος — τοὺς φίλους ('- -)
ὁ κύριος — τοὺς κυρίους (- '- -)

Die Adjektive bewahren in allen Formen ihren Akzent (*doch vgl. L.* 8 L):

| | |
|---|---|
| Βλέπω τοὺς **πλούσιους** κυρίους. | Ich sehe die reichen Herren. |

| *Beispiele:* | *m* | *f* | *n* (*Akk.* = *Nom.*) |
|---|---|---|---|
| Βλέπω τοὺς | κυρί**ους** | τὶς κυρί**ες** | τὰ βιβλία |
| | πατέρ**ες** | μητέρ**ες** | σπίτια |
| | μαθητ**ές** (-**άς**) | μηχαν**ές** | παιδιά |
| | | | γράμματα |

Ich sehe die Herren, die Väter, die Schüler; die Damen, die Mütter, die Maschinen; die Bücher, die Häuser, die Kinder, die Briefe.

**B**

**Der Akkusativ** dient auch **zur Bildung von Zeitangaben,** die als fest umrissen gedacht sind, z. B.:

| | | | |
|---|---|---|---|
| τὴν ἡμέρα | am Tage | τὸ καλοκαίρι | im Sommer |
| τὴ νύχτα | nachts | τὸ(ν) χειμῶνα | im Winter |
| τὸ πρωί | morgens | τὸν τελευταῖο καιρό | in der letzten Zeit |
| τὸ βράδυ | abends | τὴν περασμένη ἑβδομάδα | in der vergangenen Woche |

**Dativ-Lokativ Plural:** σ + obige Formen **C**

*Beispiele:*

| | |
|---|---|
| Καὶ σ'ὅλους αὐτοὺς χρωστοῦμε χάρη. | Und allen diesen schulden wir Dank. |
| Τὰ παιδιὰ παίζουν στοὺς κήπους. | Die Kinder spielen in den Gärten. |

**Personalpronomen** **D**

Im Neugriechischen gibt es zwei Gruppen von Personalpronomen: Betonte und unbetonte (*vgl. a. L.* 3). Da die betonten Personalpronomen auch allein ohne Verb stehen, kann man sie auch unabhängige Personalpronomen im Gegensatz zu den (von einem Verb) abhängigen nennen, z. B.:

| | |
|---|---|
| Ποιὸς ἦλθε; | Wer ist gekommen? 'Εγώ Ich. |
| Ποιὸν ζητοῦν; | (*Am Telefon:* Wen verlangen sie? *deutsch mst.:*) Wer wird verlangt? |
| 'Εσένα. Αὐτόν. 'Εσᾶς. | (*Dich, ihn, Sie:*) Du, er, Sie! |

## Unabhängige Personalpronomen **E**

| *Nom.* | *Dat.* | *Akk.* | *Nom.* | *Dat.* | *Akk.* |
|---|---|---|---|---|---|
| (ἐ)γώ | (ἐ)μένα | | ich | mir | mich |
| (ἐ)σύ | (ἐ)σένα | | du | dir | dich |
| αὐτός | αὐτοῦ[1] | αὐτόν | er | ihm | ihn |
| αὐτή | αὐτῆς[1] | αὐτή(ν) | sie | ihr | sie |
| αὐτό | αὐτοῦ[1] | αὐτό | es | ihm | es |
| (ἐ)μεῖς | (ἐ)μᾶς | | wir | uns | |
| (ἐ)σεῖς | (ἐ)σᾶς | | ihr | euch | |
| αὐτοί | αὐτῶν[1] | αὐτούς | sie | ihnen | sie |
| αὐτές | αὐτῶν[1] | αὐτές | sie | ihnen | sie |
| αὐτά | αὐτῶν[1] | αὐτά | sie | ihnen | sie |

[1]) wird meist durch σέ + Akkusativform ersetzt.

Die oben betonten Formen stehen auch nach den Präpositionen ἀπό, γιά, σέ, μέ, δίχως, χωρίς (ohne), z. B.:

Τὰ λουλούδια εἶναι γιὰ σένα. — Die Blumen sind für dich.
Αὐτὸ δὲν ἐξαρτᾶται ἀπὸ μένα. — Das hängt nicht von mir ab.

In diesem Fall werden meist die Formen ohne ἐ gebraucht.

## Abhängige Personalpronomen **F**

| *Dativ* | | | *Akkusativ* | | |
|---|---|---|---|---|---|
| μοῦ | *er schreibt:* | mir | μὲ | *er sieht:* | mich |
| σοῦ | | dir | σὲ | | dich |
| τοῦ, τῆς, τοῦ | | ihm, ihr, ihm | τὸν, τὴν, τὸ | | ihn, sie, es |
| μᾶς | | uns | μᾶς | | uns |
| σᾶς | | euch | σᾶς | | euch |
| τούς **γράφει** | | ihnen | τούς, τὶς, τὰ **βλέπει** | | sie |

Unbetonte Formen im Nominativ gibt es nur von der dritten Person:

| | | | |
|---|---|---|---|
| τος | er | τοι | |
| τη | sie | τες | sie |
| το | es | τα | |

Sie werden hauptsächlich nach der hinweisenden Partikel νά „Da ist, da sind …“, zuweilen auch nach εἶναι gebraucht, z. B.:

Νά τος! Da ist er! — Ποῦ 'ναι τος; ['punεtɔs] = Ποῦ εἶναι (αὐτός); Wo ist er?

In den anderen Personen — zuweilen auch nach der dritten Person — steht nach νά die Akkusativform ohne Akzent nach folgendem Muster, selten die Dativform:

Νά με! — Da bin ich!
Νά τοι, νά τους! — Da sind sie!

## G

**Possessivpronomen.** Als Possessivpronomen werden die abhängigen Personalpronomen des Dativs verwendet. Sie stehen nach dem Substantiv oder Adjektiv und verlieren ihren Akzent. Es sind Enklitika. Ist das vor diesen Enklitika stehende Wort mehr als zweisilbig, erhält die letzte Silbe einen Akzent (Oxia) und wird stark betont (*s. Vorkursus* ⑨). Die Possessivpronomen sind für alle Geschlechter und für den Singular und Plural gleich.

| | |
|---|---|
| τὸ βιβλίο **μου** | mein Buch |
| τὸ βιβλίο **σου** | dein Buch |
| τὸ βιβλίο **του** | sein Buch |
| τὸ βιβλίο **της** | ihr Buch |
| τὸ βιβλίο **του** | sein Buch |
| τὸ βιβλίο **μας** | unser Buch |
| τὸ βιβλίο **σας** | euer Buch, Ihr Buch |
| τὸ βιβλίο **τους** (**των**) | ihr Buch |

| | |
|---|---|
| τὰ βιβλία **μου** | meine Bücher usw. |
| ὁ πατέρας **μου** | mein Vater usw. |
| ἡ μητέρα **μου** | meine Mutter usw. |
| οἱ γονεῖς **μου** | meine Eltern usw. |

Akzentverschiebung:

| | |
|---|---|
| τὸ ὄνομ**ά του** | [tɔnɔ'matu] sein Name |
| τὸ δωμάτι**ό σας** | [tɔðɔma'tjɔsas] Ihr, euer Zimmer |
| τὰ δωμάτι**ά σας** | [taðɔma'tjasas] Ihre, eure Zimmer |

*Merke:* τὸ **μικρό του** δωμάτιο *od.* τὸ **μικρὸ** δωμάτιό **του**.
**ὅλα μου τὰ** βιβλία alle meine Bücher (alle *stark betont*).

## H

Wie aus den Beispielen ersichtlich, steht das von einem Possessivpronomen begleitete Substantiv mit dem bestimmten Artikel. Der Artikel fehlt:

1. wenn das Substantiv prädikativ hinter εἶμαι steht und die Zugehörigkeit zu einer Gruppe (*einer meiner* ...) bezeichnet:

| | |
|---|---|
| Εἶναι φίλος μου. | Er ist ein Freund von mir (einer meiner Freunde). |
| Εἶναι δάσκαλός μου. | Er ist ein Lehrer von mir; *mst. a.:* Er ist mein Lehrer. |
| Εἶναι ἄνθρωπός μου. | Das ist mein Mann (*Redensart:* Das ist ein Mann, der meine Meinung, meine Interessen vertritt). |

*Aber:*

| | |
|---|---|
| Εἶμαι ὁ θεῖος τους ὁ Γιάννης. | Ich bin ihr Onkel Johann. |

2. wenn das Substantiv im Vokativ steht (*s. a. L.* 10):

| | | | |
|---|---|---|---|
| φίλε μου! | mein Freund! | παιδί μου! | mein Kind! |
| κυρία μου! | meine Dame! | γιατρέ μου! | Herr Doktor (mein Arzt)! |

## I

Ist das Substantiv mit dem Possessivpronomen von dem unbestimmten Artikel begleitet, so ist die Besitzangabe (wie unter H 1. oben) unbestimmt oder nicht ausschließlich. Z. B.:

| | |
|---|---|
| Ἕνας θεῖος μου εἶναι ράφτης. | Ein Onkel von mir ist Schneider. |
| Ὁ γιὸς ἑνὸς φίλου μου εἶναι φοιτητής. | Der Sohn eines meiner Freunde ist Student. |

(ἑνός *ist der Genitiv von* ἕνας.)

## J

Die betonte Form der Possessivpronomen wird durch Hinzufügen von *δικός eigen* gebildet, das wie ein Adjektiv behandelt wird, z. B.:

| | |
|---|---|
| Δὲ θέλω τὸ δικό σου βιβλίο, | Ich will nicht dein Buch, |
| θέλω τὸ δικό μου βιβλίο. | ich will mein Buch. |

*ὁ δικός μου, σου* usw. dient auch zur Wiedergabe des substantivischen Possessivpronomens:

| | |
|---|---|
| θέλω τὸ δικό μου. | Ich will meins (= mein Buch). |

Man merke die Bedeutung der maskulinen Pluralform *οἱ δικοί μου*:

| | |
|---|---|
| Τί κάνουν οἱ δικοί σου; | Was machen deine Angehörigen? |
| Οἱ δικοί μου εἶναι σὲ ταξίδι. | Meine Angehörigen sind verreist. |

Zuweilen muß δικός auch im Deutschen durch *eigen* übersetzt werden, z. B.:

| | |
|---|---|
| Κάθε Ἔθνος ἔχει τὴ δική του Σημαία. | Jede Nation hat ihre eigene Flagge. |

*Anmerkung:* In solchen Sätzen werden ἔθνος und σημαία in Schulbüchern meist mit großem Anfangsbuchstaben geschrieben.

## K

Die Frage nach dem Besitz wird durch den Genitiv *ποιανοῦ, ποιανῆς* des Interrogativpronomens ποιός bewirkt (*s. Tabelle* 8 K).

Die im Deutschen meist mit *gehören* gebildete Antwort wird mit δικός μου usw. ohne Artikel wiedergegeben:

*Frage:* ποιανοῦ εἶναι αὐτὸ τὸ αὐτοκίνητο; (wessen ist ...) Wem gehört das Auto?

*Antwort:* Εἶναι δικό της. Es gehört ihr.

Für ποιανοῦ usw. hört man häufig auch den Genitiv *τίνος* von *τίς*.

## L

**Wortstellung.** Ein Satzglied, auf dem ein besonderer Nachdruck liegt oder das man hervorheben will, nimmt in einem Hauptsatz meist die erste Stelle ein. Wird die erste Stelle von einer adverbialen Bestimmung oder von einem Dativobjekt besetzt, so tritt das Subjekt (wie im Deutschen) meist hinter das Verb. Das Subjekt hat in diesem Fall einen Nebenton.

| | |
|---|---|
| Ὁ Τάκης πηγαίνει στὸ σχολεῖο. | Takis geht in die Schule. |
| **Δίπλα του** πηγαίνει ἡ Ἄννα. | *Neben ihm* geht Anna. |

| | |
|---|---|
| **Ἐκεῖ** τρέχει καὶ ἡ ἐξαδέλφη του. | *Dort* läuft auch seine Kusine. |
| **Καὶ σ'ὅλους αὐτοὺς** χρωστοῦμε χάρη. | *Und allen diesen* schulden wir Dank. |

Nimmt ein Substantiv im Akkusativ die erste Stelle ein, so wird es meist durch das entsprechende Personalpronomen wiederholt.

| | |
|---|---|
| **Τὴν συζήτηση αὐτὴ τὴν** ἀκούει καὶ ὁ δάσκαλος. | (Diese Unterhaltung *sie* hört auch der Lehrer): *Diese Unterhaltung* hört auch der Lehrer. |
| **Τὸ ὄνομά του τὸ** βλέπετε στὸ ἐξώφυλλο. | *Seinen Namen* seht ihr auf dem Umschlag. |

Wie im Deutschen steht das Dativobjekt gewöhnlich vor dem Akkusativobjekt, wenn beide Objekte Substantive sind.

| | |
|---|---|
| Ὁ πατέρας χαρίζει **στὸν Πέτρο τὸ βιβλίο.** | Der Vater schenkt (dem) Peter das Buch. |

Ist das Akkusativobjekt durch den Sinn mit dem Verb eng verbunden (s. $5_7$: δίνω *συμβουλές*; 10 E: νὰ πῆς *χαιρετίσματα*) oder das Dativobjekt betont (9 P: ὅποιος σκάβει λάκκο *ἄλλου* ...), so steht im Neugriechischen — im Gegensatz zum Deutschen — das Akkusativobjekt vor dem Dativobjekt (s. 10d).

In Nebensätzen, die durch das Relativpronomen *πού, der, die, das, die* oder durch Konjunktionen *πού, πώς, ὅτι daß, ὅταν wenn* usw. eingeleitet werden, steht das Verb meist vor dem Subjekt. Beispiele s. L. 19c.

| | |
|---|---|
| Ἄλλο παιδὶ πάλι λέγει, πὼς τὸ φτειάνει ὁ βιβλιοδέτης. | Ein anderes Kind wiederum sagt, daß es der Buchbinder macht. |

Soll das Personalpronomen hervorgehoben werden, so muß man die obenangeführten unabhängigen Formen gebrauchen. Im Dativ und Akkusativ müssen sie noch durch die abhängigen Formen ergänzt werden.

| | |
|---|---|
| **Ἐμένα** δὲν **μοῦ** τὸ λές; | (*mir nicht mir es sagst-du*): **Mir** sagst du es nicht? |
| **Ἐμένα** τὸ ἴδιο **μοῦ** κάνει. | (*mir das gleiche mir es-macht*): **Mir** ist es gleich. |

## Übungen

a) Ergänzen Sie die fehlenden Endungen.

| | |
|---|---|
| Ἡ Ἑλλάδ- μὲ τ- ὑγιειν- τ- κλῖμα, τὸ | Griechenland mit seinem gesunden Klima, dem |
| ξάστερ- καὶ γαλάζι- οὐραν-, | klaren und blauen Himmel, |
| μὲ τὶς φυσικ- τ- ὀμορφι- καὶ | mit seinen natürlichen Schönheiten |
| μὲ τὶς ἰαματικ- πηγ- τ-, μὲ | und mit seinen Heilquellen, mit |
| τ- πολλ- ἀρχαιότ- καὶ μὲ τ- | den vielen Altertümern und mit seiner |
| ἔνδοξη ἱστορία τ- τραβάει κάθε χρόν- πολλ- ξέν- περιηγητ- | ruhmreichen Geschichte zieht jedes Jahr viele fremde Reisende |
| (τουρίστ-). Ἡ πιὸ καλ- ἐποχ- | (Touristen) an. Die beste Jahreszeit |

| | |
|---|---|
| γιὰ ἕνα ταξίδ- στ- 'Ελλάδα εἶναι ἀπὸ τὰ μέσα τοῦ 'Απριλίου ὡς τὰ μέσα τοῦ Μαΐου, γιατὶ τότε δὲν κάν- οὔτε πολὺ κρύο οὔτε πολλ- ζέστ-. | für eine Reise nach Griechenland ist ab Mitte April bis Mitte Mai, weil es dann nicht sehr kalt ist (macht) noch sehr heiß (viel Hitze). |
| Οἱ ξέν- ἐπισκέπτ- στ- 'Ελλάδα τ- ἀρχαιολογικ- τόπ- (ὅπως εἶναι ἡ 'Αθήνα, οἱ Δελφοί, ἡ 'Ολυμπία, ἡ Δῆλος, οἱ Μυκῆνες, ἡ Κνωσσός), τὴν Ρόδο καὶ τὴν Κέρκυρα, γιὰ νὰ χαροῦν τ- φυσικ- τ- ὀμορφι-, τ- λουτροπόλεις Αἰδηψὸ (*N* ἡ Αἰδηψός) καὶ Λουτράκι. | Die Fremden besuchen in Griechenland die archäologischen Stätten (wie [da] sind Athen, Delphi, Olympia, Delos, Mykene, Knossos), Rhodos und Korfu, um ihre Naturschönheiten zu genießen, die Badeorte Aidipsos und Lutraki. |
| Γιὰ τ- ξέν- φροντίζ- ὁ 'Ελληνικ- 'Οργανισμ- Τουρισμοῦ (Ε.Ο.Τ.). Δημοσιεύ- ὁδηγ- καὶ φροντίζ- γιὰ τ- καθαριότητ- τῶν ξενοδοχείων καὶ γιὰ τ- ταξίδ- τ-. Κάθε χρόν- ἐπισκέπτ- τ- 'Ελλάδ-, ὅπου ξοδεύ- ἀρκετ- χρήματα, περισσότεροι ἀπὸ 250 (διακόσιες πενήντα) χιλιάδες ξέν- περιηγητ-. | Für die Fremden sorgt die Griechische Fremdenverkehrsorganisation (E.O.T.). Sie veröffentlicht [Reise-] Führer und sorgt für die Sauberkeit der Hotels und für ihre Reise. Jedes Jahr besuchen Griechenland, wo sie ausgeben eine Menge Geld, mehr als zweihundertfünfzigtausend ausländische Reisende. |

b) Übersetzen Sie:

Geben Sie mir bitte den Löffel (τὸ κουτάλι), das Messer (τὸ μαχαίρι), die Gabel (τὸ πηρούνι), das Salzfaß (ἡ ἁλατιέρα), den Pfeffer (τὸ πιπέρι)? Danke!
Was sagen Sie zu der griechischen Küche (ἡ κουζίνα, μαγειρική)? = (Wie scheint Ihnen die . . . ?) Sie gefällt mir sehr gut. Wie schmeckt Ihnen (Wie gefällt Ihnen) der Spießbraten (τὰ σουβλάκια)? Mir schmeckt er sehr gut. Meiner Frau schmeckt er nicht so gut (. . . καὶ τόσο πολύ).

Der Angestellte gibt mir (uns, ihnen) den Schlüssel (τὸ κλειδί). Der Page (ὁ μικρός) bringt (φέρνω) dem Fremden sein Gepäck (οἱ ἀποσκευές). Der Kellner bringt dem Herrn die Speisekarte (ὁ κατάλογος). Ich empfehle (συσταίνω) Ihnen diesen Führer (ὁ ὁδηγός). Ich hole (nehme) dir eine Zeitung (ἡ ἐφημερίδα). Der Verkäufer (ὁ πωλητής) empfiehlt den Kunden (ὁ πελάτης) seine Waren (τὰ ἐμπορεύματα).

Der Arzt empfiehlt mir (eine) strenge Diät (σκληρὴ δίαιτα). Der Buchhändler empfiehlt einem Kunden einige Bücher mit folgenden (ὁ ἑξῆς) Titeln (ὁ τίτλος): „Das Kind im Hause bei (mit) den Eltern", „Geschichte Europas", „Geographie Griechenlands".

c) Beantworten Sie folgende Fragen:

Τί ἔχουν τὰ παιδιά; Τί κοιτάζουν; 'Απὸ ποιὸν ἀγοράζετε τὰ βιβλία; Τί λέει ἕνα παιδί; Τί τοὺς λέει ὁ δάσκαλος; Ποιὸς κάνει τὶς εἰκόνες; Σὲ ποιοὺς χρωστοῦμε χάρη;

Ποιὰ πράγματα μᾶς μαθαίνει τὸ βιβλίο; Ποιανοῦ εἶναι αὐτὸ τὸ κουτάλι; Ποιανῶν εἶναι αὐτὰ τὰ βιβλία; (*Antwort:* mir, ihm, ihnen *usw.*)

*zu a:*

*ὑγιεινός* [ijii-] gesund / *ξάστερος* klar / *ὁ οὐρανός* der Himmel / *φυσικός* natürlich / *ἡ ὀμορφιά* die Schönheit / *ἰαματικός* heilkräftig, Heil- / *ἡ πηγή* [pi'ji] die Quelle / *ἡ ἀρχαιότητα* das Altertum / *ὁ χρόνος* das Jahr / *ὁ περιηγητής* (*ὁ τουρίστας*) der Tourist / *ὁ πιὸ καλός* der beste / *ἡ ἐποχή* die Jahreszeit / *ἐπισκέπτομαι* besuchen / *ἀρχαιολογικός* archäologisch / *ὁ τόπος* der Ort, die Stätte / *ἡ λουτρόπολις* der Badeort / *ὁ ὀργανισμός* die Organisation / *δημοσιεύω* [-'ενɔ] veröffentlichen / *ὁ ὁδηγός* der (Reise-)Führer / *ἡ καθαριότητα* die Sauberkeit / *ξοδεύω* ausgeben / *ἀρκετός* genügend, eine Menge

## Brücke zum neugriechischen Wortschatz

| | |
|---|---|
| τυπογράφος: | *Typograph, Typographie* |
| λόγος: | *Logos*, Philo*logie* „Liebe zur Rede, zum Wort" |
| κοστίζω: | *ital.* costare: kosten |
| πρῶτος: | *Proto*zoen „erste Lebewesen", Proton |
| φαίνομαι: | Phänomen „Erscheinung" |
| πολύ: | Polytheismus „Vielgötterei", Polygamie „Vielehe" |
| τόπος: | *vgl. Topo*graphie „*Orts*beschreibung" |

| | | | |
|---|---|---|---|
| ἐπιστολή: | Epistel | οὐρανός: | *vgl.* Uranus |
| ὥρα: | *lat.* hora, *ital.* ora | φυσικός: | *vgl.* Physik |
| καπέλλο: | *ital.* cappello | ἐποχή: | Epoche |
| μποτίλια: | *ital.* bottiglia | ἀρχαιολογι- | |
| ὑγιεινός: | *vgl.* Hygiene | κός: | archäologisch |

# 6. Lektion

## Ρωτοῦμε καὶ ἀπαντοῦμε

1.

| | | | | | | |
|---|---|---|---|---|---|---|
| Τὶκ-τάκ, | τὶκ-τάκ | κτυπᾶ τὸ ὡρολόγι. | Κτυπᾶ | σὰν | νὰ | λέγῃ: |
| tik tak | tik tak | kti'pa tɔ ɔrɔ'lɔji | kti'pa | san | na | 'lεji |
| Tick-tack | tick-tack | schlägt die Uhr. | Sie-schlägt | wie | um-zu-sagen: | |

| | | |
|---|---|---|
| Ὥρα | ὀκτώ, | καληνύχτα! |
| 'ɔra | ɔ'ktɔ | kali'nixta |
| Stunde | acht, | gute Nacht! |

2.

| | | | | | | |
|---|---|---|---|---|---|---|
| Χτυπᾶ | τὸ τηλέφωνο | (Σηκώνεται | ἐκείνη). | Παίρνει | τὸ | ἀκουστικό. |
| xti'pa | tɔ ti'lεfɔnɔ | si'kɔnεtε | ε'ķini | 'pεrni | tɔ | akusti'kɔ |
| Es-läutet | das Telefon | es-steht-auf | sie. | Sie-nimmt | den | Hörer. |

| | | | | |
|---|---|---|---|---|
| Ἐκείνη: | Σὲ | ζητοῦν. | Ἐκεῖνος: | Ποιός; |
| ε'ķini | sε | zi'tun | ε'ķinɔs | pjɔs |
| Sie: | Dich | verlangen-sie (du wirst verlangt). | Er: | Wer? |

| | | | | | |
|---|---|---|---|---|---|
| Ἐκείνη: | Μιὰ γυναίκα. | Ἐκεῖνος: | Περίεργο. | Ἐκείνη: | Καθόλου. |
| ε'ķini | mja ji'nεka | ε'ķinɔs | pε'riεrγɔ | ε'ķini | ka'θɔlu |
| Sie: | Eine Frau. | Er: | Merkwürdig. | Sie: | Durchaus nicht. |

Παίρνει τὸ ἀκουστικὸ στὸ χέρι. «Ἐμπρός! Ποιὸς ὁμιλεῖ,
'pɛrni tɔ akusti'kɔ stɔ 'çɛri ɛ'm̃brɔs pjɔs ɔmi'li
Er-nimmt den Hörer in-die Hand. Hallo! Wer spricht

παρακαλῶ;»
paraka'lɔ
bitte?

3. Κρατῶ ἕνα μολύβι στὸ χέρι. Κ'ἐσύ, τί κρατεῖς (κρατᾶς)
kra'tɔ 'ɛna mo'livi stɔ 'çɛri k̯ɛ'si ti kra'tis kra'tas
Ich-halte einen Bleistift in-der Hand. Und du? Was hältst-du

στὸ χέρι; Ἕνας κύριος κρατᾶ ἕναν μικρόν, τὸν Δημητράκη
stɔ 'çɛri 'ɛnas 'k̯irĭɔs kra'ta 'ɛnan mi'krɔn tɔn̆ðimi'traĭk̯i
in-der Hand? Ein Herr hält einen Jungen, den Dhimitrakis,

ἀπὸ τὸ χέρι.
a'pɔ tɔ 'çɛri
an der Hand.

4. Ἡ Ἄννα πηδᾶ τὸ σχοινάκι. — Ὁ δάσκαλος πηδάει ἀπὸ τὸ
i 'ana pi'ða tɔ sçi'naĭk̯i ɔ 'ðaskalɔs pi'ðai a'pɔ tɔ
Die Anna springt (das) Seil. Der Lehrer springt von dem

ἕνα θέμα στ'ἄλλο.
'ɛna 'θɛma 'stalɔ
einen Thema zum-anderen.

5. Τὸ βαπόρι περνάει δυὸ φορὲς τὴ βδομάδα. Περνᾶνε μέσα
tɔ va'pɔri pɛr'nai 'ðjo fɔ'rɛs ti vðɔ'maða pɛr'nanɛ 'mɛsa
Der Dampfer kommt-vorbei zweimal die Woche. Sie-fahren durch

ἀπὸ μεγάλο δρόμο. Περνοῦμε πολλοὺς διαδρόμους καὶ
a'pɔ mɛ'ɣalɔ 'ðrɔmɔ pɛr'numɛ pɔ'luz ðia'ðrɔmus k̯ɛ
(eine) große Straße. Wir-gehen-durch viele Korridore und

φτάνομε σὲ μιὰ μεγάλη αἴθουσα.
'ftanɔmɛ sɛ mja mɛ'ɣali 'ɛθusa
gelangen in ein großes Zimmer.

6. Ἕνα αὐτοκίνητο περνᾶ. Τί ὡραῖο αὐτοκίνητο! Ἡ Αὔρα
'ɛna aftɔ'k̯initɔ pɛr'na ti ɔ'rɛɔ aftɔ'k̯initɔ i 'avra
Ein Auto kommt-vorbei. Was-für-ein schönes Auto! Aura

τὸ κυνηγᾶ. Τρέχει καὶ γαυγίζει. Πῶς τὰ περνᾶτε; Πολὺ
tɔ ķini'ɣa 'trɛĭçi ķɛ ɣa'vjizi pɔs ta pɛr'natɛ pɔ'li
es verfolgt. Sie-läuft und bellt. Wie geht es Ihnen? Sehr

καλά, εὐχαριστῶ. Κ'ἐσεῖς; — 'Εμεῖς, ὄχι καὶ τόσο καλά.
ka'la ɛfxari'stɔ ķɛ'sis e'mis 'ɔĭçi ķɛ 'tɔsɔ ka'la
gut, danke und Ihnen? Uns nicht so gut.

— Περνᾶς καὶ δὲ μᾶς χαιρετᾶς; Συνήθως περνοῦμε
pɛr'nas ķɛ ðɛ mas çɛrɛ'tas si'niθɔs pɛr'numɛ
Du-gehst-vorbei und nicht uns du-grüßt? Gewöhnlich verbringen-wir

τὶς διακοπές μας στὴν ἐξοχή.
tiz ðjakɔ'pɛzmas stin ɛksɔ'çi
die Ferien unsere auf-dem Land.

7. Μιλᾶτε (ὁμιλεῖτε) ἑλληνικά; — Δυστυχῶς δὲ(ν) μιλῶ
mi'latɛ (ɔmi'litɛ) ɛlini'ka ðisti'xɔs ðɛ(n) mi'lɔ
Sprechen-Sie griechisch? Leider nicht spreche-ich

ἀκόμα καλά. Δὲν ξέρω παρὰ μερικὲς λέξεις. Μαθαίνω
a'kɔma ka'la ðɛŋ'gzɛrɔ pa'ra mɛri'ķɛs 'lɛksis ma'θɛnɔ
noch gut. Nicht ich-weiß außer einigen Wörtern. Ich-lerne
(Ich kann nur ein paar Wörter)

τώρα αὐτὴ τὴ γλώσσα. 'Η ἑλληνικὴ γλώσσα μ'ἐνδιαφέρει
'tɔra a'fti ti 'ɣlɔsa i ɛlini'ķi 'ɣlɔsa mɛňðĭa'fɛri
jetzt diese die Sprache. Die griechische Sprache mich interessiert

πολύ. "Οταν μιλᾶτε σιγὰ-σιγά, σᾶς καταλαβαίνω, ἀλλὰ
pɔ'li 'ɔtan mi'latɛ si'ɣasiɣa sas katala'vɛnɔ a'la
sehr. Wenn Sie-sprechen langsam, Sie verstehe-ich, aber

ὅταν μιλᾶτε γρήγορα, δὲν καταλαβαίνω τίποτε.
'ɔtan mi'latɛ 'ɣriɣɔra ðɛŋgatala'vɛnɔ 'tipɔtɛ
wenn Sie-sprechen schnell nicht verstehe-ich nichts.
(ich verstehe gar nichts)

Καταλαβαίνετε τὴν φράση αὐτή; Ναί, τὴν καταλαβαίνω.
katala'vɛnɛtɛ tiɱ'frasi a'fti nɛ tiŋgatala'vɛnɔ
Verstehen-Sie den Satz diesen? Ja, ihn verstehe ich.

Τί ἀκοῦτε; 'Ακοῦμε τὶς «τελευταῖες εἰδήσεις».
ti a'kutɛ a'kumɛ tis tɛlɛ'ftɛɛs i'ðisis
Was hört-ihr? Wir hören die letzten Nachrichten.

8. Ὁ δάσκαλος ρωτᾶ καὶ ὁ μαθητὴς ἀπαντᾶ. Ὁ δάσκαλος
ɔ 'ðaskalɔs rɔ'ta ķε ɔ maθi'tis apa'ňda ɔ 'ðaskalɔs
Der Lehrer fragt und der Schüler antwortet. Der Lehrer

ρωτᾶ τὸ μαθητὴ καὶ ὁ μαθητὴς ἀπαντᾶ στὸ δάσκαλο. Οἱ
rɔ'ta tɔ maθi'ti ķε ɔ maθi'tis apa'ňda stɔ 'ðaskalɔ i
fragt den Schüler und der Schüler antwortet dem Lehrer. Die

δάσκαλοι κάνουν ἐρωτήσεις, καὶ οἱ μαθηταὶ ἀπαντοῦν στὶς
'ðaskali 'kanun εrɔ'tisis ķε i maθi'tε apa'ňdun stis
Lehrer machen Fragen und die Schüler antworten auf-die

ἐρωτήσεις. Συνήθως ἀπαντοῦμε ἀμέσως στὰ γράμματα
εrɔ'tisis. si'niθɔs apa'ňdumε a'mεsɔs sta 'ɣramata
Fragen. Gewöhnlich antworten-wir sofort auf-die Briefe

(στὰ τηλεγραφήματα). Ὁ περιηγητὴς ρωτᾶ τὸν ἀστυνόμο:
sta tilεɣra'fimata ɔ pεriiji'tis rɔ'ta tɔn asti'nɔmɔ
auf die Telegramme. Der Reisende fragt den Polizeibeamten:

Μὲ συγχωρεῖτε, κύριε ἀστυνόμε, ποῦ εἶναι τὸ
mε siňxɔ'ritε 'ķiriε asti'nɔmε pu 'inε tɔ
Mich entschuldigen-Sie, Herr Polizeibeamter, wo ist das

πλησιέστερο ταχυδρομεῖο (τὸ κεντρικὸ ταχυδρομεῖο);
pli'sjεstεrɔ taĭçiðrɔ'miɔ tɔ ķεňdri'kɔ taĭçiðrɔ'miɔ
nächste Postamt (das Hauptpostamt)?

9. Πεινῶ πολύ. — Ἰδοὺ ἡ σούπα σας. — Δὲν ἔχω
pi'nɔ pɔ'li i'ðu i 'supa sas ðεn 'εxɔ
Mich-hungert sehr. Da-ist die Suppe Ihre. Nicht ich-habe
(Ich habe keinen

κουτάλι. — Νά ἕνα! Λοιπὸν δὲν τρῶτε; Ἡ σοῦπα μου
ku'tali na 'εna li'pɔn ðε'ňdrɔtε i 'supamu
Löffel. Da-ist einer! Also nicht Sie-essen? Die Suppe meine
Löffel)

καίει. Διψῶ πολύ. Μοῦ δίνεις, σὲ παρακαλῶ, τίποτε
'ķεi ði'psɔ pɔ'li mu 'ðinis sε paraka'lɔ 'tipɔtε
brennt. Mich-dürstet sehr. Mir gibst-du, dich ich bitte, etwas
(ist zu heiß)

νὰ πιῶ; — Τί θέλεις; Κρασί, νερό, μπύρα;
na 'pjɔ ti 'θεlis kra'si nε'rɔ 'bira
zu trinken? Was möchtest-du? Wein, Wasser, Bier?

10. Ὁ κύριος Μαραγκὸς κατοικεῖ σ' ἕνα μοντέρνο σπίτι. Σὲ
ɔ 'ķiriɔs mara'ŋgɔs kati'ķi 'sεna mɔ'dεrnɔ 'spiti sε
Herr Marangos wohnt in einem modernen Haus. In

ποιὸ πάτωμα κατοικεῖτε, κύριε Μαραγκέ; — Κατοικῶ στὸ
pjɔ 'patɔma kati'ķitε 'ķiriε mara'ŋgε kati'kɔ stɔ
welchem Stock wohnen-Sie, Herr Marangos? Ich wohne im

πρῶτο (δεύτερο, τρίτο, τέταρτο, πέμπτο) πάτωμα. Οἱ
'prɔtɔ 'ðεftεrɔ 'tritɔ 'tεtartɔ 'pεmptɔ 'patɔma i
ersten (zweiten, dritten, vierten, fünften) Stock. Die

γονεῖς μου κατοικοῦν στὴν Πάτρα. Ἐμεῖς κατοικοῦμε τώρα
ɣɔ'nizmu kati'kun sti'mbatra ε'mis kati'kumε 'tɔra
Eltern meine wohnen in Patras. Wir wohnen jetzt

στὴν Ἀθήνα, στὴν ὁδὸν Ἀθηνᾶς.
stin a'θina stin ɔ'ðɔn aθi'nas
in Athen, in-der Straße Athena.

11. *Vers:*

Ἐγὼ ποθῶ τὸ φτωχικό, τὸ σπίτι μου τὸ πατρικό.
ε'ɣɔ pɔ'θɔ tɔ ftɔçi'kɔ tɔ 'spitimu tɔ patri'kɔ
Ich ersehne das ärmliche, das Haus mein das väterliche.

12. *Sprichwort:*

Ὁ θεὸς ἀργεῖ, μὰ δὲ λησμονεῖ.
ɔ θε'ɔs ar'ji ma ðε lizmɔ'ni
Gott zögert, aber nicht er-vergißt (*etwa:* aufgeschoben ist nicht aufgehoben).

## Vokabeln

| | |
|---|---|
| *ρωτῶ (-ᾶς)* [rɔ'tɔ] | fragen |
| *ἀπαντῶ (-ᾶς)* [apa'ndɔ] | antworten |
| *κτυπῶ (-ᾶς)* [kti'pɔ] | schlagen, läuten |
| *τὸ (ὡ)ρολό(γ)ι* [tɔ ɔrɔ'lɔji] | die Uhr |
| *σὰν νὰ λέγῃ* [san na 'lεi] | wie um zu sagen |
| *ὀκτώ* [ɔ'ktɔ] | acht |
| *τὸ τηλέφωνο* [tɔ ti'lεfɔnɔ] | das Telefon |
| *τὸ ἀκουστικό* [tɔ akusti'kɔ] | der Hörer |
| *ζητῶ (-ᾶς, εῖς)* [zi'tɔ] | suchen, verlangen |
| *περίεργος* [pε'riεrɣɔs] | merkwürdig |
| *καθόλου* [ka'θɔlu] | durchaus nicht |
| *ἐμπρός* [ε'mbrɔs] | Hallo (*am Telefon*) |
| *ὁμιλῶ(εῖς), μιλῶ(-ᾶς)* [ɔmi'lɔ, mi'lɔ] | sprechen |
| *παρακαλῶ (-εῖς)* [paraka'lɔ] | bitte, bitten |
| *κρατῶ (-ᾶς, εῖς)* [kra'tɔ] | halten |
| *ἀπὸ τὸ χέρι* [a'pɔ tɔ 'çeri] | an der Hand |
| *τὸ μολύβι* [tɔ mɔ'livi] | der Bleistift |
| *ὁ μικρός* [ɔ mi'krɔs] | der Junge |
| *πηδῶ (-ᾶς)* [pi'ðɔ] | springen |

| | |
|---|---|
| τὸ σχοινάκι [tɔ sçi'naïķi] | das Seil |
| τὸ θέμα [tɔ 'θɛma] | das Thema |
| ἡ βδομάδα [i vðɔ'maða] | die Woche |
| μέσα ἀπό ['mɛsa a'pɔ] | durch |
| περνῶ (-ᾶς) [pɛr'nɔ] | vorbeikommen, -gehen, durchfahren, -gehen, (*Zeit*) verbringen |
| φτάνω ['ftanɔ] | ankommen, hingelangen |
| ἡ αἴθουσα [i 'ɛθusa] | das Zimmer |
| τὸ αὐτοκίνητο [tɔ aftɔ'ķinitɔ] | das Auto |
| κυνηγῶ (-ᾶς) [ķini'ɣɔ] | jagen, verfolgen |
| γαυγίζω [ɣa'vjizɔ] | bellen |
| χαιρετῶ (-ᾶς) [çɛrɛ'tɔ] | grüßen |
| οἱ διακοπές [i ðjakɔ'pɛs] | die Ferien |
| ἡ ἐξοχή [i ɛksɔ'çi] | das Land (*im Gegensatz zur Stadt*) |
| ἀκόμα [a'kɔma] | noch |
| δὲν ... παρά [ðɛn ... pa'ra] | nur |
| ἡ λέξη, (-ις) [i 'lɛksi(s)] | das Wort |
| ἐνδιαφέρω [ɛn̆ðja'fɛrɔ] | interessieren |
| ὅταν ['ɔtan] | wenn |
| σιγὰ-σιγά [si'ɣasiɣa] | langsam |
| γρήγορα ['ɣriɣɔra] | schnell |
| τίποτε ['tipɔtɛ] | nichts |
| ἡ φράση (-ις) [i 'frasi(s)] | der Satz |
| τελευταῖος [tɛlɛ'ftɛɔs] | letzter |
| ἡ εἴδηση (-ις) [i 'iðisi(s)] | die Nachricht |

| | |
|---|---|
| ἡ ἐρώτηση (-ις) [i ɛ'rɔtisi(s)] | die Frage |
| συνήθως [si'niθɔs] | gewöhnlich |
| τὸ τηλεγράφημα [tɔ tilɛ'ɣrafima] | das Telegramm |
| ὁ ἀστυνόμος [ɔ asti'nɔmɔs] | der Polizist |
| συγχωρῶ (-εῖς) *A* [siŋ̆xɔ'rɔ] | verzeihen |
| πλησιέστερος [pli'sjɛstɛrɔs] | nächster |
| τὸ ταχυδρομεῖο [tɔ taïçiðrɔ'miɔ] | das Postamt |
| κεντρικός [ķɛn̆dri'kɔs] | zentral, Haupt- |
| πεινῶ (-ᾶς) [pi'nɔ] | hungern |
| ἰδού [i'ðu] | da ist |
| τὸ κουτάλι [tɔ ku'tali] | der Löffel |
| τίποτε ['tipɔtɛ] | etwas |
| νὰ πιῶ [na 'pjɔ] | zu trinken |
| (*von* πίνω ['pinɔ] | trinken) |
| ἡ μπύρα [i 'bira] | das Bier |
| κατοικῶ (-εῖς) [kati'kɔ] | wohnen |
| τὸ πάτωμα [tɔ 'patɔma] | das Stockwerk |
| τέταρτος ['tɛtartɔs] | vierter |
| πέμπτος ['pɛm̆ptɔs] | fünfter |
| οἱ γονεῖς [i ɣɔ'nis] | die Eltern |
| ἡ ὁδός [i ɔ'ðɔs] | die Straße |
| ποθῶ (-εῖς) [pɔ'θɔ] *A* | sich sehnen nach |
| φτωχικός [ftɔïçi'kɔs] | ärmlich |
| πατρικός [patri'kɔs] | väterlich |
| ἀργῶ (-εῖς) [ar'ɣɔ] | zögern |
| λησμονῶ (-εῖς) [lizmɔ'nɔ] | vergessen |
| μά [ma] | aber |

*Unterscheide:*

['pɛrnɔ — pɛr'nɔ]
παίρνω — περνῶ

## Grammatik

**A**

**Deklination.** Neben den bisher behandelten Deklinationstypen gibt es noch einige andere, die stärkeren Einfluß der Katharevusa-Formen zeigen oder den Katharevusa-Formen gleich sind.

*Maskulinum*

| | | | | |
|---|---|---|---|---|
| *Sing.* | | | | |
| *Nom.* | ɔ | -'ɛas, *K.* -ɛfs | ὁ βασιλέας, ὁ βασιλεύς | der König |
| *Akk.* | tɔn | -'ɛa | τὸν βασιλέα | den König |
| *Plur.* | | | | |
| *Nom.* | i | -'is | οἱ βασιλεῖς | die Könige |
| *Akk.* | tus | -'is | τοὺς βασιλεῖς | die Könige |

*Femininum*

| | | | | |
|---|---|---|---|---|
| *Sing.* | | | | |
| *Nom.* | i | -i *oder K.* -is | ἡ λέξη, ἡ λέξις | das Wort |
| *Akk.* | tin | -i | τὴν λέξη | das Wort |
| *Plur.* | | | | |
| *Nom.* | i | -is | οἱ λέξεις | die Wörter |
| *Akk.* | tis | -is | τὶς λέξεις | die Wörter |

*Neutrum*

| | | | | |
|---|---|---|---|---|
| *Sing.* | | | | |
| *Nom. Akk.* | tɔ | -ɔs | τὸ ἔθνος | die Nation |
| *Plur.* | | | | |
| *Nom. Akk.* | ta | -i | τὰ ἔθνη | die Nationen |

ὁ γονεύς „der Erzeuger" wird fast nur im Plural: οἱ γονεῖς „die Eltern" gebraucht.

Die Endung **-i** der femininen Substantive, deren Katharevusa-Form **-is** ist, wird -*η* oder -*ι* geschrieben. Viele schreiben -*ι*, um damit zu erkennen zu geben, daß die Deklination dieser Feminina von den übrigen auf -*η* abweicht.

## B

**Verb. Präsens der zweiten Konjugation.** Diese Konjugation ist in der ersten Person Singular Präsens endbetont. Sie zerfällt nach der 2. Pers. Präs. in zwei Gruppen, in die **as**- und **is**-Gruppe.

| **as**-Gruppe | | **is**-Gruppe | |
|---|---|---|---|
| *Singular* | *Plural* | *Singular* | *Plural* |
| -'ɔ, (-'aɔ) | -'umɛ, (-'amɛ) | -'ɔ | -'umɛ |
| -'as | -'atɛ | -'is | -'itɛ |
| -'a, (-'ai) | -'un, (-'an) | -'i | -'un |

*Beispiele:*

| | | | | | |
|---|---|---|---|---|---|
| ἀπαντ**ῶ** | [apa'ňdɔ] | ich antworte | εὐχαριστ**ῶ** | [efxari'stɔ] | ich danke |
| (ἐ)ρωτ**ᾶς** | [rɔ'tas] | du fragst | κατοικ**εῖς** | [kati'ķis] | du wohnst |
| χτυπ**ᾶ** | [xti'pa] | er schlägt, läutet | κρατ**εῖ** | [kra'ti] | er hält |
| περν**οῦμε** | [per'numɛ] | wir gehen vorüber | μπορ**οῦμε** | [bɔ'rumɛ] | wir können |
| ξεχν**ᾶτε** | [ksɛ'xnatɛ] | ihr vergeßt | συγχωρ**εῖτε** | [siŋxɔ'ritɛ] | ihr verzeiht |
| μιλ**οῦν** | [mi'lun] | sie sprechen | τραγουδ**οῦν** | [traɣu'ðun] | sie singen |

Die in Klammern stehenden Formen der as-Gruppe sind weit verbreitet; sie finden sich auch in der Literatur. Besonders häufig hört man die Nebenform **-'ai** der dritten Person. Sie entsprechen im allgemeinen nicht der Schulnorm. Z. B. μιλ**άει** er spricht.

Einige weitere wichtige Verben der

| as-Gruppe | | is-Gruppe | |
|---|---|---|---|
| ξυπνῶ | aufwachen; aufwecken | ἀργῶ | zögern; zu spät kommen |
| ἀγαπῶ | lieben | θεωρῶ | betrachten |
| ξεκινῶ | starten, aufbrechen | ἐνοχλῶ | belästigen |
| σταματῶ | stehenbleiben | κινῶ | bewegen |
| φυσῶ | wehen | -ποιῶ | machen: *altes Verb, mit dem heute nur zusammengesetzte Verben gebildet werden, z. B.:* |
| γελῶ | lachen; täuschen; sich lustig machen über | | |

| | |
|---|---|
| εἰδο**ποιῶ** | benachrichtigen |
| χρησιμο**ποιῶ** | verwenden |

Eine Anzahl Verben können sowohl nach der **as**- als auch nach der **is**-Gruppe konjugiert werden. Dazu gehören von den obigen Verben: κρατῶ, τραγουδῶ, συγχωρῶ, ferner folgende häufig vorkommende Verben: βοηθῶ (*A*) helfen; ἐξηγῶ (*mst.* **-is**) erklären, erläutern; ζητῶ suchen, fragen, bitten; κουνῶ bewegen; λαχταρῶ herbeisehnen; λησμονῶ (*mst.* **-is**) vergessen; παρακαλῶ bitten; παρατηρῶ bemerken, beobachten; τηλεφωνῶ telefonieren.

**C**

**Personalpronomen.** Für „er" und „sie" wird besonders zur Bezeichnung der sprechenden Personen in Dialogen *ἐκεῖνος, ἐκείνη jener, jene* verwendet.

## Übungen

a) Man setze die fehlenden Endungen ein:

Ἕν- κύριος πλησιάζει ἕνα γέρο Σαντορινιὸ ἐργάτ- ποὺ κάθ- ἔξω ἀπὸ ἕ- ξυλουργικ- ἐργοστάσιο καὶ τ- λέ-:
Σ- παρακαλ-, πηγαίνεις μέσα νὰ φωνάξης τὴν διεύθυνση;
Ὁ γέρος ἐργάτ- σηκών- πρόθυμος, μπαίν- μέσα, καὶ βγαίνοντας στὸ παράθυρ-, φωνάζ- στὸν ἔκπληκτ- κύρι-:
«Ὁδὸς Ἱππώνακτος 5».

(*Ἑλένη Ντάλλια in Ἐκλογή, Heft 97, Nov. 1953*)

| | |
|---|---|
| πλησιάζω *A* | sich nähern |
| γέρος, *oft unveränderlich* γέρο- | alt |
| Σαντορινιός | Santoriner, *von* Σαντορίνη *griech. Insel* |
| κάθομαι | sitzen |
| ἔξω ἀπό | außerhalb |
| ξυλουργικὸ ἐργοστάσιο | Tischlerwerkstatt |
| νὰ φωνάξης | zu rufen |

| | |
|---|---|
| διεύθυνση (-ις), ἡ | 1. Direktion, Leitung (*auch als Personen*)<br>2. Adresse, Anschrift |
| πρόθυμος | eilfertig, bereitwillig |
| μέσα, ἔξω | drinnen, draußen |
| μπαίνω<br>πηγαίνω μέσα | hineingehen |
| βγαίνω ἔξω | hinausgehen, *aber:* |
| βγαίνω σέ | erscheinen an |
| ἔκπληκτος | überrascht |
| Ἱππώνακτος *Gen. von* Ἱππῶναξ | (Die Straßennamen stehen im Genitiv hinter „Straße" = Ὁδός) |
| -οντας | *unveränderliches Adverbialpartizip* (s. 18 A) |
| βγαίνοντας | „erscheinend" |

b) Übersetzen Sie ins Neugriechische:

Was hält der Herr da in der Hand? Er hält, glaube ich, eine Gabel in der Hand. Die Kinder sind im Garten und springen Seil. Springen Sie auch Seil? Ich verbringe meine Ferien auf dem Lande. Sie gehen vorüber und grüßen uns nicht. Worüber (über was) sprecht ihr? Wir sprechen über verschiedene Themen, die uns interessieren: über eine Reise nach Griechenland, fremde Länder, Filme, unsere Vorgesetzten.

Die Lehrer fragen, und die Kinder antworten. Wir fragen den Polizisten: Entschuldigen Sie, wo ist die nächste Bank? Seid ihr sehr hungrig? Nein, wir sind nicht hungrig, wir sind durstig. Wo wohnt ihr jetzt? Wir wohnen in der Hipponax-Straße 5, neben der Tischlerwerkstatt.

Er vergißt immer alle (alle die) Wörter. Er lacht über das ganze Gesicht (*übersetze:* es lachen auch seine Ohren). Er lacht über alle (mit allen). Wann wachen Sie gewöhnlich auf? Jeden Morgen weckt mich der Obsthändler mit seinem Geschrei (mit seinen Stimmen). Störe ich Sie? Durchaus nicht. Der Lehrer verzeiht ihnen. Wir danken ihm. Die Schwester hilft der kleinen Lola. Wir besuchen die Altertümer Griechenlands. Der Professor erklärt den Studenten die Probleme.

Jannis ist Angestellter in einer Handelsfirma. Er hilft dem Buchhalter und schreibt Briefe in griechischer, deutscher und englischer Sprache. Er kommt morgens um acht Uhr ins Büro und geht um fünf Uhr weg. Der Buchhalter sagt zu ihm: „Würden Sie mir bitte die Akten geben, die dort im Regal liegen (sind)?" Jannis antwortet: „Bitte sehr, da sind sie!" Jannis schreibt die Antworten auf die Briefe mit der Schreibmaschine. Er führt alle Arbeiten aus, die ihm sein Chef gibt. Das Geschäft schließt um sieben Uhr.

Von allen Hunden der Nachbarschaft (τῆς γειτονιᾶς) hat Pistos nur mit einem Freundschaft geschlossen (*Übers.:* nur mit einem hat Freundschaften der Pistos): mit Arapis (ὁ Ἀράπης).

Mit (μὲ) ihm spielt er im Hof und auf der Straße. Mit (μαζὶ) ihm jagt er die Katzen in die Flucht. Mit ihm spielt auch der kleine Georg. Und wieviel schöne Stunden verbringt der kleine Georg nicht mit Pistos und Arapis! Nachts bleibt das Hündchen wach. Er streift im Hof, im Garten umher. Bei (mit) dem geringsten Lärm fängt er an zu bellen (beginnt er das Bellen).

## Vokabeln

*zu* b)

Gabel *πηροῦνι, τό* pi'runi / glauben, meinen *νομίζω* nɔ'mizɔ / verschieden *διάφορος* 'ðjafɔrɔs / Film *ταινία* tɛ'nia / Vorgesetzte(r) *προϊστάμενος* prɔi'stamɛnɔs / Lehrer, *hier: διδάσκαλος K* ði'ðaskalɔs / Bank *τράπεζα* 'trapɛza / Durst haben *διψῶ* ði'psɔ / vergessen *ξεχνῶ* (*ᾶς*) ksɛ'xnɔ / Ohr *αὐτί, τό* a'fti / belästigen *ἐνοχλῶ* (*εῖς*) ɛnɔ'xlɔ / erklären *ἐξηγῶ* (*εῖς*) ɛksi'ɣɔ / Problem *πρόβλημα, τό* 'prɔvlima / Handels... *ἐμπορικός* ɛm̃bɔri'kɔs / Handelsfirma *ἐμπορικὸ κατάστημα* ɛm̃bɔri'kɔ ka'tastima / Buchhalter *λογιστής* lɔji'stis / griechisch *ἑλληνικός* ɛlini'kɔs / deutsch *γερμανικός* jɛrmani'kɔs / englisch *ἀγγλικός* aŋ̃gli'kɔs / Akte *ἔγγραφον* 'ɛŋ̃grafɔn / geben *δίνω* 'ðinɔ / Regal *ράφι, τό* 'rafi / bitte (sehr)! *ὁρίστε!* ɔ'ristɛ / Antwort *ἀπάντηση* (*-ις*) a'pañdisi / Schreibmaschine *γραφομηχανή* ɣrafɔmixa'ni / ausführen *ἐκτελῶ* ɛktɛ'lɔ / schließen *κλείνω* 'klinɔ

Hund *σκύλος* 'sķilɔs / Nachbarschaft *γειτονιά* jitɔ'nja / nur *μονάχα* mɔ'naxa / Freundschaft *φιλία* fi'lia / in die Flucht schlagen *βάζω* (*A*) *στὸ κυνηγητό* 'vazɔ stɔ ķiniji'tɔ / der kleine Georg *ὁ Γεωργάκης* (*zu -άκης s.* 18 R) jɔr'ɣaïķis / wie viel(e) *πόσος* 'pɔsɔs / Hündchen *σκυλάκι, τό* (*zu -άκι s.* 18 R) sķi'laïķi / wach *ἄγρυπνος* 'aɣripnɔs / umherstreifen *γυρίζω* ji'rizɔ / geringst- *παραμικρός* parami'krɔs / Lärm *θόρυβος* 'θɔrivɔs / Bellen *γαύγισμα, τό* 'ɣavjizma

## Brücke zum neugriechischen Wortschatz

| | | |
|---|---|---|
| τηλέφωνο: | | Telefon |
| ἀκουστικό: | | Akustik |
| θέμα: | | Thema |
| λέξη: | | **Lex**ikon |
| φράση: | | Phrase |
| τηλεγράφημα: | | Telegraf |
| κεντρικός: | | Zentrum |
| μπύρα | < | *ital.* birra: Bier |
| πατρικός: | | **patri**otisch |
| γέρος: | | *vgl.* **Geron**tologie „Lehre von den Altersvorgängen" |
| διδάσκαλος: | | *vgl.* **didak**tisch |
| σούπα | | *frz.* soupe: Suppe |

# 7. Lektion

### 1. Τὸ βράδυ.

| | | | | | | | |
|---|---|---|---|---|---|---|---|
| Στὶς | δέκα | τὸ | βράδυ | ἀρχίζω | νὰ | χασμουριέμαι. | Εἶμαι κουρασμένος. |
| stiz | 'ðɛka | tɔ | 'vraði | ar'çizɔ | na | xazmu'rjɛmɛ | 'imɛ kura'zmɛnɔs |
| Um | zehn | den | Abend | fange-ich-an | zu | gähnen. | Ich-bin müde. |

| | | | | | | |
|---|---|---|---|---|---|---|
| Πηγαίνω | στὴ | κρεββατοκάμαρά μου, | γδύνομαι | καὶ | φορῶ | τὶς |
| pi'jɛnɔ | sti | krɛvatɔ'kama'ramu | 'ɣðinɔmɛ | ķɛ | fɔ'rɔ | tis |
| Ich gehe | ins | Schlafzimmer-mein, | entkleide mich | und | ziehe-an | den |

πυτζάμες μου — νυχτικὰ δὲν εἶναι πιὰ τῆς μόδας, νομίζω.
pi'dzamɛzmu nixti'ka ðɛn 'inɛ pja tiz 'mɔðas nɔ'mizɔ
Pyjama-meinen, Nachthemden nicht-sind mehr in-der Mode, glaube-ich.

Ἔπειτα πέφτω στὸ κρεββάτι καὶ σὲ λίγο ἀποκοιμᾶμαι.
'ɛpita 'pɛftɔ stɔ krɛ'vati ķɛ sɛ 'liɣɔ apɔķi'mamɛ
Dann falle-ich ins Bett, und in kurzem schlafe-ich-ein.

— Καὶ πρὶν δὲν παίρνετε λουτρό;
ķɛ prin ðɛ'm̌bɛrnɛtɛ lu'trɔ
Und vorher nicht nehmen-Sie (ein) Bad?

— Ὄχι, συνήθως δὲν κάνω μπάνιο, νίβω μόνο τὰ χέρια,
'ɔi̯çi si'niθɔs ðɛ'ŋ̌ganɔ 'baŋɔ 'nivɔ 'mɔnɔ ta 'çɛrja
Nein, gewöhnlich nicht mache-ich Bad, ich-wasche-nur die Hände,
(bade ich)

τὸ πρόσωπο καὶ τὸ λαιμό μου καὶ καθαρίζω τὸ στόμα μου.
tɔ 'prɔsɔpɔ ķɛ tɔ lɛ'mɔmu ķɛ kaθa'rizɔ tɔ 'stɔmamu
das Gesicht und den Hals-meinen und reinige den Mund-meinen.

Βάζω λίγη ὀδοντόπαστα στὴ ὀδοντόβουρτσα καὶ τρίβω τὰ
'vazɔ 'liji ɔðɔ'ňdɔpasta sti ɔðɔ'ňdɔvurtsa ķɛ 'trivɔ ta
Ich-tue etwas Zahnpasta auf-die Zahnbürste und putze die

δόντια μου. Στὸ τέλος ξεπλένω τὸ στόμα μου μὲ χλιαρὸ
'ðɔňdjamu stɔ 'tɛlɔs ksɛ'plɛnɔ tɔ 'stɔmamu mɛ xlia'rɔ
Zähne-meine. Am Schluß spüle-ich-aus den Mund-meinen mit lauwarmem

νερό.
nɛ'rɔ
Wasser.

## 2. Γιὰ νὰ περνάῃ ἡ ὥρα.

(Damit vergeht die Zeit =) Zum Zeitvertreib

Σ' ἕνα ἐπαρχιακὸ ὑποκατάστημα τραπέζης, τοῦ ὁποίου
'sɛna ɛparçi̯a'kɔ ipɔka'tastima tra'pɛzis tu ɔ'piu
In einer Provinz- filiale (einer) Bank, deren

τὸ προσωπικὸ ἀποτελεῖται ὅλο κι ὅλο ἀπὸ τὸν διευθυντή,
tɔ prɔsɔpi'kɔ apɔtɛ'litɛ 'ɔlɔ 'ķɔlɔ a'pɔ tɔň ðiɛfθi'ňdi
Personal besteht einzig und allein von (aus) dem Direktor,

τὸν ταμία καὶ τὸν κλητῆρα, φθάνει μιὰ μέρα ὁ ἐπιθεωρητὴς
toňda'mia ķε toŋ̌gli'tira 'ftani mja 'mεra ɔ εpiθεɔri'tis
dem Kassierer und dem Boten, kommt eines Tages der Inspektor

ἀπὸ τὸ κεντρικὸ γιὰ ἐπιθεώρηση. Μὲ μεγάλη του ὅμως ἔκπληξη
a'pɔ tɔ ķεňdri'kɔ ja εpiθε'ɔrisi mε mε'ɣalitu 'ɔmɔs 'εkpliksi
von der Zentrale zur Prüfung. Mit großer seiner jedoch Überraschung

βλέπει ὅτι οἱ πόρτες εἶναι ὀρθάνοιχτες, ἐνῶ τὸ
'vlεpi 'ɔti i 'pɔrtεs 'inε ɔr'θanixtεs ε'nɔ tɔ
sieht-er, daß die Türen sind sperrangelweit-offen, während das

προσωπικὸ κοιμᾶται μακαρίως κάτω ἀπὸ ἕνα παρακείμενο
prɔsɔpi'kɔ ķi'matε maka'riɔs 'katɔ a'pɔ 'εna para'ķimεnɔ
Personal schläft seelenruhig unter einem in-der-Nähe-stehenden

δέντρο. Στὴν ἀρχὴ θυμώνει, ἀλλὰ κατόπιν γελάει σατανικά.
'ðεňdrɔ stin ar'çi θi'mɔni a'la ka'tɔpin jε'lai satani'ka
Baum. Im Anfang zürnt-er, aber dann lacht-er satanisch.

Μπαίνει στὴν τράπεζα, πλησιάζει τὴν σειρῆνα τοῦ κινδύνου
'bεni sti'ňdrapεza pli'sjazi tiň si'rina tu ķi'ňðinu
Er-geht-hinein in-die Bank, geht-an die Sirene der Gefahr

καὶ τραβάει τὸ κορδόνι. Τρέχει ἀμέσως ἔξω γιὰ νὰ δῆ τὸ
ķε tra'vai tɔ kɔr'ðɔni 'trεïçi a'mεsɔs 'εksɔ jana'ði tɔ
und zieht die Schnur. Er-läuft sofort hinaus, um zu sehen das

ἀποτέλεσμα. Οἱ τρεῖς ὑπάλληλοι ἐξακολουθοῦν ἀμέριμνοι τὸν
apɔ'tεlεzma i tris i'palili εksakɔlu'θun a'mεrimni tɔn
Ergebnis. Die drei Angestellten setzen-fort unbesorgt den

ὕπνο τους, ἐνῶ ἀπὸ τὸ ἀπέναντι καφενεῖο πετάγεται τὸ
'ipnɔtus ε'nɔ a'pɔ tɔ a'pεnaňdi kafε'nio pε'tajεtε tɔ
Schlaf-ihren, während aus dem gegenüber Café (heraus)stürzt der

γκαρσόνι φέροντας τρεῖς καφέδες.
gar'sɔni 'fεrɔňdas tris ka'fεðεs
Kellner tragend drei Kaffee.

## 3. Δημοτικὸ τραγοῦδι

| | |
|---|---|
| Ἀλησμονιοῦνται τὰ φιλιά, | Vergessen werden die Küsse, |
| ξεχνιοῦνται κ' οἱ ἀγάπες, | Vergessen werden auch die Liebschaften, |
| συναπαντιοῦνται καὶ περνοῦν | Sie treffen sich und gehen vorbei |
| σὰν ξένοι, σὰν διαβάτες ... | Wie Fremde, wie Wanderer ... |

## Vokabeln

| | |
|---|---|
| *τὸ βράδυ* [tɔ 'vraði] | der Abend |
| *χασμουριέμαι* [xazmu'rjɛmɛ] | gähnen |
| *κουρασμένος* [kura'zmɛnɔs] | müde |
| *ἡ κρεββατοκάμαρα* [i krɛvatɔ'kamara] | das Schlafzimmer |
| *γδύνομαι* ['ɣðinɔmɛ] | sich entkleiden |
| *φορῶ (-εῖς, -ᾶς)* [fɔ'rɔ] | tragen, anziehen |
| *οἱ πυτζάμες* [i pi'dzamɛs] | der Pyjama |
| *νυχτικό* [tɔ nixti'kɔ] | das Nachthemd |
| *δὲν ... πιά* [ðɛn ... pja] | nicht mehr |
| *εἶναι τῆς μόδας* ['inɛ tiz'mɔðas] | modern sein |
| *πέφτω* ['pɛftɔ] | fallen |
| *ἀποκοιμᾶμαι* [apɔḱi'mamɛ] | einschlafen |
| *πρίν* [prin] | vorher |
| *τὸ λουτρό* [tɔ lu'trɔ] | das Bad |
| *τὸ μπάνιο* [tɔ 'baŋɔ] | das Bad |
| *κάνω μπάνιο* ['kanɔ 'baŋɔ] | ein Bad nehmen |
| *νίβω* ['nivɔ] | waschen |
| *τὸ πρόσωπο* [tɔ 'prɔsɔpɔ] | das Gesicht |
| *ὁ λαιμός* [ɔ lɛ'mɔs] | der Hals |
| *καθαρίζω* [kaθa'rizɔ] | reinigen |
| *τὸ στόμα* [tɔ 'stɔma] | der Mund |
| *ἡ ὀδοντόπαστα* [i ɔðɔ'n̆dɔpasta] | die Zahnpasta |
| *ἡ ὀδοντόβουρτσα* [i ɔðɔ'n̆dɔvurtsa] | die Zahnbürste |
| *τρίβω* ['trivɔ] | reiben, putzen |
| *τὸ δόντι* [tɔ 'ðɔn̆di] | der Zahn |
| *τὸ τέλος* [tɔ 'tɛlɔs] | der Schluß |
| *ξεπλένω* [ksɛ'plɛnɔ] | ausspülen |
| *χλιαρός* [xlia'rɔs] | lauwarm |

*zu* 2:

| | |
|---|---|
| *ἐπαρχιακός* [ɛparçia'kɔs] | provinziell |
| *τὸ ὑποκατάστημα* [tɔ ipɔka'tastima] | die Filiale |
| *ἡ τράπεζα* [i 'trapɛza] | die Bank |
| *τὸ προσωπικό* [tɔ prɔsɔpi'kɔ] | das Personal |
| *ἀποτελοῦμαι ἀπό* [apɔtɛ'lumɛ a'pɔ] | bestehen aus |
| *ὁ διευθυντής* [ɔ ðiɛfθi'n̆dis] | der Direktor |
| *ὁ ταμίας* [ɔ ta'mias] | der Kassierer |
| *ὁ κλητήρας* [ɔ kli'tiras] | der Bote |
| *τὸ κεντρικό* [tɔ ḱɛn̆dri'kɔ] | die Zentrale |
| *ὁ ἐπιθεωρητής* [ɔ ɛpiθɛɔri'tis] | der Inspektor |
| *ἡ ἐπιθεώρηση (-ις)* [i ɛpiθɛ'ɔrisi(s)] | die Inspektion |
| *ἡ ἔκπληξη (-ις)* [i 'ɛkpliksi(s)] | die Überraschung |
| *ὀρθάνοιχτος* [ɔr'θanixtɔs] | sperrangelweit offen |
| *ἐνῶ* [ɛ'nɔ] | *Konj.* während |
| *κοιμοῦμαι* [ḱi'mumɛ] | schlafen |
| *μακαρίως Adv.* [maka'riɔs] | seelenruhig, selig |
| *κάτω ἀπό* ['katɔ a'pɔ] | unter(halb) |
| *παρακείμενος* [para'ḱimɛnɔs] | benachbart, in der Nähe |
| *ἡ ἀρχή* [i ar'çi] | der Anfang |
| *θυμώνω* [θi'mɔnɔ] | zürnen, zornig [sein] |
| *κατόπιν* [ka'tɔpin] | dann |
| *γελῶ* [jɛ'lɔ] | lachen |
| *σατανικά Adv.* [satani'ka] | satanisch |
| *πλησιάζω A.* [pli'sjazɔ] | sich nähern, an etwas herangehen |
| *ἡ σειρῆνα* [i si'rina] | die Sirene |
| *ὁ κίνδυνος* [ɔ 'ḱin̆ðinɔs] | die Gefahr |
| *τραβῶ (-ᾶς)* [tra'vɔ] | ziehen |
| *τὸ κορδόνι* [tɔ kɔr'ðɔni] | die Schnur |
| *γιὰ νὰ δῇ* [jana'ði] | damit er sehe: um zu sehen |
| *τὸ ἀποτέλεσμα* [tɔ apɔ'tɛlɛzma] | das Ergebnis |
| *ἐξακολουθῶ (-εῖς)* [ɛksakɔlu'θɔ] | fortsetzen |

| | | | |
|---|---|---|---|
| ἀμέριμνος [a'mεrimnɔs] | unbesorgt | ἀλησμονιέμαι [alizmɔ'njεmε] | vergessen werden |
| ὁ ὕπνος [ɔ 'ipnɔs] | der Schlaf | τὸ φιλί [tɔ fi'li] | der Kuß |
| ἀπέναντι [a'pεnaňdi] | gegenüber | ξεχνῶ (-ᾶς) [ksε'xnɔ] | vergessen |
| τὸ καφενεῖο [tɔ kafε'niɔ] | das Café | ἡ ἀγάπη [i a'ɣapi] | die Liebe, Liebschaft |
| πετάγομαι [pε'taɣɔmε] | eilen, stürzen | συναπαντῶ (-ᾶς) [sinapa'ňdɔ] | treffen |
| τὸ γκαρσόνι [tɔ gar'sɔni] | der Kellner | ὁ διαβάτης [ɔ ðja'vatis] | der Wanderer |
| φέροντας ['fεrɔňdas] | tragend | | |
| *zu* 3: | | | |
| (ἀ)λησμονῶ (-εῖς) [(a)lizmɔ'nɔ] | vergessen | | |

## Grammatik

**A**

**Verb. Die passive Form der endungsbetonten Verben, der Verben auf** -ῶ. Die as-Gruppe zerfällt in zwei Untergruppen, in die jεsε- und asε-Untergruppe:

| as-Gruppe -jεsε | as-Gruppe -asε | is-Gruppe |
|---|---|---|
| -'jεmε | -'umε (-'amε)* | -'umε |
| -'jεsε | -'asε | -'isε |
| -'jεtε | -'atε | -'itε |
| -'jumastε | -'umastε | -'umastε |
| -'jεstε | -'astε | -'istε |
| -'jundε | -'uňdε | -'uňdε |

* -amε findet sich häufig in der Literatur; es ist auch in der Gegend von Athen verbreitet: θυμᾶμαι, θυμοῦμαι ich erinnere mich *s.* C.

*Beispiele:*

**B**

-jεsε

| | | |
|---|---|---|
| ἀγαπ**ιέμαι** | [aɣa'pjεmε] | ich werde geliebt |
| ἀρν**ιέσαι** | [ar'njεsε] | du verneinst |
| ξεχν**ιέται** | [ksε'xnjεtε] | es wird vergessen |
| στενοχωρ**ιούμαστε** | [stεnɔxɔ'rjumastε] | wir sind bedrückt, besorgt |
| ἀναρωτ**ιέστε** | [anarɔ'tjεstε] | ihr fragt (euch) |
| μιλ**ιοῦνται** | [mi'ljuňdε, miļuňdε] | sie werden gesprochen |

Zu dieser Gruppe gehören u. a. folgende Verben:

| | |
|---|---|
| τιμῶ | achten, schätzen |
| πουλῶ | verkaufen |
| τραβῶ | ziehen |
| κρατῶ | halten |
| γαργαλῶ | kitzeln |
| στενοχωρῶ | in Verlegenheit bringen |

Man beachte die besondere Bedeutung im Passiv:

| | |
|---|---|
| τραβιέμαι | gezogen werden; sich zurückziehen |
| γαργαλιέμαι | kitzlich sein |
| στενοχωριέμαι | besorgt, bedrückt sein (*γιά wegen*) |

Folgende Verben haben nur passivische Formen:

| | |
|---|---|
| παραπονιέμαι | sich beklagen (*τοῦ bei j-m γιά über*) |
| βαριέμαι | es satt haben |
| ἀρνιέμαι | verneinen; leugnen; (es) ablehnen |

Meist in der Passivform gebräuchlich ist:

| | |
|---|---|
| ἀναρωτιέμαι | sich fragen, *von* ἀναρωτῶ ausfragen |

-asε

**C**

Zu der asε-Untergruppe gehören nur wenige Verben, darunter die vier häufig verwendeten:

| | | | |
|---|---|---|---|
| κοιμοῦμαι | schlafen | θυμοῦμαι *κάτι* | *A.* sich (*an etwas*) erinnern |
| φοβοῦμαι | (sich) fürchten | λυποῦμαι | bedauern, betrübt sein |

| | | |
|---|---|---|
| κοιμ**οῦμαι** | [ķi'mumε] | ich schlafe |
| κοιμ**ᾶμαι** | [ķi'mamε] | |
| φοβ**ᾶσαι** | [fɔ'vasε] | du fürchtest (etwas), du fürchtest dich |
| θυμ**ᾶται** | [θi'matε] | er erinnert sich |
| λυπ**ούμαστε** | [li'pumastε] | wir bedauern (daß); wir sind betrübt |
| κοιμ**άστε** | [ķi'mastε] | ihr schlaft |
| φοβ**οῦνται** | [fɔ'vuňdε] | sie fürchten (sich) |

Die obigen Verben kommen nur in der passivmedialen Form vor. Zu dieser Gruppe können noch drei Verben gerechnet werden, die eigentlich der Katharevusa angehören. In einzelnen Personen haben sie daher Doppelformen, eine Katharevusa- und eine Dhimotiki-Form. Der Gebrauch hängt von der Bildung des Sprechers und von der Situation ab.

ἐξαρτῶμαι, ἐξαρτοῦμαι (ἀπό) abhängen (von); (ἐξαρτῶ abhängig machen)

Von diesem Verb kommt in der Umgangssprache besonders die dritte Person vor:

| | |
|---|---|
| ἐξαρτᾶται | es hängt davon ab; je nachdem |
| Ἐξαρτᾶται ἀπὸ τὶς περιστάσεις. | Es hängt von den Umständen ab. |
| ἀπατῶμαι | getäuscht werden; sich irren (ἀπατῶ täuschen, *mst.* γελῶ). |

Hauptsächlich in der ersten Person:

| | |
|---|---|
| ἂν δὲν ἀπατῶμαι | wenn ich mich nicht irre; |
| *meist aber:* ἂν δὲν κάνω λάθος | („wenn ich nicht mache Fehler") |

ἐγγυῶμαι: garantieren

| | | | |
|---|---|---|---|
| *Katharevusa:* | ἐγγυ/ῶμαι, | | ~ώμεθα, ~ᾶσθε*, ~ῶνται, |
| *K.* **und** *Dhim.:* | | ~ᾶσαι, ~ᾶται, | |
| *Dhimotiki:* | ἐγγυ/οῦμαι, | | ~ούμαστε, ~άστε*, ~οῦνται (~όμαστε) |

*) Diese beiden Formen unterscheiden sich nur orthographisch voneinander.

-isε

**D**

| | | |
|---|---|---|
| προσποι**οῦμαι** | [prɔ'spjumε] | ich spiele den ..., stelle mich ... |
| διηγ**εῖσαι** | [ðii'jisε] | du erzählst |
| μιμ**εῖται** | [mi'mitε] | er ahmt nach |
| συνεννο**ούμαστε** | [sinεnɔ'umastε] | wir verständigen uns |
| ἀσχολ**εῖστε** (-εῖσθε) | [asxɔ'listε] | ihr beschäftigt euch (μὲ mit) |
| ἀποτελ**οῦνται** | [apɔtε'luñdε] | sie werden gebildet, bestehen (ἀπὸ aus) |

Von den obigen sechs Verben kommt nur ἀποτελῶ auch aktivisch im Sinne von *bilden, darstellen* vor.

Zu dieser Untergruppe gehören u.a. folgende häufig verwendete Verben:

| | |
|---|---|
| κινῶ | bewegen, antreiben; erregen; anstacheln |
| κινοῦμαι | sich bewegen; sich regen |
| περιποιοῦμαι | pflegen, behandeln, sorgen für |
| παρατηρῶ | beobachten; darauf hinweisen (ὅτι daß); bemerken |
| διαιρῶ | einteilen; dividieren |
| καλλιεργῶ | (*Feld*) bestellen, (*Boden*) bearbeiten; (*Wissenschaft*) betreiben, (*Freundschaft*) pflegen, (*Haß*) hegen |
| χρησιμοποιῶ | anwenden |
| | und alle übrigen mit dem alten Verb -ποιῶ *machen* zusammengesetzten Verben. |

Man beachte in der isε-Untergruppe den Gleichklang folgender Formen mit Aktivformen der is-Gruppe:

| | | |
|---|---|---|
| παρατηροῦμ**ε** | [parati'rumε] | wir beobachten |
| παρατηροῦ**μαι** | [parati'rumε] | ich werde beobachtet |
| παρατηρεῖ**τε** | [parati'ritε] | ihr beobachtet |
| παρατηρεῖ**ται** | [parati'ritε] | er wird beobachtet |

Viele Verben können sowohl nach der -jεsε- als auch nach der -isε-Untergruppe konjugiert werden. Der Sprachgebrauch hat sich noch nicht für ein bestimmtes Konjugationsmuster entschieden. Z. B. findet man ἀρνιέμαι und ἀρνοῦμαι, κρατιέμαι und κρατοῦμαι.

## Die Zahlen von 11—100. **E**

Wir zählen von elf bis hundert: Μετροῦμε ἀπὸ τὸ ἕνδεκα ὡς τὸ ἑκατό (μετρῶ, -άω, -ᾶς).

11 ἕνδεκα
12 δώδεκα
13 δεκατρεῖς, δεκατρία
14 δεκατέσσερεις, δεκατέσσερα
15 δεκαπέντε
16 δεκαέξι, δεκάξι
17 δεκαεφτά, δεκαεπτά
18 δεκαοχτώ, δεκαοκτώ
19 δεκαεννιά, δεκαεννέα
20 εἴκοσι
21 εἴκοσι ἕνας, μία, ἕνα
22 εἴκοσι δύο (δυό)
23 εἴκοσι τρεῖς, τρία
24 εἴκοσι τέσσερεις, τέσσερα
25 εἴκοσι πέντε
26 εἴκοσι ἕξι

| | | | |
|---|---|---|---|
| 27 | εἴκοσι ἑφτά (ἑπτά) | 60 | ἑξήντα |
| 28 | εἴκοσι ὀχτώ (ὀκτώ) | 70 | ἑβδομήντα |
| 29 | εἴκοσι ἐννιά (ἐννέα) | 80 | ὀγδόντα, ὀγδοήντα |
| 30 | τριάντα | 90 | ἐνενήντα |
| 40 | σαράντα | 100 | ἑκατό(ν) |
| 50 | πενήντα | 0 | τὸ μηδέν, τὸ μηδενικό |

Ὁ Κώστας εἶναι ἕνα μεγάλο μηδενικό. Kostas ist eine große Null.

Τὰ τρία μηδενικά = τὸ νούμερο ἑκατό (Nummer 100) = τὸ ἀποχωρητήριον Abort (00).

Die Formen auf -τρεῖς, -τέσσερεις werden für maskuline und feminine Substantive, die Formen auf -τρία, -τέσσερα für neutrale Substantive und beim Zählen verwendet.

## Die Uhrzeit. F

Wieviel ist die Uhr? Τί ὥρα εἶναι;

Als Antwort auf die Frage wird die Zeit angegeben in ganzen Stunden:

| | | | | |
|---|---|---|---|---|
| Die Uhr ist eins oder es ist | ein | Uhr | Εἶναι | μία |
| | zwei | Uhr | | δύο |
| | drei | Uhr | | τρεῖς |
| | vier | Uhr | | τέσσερεις |
| | fünf | Uhr | | πέντε |
| | *usw.* | | | |

halben Stunden (μισὴ ὥρα halbe Stunde):

| | | | | |
|---|---|---|---|---|
| Es ist | ½ 1 | εἶναι (δώδεκα καὶ) μισή | ½ 7 | ἑξίμισι |
| | ½ 2 | μιάμισι | ½ 8 | ἑφτάμισι |
| | ½ 3 | δυόμισι | ½ 9 | ὀχτώμισι |
| | ½ 4 | τρεισήμισι | ½ 10 | ἐννιάμισι |
| | ½ 5 | τεσσερεισήμισι | ½ 11 | δεκάμισι |
| | ½ 6 | πεντέμισι | ½ 12 | ἐνδεκάμισι |

Man kann auch sagen μία καὶ μισή für ½2 *usw.*

in Viertelstunden (τέταρτο τῆς ὥρας Viertelstunde):

| | | | | | |
|---|---|---|---|---|---|
| **nach:** | ¼ **nach** 1 | μία **καὶ** τέταρτο | **vor:** | ¼ **vor** 1 | μία **παρὰ** τέταρτο |
| | ¼ **nach** 2 | δύο **καὶ** τέταρτο | | ¼ **vor** 2 | δύο **παρὰ** τέταρτο |
| | ¼ **nach** 3 | τρεῖς **καὶ** τέταρτο | | ¼ **vor** 3 | τρεῖς **παρὰ** τέταρτο |
| | usw. | | | usw. | |

in Minuten (λεπτό Minute), z. B.:

| | | | |
|---|---|---|---|
| 1 Uhr 5 | μία καὶ πέντε | 2 Uhr 35 | τρεῖς παρὰ εἴκοσι πέντε |
| 1 Uhr 20 | μία καὶ εἴκοσι | 3 Uhr 40 | τέσσερεις παρὰ εἴκοσι |
| 1 Uhr 25 | μία καὶ εἴκοσι πέντε | 3 Uhr 55 | τέσσερεις παρὰ πέντε |

**um** wird von 2 Uhr an durch den femininen Dativ-Lokativ im Plural στίς ausgedrückt, bewirkt durch das nicht gesprochene ὧρες *Stunden*. **Um ein Uhr** heißt dagegen *στὴ μία*.

| | | |
|---|---|---|
| | **um** 10 Uhr | **στὶς** δέκα |
| | **gegen** 10 Uhr | **κατὰ τὶς** δέκα |
| | **von** 8 **bis** 10 Uhr | **ἀπὸ τὶς** ὀχτὼ **ὡς τὶς** δέκα |
| *aber:* | **um ein** Uhr | **στὴ** μία |

An Stelle von **στὶς** verwenden manche die Katharevusa-Form **στὰς** *od.* **εἰς τὰς**

Näher werden die Stunden bezeichnet durch:

| *amtlich* | | | *gewöhnlich* |
|---|---|---|---|
| π.μ. = πρὸ μεσημβρίας | [promεsim̃'vrias] | vormittags | τὸ πρωί |
| μ.μ. = μετὰ μεσημβρίαν | [mεtamεsim̃'vrian] | nachmittags | τὸ ἀπόγευμα |

| | |
|---|---|
| um 11 Uhr vormittags | στὶς ἕνδεκα π.μ. *od.* τὸ πρωί |
| um 16 Uhr | στὶς τέσσερεις μ.μ. *od.* τὸ ἀπόγευμα |

Im Rundfunk und bei der Eisenbahn usw. wird die Uhrzeit auch durch die fortlaufenden Zahlen von 1—24 angegeben, z. B.:

στὶς 16 — στὶς δεκαέξι

## Rechnen — 'Αριθμητική **G**

Die vier Rechnungsarten — Οἱ τέσσερεις ἀριθμητικὲς πράξεις

| | | |
|---|---|---|
| Addition | Πρόσθεση | |
| wir addieren | προσθέτομε | |
| 3 + 2 = 5 | τρία **σὺν** (*od.* **καὶ**) δύο, ἴσον πέντε | Summe — ἄθροισμα |
| Substraktion | 'Αφαίρεση | |
| wir subtrahieren | ἀφαιροῦμε | |
| 7 — 3 = 4 | ἑπτὰ **πλὴν** τρία, ἴσον τέσσερα | Differenz — διαφορά |
| Multiplikation | Πολλαπλασιασμός | |
| wir multiplizieren | πολλαπλασιάζομε | |
| 3 × 3 = 9 | τρία **ἐπὶ** τρία, ἴσον ἐννέα | Produkt — γινόμενον |
| Division | Διαίρεση | |
| wir dividieren | διαιροῦμε | |
| 15 : 5 = 3 | δεκαπέντε **διὰ** (*od.* **πρὸς**) πέντε, ἴσον τρία | Quotient — πηλίκον |

## Übungen

a) Schreiben Sie die nachstehenden Zahlen in Worten:

(γράψετε τοὺς παρακάτω ἀριθμοὺς μὲ λέξεις):

16, 18, 25, 33, 47, 56, 61, 72, 89, 98.

b) Lesen Sie die folgenden Rechenaufgaben:

(διαβάσετε τὰ ἑξῆς προβλήματα ἀριθμητικῆς):

| | | | |
|---|---|---|---|
| 27 + 34 | 98 — 31 | 9 · 8 | 54 : 9 |
| 53 + 4 | 18 — 2 | 41 · 2 | 80 : 10 |
| 39 + 13 | 72 — 45 | 11 · 7 | 96 : 12 |

c) Kennen Sie das Einmaleins?

(ξέρετε τὸν πίνακα τοῦ πολλαπλασιασμοῦ;)

| | | | |
|---|---|---|---|
| 1 · 1 = 1 | 1 · 2 = 2 | 1 · 5 = 5 | 1 · 12 = 12 |
| 2 · 1 = 2 | 2 · 2 = 4 | 2 · 5 = 10 | 2 · 12 = 24 |
| *usw.* | *usw.* | *usw.* | *usw.* |

d) Ἡ δραχμὴ εἶναι 100 λεπτά.

τὸ λεπτό(ν) — 1. der 100. Teil der Drachme
2. die Minute

τὰ λεπτά (λεφτά) = Geld

Πόσα λεφτὰ (*od.* χρήματα) ἔχετε; Ἔχω 1 (μία) δραχμή, 3 (τρεῖς) δραχμές, ἔχω 34, 43, 55, 62, 85, 7, 13, 18, 91, 11 δραχμές.

e) Aus einer Reklame:

Στὶς ἐκδρομές σας, στὰ ταξίδια σας, μ'ἕνα ἐκλεκτὸ ἀστυνομικὸ βιβλίο τῆς τσέπης. Ὁ τόμος Δρχ. 6 (6 δραχμές).

f) Τὸ θερμόμετρο δείχνει 5 βαθμοὺς κάτω ἀπὸ τὸ μηδέν, 29 βαθμοὺς ἀπάνω ἀπὸ τὸ μηδέν.

g) Τὸ ἔτος (ὁ χρόνος) ἔχει 52 ἑβδομάδες (12 μῆνες). Ἡ ἑβδομάδα ἔχει 7 μέρες. Οἱ μέρες λέγονται: Κυριακή, Δευτέρα, Τρίτη, Τετάρτη, Πέμπτη, Παρασκευὴ καὶ Σάββατο. Ἡ (ἡ)μέρα ἔχει 24 ὧρες. Ἡ ὥρα ἔχει 60 λεπτά. Τὸ λεπτὸ ἔχει 60 δευτερόλεπτα.

h) Lesen Sie die folgenden Bekanntmachungen:

(Διαβάσετε τὶς ἑξῆς γνωστοποιήσεις): ΒΙΒΛΙΟΘΗΚΕΣ — ΕΘΝΙΚΗ ΒΙΒΛΙΟΘΗΚΗ — Ἀνοικτὴ (= ἀνοιχτὴ) καθημερινῶς: 9 π. μ. — 1 μ. μ. καὶ 5—8 μ. μ. — ΜΟΥΣΕΙΑ — ΕΘΝΙΚΟ ΑΡΧΑΙΟΛΟΓΙΚΟ — Ἀνοικτὸ καθημερινῶς: 8 π. μ. — 2 μ. μ. Τὶς Κυριακὲς (sonntags) 9 π. μ. — 1 μ. μ. Τὴ Δευτέρα κλειστό. — Πόσο πληρώνει κανεὶς γιὰ τὴν εἴσοδο; 5 δραχμές. Ἡ εἴσοδος εἶναι ἐλευθέρα.

i) Πόσα δευτερόλεπτα ἔχει τὸ λεπτό; Πόσα λεπτὰ ἔχει ἡ ὥρα; Πόσες ὧρες ἔχει ἡ μέρα; Πόσες ἡμέρες ἔχει ἡ ἑβδομάδα; Πόσες ἑβδομάδες ἔχει τὸ ἔτος; Πόσα λεφτὰ ἔχει ἡ δραχμή;

j) Wann startet das nächste Flugzeug? Um 10.20 Uhr.

Der Artikel «Θεατρικὰ Νέα» (Theaterneuigkeiten) befindet sich auf Seite (στὴ σελίδα) 41, (53, 66, 73).

Wieviel Seiten hat die Zeitschrift? 31, glaube ich.

Dieses Heft hat 88 Seiten.

Um 18 Uhr gibt es (ἔχει) eine Sendung für (die) Kinder. Um 19 Uhr hören wir die letzten Nachrichten. Die Sendung dauert gewöhnlich 10 Minuten, manchmal eine Viertelstunde.

k) Setzen Sie den ersten Teil der Lektüre in die 1. Pers. Plur. (... ἀρχίζομε usw.).

l) Ἐρωτήσεις: Πόσα πρόσωπα ἐργάζονται στὸ ὑποκατάστημα τραπέζης; (3 Personen: der Kassierer ...)

Ποιὸς φθάνει μιὰ μέρα σ'αὐτὸ τὸ ὑποκατάστημα; Ἀπὸ ποῦ ἔρχεται; Τί βλέπει ὁ ἐπιθεωρητής; Τί κάνει τὸ προσωπικό; Εἶναι ὁ ἐπιθεωρητὴς εὐχαριστημένος ἀπὸ τὴν κατάσταση αὐτή; (Ὄχι, ἀπ'ἐναντίας ...) Καὶ τί κάνει; Καὶ ποιὸ εἶναι τὸ ἀποτέλεσμα;

m) Ergänzen Sie die fehlenden Endungen:

Ἡ θερμομετρικὴ κλίμαξ διαιρ- σὲ (εἰς) 100 ἴσα μέρη. Τὸ κρέας πουλ- στὰ κρεωπωλεῖα ἢ χασάπικα. Αὐτὸς ὁ ἄνθρωπος ἀγαπ- καὶ τιμ- ἀπ'ὅλους. Ἡ ἀρχαία ἑλληνικὴ δὲν μιλ- πιά. Ὅλο παραπονγιὰ τὸ φαγητό. Τὸ ἀλέτρι τραβ- ἀπὸ τὸ βώδι. Δὲν κρατ- ἀπὸ τὸ θυμό του. Δὲν πάω ἐκεῖ, φοβ- . Στὴν ἀποθήκη ἡ γιαγιὰ ἔχει τοῦ κόσμου τὰ σακκουλάκια κρεμασμένα: Τὰ καρύδια, τ'ἀμύγδαλα, τὸ σουσάμι. Τὰ κρεμ-, γιατὶ φοβ- τοὺς ποντικούς. Οἱ περισσότεροι κάτοικ- τῆς Ἑλλάδας (Griechenlands) ἀσχολ- μὲ τὴ γεωργία. Ἀμπέλια καὶ ὀπωροφόρα δέντρα καλλιερ- σὲ ὅλη τὴν Ἑλλάδα. Οἱ μέτριοι ἄνεμοι χρησιμοποι- ἀπὸ τοὺς ἀνθρώπους σὰν κινητήριοι δυνάμεις. (*hier: K.* κινητήριοι *statt* -ες).

Ἡ ζέστη καὶ τὸ κρύο ποὺ παρατηρ- σ'ἕνα τόπο λέγ- θερμοκρασία. Τὸ ἀνθρωπινὸ σῶμα ἀποτελ- ἀπὸ τρία μέρη: Τὸ κεφάλι, τὸ κορμὶ καὶ τὰ ἄκρα.

n) Ὑπάρχουν ἀκόμα ἐλπίδ- γιὰ τὸ καημέν- τὸ θεῖο, γιατρέ; — Ἐξαρτ- ἀπὸ τ- ἐλπίδες σας.

*Merke:* γιατρέ (*Vokativ von* γιατρός „Arzt") „Herr Doktor"

o) Übersetzen Sie: (*Verben s. Gr.*)

Ich habe die politischen Diskussionen satt. — Ich lehne deine Vorschläge ab. — Er leugnet hartnäckig seine Schuld. — Wer ist dieser Herr mit dem Strohhut auf dem Kopf? Es ist Herr M... Ich bedaure sehr, ich erinnere mich nicht an seinen Namen. Wir fürchten das Meer nicht. Fürchtet ihr es? — Die Kinder erzählen etwas von dem Unterricht des Tages. Die kleinen Kinder pflegen die Blumen. Nach (μετὰ) dem Abendessen schlafen die Kinder ruhig. (*Vers:*) Es schlafen die Blumen, die Gräser (τὰ χόρτα) schlafen. — Das Zifferblatt (ἡ πλάκα τοῦ ρολογιοῦ) wird in zwölf gleiche Teile geteilt. — Das Boot (βάρκα) wird durch Ruder bewegt. — Ich garantiere, daß der Stoff (ὕφασμα) haltbar (στερεός) ist. Mimis wacht jeden Tag sehr früh (πρωὶ-πρωί) auf. Er steht auf (aus dem Bett), geht ans Fenster, öffnet es und schaut hinaus. Er geht sofort zum Wasserhahn, öffnet ihn und wäscht sich mit Wasser und Seife.

# Vokabeln

*zu e:*

*ἡ ἐκδρομή* i ɛgðrə'mi der Ausflug / *ἐκλεκτός* ɛklɛ'ktəs auserlesen / *ἀστυνομικός* astinəmi'kəs polizeilich, Kriminal... / *ἡ τσέπη* i 'tsɛpi die Tasche / *ὁ τόμος* ɔ 'təməs der Band

*zu f:*

*τὸ θερμόμετρο* tə θɛr'məmɛtrə das Thermometer / *δείχνω* 'ðixnə zeigen / *ὁ βαθμός* ɔ va'θməs der Grad / *τὸ μηδέν* tə mi'ðɛn der Nullpunkt / *ἀπάνω ἀπό* a'panə a'pə über

*zu g:*

*ὁ χρόνος pl. τὰ χρόνια* ɔ 'xrənəs das Jahr / *τὸ ἔτος* tə 'ɛtəs das Jahr / *ὁ μῆνας* ɔ 'minas der Monat / *ἡ Κυριακή* i ķirĭa'ķi der Sonntag / *ἡ Δευτέρα* i ðe'ftɛra der Montag / *ἡ Τρίτη* i 'triti der Dienstag / *ἡ Τετάρτη* i tɛ'tarti der Mittwoch / *ἡ Πέμπτη* i 'pɛm̃pti der Donnerstag / *ἡ Παρασκευή* i parasķe'vi der Freitag / *τὸ Σάββατο* tə 'savatə der Sonnabend / *τὸ λεπτό(ν)* tə lɛ'ptə(n) die Minute / *τὸ δευτερόλεπτο(ν)* tə dɛftɛ'rəlɛptə(n) die Sekunde

*zu h:*

*καθημερινῶς* kaθimɛri'nəs täglich / *πληρώνω* pli'rənə (be)zahlen / *κανείς* ka'nis man, jemand / *ἐλεύθερος* ɛ'lɛfθɛrəs frei / *ἡ εἴσοδος* i 'isəðəs der Eintritt

*zu j:*

*ξεκινῶ (ᾶς)* ksɛķi'nə starten / *ἑπόμενος* ɛ'pəmɛnəs nächste (*zeitlich*) / *τὸ ἀεροπλάνο* tə aɛrə'planə das Flugzeug / *τὸ ἄρθρο* tə 'arθrə der Artikel / *βρίσκομαι* 'vriskəmɛ sich befinden / *ἡ σελίδα* i sɛ'liða die Seite / *τὸ περιοδικό* tə pɛrjəði'kə die Zeitschrift / *τὸ τεῦχος* tə 'tɛfxəs das Heft / *βαστῶ (ᾶς)* va'stə (an)dauern / *ἡ ἐκπομπή* i ɛkpə'm̃bi die Sendung / *κάποτε* 'kapətɛ manchmal

*zu l:*

*κατάσταση (-ις)* ka'tastasi Zustand / *ἀπ' ἐναντίας* apɛna'ñtias im Gegenteil

*zu m:*

*θερμομετρικός* θɛrməmɛtri'kəs Thermometer- / *ἡ κλῖμαξ, κλίμακα* i 'klimaks die Skala / *ἴσος* 'isəs gleich / *τὸ μέρος* tə 'mɛrəs der Teil / *τὸ κρεωπωλεῖο(ν)* tə krɛəpə'liə(n) die Fleischerei / *τὸ χασάπικο* tə xa'sapikə die Fleischerei / *ὁ ἄνθρωπος* ɔ 'añθrəpəs der Mensch / *ἀρχαῖος* ar'çɛəs alt, antik / *ἡ ἑλληνική* i ɛlini'ķi die griechische Sprache / *τὸ ἀλέτρι* tə a'lɛtri der Pflug / *τὸ βώδι* tə 'vəði der Ochse / *δὲν κρατιέμαι ἀπό ...* ðɛŋ̃gra'tjɛmɛ a'pə ... sich nicht mehr halten können vor ... / *ὁ θυμός* ɔ θi'məs die Wut / *ἡ ἀποθήκη* i apə'θiķi der Speicher / *τοῦ κόσμου* tu 'kəzmu allerlei / *τὸ σακκουλάκι* tə saku'laĭķi das Beutelchen / *κρεμασμένος* krɛma'zmɛnəs aufgehängt / *τὸ καρίδυ* tə ka'riði die Nuß / *τὸ ἀμύγδαλο* tə a'miɣðalə die Mandel / *τὸ σουσάμι* tə su'sami der Sesam / *κρεμῶ (ᾶς)* krɛ'mə aufhängen / *ὁ ποντικός* ɔ pəñdi'kəs die Maus / *οἱ περισσότεροι* i pɛri'sətɛri die meisten / *ὁ κάτοικος* ɔ 'katikəs der Bewohner, Einwohner / *ἡ γεωργία* i jɛər'jia der Ackerbau / *τὸ ἀμπέλι* tə am̃'bɛli der Weinberg / *ὀπωροφόρος* əpərə'fərəs obsttragend, Obst- / *μέτριος* 'mɛtrĭəs mäßig / *ὁ ἄνεμος* ɔ 'anɛməs der Wind / *κινητήριος* ķini'tirĭəs Antriebs... / *ἡ δύναμη* i 'ðinami die Kraft / *παρατηρῶ (εῖς, ᾶς)* parati'rə beobachten / *ἡ θερμοκρασία* i θɛrməkra'sia die Temperatur / *ἀνθρωπινός* añθrəpi'nəs menschlich / *τὸ σῶμα* tə 'səma der Körper / *τὸ κεφάλι* tə ķɛ'fali der Kopf / *τὸ κορμί* tə kər'mi der Rumpf / *τὰ ἄκρα* ta 'akra die Gliedmaßen
*ὅλο* 'ələ dauernd / *πάω = πηγαίνω*

*zu n:*

*ἡ ἐλπίδα* i ɛl'piða die Hoffnung / *καημένος* kaĭ'mɛnəs arm, bedauernswert

*zu o:*

politisch *πολιτικός* pɔliti'kɔs / beharrlich *ἐπιμόνως* εpi'mɔnɔs / der Vorschlag *ἡ πρόταση* (*-ις*) i 'prɔtasi / die Schuld *ἡ ἐνοχή* i εnɔ'çi / der Strohhut *ἡ ψάθα* i 'psaθa / etwas *κάτι* 'kati / die Unterrichtsstunde *τὸ μάθημα* tɔ 'maθima / Abend ..., abendlich *βραδυνός* vraði'nɔs / ruhig *ἥσυχα adv.* 'isixa / das Gras *τὸ χόρτο* tɔ 'xɔrtɔ *mst. pl.* / das Zifferblatt *ἡ πλάκα τοῦ ρολογιοῦ* i 'plaka tu rɔlɔ'ju / das Boot *ἡ βάρκα* i 'varka / bewegen, treiben *κουνῶ* (*ᾶς*) ku'nɔ / das Ruder *τὸ κουπί* tɔ ku'pi / der Stoff *τὸ ὕφασμα* tɔ 'ifazma / fest, haltbar *στερεός* stεrε'ɔs / sehr früh *πρωὶ-πρωί* prɔ'iprɔi / öffnen *ἀνοίγω* a'niɣɔ / der Wasserhahn *βρύση* 'vrisi / die Seife *σαπούνι* sa'puni

## Brücke zum neugriechischen Wortschatz

| | |
|---|---|
| πυτζάμες | < *engl.* pyjamas: Pyjama |
| μπάνιο | < *ital.* bagno |
| κορδόνι | < *ital.* cordone: vgl. Kordel |
| ὕπνος: | *vgl.* Hypnose |
| γκαρσόνι | < *frz.* garçon |
| ἀρχαῖος: | *vgl.* Archäologie ,,Altertumskunde" |
| σαπούνι | < *ital.* sapone |
| Σάββατο | < *hebräisch* schabbáth: *vgl.* Sabbat |
| κρεββατοκάμαρα: | κρεββάτι Bett + κάμαρα Zimmer (< *lat.* camara) |
| νυχτικό: | νύχτα Nacht + ικός (*Suffix*) |
| καθαρίζω: | καθαρ-ός + ίζω (*Suffix*) rein |
| Δευτέρα: | (der zweite Tag), δεύτερος ,,zweiter" |
| καθημερινῶς: | κάθ-ε jeder + ἡμερ- Tag + ινός (*Suffix*), *Adv.* -ῶς |
| ἀνθρωπινός: | ἄνθρωπ-ος Mensch + ινός (*Suffix*) |
| βραδυνός: | βράδυ Abend + (ι)νός |
| θυμώνω: | θυμ-ός + ώνω (*Suffix*) |
| ἀνοίγω: | ἀνοιχ + τος (*altes Suffix*) offen |

# 8. Lektion

## 1. Συγκοινωνία

| | | | | | | | | | |
|---|---|---|---|---|---|---|---|---|---|
| Γιὰ | τὴ | μετακίνηση | τοῦ | πληθυσμοῦ | καὶ | γιὰ | τὴ | μεταφορὰ | τῶν |
| ja | ti | mεta'ķinisi | tu | pliθi'zmu | ķε | ja | ti | mεtafɔ'ra | tɔn |
| Für | die | Beförderung | der | Bevölkerung | und | für | den | Transport | der |

| | | | | | |
|---|---|---|---|---|---|
| ἐμπορευμάτων | χρησιμοποιοῦνται | τὰ | ἀτμόπλοια | στὴ | θάλασσα, |
| εm̃bɔrεv'matɔn | xrisimɔ'pjuñdε | ta | a'tmɔplia | sti | 'θalasa |
| Waren | werden benutzt | die | Dampfer | auf-dem | Meer, |

| | | | | | | |
|---|---|---|---|---|---|---|
| οἱ | σιδηρόδρομοι | καὶ | τὰ | αὐτοκίνητα | στὴ | στερεά, |
| i | siði'rɔðrɔmi | ķε | ta | aftɔ'ķinita | sti | stεrε'a |
| die | Eisenbahnen | und | die | Kraftwagen | auf-dem | Festland, |

| | | | | | | | |
|---|---|---|---|---|---|---|---|
| τὰ | ἀεροπλάνα | στὸν | ἀέρα. | Ἡ | Ἑλλάδα | ἔχει | καλὴ | θαλάσσια, |
| ta | aɛrɔ'plana | stɔn | a'ɛra | i | ɛ'laða | 'ɛĭçi | ka'li | θa'lasja |
| die | Flugzeuge | in-der | Luft. | | Griechenland | hat | gute | See-, |

| | | | | | |
|---|---|---|---|---|---|
| στεριανὴ | καὶ | ἀεροπορικὴ | συγκοινωνία.[1]) | Ἁμαξιτοὶ | δρόμοι |
| stɛrĭa'ni | ķɛ | aɛrɔpɔri'ķi | siŋģinɔ'nia | amaksi'ti | 'ðrɔmi |
| Land- | und | Luft- | verbindung. | Befahrbare | Straßen |
| | | | | (= Autostraßen) | |

| | | | | | | |
|---|---|---|---|---|---|---|
| ἑνώνουν | τὶς | διάφορες | περιοχές. | Στὶς | ἀτμοπλοϊκὲς | γραμμὲς |
| ɛ'nɔnun | tiz | 'ðjafɔrɛs | pɛrĭɔ'çɛs | stis | atmɔploi'ķɛs | ɣra'mɛs |
| verbinden | die | verschiedenen | Gebiete. | Auf-den | Dampfer- | Linien, |

| | | | | | | |
|---|---|---|---|---|---|---|
| ποὺ | ἑνώνουν | τὰ | διάφορα | ἑλληνικὰ | λιμάνια | ἀρμενίζουν |
| pu | ɛ'nɔnun | ta | 'ðjafɔra | ɛlini'ka | li'maɲa | armɛ'nizun |
| die | verbinden | die | verschiedenen | griechischen | Häfen, | verkehren |

| | | |
|---|---|---|
| κάθε | μέρα | ἀτμόπλοια. |
| 'kaθɛ | 'mɛra | a'tmɔplia |
| jeden | Tag | Dampfer. |

| | | | | | |
|---|---|---|---|---|---|
| Οἱ | Σ.Ε.Κ. | (Σιδηρόδρομοι | Ἑλληνικοῦ | Κράτους) | ἑνώνουν |
| i | s ɛ k | siði'rɔðrɔmi | ɛlini'ku | 'kratus | ɛ'nɔnun |
| Die | S.E.K. | (Eisenbahnen des griechischen Staats) | | | verbinden |

| | | | | | | | | |
|---|---|---|---|---|---|---|---|---|
| τὴ | Νότια | μὲ | τὴ | Βόρεια | Ἑλλάδα | καὶ | μὲ | τὶς |
| ti | 'nɔtĭa | mɛ | ti | 'vɔrĭa | ɛ'laða | ķɛ | mɛ | tis |
| das | südliche | mit | dem | nördlichen | Griechenland | und | mit | den |

| | | | | | |
|---|---|---|---|---|---|
| ξένες | χῶρες. | Ὁ[2]) | Σ.Π.Α.Π. | (Σιδηρόδρομος | Πειραιῶς— |
| 'ksɛnɛs | 'xɔrɛs | ɔ | s p a p | siði'rɔðrɔmɔs | pirɛ'ɔs |
| fremden | Ländern. | Die | S.P.A.P. | (Eisenbahn[linie] | Piräus— |

| | | | | | |
|---|---|---|---|---|---|
| Ἀθηνῶν—Πελοποννήσου) | ἑνώνει | τὸν | Πειραιᾶ | μὲ | τὴν |
| aθi'nɔn—pɛlɔpɔ'nisu | ɛ'nɔni | tɔm̆birɛ'a | | mɛ | tim̆- |
| Athen—Peloponnes) | verbindet | den | Piräus | mit | dem |

Πελοπόννησο.
bɛlɔ'pɔnisɔ
Peloponnes.

(*Aus* Γεωγραφία τῆς Ἑλλάδος *von* Γ. Α. Βασδέκης, «ΑΤΛΑΝΤΙΣ», *Athen.*)

*Anm.* [1]) In der amtlichen Sprache hören Sie für *στεριανός* meist *χερσαῖος* und für *ἀεροπορικός* oft *ἐναέριος*. [2]) Oft auch *οἱ* ... (*Σιδηρόδρομοι* ...) *ἑνώνουν* ...

2.

| | | | | | | | |
|---|---|---|---|---|---|---|---|
| Στὴν | 'Αθήνα | βρίσκονται | ὁ | ἕνας | κοντὰ | στὸν | ἄλλο | δύο |
| stin | a'θina | 'vriskoňdε | ɔ | 'εnas | kɔ'ňda | stɔn | 'alɔ | 'diɔ |
| In | Athen | befinden-sich | der | eine | neben | dem | anderen | zwei |

| | | | | | |
|---|---|---|---|---|---|
| σιδηροδρομικοὶ | σταθμοί. | Ὁ | μεγαλύτερος | καὶ | σπουδαιότερος |
| siðirɔðrɔmi'ķi | staθ'mi | ɔ | meɣa'litεrɔs | ķε | spuðε'ɔtεrɔs |
| (Eisen)Bahn- | höfe. | Der | größte | und | wichtigste |

| | | | | | | |
|---|---|---|---|---|---|---|
| λέγεται | ἐπισήμως | «Σταθμὸς | Λαρίσσης», | καὶ | ὁ | ἄλλος |
| 'lεjεtε | εpi'simɔs | staθ'mɔs | la'risis | ķε | ɔ | 'alɔs |
| heißt | offiziell | „Bahnhof | Larissa's" | und | der | andere |

| | | |
|---|---|---|
| «Σταθμὸς | τῶν | ΣΠΑΠ». |
| staθ'mɔs | tɔn | spap |
| „Bahnhof | der | SPAP". |

| | | | | | |
|---|---|---|---|---|---|
| Βλέπομε | στὸν | σταθμὸ | πολλοὺς | ξένους | ταξιδιώτας |
| 'vlεpɔmε | stɔn | staθ'mɔ | pɔ'lus | 'ksεnus | taksi'ðjɔtas |
| Wir-sehen | auf-dem | Bahnhof | viele | fremde | Reisende |

| | | | | | | | | |
|---|---|---|---|---|---|---|---|---|
| μὲ | τὶς | ἀποσκευές | τους | ποὺ | μερικοὶ | παίρνουν | μαζί | τους |
| mε | tis | apɔsķε'vεstus | | pu | mεri'ķi | 'pεrnun | ma'zitus | |
| mit | dem | Gepäck-ihrem | | das | einige | nehmen | mit | sich |

| | | | | | | | |
|---|---|---|---|---|---|---|---|
| στὴ | πρώτη | ἢ | δεύτερη | θέση, | ἄλλοι | τὶς | παραδίδουν |
| sti | 'prɔti | i | 'ðεftεri | 'θεsi | 'ali | tis | para'ðiðun |
| in-die | erste | oder | zweite | Klasse, | andere | es | übergeben |

| | | | | |
|---|---|---|---|---|
| στοὺς | ἀχθοφόρους | γιὰ | τὴ(ν) | σκευοφόρο. |
| stus | axθɔ'fɔrus | ja | ti(ň) | sķεvɔ'fɔrɔ |
| den | Gepäckträgern | für | den | Gepäckwagen. |

## Vokabeln

1.

| | | | |
|---|---|---|---|
| ἡ συγκοινωνία [i siŋɡinɔ'nia] | der Verkehr | ὁ σιδηρόδρομος [ɔ siði'rɔðrɔmɔs] | die Eisenbahn |
| ἡ μετακίνηση (-ις) [i mεta'ķinisi(s)] | die Beförderung | ἡ στερεά [i stεrε'a] | das Festland |
| ὁ πληθυσμός [ɔ pliθi'zmɔs] | die Bevölkerung | τὸ ἀεροπλάνο [tɔ aεrɔ'planɔ] | das Flugzeug |
| ἡ μεταφορά [i mεtafɔ'ra] | der Transport | ὁ ἀέρας [ɔ a'εras] | die Luft |
| τὸ ἐμπόρευμα [tɔ ε'm̆bɔrεvma] | die Ware | θαλάσσιος [θa'lasjɔs] | See- |
| τὸ ἀτμόπλοιο [tɔ a'tmɔpliɔ] | der Dampfer | στεριανός [stεr̆ia'nɔs] | Land- |
| | | ἀεροπορικός [aεrɔpɔri'kɔs] | Luft- |
| | | ἁμαξιτός [amaksi'tɔs] | befahrbar |

| | | |
|---|---|---|
| ἑνώνω | [ε'nɔnɔ] | verbinden |
| περιοχή | [pεriɔ'çi] | Gebiet |
| ἀτμοπλοϊκός | [atmɔplɔi'kɔs] | Dampfer- |
| γραμμή | [ɣra'mi] | Linie |
| τὸ λιμάνι | [tɔ li'mani] | der Hafen |
| ἀρμενίζω | [armε'nizɔ] | segeln, verkehren (*von Schiffen*) |
| τὸ κράτος | [tɔ 'kratɔs] | der Staat |
| νότιος | ['nɔtĭɔs] | südlich |
| βόρειος | ['vɔrĭɔs] | nördlich |
| ὁ *Πειραιάς*(*G.* -αιᾶ) *Dh.* | [ɔ pirε'as (-ε'a)] | der Piräus (*Hafen von Athen*) |
| *od.* *Πειραῖας*(*G.* -αῖα) *Dh.* | [pi'rεas ('-εa)] | |
| ὁ *Πειραιεύς* (*G.* -αιῶς) *K.* | [ɔ pirε'εfs (-ε'ɔs)] | |
| ἡ *Πελοπόννησος* | [i pεlɔ'pɔnisɔs] | der Peloponnes |

2.

| | | |
|---|---|---|
| σιδηροδρομικός | [siðirɔðrɔmi'kɔs] | Eisenbahn- |
| ὁ σπουδαιότερος | [ɔ spuðε'ɔtεrɔs] | der wichtigste |
| ὁ μεγαλύτερος | [ɔ mεɣa'litεrɔs] | der größte |
| ἐπισήμως | [εpi'simɔs] | offiziell |
| ἡ *Λάρισσα* | [i 'larisa] | Larissa (*Stadt in Thessalien*) |
| ὁ ταξιδιώτης | [ɔ taksi'ðjɔtis] | der Reisende |
| οἱ ἀποσκευές | [i apɔsk̦ε'vεs] | das Gepäck |
| παραδίδω | [para'ðiðɔ] | übergeben |
| ὁ ἀχθοφόρος | [ɔ axθɔ'fɔrɔs] | der Gepäckträger |
| ἡ σκευοφόρος | [i sk̦εvɔ'fɔrɔs] | der Gepäckwagen |

# Grammatik

## Deklination. Genitiv der Substantive und der Artikel. A

| | *Singular* Artikel best. | *Singular* Artikel unbest. | *Singular* Endungen der Substantive | *Plural* Artikel bestimmt | *Plural* Endungen der Substantive |
|---|---|---|---|---|---|
| *m* | tu | ε'nɔs | -u, -a, -i (-u) | | -ɔn |
| *f* | tis | mjas | -as, -is; '-εɔs | tɔn | -ɔn; '-εɔn |
| *n* | tu | ε'nɔs | -u, -iu, '-matɔs; '-us | | -ɔn, -'matɔn; -'ɔn |

Kennzeichen des Genitivs Plural ist -ɔn.

*Beispiele:*

| | | | |
|---|---|---|---|
| τοῦ φίλου | des Freundes | τῶν φίλων | der Freunde |
| ἑνὸς φίλου | eines Freundes | | |
| τοῦ πατέρα | des Vaters | τῶν πατέρων | der Väter |
| τοῦ μαθητῆ (μαθητοῦ) | des Schülers | τῶν μαθητῶν | der Schüler |
| τῆς γλώσσας | der Sprache | τῶν γλωσσῶν | der Sprachen |
| μιᾶς γλώσσας | einer Sprache | | |
| τῆς φωνῆς | der Stimme | τῶν φωνῶν | der Stimmen |
| τῆς πόλεως | der Stadt | τῶν πόλεων | der Städte |
| τοῦ βιβλίου | des Buches | τῶν βιβλίων | der Bücher |
| ἑνὸς βιβλίου | eines Buches | | |
| τοῦ σπιτιοῦ | des Hauses | τῶν σπιτιῶν | der Häuser |
| τοῦ παιδιοῦ | des Kindes | τῶν παιδιῶν | der Kinder |
| τοῦ προγράμματος | des Programms | τῶν προγραμμάτων | der Programme |
| τοῦ κράτους | des Staates | τῶν κρατῶν | der Staaten |

B

**Bemerkungen zu den Genitivendungen.** Bemerkenswert und förderlich für die praktische Handhabung der Formen ist das Wechselspiel s/kein s (oder **s/0**) in den Nominativ- und Genitivendungen einer großen Gruppe der maskulinen und femininen Substantive:

| | | | | |
|---|---|---|---|---|
| *Nom.* | ɔ maθi'tis | ɔ pa'tɛras | i fɔ'ni | i mi'tɛra |
| *Gen.* | tu maθi'ti | tu pa'tɛra | tis fɔ'nis | tis mi'tɛras |

Daraus ergibt sich folgende allgemeine Regel:

1. Maskuline Substantive lauten im Genitiv mit einigen Ausnahmen immer vokalisch aus.

2. Feminine Substantive haben im Genitiv Singular die Endung **-s.** Eine Ausnahme bilden die Feminina mit der maskulinen Endung -ɔs, z. B.:

| | |
|---|---|
| ἡ μέθοδ**ος** | die Methode |
| **τῆς** μεθόδ**ου** | der Methode |

**Akzentregeln.** C

I. Die Form des Akzents: Die betonte Genitivendung (*m f n*) hat im Singular und Plural ~ (Perispomeni).

Die Wörter auf ɛ und o können nach der phonetischen Regel (*s.* ⑦₁ *Vorkursus*) jedoch nur ὀξεία bzw. βαρεία haben, z. B. τοῦ *καφέ* des Kaffees.

II. Die Stelle des Akzents:

1. Die Länge des Genitivvokals in den Endungen -u, -us und -ɔn bewirkt laut ⑦₁ *Vorkursus* eine Verschiebung des Tons zum Ende des Wortes hin, z. B.:

| | | |
|---|---|---|
| ὁ δάσκαλος | der Lehrer | τοῦ δασκάλου |
| ὁ κύριος | der Herr | τοῦ κυρίου |
| τὸ ἔδαφος | der Boden | τοῦ ἐδάφους |

2. Ein Teil der im Nominativ auf der drittletzten Silbe betonten Neutra (die neutralen Proparoxytona) bewahrt auch im Genitiv die Tonstelle:

| *beweglicher Akzent* | | | *fester Akzent* | | |
|---|---|---|---|---|---|
| τὸ πρόσωπο | Person; | τοῦ προσώπου | τὸ σίδερο | Eisen | τοῦ σίδερου |
| τὰ πρόσωπα | Gesicht | τῶν προσώπων | τὰ σίδερα | | τῶν σίδερων |

3. Substantive, die im Genitiv Singular auf -us, -matɔs und -ɛɔs enden, werden auf der Silbe vor dieser Endung betont:

| | | | |
|---|---|---|---|
| τὸ ἔδαφος | τοῦ ἐδάφους | τὸ πρόγραμμα | τοῦ προγράμματος |
| τὸ γράμμα | τοῦ γράμματος | ἡ εἴδηση (-ις) | τῆς εἰδήσεως |

4. Die Akzentstelle des Genitivs Plural läßt sich durch mehrere Regeln fassen:

a) Betontes -ɔn (-ῶν) haben

| | | | |
|---|---|---|---|
| Maskulina auf -is u. -'ias: | ὁ ναύτης | Matrose | τῶν ναυτῶν |
| | ὁ ταμίας | Kassierer | τῶν ταμιῶν |
| Feminina auf -i: | ἡ γνώμη | Meinung | τῶν γνωμῶν |
| Neutra auf -ɔs: | τὸ ἔδαφος | Boden | τῶν ἐδαφῶν |

b) Festen Akzent vor -ɔn haben

| | | |
|---|---|---|
| Feminina auf -i (-is): | ἡ εἴδηση (-ις) | τῶν εἰδήσεων |
| Neutra auf -ma: | τὸ πρόγραμμα | τῶν προγραμμάτων |

c) Die Feminina auf -a zerfallen in zwei Gruppen:

| | | |
|---|---|---|
| Zweisilbige haben -'ɔn: | ἡ ὥρα | τῶν ὡρῶν |
| | ἡ σάλα | τῶν σαλῶν |
| | ἡ γλώσσα | τῶν γλωσσῶν |
| Mehrsilbige haben -'ɔn **oder** '-ɔn: | ἡ θάλασσα | τῶν θαλασσῶν |
| | ἡ ἐλπίδα | τῶν ἐλπίδων |

**D**

**Einen Hinweis auf die Tonstelle im Genitiv Plural** der unter C II 4c genannten Feminina, **gibt die Katharevusa-Form.** Lautet diese im Nominativ Singular auf einen Konsonanten aus, so wird im Genitiv Plural die Silbe **vor** der Endung -ɔn betont. In allen anderen Fällen liegt der Ton auf der Endung -ɔn. In diesem Buch wird die Katharevusa-Form, die großen praktischen Wert hat, in Klammern gegeben.

*Beispiele:*

| *Nominativ Singular* | | *Genitiv Plural* |
|---|---|---|
| ἡ ἐλπίδα (ἐλπίς) | Hoffnung | τῶν ἐλπίδων |
| ἡ μητέρα (μήτηρ) | Mutter | τῶν μητέρων |
| ἡ κοινότητα (κοινότης) | Gemeinde | τῶν κοινοτήτων |

Man beachte den Genitiv Plural von ὁ κύριος und ἡ κυρία. Durch die Länge des ω in -ɔn muß der Akzent um eine Silbe gegen das Ende verschoben werden: τῶν κυρίων der Herren. Das dreisilbige ἡ κυρία hat keine besondere Katharevusa-Form; der Akzent liegt also auf -ɔn: τῶν κυριῶν.

| | | | |
|---|---|---|---|
| ὁ κύριος | der Herr | τῶν κυρίων | der Herren |
| ἡ κυρία | die Dame | τῶν κυριῶν | der Damen |

**Besondere Deklinationstypen. Der -δες-Plural.** **E**

Eine Anzahl maskuliner und femininer Substantive bilden den Plural mit dem Element -δες. Da diese Substantive im Plural eine Silbe mehr als im Singular haben, werden sie oft „ungleichsilbige" (ἀνισοσύλλαβα) im Gegensatz zu den „gleichsilbigen" (ἰσοσύλλαβα) genannt.

| | |
|---|---|
| *Nom.* | -ðεs |
| *Gen.* | -ðɔn |
| *Akk.* | -ðεs |

Der Ton liegt immer **vor** dem Element -ðεs: '-ðεs oder (seltener) '--ðεs.

*Beispiele:*

| | | | |
|---|---|---|---|
| ὁ ψαράς | der Fischer | οἱ ψαράδες | τῶν ψαράδων |
| ὁ μανάβης | der Gemüsehändler | οἱ μανάβηδες | τῶν μανάβηδων |
| ὁ καφές | der Kaffee | οἱ καφέδες | τῶν καφέδων |
| ὁ παππούς | der Großvater | οἱ παπποῦδες | τῶν παππούδων |
| ἡ μαϊμού | der Affe | οἱ μαϊμοῦδες | τῶν μαϊμούδων |

Deklinationsmuster:

| *Sing.* | *Plur.* | *Sing.* | *Plur.* |
|---|---|---|---|
| ὁ καφές | οἱ καφέδες | ὁ μανάβης | οἱ μανάβηδες |
| τοῦ καφέ | τῶν καφέδων | τοῦ μανάβη | τῶν μανάβηδων |
| τὸν καφέ | τοὺς καφέδες | τὸν μανάβη | τοὺς μανάβηδες |

## F

**Der -εfs-εas-Typ.** Die Formen dieses Typs stammen zum großen Teil aus der Katharevusa. Im Singular werden auch die Dhimotiki-Formen verwendet. Man muß beide Arten kennen und lernen, da in Dhimotiki-Texten und -Reden beide Formen vorkommen.

*Beispiel:* ὁ συγγραφεύς der Verfasser, Schriftsteller

| | | *Singular* | *volkstümlicher* | | *Plural* |
|---|---|---|---|---|---|
| *Nom.* | -'εfs, -'εas: | ὁ συγγραφεύς | συγγραφέας | -'is: | οἱ συγγραφεῖς |
| *Gen.* | -'εɔs, -'εa: | τοῦ συγγραφέως | συγγραφέα | -'εɔn: | τῶν συγγραφέων |
| *Akk.* | -'εa: | τὸ συγγραφέα | συγγραφέα | -'is: | τοὺς συγγραφεῖς |

## G

**Einige wichtige Substantive mit Unregelmäßigkeiten.** Formen, die von den bisher gegebenen Mustern und Regeln abweichen, müssen lexikalisch erfaßt und gelernt werden. Die unregelmäßigen Formen werden in den Vokabelspalten angeführt.

Die wichtigsten Wörter mit abweichenden Formen:

| | *Singular:* | | *Plural:* | |
|---|---|---|---|---|
| ὁ ἄντρας | der Mann | τοῦ ἀντρός<br>τὸν ἄντρα | οἱ ἄντρες | τῶν ἀντρῶν<br>τοὺς ἄντρες |
| ὁ μῆνας | der Monat | τοῦ μηνός,<br>τοῦ μῆνα<br>τὸν μῆνα | οἱ μῆνες | τῶν μηνῶν<br>τοὺς μῆνες |
| τὸ φῶς | das Licht | τοῦ φωτός | τὰ φῶτα | τῶν φώτων |
| τὸ πῦρ | das Feuer | τοῦ πυρός | τὰ πυρά | τῶν πυρῶν |
| τὸ κρέας | das Fleisch | τοῦ κρέατος | τὰ κρέατα | τῶν κρεάτων |

## H

Einige Substantive haben **zwei Plurale,** zuweilen mit einer Bedeutungsschattierung.

| | *Singular:* | | *Plural:* | | |
|---|---|---|---|---|---|
| βράχος | Fels, Klippe | οἱ βράχοι | | τὰ βράχια | |
| βάτος | Brombeerstrauch | οἱ βάτοι | | τὰ βάτα | |
| λόγος | Grund, Rede, Wort | οἱ λόγοι | | τὰ λόγια | *nur:* Worte |
| καπνός | Rauch, Tabak | οἱ καπνοί | Rauchschwaden | τὰ καπνά | Tabak(serzeugnisse) |
| ναῦλος | Fracht, Frachtgeld | οἱ ναῦλοι | Frachten | τὰ ναῦλα | Frachtbeträge |
| λαιμός | Hals | οἱ λαιμοί | Hälse | τὰ λαιμά | *nur:* der vordere Teil des Halses |
| χρόνος | Jahr, Zeit | οἱ χρόνοι (τῶν χρόνων) | Zeiten | τὰ χρόνια (τῶν χρονῶν) | Jahre |

## I

**Übersicht über die regelmäßige Deklination der Substantive und Adjektive nach den Typen der Endungen.**

Anzahl der Typen:

*maskulin: 4, feminin: 4, neutral 5*

*maskulin*

| | **-ος** | **-ας** | **-ης** | **-εύς (-έας)** | |
|---|---|---|---|---|---|
| ὁ | κύριος | πατέρας | ἐπιβάτης | διερμηνεύς | διερμηνέας |
| τοῦ | κυρίου | πατέρα | ἐπιβάτη (-ου) | διερμηνέως | διερμηνέα |
| τὸν | κύριον | πατέρα | ἐπιβάτη | διερμηνέα¹) | |
| οἱ | κύριοι | πατέρες | ἐπιβάτες (-αι) | διερμηνεῖς | |
| τῶν | κυρίων | πατέρων | ἐπιβατῶν | διερμηνέων | |
| τοὺς | κυρίους | πατέρες | ἐπιβάτες (-ας) | διερμηνεῖς | |

*feminin*

| | **-η** | **-α** | **-η (-ις)** | **-ος** |
|---|---|---|---|---|
| ἡ | τέχνη | γλώσσα | δύναμη (-ις) | ὁδός |
| τῆς | τέχνης | γλώσσας | δυνάμεως (δύναμης) | ὁδοῦ |
| τὴν | τέχνη | γλώσσα¹) | δύναμη¹) | ὁδό(ν) |
| οἱ | τέχνες | γλῶσσες | δυνάμεις | ὁδοί, ὁδές²) |
| τῶν | τεχνῶν | γλωσσῶν | δυνάμεων | ὁδῶν |
| τὶς | τέχνες | γλῶσσες | δυνάμεις | ὁδούς, ὁδές²) |

ἐπιβάτης Fahrgast; διερμηνεύς Dolmetscher

¹) Beachte die Regel 4 A, mst. τὸ, τὴ. ²) Die Formen auf **-ες** sind heute selten.

| | | | | | |
|---|---|---|---|---|---|
| | | | *neutral* | | |
| | **-ο** | **-ι** | **-ί** | **-μα** | **-ος** |
| τὸ | βιβλίο | σπίτι | παιδί | γράμμα | μέρος |
| τοῦ | βιβλίου | σπιτιοῦ | παιδιοῦ | γράμματος | μέρους |
| τὸ | βιβλίο | σπίτι | παιδί | γράμμα | μέρος |
| τὰ | βιβλία | σπίτια | παιδιά | γράμματα | μέρη |
| τῶν | βιβλίων | σπιτιῶν | παιδιῶν | γραμμάτων | μερῶν |
| τὰ | βιβλία | σπίτια | παιδιά | γράμματα | μέρη |

**Endung der meisten Adjektive** (-ος, -η, -ο):

| | | | | | |
|---|---|---|---|---|---|
| ὁ | καλὸς κύριος | ἡ | καλὴ κυρία | τὸ | καλὸ βιβλίο |
| τοῦ | καλοῦ κυρίου | τῆς | καλῆς κυρίας | τοῦ | καλοῦ βιβλίου |
| τὸν | καλὸ(ν) κύριον | τὴν | καλὴ κυρία | τὸ | καλὸ βιβλίο |
| οἱ | καλοὶ κύριοι | οἱ | καλὲς κυρίες | τὰ | καλὰ βιβλία |
| τῶν | καλῶν κυρίων | τῶν | καλῶν κυριῶν | τῶν | καλῶν βιβλίων |
| τοὺς | καλοὺς κυρίους | τὶς | καλὲς κυρίες | τὰ | καλὰ βιβλία |

Adjektive auf -ος, **-α**, -ο deklinieren im Femininum wie γλώσσα

ἡ πλούσια κυρία
τῆς πλούσιας κυρίας
τὴν πλούσια κυρία

οἱ πλούσιες κυρίες
τῶν πλούσιων κυριῶν
τὶς πλούσιες κυρίες

**Deklination von πολύς viel:** **J**

| | | | |
|---|---|---|---|
| | | *Singular* | |
| *N* | πολύς | πολλή | πολύ |
| *G* | πολλοῦ | πολλῆς | πολλοῦ |
| *A* | πολύ | πολλή | πολύ |
| | | *Plural* | |
| *N* | πολλοί | πολλές | πολλά |
| *G* | πολλῶν | πολλῶν | πολλῶν |
| *A* | πολλούς | πολλές | πολλά |

*Adv.* πολύ sehr

**Deklination von ποιός wer:** **K1**

| | | | |
|---|---|---|---|
| | | *Singular* | |
| *N* | ποιός | ποιά | ποιό |
| *G* | ποιανοῦ, ποιοῦ | ποιανῆς, ποιᾶς | ποιανοῦ, ποιοῦ |
| *A* | ποιόν | ποιά(ν) | ποιό |
| | | *Plural* | |
| *N* | ποιοί | ποιές | ποιά |
| *G* | | ποιανῶν, ποιῶν | |
| *A* | ποιούς | ποιές | ποιά |

**Deklination von τίς wer:**

K₂

| | Singular Mask., Fem. | Singular Neutr. | Plural Mask., Fem. | Plural Neutr. |
|---|---|---|---|---|
| *N* | τίς | τί | τίνες | τίνα |
| *G* | τίνος | τίνος | τίνων | τίνων |
| *D* | τίνι | τίνι | τίσι(ν) | τίσι(ν) |
| *A* | τίνα | τί | τίνας | τίνα |

Von den obigen Formen werden in der Dhimotiki gebraucht

allgemein: τί was,

seltener: τίνος oder τίνων wessen:

Τίνων παιδὶ εἶναι ὁ μικρός; Wessen Kind ist der Kleine?

Die obige Liste enthält alle Formen (auch die sonst ungebräuchlichen der Katharevusa), weil sie in Wörterbüchern — als Indefinitpronomen mit Akzent auf der letzten Silbe! — zur Bezeichnung des Falles, den ein Verb regiert, verwendet werden.

L

**Allgemeine Akzentregel für Adjektive.** Der Akzent der Grundform (des Nominativs Singular) bleibt in allen Formen, wenn das Adjektiv in adjektivischer Funktion steht. In substantivischer Funktion unterliegt das Adjektiv denselben Akzentgesetzen wie das Substantiv, z. B.:

| *adjektivisch* | *substantivisch* |
|---|---|
| das Leben der reichen Schiffsreeder | das Leben der Reichen |
| ἡ ζωὴ τῶν πλ**ού**σιων ἐφοπλιστῶν | ἡ ζωὴ τῶν πλουσ**ί**ων |

M

**Präpositionen.** Nur wenige aus der Katharevusa stammende Präpositionen werden mit dem Genitiv verbunden. Am häufigsten davon wird μεταξύ „zwischen“ gebraucht. Wichtig sind dann noch ἕνεκα, ἐξ αἰτίας „wegen“ und πρό „vor“ (*zeitlich*). (*Näheres s. L.* 15!).

*Beispiele:*

Ἡ καρέκλα εἶναι μεταξὺ τοῦ τραπεζιοῦ καὶ τῆς βιβλιοθήκης. — Der Stuhl steht zwischen dem Tisch und dem Bücherschrank.

(*bildlich wie im Deutschen:*)

Βρίσκεται μεταξὺ δύο πυρῶν. — Er befindet sich zwischen zwei Feuern.

Καθυστερεῖ τὸ ἀτμόπλοιο ἕνεκα κακοκαιρίας. — Der Dampfer verspätet sich wegen schlechten Wetters.

(*Ausführliche Zusammenstellung s. Gr. Lektion* 15)

## Übungen

Setzen Sie die richtige Genitivendung ein:

a) Συνάπτομε ἀσφάλεια(ν) ζω-, ἀσφάλεια(ν) πυρ-, ἀσφάλεια(ν) αὐτοκινητ- (*Plural!*), ἀσφάλεια(ν) ἐργατικ- ἀτυχημα- (*Plural!*).

b) Δὲν ἀγοράζομε παρὰ δίσκους μεγάλ- διαρκει-.

c) Ὁ τόπος ποῦ πρῶτο εἴδαμε[1]) τὸ φῶς τ- ἥλι- εἶναι ἡ πατρίδα μας. Παίζομε μὲ τ'ἄλλα παιδιὰ τ- γειτονι-. Γνωρίσαμε[2]) τοὺς ἀνθρώπους τ- ἰδιαίτερ- πατρίδ- μας. Ὁ δρόμος ὁδηγεῖ στὰ χωριὰ καὶ στὶς πόλεις τ- ἐπαρχί- μας. Ἡ μεγαλύτερη πόλη τ- Νομ- λέγεται πρωτεύουσα. Πρωτεύουσα τ- Ἑλλάδ- εἶναι ἡ Ἀθήνα. Χαίρομε τὶς ὀμορφιὲς τ- τόπ- (*Plural!*) τ- Ἑλλάδ-.

[1]) wir sahen [2]) wir lernten kennen

d) Τὰ 4 κύρια σημεῖα τ- ὁρίζοντ- εἶναι ὁ βορρᾶς, ὁ νότος, ἡ ἀνατολὴ καὶ ἡ δύση.

e) Τὰ ἔπιπλα τοῦ δωματι- εἶναι μοντέρνα. Μεταξὺ τ- πόρτ- καὶ τ- παραθύρ- εἶναι μία πολυθρόνα. Τὰ χρώματα τ- περσικ- χαλι- εἶναι θαυμάσια. Τὰ βιβλία εἶναι στὰ ράφια τ- βιβλιοθήκ-.

f) Übersetzen Sie:

Friedrich Wilhelm IV. besucht eine kleine Stadt.

Ihn empfängt der Bürgermeister und sagt (zu) ihm:

„Majestät, fünftausend Bürger ...“ Aber der Bürgermeister verliert die Fassung (*Wortstellung:* verliert die Fassung der Bürgermeister) und beginnt seine Rede zwei-, dreimal mit den gleichen Worten von neuem: „Majestät, fünftausend Bürger ...“. Der König verliert die Geduld und sagt zu dem Bürgermeister: „Viele Grüße (*Akk.*), bitte, an die (*griech. Dat.*) fünftausend Bürger von mir, aber an jeden ... einzeln!“

Man bezeichnet die Ordnungszahl nach altgriechischer Art mit einem Buchstaben und einem Strich rechts daneben:

A′ = ὁ Πρῶτος, B′ = ὁ Δεύτερος, Γ′ = ὁ Τρίτος, Δ′ = ὁ Τέταρτος.

Friedrich Wilhelm IV. = Φρειδερῖκος Γουλιέλμος Δ′

Beachten Sie Akzent und Orthographie bei gleicher Aussprache:

| | | |
|---|---|---|
| ὁ πολίτης | pɔ'litis | Bürger |
| ὁ πωλητής | pɔli'tis | Verkäufer |

## Vokabeln

*zu a:*

*συνάπτω* si'naptɔ abschließen (*Vertrag, Versicherung* usw.) / *ἡ ἀσφάλεια* i a'sfalia 1. die Sicherheit, 2. die Versicherung / *τὸ πῦρ* (*G. πυρός*) tɔ 'pir (pi'rɔs) das Feuer / *ἐργατικός* εrγati'kɔs Arbeits-, Betriebs- / *τὸ ἀτύχημα* tɔ a'tiçima der Unfall *zu b:*

δὲν ... παρά ðɛn ... pa'ra nur / ὁ δίσκος ɔ 'ðiskɔs 1. die Scheibe, 2. die Schallplatte / ἡ διάρκεια i 'ðĭarkĭa die Dauer / δίσκος μεγάλης διαρκείας 'ðiskɔs mɛ'ɣaliz ðĭar'kĭas Langspielplatte

*zu c:*

τὸ φῶς (G. φωτός) tɔ fɔs (fɔ'tɔs) das Licht / πρῶτο(ν) 'prɔtɔ(n) zuerst / ἡ πατρίδα i pa'triða 1. die Heimat, 2. die Heimatstadt / γνωρίζω ɣnɔ'rizɔ kennenlernen / ἰδιαίτερος i'ðjɛtɛrɔs speziell; *hier:* näher- / ὁδηγῶ (-εῖς) ɔði'ɣɔ führen / τὸ χωριό tɔ xɔ'rjɔ das Dorf / ἡ ἐπαρχία i ɛpar'çia die Provinz / ὁ νομός ɔ nɔ'mɔs Bezirk, Kreis; *etwa:* Departement / ἡ πρωτεύουσα i prɔ'tɛvusa die Hauptstadt / χαίρω *A.* 'çɛrɔ sich freuen an

*zu d:*

κύριος 'kĭirĭɔs Haupt- / τὸ σημεῖο tɔ si'miɔ der Punkt / ὁ ὁρίζοντας ɔ ɔ'rizɔn̆das der Horizont / ὁ βορρᾶς ɔ vɔ'ras der Norden / ὁ νότος ɔ'nɔtɔs der Süden / ἡ ἀνατολή i anatɔ'li der Osten / ἡ δύση (-ις) i 'ðisi (-is) der Westen

*zu e:*

τὰ ἔπιπλα ta 'ɛpipla die Möbel / ἡ πολυθρόνα i pɔli'θrɔna der Sessel / τὸ χρῶμα tɔ 'xrɔma die Farbe / περσικός pɛrsi'kɔs persisch / θαυμάσιος θav'masjɔs wundervoll

*zu f:*

Φρειδερῖκος friðɛ'rikɔs Friedrich / Γουλιέλμος ɣu'ljɛlmɔs Wilhelm / ὑποδέχομαι ipɔ'ðɛxɔmɛ empfangen / ὁ δήμαρχος ɔ 'ðimarxɔs der Bürgermeister / Μεγαλειότατε mɛɣa'ljɔtatɛ Majestät / ἡ χιλιάδα i çi'ljaða das Tausend / πέντε χιλιάδες 'pɛn̆dɛ çi'ljaðɛs fünftausend / ὁ πολίτης ɔ pɔ'litis der Bürger / τὰ χάνω ta 'xanɔ die Fassung verlieren / ξαναρχίζω ksanar'çizɔ von neuem beginnen / λόγος (*pl.* οἱ λόγοι) ɔ 'lɔɣɔs die Rede / ἡ φορά i fɔ'ra das Mal / τρεῖς φορές tris fɔ'rɛs dreimal / ἡ ὑπομονή i ipɔmɔ'ni die Geduld / ὁ χαιρετισμός ɔ çɛrɛti'zmɔs der Gruß / ὁ καθένας ɔ ka'θɛnas jeder / χωριστά xɔri'sta einzeln / ὁ βασιλιάς ɔ vasi'ljas der König / ἴδιος 'iðjɔs gleich

## Brücke zum neugriechischen Wortschatz

| | | |
|---|---|---|
| ἀεροπλάνο: | | *vgl.* Aeroplan, *frz.* aéroplane |
| ἀέρας: | | *vgl.* Aeronaut (Luftschiffer) |
| θαλάσσιος: | θάλασσα | Meer |
| στεριανός: | ἡ στερεά | das Festland |
| ἑνώνω: ἕνα | | eins |
| κράτος: | | *vgl.* Demokratie, Volksherrschaft |
| ταξιδιώτης: | ταξίδι | Reise |

# 9. Lektion

## I. 'Αντὶς ἕνα ταξίδι

1. Κάπου πῆρε τὸ αὐτί μας πὼς ὑπάρχουν ἄνθρωποι
Irgendwo (ver)nahm Ohr unser, daß es-gibt Menschen

μὲ δέρμα μαῦρο ἢ κίτρινο ἢ κόκκινο.
mit Haut schwarzer oder gelber oder roter.

2. Πῶς ζοῦν; Πῶς ντύνονται; Μὲ τί ἀσχολοῦνται;
Wie leben-sie? Wie kleiden-sie-sich? Womit beschäftigen-sie-sich?

Ποιὲς συνήθειες ἔχουν αὐτοὶ οἱ ἄνθρωποι;
Welche Gewohnheiten haben diese Menschen?

3. Μποροῦμε *νὰ* λύσωμε αὐτὲς τὶς ἀπορίες, ἂν ταξιδέψωμε
Wir-können, daß wir-lösen diese Zweifel, wenn wir-reisen

σ'αὐτὲς τὶς χῶρες.
in-diese Länder.

4. Μὲ τὶς σημερινὲς ἀεροπορικὲς συγκοινωνίες μποροῦμε
Mit den heutigen Luft- verbindungen können wir,

*νὰ* φτάσωμε ἐκεῖ σὲ πολὺ σύντομο χρονικὸ διάστημα.
daß wir-gelangen dorthin in sehr kurzem Zeitraum.

5. Ἐπειδὴ ὅμως εἶναι δύσκολα καὶ πολυέξοδα αὐτὰ τὰ
Da jedoch sind schwierig und kostspielig diese

ταξίδια, μποροῦμε *νὰ* μάθωμε πολλὰ γι'αὐτὲς τὶς
Reisen, können-wir, daß wir-erfahren viel über diese

χῶρες μὲ ἄλλους τρόπους.
Länder mit anderen Arten (= auf andere Art und Weise).

6. Μποροῦμε *νὰ* παρακολουθήσωμε κινηματογραφικὲς ταινίες
Wir-können, daß wir-verfolgen Kino- filme

γι'αὐτὲς τὶς χῶρες. Μποροῦμε *ν'ἀκούσωμε* ἀφηγήσεις
über-diese Länder. Wir-können, daß wir-hören Erzählungen

ταξιδεμένων, *νὰ* κοιτάξωμε φωτογραφίες, *ν'ἀνοίξωμε*
von-Reisenden, daß wir-betrachten Fotos, daß-wir-aufschlagen

χάρτες, *νὰ* διαβάσωμε ταξιδιωτικὲς ἐντυπώσεις καὶ
Karten, daß wir-lesen Reise- eindrücke und

γεωγραφικὰ βιβλία.
Geographie-Bücher.

*Aus Γεωγραφία τῆς Ἑλλάδας*
*von Γ. Α. Βασδέκης.*

II. Μιὰ γυναίκα λέει στὴ φίλη της:
Eine Frau sagt zu Freundin ihrer:

— Τί *τοῦ* δίνεις *τοῦ* ἄντρα σου, ὅταν δὲν τρώγῃ τὸ
Was ihm gibst-du dem Mann deinen, wenn nicht er-ißt das

φαγητὸ πού *τοῦ* μαγειρεύεις, ἐπειδὴ δὲν τοῦ ἀρέσει;
Essen, das ihm kochst-du, da nicht ihm es-gefällt (*hier:* schmeckt)?

— *Τοῦ* δίνω τὸ σακκάκι του καὶ τὸ καπέλλο του, γιὰ *νὰ*
Ihm ich-gebe das Jackett seines und den Hut seinen, damit

*πάῃ* *νὰ* *φάῃ* ἔξω.
er-gehe, daß er-esse außerhalb.

III. Πρότυπα φράσεων
Satzbaumuster

1. Μπορεῖτε *νὰ* *μοῦ* δείξετε
Können-Sie, daß mir Sie-zeigen

τὸ δρόμο γιὰ *νὰ πάω*
den Weg, damit ich-gehe

στὴν τράπεζα (*od.*: τὸ δρόμο
zur Bank? (den Weg

γιὰ τὴν τράπεζα;)
zur Bank)?

Εὐχαρίστως. Πρέπει *νὰ*
Gern. Es-ist-nötig, daß

*πάρετε* τὸν δεύτερο
Sie-nehmen den zweiten

δρόμο δεξιά.
Weg (Straße) rechts.

2. Μπορεῖτε *νὰ* *μοῦ* ἀλλάξετε
Können-Sie, daß mir Sie-wechseln

Γερμανικὰ μάρκα σὲ δραχμές;
deutsche Mark in Drachmen?

Βεβαίως. Πόσα μάρκα
Gewiß. Wieviel Mark

θέλετε *ν'ἀλλάξετε*;
wollen-Sie, daß Sie-wechseln?

3. Μπορεῖτε *νὰ* *μοῦ* *πῆτε*
Können-Sie, daß mir Sie-sagen

τὴν ὥρα;
die Uhr(zeit)?

Εὐχαρίστως. Σὲ ἑπτὰ λεπτὰ
Gern. In sieben Minuten

θὰ εἶναι πεντέμισι.
wird-sein halb sechs.

4. Μπορεῖτε *νὰ* μεταφράζετε
Können-Sie, daß Sie-übersetzen

Ναί, μπορῶ. 'Αλλὰ πρέπει
Ja, ich kann. Aber nötig-ist,

ἀπὸ τὴ Γερμανικὴ στὴν
aus der deutschen in-die

῾Ελληνική;
griechische (Sprache)?

*νὰ* ἀναζητῶ πολλὲς λέξεις
daß ich-suche viele Wörter

σ᾽ἕνα λεξικό.
in einem Wörterbuch.

5. Μπορεῖτε *νὰ* *μεταφράσετε*
Können-Sie, daß Sie-übersetzen

αὐτὴ τὴ φράση;
diesen den Satz?

Ναί, μπορῶ, ἀλλὰ βαριέμαι
Ja, ich kann. Aber ich-habe

*νὰ* τὴ μεταφράσω.
nicht-Lust, daß ihn übersetze-ich.

6. Πρέπει ν᾽ἀλλάξω τραῖνο;
Ist -es-nötig, daß ich-wechsle Zug?
(= Muß ich umsteigen)?

῎Οχι, δὲν εἶναι ἀνάγκη
Nein, nicht ist Notwendigkeit,

ν᾽ἀλλάξετε. Τὸ τραῖνο
daß Sie-wechseln. Der Zug

πάει[1]) κατ᾽εὐθεῖαν. Μπορεῖτε
geht direkt. Sie-können,

*νὰ* *μείνετε* στὸ τραῖνο.
daß Sie-bleiben im Zug.

[1]) *s. Gr.* 9 J.

7. Πόσο πρέπει *νὰ* πληρώσω
Wieviel ist-nötig, daß ich-zahle

γιὰ ἕνα εἰσιτήριο πρώτης
für eine Karte erster

θέσεως γιὰ τὴν ᾽Αθήνα;
Klasse nach Athen?

. . . δραχμές.
. . . Drachmen.

8. Νὰ *κλείσω*
Daß ich-schließe (Soll ich schließen)

τὸ παράθυρο; Φυσάει ἐδῶ.
das Fenster? Es zieht hier.
(Κάνει ρεῦμα ἐδῶ).

Καλύτερα νὰ τὸ *ἀφήσετε*
Besser daß es Sie-lassen

ἀνοιχτό. Πνίγομαι ἐδῶ.
offen. Ich-ersticke hier.

# Vokabeln

Der Artikel wird in den Vokabelspalten nur noch genannt, wenn das Geschlecht aus der Endung nicht ersichtlich ist oder wenn ein Hinweis auf das Geschlecht als dienlich erscheint.

| | |
|---|---|
| *ἀντίς* [a'ňdis] | anstatt |
| *κάπου* | irgendwo |
| *πῆρε* (*von παίρνω*) | nahm, *hier:* vernahm |
| *αὐτί, τό* [a'fti] | Ohr |
| *δέρμα, τό* | Haut |
| *μαῦρος, μαύρη* ['mavr-] | schwarz |
| *κίτρινος* | gelb |
| *κόκκινος* | rot |
| *ζῶ* (*ζῇς, ζῇ, ζοῦμε, ζῆτε, ζοῦν,* II *ζήσω*) | leben |
| *ἀσχολοῦμαι* (*εἶσαι*) *μέ* | sich beschäftigen mit (*s. L.* 7 D) |
| *λύω* (*σ*) | lösen |
| *ἀπορία* | Zweifel |
| *ταξιδεύω* (*ευσ · εψ*) | reisen |
| *σημερινός* | heutig |
| *φτάνω* (*σ*) | gelangen |
| *σύντομος* ['siňd-] | kurz |
| *χρονικός* | zeitlich, Zeit- |
| *διάστημα, τό* | Raum, Zeitraum |
| *πολυέξοδος* | kostspielig |
| *μαθαίνω* (II *μάθω*) | lernen; erfahren (*s. L.* 1, 3) |
| *τρόπος* | Art, Weise |
| *παρακολουθῶ* (*εῖς · ησ*) | verfolgen |
| *κινηματογραφικός* | Kino-, Film- |
| *ἀκούω* (*σ*) | hören (*s. L.* 3) |
| *ἀφήγηση* (*-ις*) | Erzählung |
| *ταξιδεμένος* | Gereiste(r), Weitgereiste(r), Reisende(r) |
| *κοιτάζω* (*ξ*) | sich anschauen |
| *φωτογραφία* | Fotografie |
| *ἀνοίγω* (*ξ*) | öffnen |
| *ταξιδιωτικός* | Reise- |
| *ἐντύπωση* (*-ις*) [ε'ňdi-] | Eindruck |
| *γεωγραφικός* | geographisch |
| *γεωγραφία* | Geographie |
| *συνήθεια* [si'niθĭa] | Gewohnheit |
| *zu* 2: | |
| *φίλη, φιλενάδα* | Freundin |
| *δίνω* (II *δώσω*) | geben |
| *ἄντρας, ὁ* ['aňdras] | Mann, Ehemann |
| *πού* | der, welcher |
| *μαγειρεύω* (*ευσ, εψ*) | kochen |
| *σακ(κ)άκι, τό* | Jackett |
| *zu* 3: | |
| *πρότυπο* | Muster |
| *δείχνω* (*ξ*) | zeigen |
| *εὐχαρίστως* | gern |
| *πρέπει* | es ist nötig |
| *δεξιά* | rechts |
| *ἀλλάζω* (*ξ*) | ändern; *hier:* wechseln |
| *μάρκο(ν), τό* (!) | Mark |
| *πεντέμισι* [pε'ňdε-] | halb sechs, (*s. L.* 7 F) |
| *μεταφράζω* (*σ*) | übersetzen |
| *ἀναζητῶ* (*ησ*) | nachsehen |
| *ἀνάγκη* | Not, Notwendigkeit |
| *κατ' εὐθεῖα(ν)* [katε'fθiaň] | direkt |
| *μένω* (II *μείνω*) | bleiben, wohnen |
| *φυσάει* | es zieht |
| *ρεῦμα, τό* | Zug (*Wind*) |
| *καλύτερος* | besser |
| *ἀφήνω* (*σ*) | lassen; verlassen |
| *πνίγομαι* | ersticken |

# Grammatik

## A

**Die νά-Konstruktion.** Der im Neugriechischen fehlende Infinitiv wird meist durch eine Konstruktion ersetzt, die aus zwei Elementen besteht:

| | | | |
|---|---|---|---|
| der Partikel | νά | [na] | (daß, damit) |
| und der Personalendung des Verbs | -ω | [-ɔ] | (ich) usw. |

Diese nach der Partikel νά folgenden Personalendungen werden als *konjunktivisch* bezeichnet. Sie gleichen lautlich den in der ersten Lektion gegebenen Personalendungen des Indikativs Präsens. Für die Orthographie ist zu merken, daß alle ɔ-Laute durch *ω* und alle i-Laute durch *η* wiedergegeben werden. Die gleichen konjunktivischen Personalendungen fordern u. a. die folgenden Partikeln:

| | |
|---|---|
| **θά** | *Partikel zur Bildung des Futurs und des Konditionals* |
| **γιὰ νά** | damit |
| **ἄς** | *etwa:* laß mich, laßt uns, mögen Sie ... *usw.* |
| **μή** | *Partikel zur Bildung des verneinten Imperativs*; damit nicht |
| **ὅταν, ἄν** | wenn *zum Ausdruck des Präsens der Wirklichkeit* |
| **πρίν** | bevor |

Viele Beispiele und Übungen mit diesen Partikeln sind in den folgenden Lektionen enthalten. Die Abhängigkeit der Verbindungen von den genannten Partikeln kann durch folgende Merktabelle veranschaulicht werden:

Konjunktivendungen

νά, θά, γιὰ νά, ἄς, μή, ὅταν, ἄν, πρίν
*stehen immer mit folgenden Endungen des aktiven Verbs*

| | | | |
|---|---|---|---|
| **-ω** | ich | **-ωμε** (-ουμε) | wir |
| **-ῃς** | du | **-ετε** | ihr, Sie |
| **-ῃ** | er, sie, es | **-ουν** | sie |

*Anmerkung:* Viele halten sich nicht an diese Regel und schreiben die Endungen des Indikativs Präsens: -εις, -ει, -ομε.

## Die beiden Stämme **B**

Diese Endungen können an zwei Stämme treten:

a) an den **Stamm I,** der nach der herkömmlichen Grammatik Präsensstamm genannt wird. Es ist der Stamm, der im Wörterbuch verzeichnet ist, z.B.:

**γράφω** ich schreibe

b) an den **Stamm II,** der nach der herkömmlichen Grammatik Aoriststamm genannt wird, z. B.:

(γιὰ νὰ) **γράψω** (damit) ich schreibe

Um zu vermeiden, daß sich mit den Ausdrücken Präsens- und Aoriststamm ein Begriff der Zeit verbindet (was falsch ist), werden die beiden Stämme in diesem Lehrbuch als Stamm I und Stamm II bezeichnet.

Der zwischen den beiden Stämmen bestehende Unterschied bezieht sich nicht auf die Zeitstufe, sondern auf die Art der Handlung. Es ist praktisch, die Anzahl der Handlungsarten auf folgende wesentliche zu beschränken und sie durch nebenstehende Symbole zu veranschaulichen. Es bezeichnet

| | | Symbol |
|---|---|---|
| **Stamm I** | die wiederholte, gewohnheitsmäßige Handlung: | — — — |
| | die einfache Handlung ohne Hinweis auf Anfang und Ende: | — |
| **Stamm II** | die als punktartig konzentriert gedachte Handlung: | • |
| | die Handlung mit Hinweis auf einen Abschluß: | —\| |

Durch die Stämme wird also zum Ausdruck gebracht, wie der Sprecher die Handlung betrachtet, ,,anschaut". Nach dem Vorbild der in slawischen Sprachen üblichen Nomenklatur kann man die beiden Stämme als Ausdruck zweier ,,Anschauungen", zweier ,,Aspekte", auffassen.

Danach verkörpert Stamm I den imperfektiven (unvollendeten) Aspekt, Stamm II den perfektiven (vollendeten) Aspekt.

In diesem Lehrbuch wird der Lernende mit dieser für das Neugriechische so wichtigen Eigenart dadurch allmählich vertraut gemacht, daß in besonders charakteristischen Fällen die obigen Symbole hinter die betreffende Verbform gesetzt werden.

## Verwendung der beiden Stämme **C**

1. Eine Verbform kann selbständig, d. h. ohne daß eine der genannten Partikeln vorangeht, in einem Satz stehen, z. B.:

| | |
|---|---|
| γράφω ἕνα γράμμα | ich schreibe einen Brief |

2. Sie kann von einer Partikel abhängig sein, z. B.:

| | |
|---|---|
| θέλω νὰ γράψω τὸ γράμμα | ich will den Brief schreiben |

Im ersten Fall kann im Präsens nur Stamm I stehen, im zweiten Fall kann je nach der ,,Anschauung" Stamm I oder Stamm II stehen, z. B.:

| | | |
|---|---|---|
| *Stamm I:* | Πρέπει νὰ γράφω (— — —) πολλὰ γράμματα κάθε μέρα. | (*Es ist nötig, daß ich schreibe.*) Ich muß jeden Tag viele Briefe schreiben. |
| *Stamm II:* | Πρέπει νὰ γράψω (•) τὸ γράμμα. | Ich muß den Brief schreiben. |

*Regel:* Im Präsens wird die Art der Handlung nur in abhängiger Funktion zum Ausdruck gebracht: νά, γιὰ νά usw. — In selbständiger Stellung kommt im Präsens nur Stamm I (der ,,Wörterbuchstamm") vor.

## Bildung von Stamm II aus Stamm I **D**

Stamm II unterscheidet sich von Stamm I:

1. durch verschiedene grammatische Formelemente.

Das häufigste Formelement ist [-s-].

Die Bildung des Stammes II mit [-s-] ohne Veränderung des Stammvokals wird hier als regelmäßig bezeichnet.

2. grundsätzlich. Diese Bildung ist immer unregelmäßig.

In den Vokabelspalten dieses Lehrbuches und in Langenscheidts Taschenwörterbuch Neugriechisch-Deutsch wird der Stamm II durch einen Kennbuchstaben in Klammern nach dem Verb in der ersten Person Präsens oder, wenn er von Stamm I stark abweicht, durch die volle Form angegeben.

### Regelmäßige Bildung **E**

| *Stamm I* | | *Stamm II* | *Bildung* | *Angabe in der Vokabelspalte „Kennbuchstabe“* |
|---|---|---|---|---|
| *Verben auf* **-ω** | | | | |
| λύ\|ω | lösen | λύ-**σ**-ω | + s | **λύω** (σ) |
| διαβά**ζ**\|ω | lesen | διαβά-**σ**-ω | z + s = s | **διαβάζω** (σ) |
| γρά**φ**\|ω | schreiben | γρά-**ψ**-ω | f + s = ps | **γράφω** (ψ) |
| διαλέ**γ**\|ω | auswählen | διαλέ-**ξ**-ω | ɣ + s = ks | **διαλέγω** (ξ) |
| *Verben auf* **-ῶ** | | | | |
| μιλ\|ῶ | sprechen | μιλ-**ήσ**-ω | + is | **μιλῶ** (ησ) |

Regel für die Bildung des Stammes II mit dem „Kennbuchstaben“:

**Verben auf -ω:** An die Stelle des Konsonanten oder der Konsonantengruppe, die vor dem **-ω** von Stamm I steht, setzt man den „Kennbuchstaben“.

**Verben auf -ῶ:** An die Stelle von **-ῶ** setzt man **-ησ-**.

Einige phonetische Regeln für die regelmäßige Bildung des Stammes II werden später bei der Behandlung des Aorists (11 H) gegeben.

### Einige Beispiele für die unregelmäßige Bildung des II. Stammes **F**

| *Stamm I* | | *Stamm II* | *Bildung unregelmäßig* | *Angabe in der Vokabelspalte „voller II. Stamm“* |
|---|---|---|---|---|
| Verben auf **-ω** | | | | |
| στέλνω | senden | στείλω | *veränd. Stamm* | στέλνω (**στείλ**ω) |
| παίρνω | nehmen | πάρω | *stark veränderter Stamm* | παίρνω (**πάρ**ω) |
| βλέπω | sehen | (ἰ)δῶ | *anderer Stamm* | βλέπω (**δῶ**) |
| Verben auf **-ῶ** | | | | |
| βαστῶ (ᾶς) | halten; dauern | βαστ-άξ-ω *oder* βαστ-ήξ-ω | *anderes Bildungselement als* ⌈-is-⌉ | βαστῶ (ᾶς· αξ, ηξ) |

**Übersicht über die Präsensformen im Ind. und Konj.** G

| 1. Konjugation: Verben auf -ω | | |
|---|---|---|
| Selbständig (*Indikativformen*) | Von einer Partikel abhängig (*Konjunktivformen*) | |
| Stamm I | Stamm I | Stamm II |
| γράφω<br>γράφ**εις**<br>γράφ**ει**<br>γράφ**ομε** (-ουμε)<br>γράφετε<br>γράφουν | νὰ γράφω<br>νὰ γράφ**ῃς**<br>νὰ γράφ**ῃ**<br>νὰ γράφ**ωμε** (-ουμε)<br>νὰ γράφετε<br>νὰ γράφουν | νὰ γρά-ψ-ω<br>νὰ γρά-ψ-ῃς<br>νὰ γρά-ψ-ῃ<br>νὰ γρά-ψ-ωμε (-ουμε)<br>νὰ γρά-ψ-ετε<br>νὰ γρά-ψ-ουν |
| **2. Konjugation: Verben auf -ῶ**<br>Gruppe auf -ᾶς | | |
| ξυπνῶ<br>ξυπνᾶς<br>ξυπνᾶ<br>ξυπνοῦμε<br>ξυπνᾶτε<br>ξυπνοῦν | *wie Stamm I selbständig* | νὰ ξυπν-ήσ-ω<br>νὰ ξυπν-ήσ-ῃς<br>νὰ ξυπν-ήσ-ῃ<br>νὰ ξυπν-ήσ-ωμε (-ουμε)<br>νὰ ξυπν-ήσ-ετε<br>νὰ ξυπν-ήσ-ουν |
| Gruppe auf -εῖς | | |
| κατοικῶ<br>κατοικεῖς<br>κατοικεῖ<br>κατοικοῦμε<br>κατοικεῖτε<br>κατοικοῦν | νὰ κατοικῶ<br>νὰ κατοικῇς<br>νὰ κατοικῇ<br>νὰ κατοικοῦμε<br>νὰ κατοικῆτε<br>νὰ κατοικοῦν | νὰ κατοικ-ήσ-ω<br>νὰ κατοικ-ήσ-ῃς<br>νὰ κατοικ-ήσ-ῃ<br>νὰ κατοικ-ήσ-ωμε (-ουμε)<br>νὰ κατοικ-ήσ-ετε<br>νὰ κατοικ-ήσ-ουν |

H

Sechs wichtige Verben haben einen einsilbigen Stamm II; sie werden in allen Formen mit Perispomeni geschrieben. Die Formen gleichen im übrigen den Konjunktiv-Formen des ersten Stammes der Verben auf -εῖς.

| *Stamm I* | | βλέπω sehen | λέγω sagen | πίνω trinken | μπαίνω hinein-gehen | βγαίνω hinaus-gehen | βρίσκω finden |
|---|---|---|---|---|---|---|---|
| *Stamm II* | νὰ<br>νὰ<br>νὰ<br>νὰ<br>νὰ<br>νὰ | δῶ<br>δῇς<br>δῇ<br>δοῦμε<br>δῆτε<br>δοῦν | πῶ<br>πῇς<br>πῇ<br>ποῦμε<br>πῆτε<br>ποῦν | πιῶ<br>πιῇς<br>πιῇ<br>πιοῦμε<br>πιῆτε<br>πιοῦν | μπῶ<br>μπῇς<br>μπῇ<br>μποῦμε<br>μπῆτε<br>μποῦν | βγῶ<br>βγῇς<br>βγῇ<br>βγοῦμε<br>βγῆτε<br>βγοῦν | βρῶ<br>βρῇς<br>βρῇ<br>βροῦμε<br>βρῆτε<br>βροῦν |

Phonetisch unterscheiden sich einige Formen nur geringfügig voneinander, z. B.:

[pɔ], [bɔ], [pjɔ]; [vɣɔ], [vrɔ].

Man achte auf den Wechsel von [ɣ/j] in Stamm II von βγαίνω:

[vɣɔ vjis vji vɣumɛ vjitɛ vɣun].

**Stamm II von τρώγω essen und πηγαίνω gehen** I

| τρώγω essen | | πηγαίνω gehen | |
|---|---|---|---|
| νὰ **φάω** | νὰ **φᾶμε** | νὰ **πάω** | νὰ **πᾶμε** |
| νὰ **φᾶς** | νὰ **φᾶτε** | νὰ **πᾶς** | νὰ **πᾶτε** |
| νὰ **φάη** | νὰ **φᾶνε** | νὰ **πάη** | νὰ **πᾶνε** |

Einziger phonetischer Unterschied:

**f-** **p-**

J

An Stelle von *πηγαίνω* (*Stamm I*) wird häufig Stamm II *πάω ich gehe* usw. gebraucht. In der dritten Person muß dann *πάει* geschrieben werden. Dieser Stamm bezeichnet häufig auch in selbständiger Stellung — als einziger seiner Art — die vollendete Handlung, z. B.:

| | |
|---|---|
| **πάει** ὁ χειμώνας | der Winter **ist dahingegangen** |
| **πάει** κι αὐτό | nun ist auch das hin(gegangen), „futsch" |

**εἶμαι und ἔχω haben nur einen Stamm:** K

| Stamm I = II | Stamm I | Stamm II |
|---|---|---|
| | *phonetisch gleich Endungen orthographisch verschieden* | |
| εἶμαι | ἔχω | |
| εἶσαι | ἔχεις | ἔχῃς |
| εἶναι | ἔχει | ἔχῃ |
| εἴμαστε | ἔχομε (-ουμε) | ἔχωμε |
| εἶστε | ἔχετε | |
| εἶναι | ἔχουν | |

**Die Funktionen von *νά*** L

Durch *νά* wird ein Verb angeschlossen an

1. die Modalverben:

| | | | |
|---|---|---|---|
| μπορῶ | können | θέλω | wollen |
| πρέπει | es ist nötig, daß (*immer unpersönlich*) = müssen | | |

2. viele Verben, die einen Willen, eine Absicht ausdrücken, z. B.:

| | |
|---|---|
| **Λέει νὰ** μείνῃ ἐδῶ λίγες μέρες. | (er sagt, daß er will ...) Er gedenkt, einige Tage hier zu bleiben. |

3. Adjektive in unpersönlichen Ausdrücken:

| | |
|---|---|
| Εἶναι **περιττὸ νὰ** τὸ πῶ. | Es ist überflüssig, daß ich es sage (erwähne). |

4. Substantive, z. B.:

| | |
|---|---|
| Ποιὸς σοῦ δίνει τὴν ἄδεια νὰ μοῦ μιλᾶς στὸν ἑνικό; | (*Wer dir gibt die Erlaubnis, daß du mir sprichst in der Einzahl:*) Wer erlaubt dir, mich zu duzen (du zu mir zu sagen)? |

## M

*νά* wird absolut (alleinstehend) gebraucht und bedeutet in der 1. Person meist *sollen*, zuweilen auch *darf ich ..., ich will mal ...*

| | |
|---|---|
| Τί νὰ σᾶς πῶ; | (*Was, daß ich Ihnen sage:*) Was **soll** ich Ihnen sagen? |
| Νὰ σᾶς δείξω καὶ τὸ τελευταῖο μοντέλο; | (*Daß ich Ihnen zeige ...:*) **Darf ich** Ihnen auch das letzte Modell **mal** zeigen? |
| Μιὰ στιγμὴ νὰ ἰδῶ. | Einen Augenblick, (daß ich sehe =) ich will mal sehen. |

## N

In Verbindung mit der zweiten Person drückt die absolute Konstruktion einen Imperativ aus (*s. bes. L.* 10), z. B.:

| | |
|---|---|
| Νὰ λέγης πάντα τὴν ἀλήθεια. | Sag immer die Wahrheit! |

## O

Das ermunternde und zugleich den Befehl mildernde *mal* wird im Griechischen durch *γιά* wiedergegeben, das immer vor *νά* steht. Es ist nicht verwandt mit γιά *für, über*.

| | |
|---|---|
| Γιὰ νὰ (ἰ)δῶ. | Ich will mal sehen! |
| Γιὰ νὰ (ἰ)δοῦμε. | Wir wollen mal sehen! |

## P

**Genitiv.** Die Funktion des Dativs wird beim Substantiv zuweilen durch die Genitivformen ausgedrückt, z. B.:

| | |
|---|---|
| Τί τοῦ δίνεις τοῦ ἄντρα σου ...; | „Was gibst du dein**em** Mann ...?" (*Das* τοῦ ihm *ist eine Verstärkung.*) |
| Ὅποιος σκάβει λάκκον ἄλλ**ου** πέφτει ὁ ἴδιος μέσα. | (*Sprichwort:*) Wer ander**em** eine Grube gräbt, fällt selbst hinein. |

## Q

*σέ* + **Genitiv.** Die mit der Genitivform des Artikels verschmolzene Präposition *σέ* ist eine Abkürzung der Wortgruppe στὸ σπίτι *im Hause*, z. B.:

| | |
|---|---|
| **στοῦ** γιατροῦ < σ[τὸ σπίτι]τοῦ γιατροῦ | beim Arzt |
| **στοῦ** καπνοπώλη | beim Tabakhändler |
| **στοῦ** ράφτη | beim Schneider |
| **στῆς** ράφτρας, μοδίστρας | bei der Schneiderin |

**R**

**Wortstellung.** κανεὶς in der Bedeutung *man* steht immer nach dem Verb. Bei einer modalen Wortgruppe steht *man* häufig nach dem Hauptverb:

| | |
|---|---|
| Ἂν **θέλη κανεὶς** νὰ κάνη ἕνα ταξίδι, πηγαίνει σ'ἕνα πρακτορεῖο ταξιδίων. | Wenn man eine Reise machen will, geht man in ein Reisebüro. |
| Ποῦ **μπορεῖ νὰ βρῆ κανεὶς** πόσιμο νερό; | Wo kann man Trinkwasser bekommen (finden)? |
| Ποῦ **μπορεῖ κανεὶς** ν'ἀγοράση εἴδη σπόρ; | Wo kann man Sportartikel kaufen? |

**S**

**Wortbildung.** Die Fähigkeit, neue Wörter durch Zusammensetzung zweier oder mehrerer Wörter zu bilden, besitzt das Neugriechische nicht mehr in demselben Maße wie das Altgriechische und das Deutsche. Oft wird das zusammengesetzte deutsche Wort im Neugr. durch eine Wortgruppe wiedergegeben. Diese Wortgruppe besteht z.B. aus einem:

*Adjektiv + Substantiv*
**ταξιδιωτικὴ** ἐντύπωση — **Reise**eindruck

*Substantiv + Substantiv im Genitiv*
πρακτορεῖο **ταξιδίων** — **Reise**büro

Beispiele für Wortzusammensetzungen im Neugriechischen:

| | |
|---|---|
| ὀδοντόβουρτσα | Zahnbürste |
| κρεββατοκάμαρα | Schlafzimmer |

Dagegen wird von der Möglichkeit, neue Wörter durch Ableitungssilben (Suffixe) zu bilden, reichlicher Gebrauch gemacht. Viele Adjektive werden aus Substantiven mit Hilfe des Suffixes *-ικός* gebildet:

| | *Vergleiche:* | | |
|---|---|---|---|
| ἑλλην**ικός** | *Ἕλλην(ας)* | *Grieche* | griechisch |
| γερμαν**ικός** | *Γερμανός* | *Deutscher* | deutsch |
| ἀγγλ**ικός** | *Ἄγγλος* | *Engländer* | englisch |
| γαλλ**ικός** | *Γάλλος* | *Franzose* | französisch |
| ἀεροπορ**ικός** | *ἀεροπορία* | *Luftfahrt* | Luft- |
| ἀρχαιολογ**ικός** | *ἀρχαιολόγος* | *Archäologe* | archäologisch |
| ἀστυνομ**ικός** | *ἀστυνόμος* | *Polizist* | polizeilich |
| θερμομετρ**ικός** | *θερμόμετρο* | *Thermometer* | Thermometer- |
| κεντρ**ικός** | *κέντρο* | *Zentrum* | zentral |
| κινηματογραφ**ικός** | *κινηματογράφος* | *Kino* | Kino- |
| σιδηροδρομ**ικός** | *σιδηρόδρομος* | *Eisenbahn* | Eisenbahn- |
| ταξιδιωτ**ικός** | *ταξιδιώτης* | *Reisender* | Reise- |
| χρον**ικός** | *χρόνος* | *Zeit* | Zeit- |

## Übungen

Setzen Sie in den folgenden Sätzen die richtige Form des neugr. Verbs ein:

a) Στοῦ γιατροῦ:

— Ἤθελα νὰ (sehen) τὸ γιατρό. Δέχεται;
— Μάλιστα, περάστε.
— Καλημέρα, Κύριε Μαραγκέ, τί ἔχετε; Ἀπὸ τί ὑποφέρετε;
— Μοῦ πονάει τὸ στομάχι.
— Γιὰ νὰ (sehen-fühlen) τὸ σφυγμό σας. Ἔχετε λίγο πυρετό. Δὲν εἶναι τίποτε σοβαρό. Γιὰ νὰ (sehen) καὶ τὴν γλώσσα σας. Πρέπει νὰ (nehmen) ἕνα καθάρσιο. Νὰ σᾶς (schreiben) μιὰ συνταγή. Νὰ (nehmen) δύο κουταλιὲς τρεῖς φορὲς τὴν ἡμέρα.
— Τί ἔχετε στὸ δάχτυλο;
— Ἔχω μιὰ παρανυχίδα καὶ μοῦ πονάει πολύ.
— Σᾶς συνιστῶ νὰ (anlegen = βάζω) ἕνα κατάπλασμα.

b) Σ'ἕνα κατάστημα λέγει κανείς: Ἤθελα (*od.* θέλω) νὰ (sehen) τὸ καπέλλο ποὺ εἶναι στὴ βιτρίνα.

Σ'ἕνα βαγόνι-ἑστιατόριο (*od.* βαγκὸν-ρεστωράν): Ἤθελα νὰ (belegen) δύο θέσεις γιὰ τὸ γεῦμα (τὸ μεσημβρινὸ φαγητό), γιὰ τὸ δεῖπνο (τὸ βραδυνὸ φαγητό).

Σ'ἕνα πρακτορεῖο ταξιδίων: Θέλω νὰ (bestellen, buchen) δωμάτιο σ'ἕνα καλὸ ξενοδοχεῖο.

*zu a:*

*ἤθελα* (*Impf. von θέλω*) ich möchte / *δέχομαι* empfangen, Sprechstunde haben / *περάστε* (*Imperativ des Stammes II von περνῶ*) *hier:* treten Sie ein / *ὑποφέρω ἀπό* (*Stamm II = I*) leiden an / *πονῶ(ᾶς,εῖς·εσ)* schmerzen, wehtun / *σφυγμός* Puls / *πυρετός* Fieber / *σοβαρός* ernst / *καθάρσιο(ν)* Abführmittel / *συνταγή* Rezept / *ἡμέρα = μέρα* / *κουταλιά* Eßlöffel (voll) / *δάχτυλο* Finger / *παρανυχίδα* Nietnagel / *συνιστῶ, συσταίνω* (*II συστήσω*) empfehlen / *βάζω* (*II βάλω*) setzen, legen / *κατάπλασμα* Umschlag, Wickel

*zu b:*

*βιτρίνα* Schaufenster / *βαγόνι-ἑστιατόριο* Speisewagen / *πιάνω(σ)* (er)greifen, *Platz:* belegen; *Zimmer:* mieten / *γεῦμα, τό* Mittagessen / *δεῖπνο* Abendessen, Abendmahl / *πρακτορεῖο* Agentur / *πρακτορεῖο ταξιδίων* Reisebüro / *κλείνω hier:* bestellen, reservieren (lassen)

c) Man ergänze die fehlenden Bestandteile des Verbs:

| | |
|---|---|
| Οἱ ἑπτὰ νάνοι λένε στὴ Χιονάτη: | Die sieben Zwerge sagen zu Schneewittchen: |
| Ἂν θέλ- | Wenn du (willst) |
| νὰ κρατ- (—) τὸ νοικοκυριό μας, | unsere Wirtschaft halten, |
| νὰ μαγειρεύ- (—) | kochen, |
| νὰ στρώ- (—) τὰ κρεββάτια | die Betten machen, (στρώνω, σ) |
| νὰ ρά- (—) | nähen, (ράβω, ψ) |
| νὰ μπαλώ- (—) | flicken, (μπαλώνω, σ) |
| νὰ τἄχ- ( = τὰ ἔχ-) | halten (haben) willst |

| | |
|---|---|
| ὅλα τακτικὰ καὶ καθαρά, | alles in Ordnung und sauber, |
| μπορ- | kannst du |
| νὰ μ- (·) μαζί μας καὶ | bei (mit) uns bleiben und |
| νἄχ- τὸ κάθετι | alles haben, |
| ποὺ σοῦ χρειάζεται. | was dir vonnöten ist (was du brauchst). |

d) Man ergänze die fehlenden Endungen und setze das passende neugr. Verb in der richtigen Form ein:

— Ποῦ εἶναι τὸ γραφεῖο αὐτ- τ- ἀεροπορικ- ἑταιρί-;
Στὴν γωνία.
— Τί στοιχίζει μιὰ πτῆση (πτῆσις) στὸ Βόλο μετ'ἐπιστροφῆς;
. . . δραχμές.
— Πόσ- ἀποσκευ- εἶναι ἐλεύθερ-;
20 κιλά.
— Τί πρέπει νὰ (zahlen·) γιὰ κάθε παραπάνω κιλό;
— Πότε ξεκιν- τ- ἑπόμεν- ἀεροπλάν-;
Στὶς 10.20. Νὰ σᾶς (geben·) ἕνα δρομολόγιο;
— Πότε πρέπει νὰ (sein) στὸ ἀεροδρόμιο;
Τρία τέταρτ- πρὸ τ- ἀπογειώσ-.
— Πῶς μπορῶ νὰ (gehen·) στὸ ἀεροδρόμιο; (= Wie komme ich zum ...)
— Τὸ καλύτερο εἶναι νὰ (nehmen·) τὸ λεωφορεῖο τ- ἀεροδρομί-.

*zu d:*

*ἑταιρία* Gesellschaft / *γωνία, γωνιά* Ecke / *στοιχίζω* (σ) kosten / *πτῆση(-ις)* Flug / *Βόλος Stadt in Thessalien* / *μετ' ἐπιστροφῆς* mit Rückflug(karte) / *ἀποσκευές* Gepäck / *ἐλεύθερος* frei / *κιλό* Kilo / *παραπάνω Adv.* weiter, mehr, darüber; *Adj. (unveränd.)* weiter-, darüberliegend- / *ξεκινῶ* (ᾶς·ησ) aufbrechen; *Flugzeug:* abfliegen, starten / *ἑπόμενος* folgend-, nächst- / *δρομολόγιο* Fahrplan, Flugplan / *ἀεροδρόμιο* Flugplatz / *πρό* (G) vor / *ἀπογείωση* (-ις) Abflug, Start / *τὸ καλύτερο* das beste (ist) ...

e) Setzen Sie das passende neugr. Verb in der richtigen Form ein:

| | |
|---|---|
| Εἶναι καλὸ νὰ — — πολλὰ πράματα μὲ λίγα λόγια. | Es ist gut, viele Dinge mit wenigen Worten zu sagen (... daß man sagt...) |
| Δὲν εἶναι ὑπερβολὴ νὰ — — ὅτι τὰ ἑλληνικὰ ὑφάσματα ἀνταγωνίζονται τὰ εὐρωπαϊκά. | Es ist keine Übertreibung zu sagen, daß die griechischen Stoffe mit den europäischen konkurrieren (können). |
| Ἐλπίζω νὰ σᾶς — τώρα συχνότερα. | Ich hoffe, Sie jetzt häufiger zu sehen. |
| Ἐλπίζω νὰ σᾶς — κύριε Μαραγκέ. | Ich hoffe, Sie wiederzusehen, Herr Marangos. |
| Ὁ ἀκροατὴς μπορεῖ νὰ — τὸ τραγοῦδι ποὺ τοῦ ἀρέσει στὸ «Πρόγραμμα ποὺ διαλέξατε». | Der Hörer kann das Lied, das ihm gefällt, im Wunschprogramm (= im Programm, das Sie wählten) wählen. |
| Ὁ Ἰουστιανὸς εἶχε τὸ ἐξαιρετικὸ προτέρημα νὰ — τὸν κατάλληλο ἄνθρωπο γιὰ τὴν κάθε θέση. | Justinian (527—565) hatte die ungewöhnliche Gabe, für jeden Posten den geeigneten Mann zu wählen. |

Στὴ γαλλικὴ βιομηχανία, ἡ σημαντικώτερη καινοτομία εἶναι ἕνα σύστημα ποὺ ἐπιτρέπει νὰ — — ἑκατοντάδες χιλιόμετρα χωρὶς νὰ χρειαστῆ ν'— ταχύτητα.

In der französischen Industrie ist die bedeutendste Neuerung ein System, das gestattet, Hunderte von Kilometern zu fahren, ohne daß man den Gang zu schalten braucht (*wörtl.:* daß man braucht, zu verändern die Geschwindigkeit).

*zu e:*

ἀνταγωνίζομαι *A* konkurrieren mit / ξαναβλέπω (ξαναδῶ) wiedersehen / συχνότερα (*Adv.*) häufiger / διαλέγω (ξ) wählen / ἐξαιρετικός außergewöhnlich / προτέρημα, τό Vorzug; Talent, Gabe / κατάλληλος geeignet / βιομηχανία Industrie / σημαντικός bedeutend / σημαντικώτερος bedeutendst- / ἐπιτρέπω (ψ) gestatten / ἑκατοντάδες ... Hunderte von ... / διατρέχω (ξ) (durch)fahren / χρειάζομαι (χρειαστῶ) brauchen (*Passiv Stamm II s. L.* 12) / ταχύτητα Geschwindigkeit

f) Setzen Sie die Sätze 1—6 des Textes I in die 1., 2. und 3. Pers. Sing. und in die 2. und 3. Pers. Plur. Benutzen Sie in der 3. Pers. Sing. das unbest. Pron. κανείς.

g) Übersetzen Sie ins Neugriechische:

1. Haben Sie etwas (τίποτε) zu verzollen: Schreibmaschine, Nähmaschine, Fotoapparat? — Nein, ich habe nichts zu verzollen.
2. In welchem Hotel raten Sie mir abzusteigen (= zu bleiben)? Ich empfehle Ihnen, (ein) Zimmer im ... Hotel zu bestellen.
3. Wollen Sie dieses Zimmer mieten? — Ich kann mich noch nicht entschließen.
4. Hier ist mein Paß! Wo muß ich unterschreiben?
5. Darf ich (νὰ) Ihnen Herrn Nikolopoulos vorstellen? — Sehr angenehm (= ich freue mich sehr).
6. Ich möchte 30 Mark wechseln, — diesen Reisescheck einlösen, — den Brief per Luftpost schicken.
7. Darf ich hier rauchen? Ist es gestattet, hier zu rauchen?
8. Können Sie mir mein Kleid plätten, — meine Hose bügeln, — mein Hemd waschen, — mir morgens zum Frühstück Milchkaffee geben, bringen, — mich begleiten, — mich um 5 Uhr wecken?
9. Können Sie mir alle diese Wörter erklären oder ins Deutsche übersetzen?
10. Soll ich Ihnen eine Zeitung holen (nehmen)?
11. Es ist Zeit, daß wir gehen (—).
12. Mir schmerzen die Füße (= schmerzen meine Füße), und ich kann nicht gehen.
13. Wir können unsere Ferien auf dem Lande verbringen.
14. Ich muß jeden Tag Radio hören. — Ich bitte dich, einen Augenblick zu warten; ich muß jetzt die griechischen Nachrichten hören.
15. Ich habe dir etwas Angenehmes zu sagen, aber in Gegenwart dieser Schneiderin kann ich nicht sprechen (= ich kann nicht sprechen in ...).
16. Wir müssen die Eintrittskarten für die Vorstellung im Odeon des Herodes Attikus rechtzeitig lösen.

17. Bei (= mit) dieser Gelegenheit möchte ich (wünsche ich) Ihnen meine Dankbarkeit für Ihr Interesse ausdrücken.
18. Sie können mir auch griechisch oder französisch (·) schreiben.
19. Die Mutter muß Takis jeden Morgen um sieben Uhr wecken. — Takis schläft noch. Die Mutter muß ihn jetzt wecken.
20. Wo kann man hier Trinkwasser bekommen (= finden)?

*zu g:*

verzollen; *hier:* erklären, deklarieren *δηλώνω* (σ) / Schreibmaschine *γραφομηχανή* / Nähmaschine *ραπτομηχανή* / Fotoapparat *φωτογραφικὴ μηχανή* / nichts *δὲν ... τίποτα* / raten *συμβουλεύω* [siɱvu'lεvɔ] (ευσ, εψ) / entschließen, sich ~ *ἀποφασίζω* (σ) / Paß *διαβατήριο(ν)* / unterschreiben *ὑπογράφω* (ψ) / vorstellen *συνιστῶ, συσταίνω* (*συστήσω*) / Reisescheck *τσὲκ ταξιδίου, ταξιδιωτικὴ ἐπιταγή* / einlösen *ἐξαργυρώνω* (σ) / Luftpost: per ~ *ἀεροπορικῶς* / schicken *στέλνω* (*στείλω*) / ist es gestattet? *ἐπιτρέπεται;* / rauchen *καπνίζω* (σ) / Kleid *φορεσιά* / plätten, bügeln *σιδερώνω* (σ) / Hose *πανταλόνι, τό* / Hemd, Oberhemd *πουκάμισο* / waschen *πλένω* (*πλύνω*) / Milchkaffee *καφὲς μὲ γάλα*, *auch:* *καφὲ-γάλα* / begleiten *συνοδεύω* (ευσ, ψ) / erklären *ἐξηγῶ* (εῖς·ης) / gehen *hier:* *περπατῶ* (ᾶς·ησ), *περιπατῶ* (εῖς·ησ) / verbringen *περνῶ* (*περάσω*) / warten *περιμένω* (*-μείνω*) / Augenblick *στιγμή* / etwas *κάτι* / angenehm *εὐχάριστος* / in Gegenwart von *μπροστὰ σέ* / Schneiderin *μοδίστρα* / rechtzeitig *ἐγκαίρως* / lösen *βγάζω* (*II βγάλω*) *od.* *παίρνω* (*II πάρω*) / Vorstellung *παράσταση(-ις)* / Odeon des Herodes Attikus *ὠδεῖον Ἡρώδου τοῦ Ἀττικοῦ* / Gelegenheit *εὐκαιρία* / wünschen *ἐπιθυμῶ* (εῖς, ησ / ἐπε-) / Dankbarkeit *εὐγνωμοσύνη* / Interesse *ἐνδιαφέρον* / Trinkwasser *πόσιμο νερό* / ausdrücken *ἐκφράζω* (σ/ἐξε-)

# 10. Lektion

## Ἡ προστακτική

1. Στὴν καθημερινὴ ζωή:
   Im täglichen Leben:

| | |
|---|---|
| Γράφετέ μου κάθε βράδυ (— — —)!<br>Schreibt mir jeden Abend! | Γράψτε μου ἀπόψε(·)!<br>Schreibt mir heute abend! |
| Γράφε μας τακτικὰ (— — —) νὰ<br>Schreib uns regelmäßig, damit | Γράψε τὴ λέξη αὐτή (·)!<br>Schreib dieses Wort auf! |
| μαθαίνωμε (— — —) πῶς εἶσαι!<br>wir erfahren, wie es dir geht! | |
| Πρόσεχε (—), ἕνα αὐτοκίνητο<br>Paß auf, ein Auto | Πρόσεξε (·), ἕνα αὐτοκίνητο<br>Paß doch auf, ein Auto |
| ἔρχεται!<br>kommt! | ἔρχεται!<br>kommt! (*nachdrücklicher*) |

Κοίταζε (*od.* κοίτα) (—) τὴ
Sieh (= kümmere dich um)

δουλειά σου!
deine Angelegenheit!

Κοίταξε (·) νὰ βρῆς (·) δουλειά!
Sieh zu, daß du Arbeit findest!

Διαβάζετε τὴν ἐφημερίδα κάθε
Lesen-Sie die Zeitung jeden

μέρα (———)!
Tag!

Διαβάστε (·) τί μοῦ γράφει!
Lesen Sie, was er mir schreibt!

*Ἄκου* (—), νὰ ἡ Ἀθήνα.
Hör, da ist Athen!

Καὶ τώρα προσπάθησε (·) *νὰ*
Und jetzt versuche zu

*πάρῃς* (·) τὴν Ἀθήνα.
bekommen Athen.

2. Στὸ δρόμο:
Auf dem Weg:

Δεῖξτε μου, σᾶς παρακαλῶ,
Zeigen-Sie mir (,Sie ich) bitte

τὸ συντομώτερο δρόμο γιὰ
den kürzesten Weg nach

τὴν Ἀκρόπολη.
der Akropolis!

Προχωρῆστε κατ' εὐθεῖαν ὡς
Gehen-Sie weiter geradeaus bis

τὴ γωνιὰ καὶ *στρῖψτε* δεξιά.
zur Ecke und biegen-Sie rechts ab!

Ρωτῆστε ἐκεῖ πάλι.
Fragen-Sie dort noch mal!

3. Στὸ ξενοδοχεῖο:
Im Hotel:

Συμπληρῶστε αὐτὸ τὸ ἔντυπο, παρακαλῶ.
Füllen-Sie-aus dieses Formular, bitte!

Ὑπογράψατε
Unterschreiben-Sie

παρακαλῶ.
bitte!

Ὁρίστε τὸ κλειδί σας.
Bitte Ihr Schlüssel!

Χτυπῆστε τὸ κουδούνι τὸ πρωί.
Schlagen-Sie die Klingel (klingeln Sie) morgens!

4. Στὸν ἀποχαιρετισμό:
Beim Abschied:

— Καλό σας ταξίδι, εἶπε ὁ θεῖος. *Νὰ* μᾶς *ἔλθετε* καὶ πάλι...
Gute (Euch) Reise, sagte der Onkel. Daß uns ihr-kommt auch wieder..!
(Gute Reise, sagte der Onkel, und kommt bald mal wieder zu uns!)

5. Στὶς παροιμίες καὶ ἰδιωτισμούς:
In Sprichwörtern und Redewendungen:

*Πάρ(ε) τὸν ἕνα καὶ χτύπα τὸν ἄλλο.*
Nimm den einen und hau den anderen, *etwa:* Gleiche Brüder, gleiche Kappen.

*Βάστα* με νὰ σὲ *βαστῶ* ν'ἀνεβοῦμε στὸ βουνό.
Halte mich, damit dich ich-halte, damit wir-besteigen den Berg, *etwa:* Mit vereinten Kräften kommt man ans Ziel.

*Γράψε, γράψε, κάτσε, κλάψε.*
schreib (an), schreib (an), setz dich, weine = Borgen macht Sorgen.

Αὐτὴ ἡ δουλειὰ δὲν εἶναι *παῖξε γέλασε.*
Diese die Sache nicht ist spiele! lache! = Das ist keine Kleinigkeit!

6. Στὶς ἐπιγραφές:
In Aufschriften:

*Μὴ κύπτετε ἔξω.*
Nicht neigen-Sie-sich hinaus!

*Μὴν* ὁμιλῆτε εἰς τὸν ὁδηγόν.
Nicht sprechen-Sie zu dem Fahrer!

Κτυπήσατε! Läuten-Sie!

'Ωθήσατε! Stoßen-Sie!

Σύρατε! Ziehen-Sie!

Die Aufschriften unter 6. sind in der Katharevusa verfaßt, daher ὁμιλῆτε anstatt μιλᾶτε, εἰς τὸν anstatt στὸν ὁδηγό.

Im Deutschen steht meist der Infinitiv. Nicht hinauslehnen. Läuten. Stoßen (Drücken). Ziehen.

## Vokabeln

*zu 1:*

*προσταχτική* [prɔstaxti'ki] Imperativ
*καθημερινός* [kaθimɛri'nɔs] täglich
*ἀπόψε* [a'pɔpsɛ] heute abend
*ταχτικά* [taxti'ka] regelmäßig
*προσέχω* (ξ) [prɔ'sɛxɔ] aufpassen
*προσπαθῶ* (εἶς · ησ) [prɔspa'θɔ] versuchen

*zu 2:*

*ὁ συντομώτερος* [sin̆dɔ'mɔtɛrɔs] der kürzeste
*προχωρῶ* (εἶς · ησ) [prɔxɔ'rɔ] weitergehen, vorrücken
*στρίβω* (ψ) ['strivɔ] (ab)biegen

*zu 3:*

*'Ακρόπολη* (-ις) [a'krɔpɔli] Akropolis
*συμπληρώνω*(σ) [sim̆bli'rɔnɔ] ausfüllen
*ἔντυπο* ['ɛn̆dipɔ] Formular
*κουδούνι, τό* [ku'ðuni] Klingel

*zu 4:*

*ἀποχαιρετισμός* [apɔçɛrɛti'zmɔs] Abschied
*ἔλθω* ['ɛlθɔ] (*St. II von* *ἔρχομαι* ['ɛrxɔmɛ]) kommen

*zu 5:*

*παροιμία* [pari'mia] Sprichwort

| | |
|---|---|
| ἰδιωματισμός [iðjəmati'zməs] | idiomatischer Ausdruck, Redewendung |
| ἀνεβαίνω (II ἀνεβῶ) [anɛ'vɛnə] | besteigen |
| βουνό [vu'nə] | Berg |
| κλαίω (II κλάψω) ['klɛə] I. κλαίω, κλαῖς, κλαίει, κλαῖμε, κλαῖτε, κλαῖνε | weinen |
| γελῶ (ᾶς · ασ) [jɛ'lə] | lachen |

*zu 3:*

| | |
|---|---|
| ἐπιγραφή [ɛpigra'fi] | Aufschrift |
| κύπτω *K.* (ψ) ['ķiptə], σκύφτω, σκύβω ['sķiftə, 'sķivə] | (sich) neigen |
| ὠθῶ (εῖς · ησ) [ə'θə] | stoßen, drükken |
| σύρω (I *u.* II) *K.* ['sirə], σέρνω (II σύρω) ['sɛrnə] | ziehen |

## Grammatik

### Verb. Imperativ der aktiven Form. Endung und Betonung. **A**

1. Konjugation: Verben auf -ω

*Stamm I und II*

| | | |
|---|---|---|
| *Sing.* | '-ε | '- -ε |
| *Plur.* | '-ετε | '-(ε)τε |

γράφε, γράψε schreib!
γράφετε, γράψτε schreibt!
διάβαζε, διάβασε lies!
διαβάζετε, διαβάστε lest!

In der 2. Pers. Plur. des II. Stammes wird das erste -ε der Endung -ετε meist ausgestoßen.

2. Konjugation: Verben auf -ῶ

as-Gruppe

| | *Stamm I* | *Stamm II* |
|---|---|---|
| *Sing.* | '-a | '-isε |
| *Plur.* | -'atε | -'i(ε)stε |

ἀγάπα, ἀγάπησε liebe!
ἀγαπᾶτε, ἀγαπῆστε liebt!

*Aus dem Neuen Testament:* 'Αγάπα τὸν πλησίον σου ὡς σεαυτόν.
Liebe deinen Nächsten wie dich selbst.

is-Gruppe

| | *Stamm I* | *Stamm II* |
|---|---|---|
| *Sing.* | '-i | '-isε |
| *Plur.* | -'itε- | 'is(ε)tε |

εὐχαρίστει, εὐχαρίστησε danke, bedanke dich!
εὐχαριστεῖτε, εὐχαριστῆστε dankt!

Stamm I dieser Gruppe wird in der Umgangssprache selten gebraucht.

*Beispiel:* διαίρει καὶ βασίλευε Teile und herrsche!
κράτει Halt! (*Ruf an den Maschinisten eines Schiffes, die Maschine zu stoppen.*)

An die Stelle von [-is-] können, wie schon in L. 9 bemerkt, auch andere Lautgruppen treten, z. B. βάσταξε oder βάστηξε. Ein wichtiges

Merkmal des Imperativs Sing. ist der Akzent. Er rückt, falls das letzte Element der Imperativendung -ε ist, so weit wie möglich an den Anfang des Wortes (*vgl. Vorkursus* ⑦ *u.* ⑧).

| | | | |
|---|---|---|---|
| *Stamm I* | διάβαζε lies (jeden Tag)! | ἀπάντα | antworte (*auf jede Frage*)! |
| *Stamm II* | διάβασε lies (jetzt)! | ἀπάντησε | antworte (*auf diese Frage*)! |

**Unregelmäßige Imperative des II. Stammes** **B**

| | | *Singular* | *Plural* |
|---|---|---|---|
| ἀνεβαίνω | steigen, hinaufgehen | ἀνέβα | ἀνεβῆτε |
| κατεβαίνω | hinuntergehen | κατέβα | κατεβῆτε |
| μπαίνω | hineingehen, eintreten | ἔμπα, μπές | μπῆτε, μπᾶτε |
| βγαίνω | hinausgehen | ἔβγα, βγές | βγῆτε |
| βλέπω | sehen | δές, ἰδέ | δέστε, νὰ δῆτε |
| λέγω | sagen | πές | πέστε, νὰ πῆτε |
| πίνω | trinken | πιές, πιέ | πιέτε, πιέστε, νὰ πιῆτε |
| βρίσκω | finden | βρές | νὰ βρῆτε |
| πηγαίνω | gehen | νὰ πᾶς, ἄμε | νὰ πᾶτε, ἄμετε, ἀμέτε |
| *meist wird der Imperativ des I. Stammes gebraucht:* πήγαινε, πηγαίνετε | | | |
| *Im II. Stamme mit aktiven Formen:* | | | |
| ἔρχομαι | kommen | ἔλα | ἐλᾶτε |
| κάθομαι | sitzen, sich setzen | κάθησε, κάτσε | καθῆστε |
| γίνομαι | werden (*s. L.* 12) | γίνε | γίνετε |

**C**

In Bekanntmachungen liest man häufig den Imperativ des zweiten Stammes der Katharevusa. An Stelle von [-εtε] steht hier [-atε], z. B.:

σύρατε (ziehen Sie) Ziehen!

**D**

Für die Bedeutung des Stammes gilt das in L. 9 über die νά-Konstruktion Gesagte. Der Imperativ des ersten Stammes der zweiten Gruppe [ˈ-a] wird in der Umgangssprache jedoch oft anstatt des zweiten Stammes [ˈ-isε] gebraucht.

**Ρῶτα, ρωτᾶτε** (anstatt ρώτησε, ρωτῆστε), παρακαλῶ, ἂν ἔχει αὐγὰ φρέσκα.
Frage (Fragen Sie) bitte, ob es frische Eier gibt!

Zuweilen ist der Bedeutungsgehalt für die Wahl des Stammes entscheidend. Z. B. sagt man nur περιμένετε *warten Sie* (nicht περιμείνετε von St. II: περιμείνω), weil man bei *warten* nicht an eine punktartig konzentrierte (·) oder an eine vollendete Handlung (—|) Handlung, sondern im Gegenteil an eine zeitlich nicht fest umrissene Handlung (—) denkt.

## E

**νά-Konstruktion als Imperativ.** Oft wird der Imperativ durch die νά-Konstruktion ausgedrückt. Durch diese Konstruktion erhält der Imperativ in Vorschriften die Schattierung der Verpflichtung („du sollst"), in direkter Rede die Nuance einer milden, nachdrücklichen Aufforderung:

*Beispiele:*

| | |
|---|---|
| Νὰ κτυπᾶς τὴ θύρα, πρὶν μπῆς στὴν τάξη. | Klopfe immer an die Tür, bevor du den Klassenraum betrittst! |
| Νὰ ἀγοράσετε μιὰ σάκκα ἀπὸ δέρμα! | Kaufen Sie doch eine Schulmappe aus Leder! |
| Νὰ πῆς χαιρετίσματα στὸν πατέρα σου! | (*Daß du sagest* ...) Richte deinem Vater (mal schöne) Grüße aus! |

## $F_1$

**Der verneinte Imperativ** ist durch den Gebrauch der Partikel *μή(ν)* mit den Formen der νά-Konstruktion gekennzeichnet:

| | |
|---|---|
| Μὴ φωνάζῃς ἔτσι. Δὲν εἶμαι κουφός. | Schrei nicht (immer) so! Ich bin nicht taub. |

## $F_2$

Als Imperativ der ersten und dritten Pers. betrachtet man auch die durch die Partikel *ἄς* (eigentlich *laß*) zum Ausdruck gebrachte Kategorie. Im Deutschen muß diese Modalität durch verschiedene Mittel (*wollen, mögen* u. a.) wiedergegeben werden.

| | |
|---|---|
| Ἂς πάω κ'ἐγώ. | (*Laß ich gehe auch ich*) Auch ich will mal gehen. |
| (= νὰ πάω κ'ἐγώ) | Auch ich muß jetzt wohl gehen. |
| Ἂς πᾶμε κ'ἐμεῖς. | Laßt auch uns gehen! Gehen auch wir! |
| (= νὰ πᾶμε κ'ἐμεῖς) | |
| Ἂς πάῃ στὸ διάβολο. | Er mag (soll) zum Teufel gehen! |

## G

**Gebrauch der Stämme:** In einer Konstruktion, die von einer anderen νά-Konstruktion abhängig ist, steht meist der zweite Stamm:

| | |
|---|---|
| Περίμενε νὰ τελειώ**ση** πρῶτα κ'ὕστερα νὰ ζητᾶς τὴν ἄδεια νὰ μιλή**σῃς**. | Warte, (*daß er beendet zuerst:* —\| *also:*) bis er **ausgeredet hat** und bitte dann um Erlaubnis (*daß du sprichst:*), zu sprechen. |

Der zweite Stamm steht ebenfalls in einem mit πρίν *bevor* eingeleiteten Nebensatz.

| | |
|---|---|
| **Πρὶν μπῇς** στὸ σχολεῖο, νὰ καθαρίζῃς καλὰ τὰ παπούτσια σου. | Bevor du die Schule betrittst, reinige deine Schuhe gut! |

In einem mit *ὅταν wenn* eingeleiteten Satz steht der erste Stamm, wenn beide Handlungen gleichzeitig verlaufen.

| | |
|---|---|
| Μὴ διακόπτῃς ποτὲ τὸ δάσκαλό σου, **ὅταν μιλᾶ.** | Unterbrich nie Deinen Lehrer, wenn er spricht. |

## H

**Stellung der Personalpronomen.** Sie folgen dem bejahenden Imperativ, verlieren ihren Eigenakzent und bilden mit dem Verb im Imperativ eine Akzentgruppe:

| | |
|---|---|
| Φέρτε μου ἕνα φλιτζάνι καφέ. ['fɛrtɛmu ...] | Bringen Sie mir eine Tasse Kaffee! |
| ρώτα τον, ρώτησέ τον ['rɔtatɔn, rɔti'sɛtɔn] | Frag ihn! |
| ἀπάντα του, ἀπάντησέ του [a'pańdatu apańdi'sɛtu] | Antworte ihm! |

## I

**Substantiv — Vokativ.** Dem Imperativ des Verbs entspricht beim Substantiv der Vokativ, „der Anredefall".

Eine besondere Form für den Vokativ Singular haben in der Dhimotiki nur Substantive und Adjektive, die auf *-ος* ausgehen.

Die Endung lautet (wie meist der Imperativ des Verbs) -ε.

| | | | | | |
|---|---|---|---|---|---|
| **-ος** | *Vokativ Singular:* | **-ε** | *Vokativ Plural* | = Nominativ: | **-οι** |

In allen übrigen Fällen ist der Vokativ gleich dem Akkusativ. Eigennamen stehen im Griechischen im Vokativ immer ohne Artikel (*vgl. L.* 5).

| | |
|---|---|
| Ἥλι**ε**, ἀπὸ ποῦ ἔρχεσαι; Ἀπὸ τὴν ἀνατολή. | Sonne, woher kommst du? Aus dem Osten. |
| Χήν**α**, πάπι**α**, ἐλᾶτε, πίνετε νερό, ἔλεγε ἡ Ἄννα. | „Gans, Ente, kommt, trinkt Wasser", sagte Anna. |
| *Nom., Akk., Vok.:* χήνα Gans; πάπια Ente | |
| Ἡ μητέρα ἔλεγε: — Βάλε σακκάκι, Μίμ**η**! | Die Mutter sagte: „Zieh ein Jackett an, Mimis!" |
| *Gen. Akk., Vok.:* Μίμη (*Nom.* ὁ Μίμης) | (*Aus einem Kinderbuch*) |

Im täglichen Leben und im Schriftverkehr kommen auch einige Formen aus der Katharevusa vor. Die häufigste Vokativendung ist *-α* der maskulinen Substantive auf *-ης*, z. B.:

Κύριε καθηγητά! Herr Professor!

An Stelle von *-ε* haben viele auf *-ος* endende Eigennamen die Endung *-ο*, z. B.:

| | | | |
|---|---|---|---|
| 'Αλέκο | Alex *von* 'Αλέξανδρος | Μάριο, *a.* Μάριε | Marius |
| Γιώργο | Georg *von* Γεώργιος | | |
| Κίτσο | Kitso, *Kosename für* Χρῆστος | *aber:* | |
| Χρῆστο | Christo | Στέφανε | Stefan |
| Πέτρο | Petrus | Γεράσιμε | Gerasimos |
| Σπύρο | Spyro *von* Σπυρίδων | Εὐάγγελε | Evangelos |
| Δημητράκο | Dimitrako, *Koseform von* Δημήτριος (Dimitrios) | 'Αλέξανδρε | Alexander |
| | | Νικόλαε | Nikolaus! |
| Νῖκο | Nikos | Θεώδωρε | Theodor |

Man merke sich folgende Vokative:

1. in der mündlichen Anrede:

| | |
|---|---|
| *κύριε* | *ohne Namen, im Deutschen zuweilen* „mein Herr" (*in Kaufhäusern, Geschäften*) |
| *κύριε 'Ιωαννίδη* | *mit Namen* „Herr Ioannidis" (*'Ιωαννίδης*) |
| *κυρία, vertraulicher: κυρία μου* | *ohne Namen:* Gnädige Frau! |
| *κυρία Μαραγγοῦ* | *mit Namen:* Frau Marangos! (= Frau des *Μαραγγός*) |
| *δεσποινίς* | *ohne Namen:* Gnädiges Fräulein! |
| *δεσποινίς Μαραγγοῦ* | *mit Namen:* Fräulein Marangos |
| *γιατρέ, γιατρέ μου* | Herr Doktor! (*nur zu einem Arzt, den man gut kennt. In anderen Fällen sagt man für* „Herr Doktor" *einfach κύριε, etwas vertraulicher auch mit nachfolgendem Namen.*) |
| *κύριε δάσκαλε* | Herr Lehrer (*in Volksschulen*) |
| *κύριε ἀστυνόμε* | Herr Wachtmeister (*ἀστυνόμος* Polizeibeamter) |
| *ἀχθοφόρε* | Gepäckträger (*Dieser sagt seinerseits κύριος*! nicht *κύριε*), *deutsch etwa:* „der Herr" |
| *καημένε* | wörtl. „verbrannt", volkstümliche Anrede, häufig nur Ausruf oder Aufmerksamkeitserreger, etwa „mein Lieber" |
| *μικρέ* | mein Kleiner, *im Hotel:* „Page!" |
| *μωρέ* | Eine volkstümlich vertrauliche Vokativpartikel ist *βρέ, ρέ* entstanden aus *μωρέ*; *μωρός, ή, ό* dumm, unvernünftig. Der Nichtgrieche muß natürlich im Gebrauch solcher volkstümlichen Formen sehr vorsichtig sein. |

*Beispiele:*

| | |
|---|---|
| *'Εμπρός, βρὲ παιδιά, νὰ φεύγουμε!* | Los Kinder, gehen wir! |
| *Βρὲ, καλέ μου,* | he, mein Bester (= he, Du), |
| *γιατί δὲν κάνεις ὅ,τι σοῦ λέω;* | warum tust Du nicht, was ich Dir sage? |

Als Ausruf kommen häufig die Vokative
*Θεέ μου* mein Gott
*Χριστέ μου* (Jesus mein! =) herrje! vor.

In Märchen findet man u. a.

| | | | |
|---|---|---|---|
| *Κὺρ Γάτε* | Herr Kater | *Κὺρ Λύκο* | Herr Wolf (*nach -κ meist — ο!*) |

Anreden mit Titel:

| | | | |
|---|---|---|---|
| *Κύριε Καθηγητά!* | Herr Professor! | *Κύριε 'Υπουργέ!* | Herr Minister! |
| *Κύριε Διευθυντά!* | Herr Direktor! | *Κύριε Πρόεδρε!* | Herr Präsident! |

| | | | |
|---|---|---|---|
| *Κύριε Πρόξενε!* | Herr Konsul! | *Μεγαλειότατε!* | Majestät! |
| *Κύριε Πρέσβυ!* | Herr Botschafter! (*πρέσβυς, -βεως* Botschafter) | *Μακαριώτατε!* | Eure Seligkeit! (*Anrede an einen orthodoxen Erzbischof*) |
| *Κύριε Πρύτανι!* | Magnifizenz! (*πρύτανις, -τάνεως* Rektor) | *Σεβασμιώτατε!* | Eure Eminenz! (*an einen Metropoliten*) *oder:* Herr Bischof! |
| *Κύριε Κοσμῆτορ!* | Herr Dekan! (*κοσμήτωρ, -ορος* Dekan) | *Αἰδεσιμώτατε πάτερ!* | Hochwürdiger Pater! |
| | | *Αἰδεσιμώτατε!* | Ehrwürden! (*an einen verheirateten Priester*) |
| *Ἐξοχώτατε!* | Exzellenz! | | |
| *Ὑψηλότατε!* | Hoheit! | | |

2. In der Anrede in Briefen: Hinter der Anrede steht ein Komma oder ein Punkt. Das erste Wort danach beginnt mit einem großen Anfangsbuchstaben.

| | |
|---|---|
| *Ἀγαπητέ μου Νῖκο,* | Mein lieber Niko! |
| *Ἀγαπημένη μου Καίτη,* | Meine liebe Käthe! |
| *Ἀγαπητή μου Ἀσημῖνα,* | Meine liebe Asimina! |
| *Ἀγαπητέ μου Ἀνδρέα,* | Mein lieber Andreas! |
| *Ἀγαπητέ μου,* | Mein Lieber! |
| *Φίλε μου,* | Lieber Freund! |
| *Ἀγαπητή μου φίλη,* | Liebe Freundin! |
| *Φίλτατε,* | Lieber Freund (Teuerster)! |
| *Ἀγαπητὲ φίλε Γεώργιε,* | Lieber Freund Georg! |
| *Ἀγαπητέ μου υἱέ,* | Mein lieber Sohn! |
| *Ἀδελφέ μου,* | Lieber Bruder! |
| *Ἀγαπητὲ ἀδελφέ,* <br> *Ἀγαπητέ μου ἀδελφέ,* | } Mein lieber Bruder! |
| *Ἀγαπητή μου ἀδελφή,* | Meine liebe Schwester! |
| *Ἀγαπητέ μου ἀνεψιὲ Γιάννη,* | Mein lieber Neffe Johann! |
| *Ἀγαπητέ μου θεῖε Γεώργιε,* | Mein lieber Onkel Georg! |
| *Ἀγαπητοί μου γονεῖς,* | Liebe Eltern! |
| *Ἰατρέ μου,* | Sehr geehrter Herr Doktor! (*an einen Arzt, den man kennt*) |

Häufig im Geschäftsbrief:

| | |
|---|---|
| *Κύριε,* <br> *Ἀξιότιμε Κύριε,* | } Sehr geehrter Herr ... (*im Deutschen ohne Namen unhöflich*) |
| *Κύριοι,* <br> *Ἀξιότιμοι Κύριοι,* | } Sehr geehrte Herren! |
| *Ἀγαπητὲ κ. (κύριε) Ἰωαννίδη,* | Lieber Herr Joannidis! |
| *Ἀξιότιμε κ. Ἰωαννίδη,* | Sehr geehrter Herr Joannidis! |
| *Ἀξιότιμε κύριε Καθηγητά,* | Sehr geehrter Herr Professor! |
| *Κύριε Διευθυντά,* | Sehr geehrter Herr Direktor! |
| *Κύριε Γερουσιαστά,* | Sehr geehrter Herr Senator! |
| *Κύριε Πρόξενε,* | Sehr geehrter Herr Konsul! |
| *Κύριε Γυμνασιάρχα,* | Sehr geehrter Herr Direktor (*eines Gymnasiums*)! |
| *Κύριε Ὑπουργέ,* | Sehr geehrter Herr Minister! |
| *Κύριε Συντάκτα,* | Sehr geehrter Herr Redakteur! |

Vor *κύριε* kann auch
*Ἀξιότιμε* oder *Σεβαστὲ* „Sehr verehrter ..." stehen; ferner
*Σεβαστέ μοι Κύριε ...,* (*μοι ist Katharevusa für μου*).

# Übungen

a) ʽΟ δεκάλογος τοῦ σχολείου — Die zehn Gebote der Schule

(*Aus dem Lesebuch der dritten Volksschulklasse*)

Man setze das in Klammern stehende Verb in die richtige — bejahende oder verneinte — Form. Stamm I und II sind durch Symbole angedeutet.

1. (κτυπῶ —) τὴ θύρα, πρὶν (μπαίνω ·) στὴν τάξη τὴν ὥρα τοῦ μαθήματος, καὶ τὴν (κλείνω —) πάντα χωρὶς θόρυβο.

1. Klopfe an die Tür, bevor Du die Klasse während des Unterrichts betrittst und schließe sie immer ohne Lärm.

2. (τρέχω —) μέσα στὸ σχολεῖο καὶ (κτυπῶ —) τὰ πόδια σου μέσα στὴν τάξη.

2. Laufe nicht in der Schule und trample in der Klasse nicht mit den Füßen.

3. (εἶμαι) πάντα καθαρὸς στὸ σῶμα καὶ στὰ ροῦχα. Πρὶν (μπαίνω ·) στὸ σχολεῖο, (καθαρίζω —) καλὰ τὰ παπούτσια σου, ἂν εἶναι λασπωμένα. (διατηρῶ —) καθαρὰ τὰ βιβλία σου, τὸ θρανίο σου, τὴν τάξη σου, τὸ σχολεῖο σου.

3. Sei immer reinlich am Körper und in der Kleidung. Bevor Du in die Schule gehst, reinige Deine Schuhe gut, wenn sie schmutzig sind. Halte Deine Bücher, Deine Bank, Deine Klasse, Deine Schule sauber!

4. (ἀγαπῶ —) τὸ κάθετι, ποὺ ἀνήκει στὸ σχολεῖο, καὶ τὸ (προσέχω —).

4. Liebe alles, was der Schule gehört und habe darauf acht!

5. (ἀπουσιάζω —) ἀπὸ τὸ σχολεῖο χωρὶς σοβαρὴ αἰτία, καὶ (εἶμαι) πάντα στὴ θέση σου τὴν ὥρα τοῦ μαθήματος.

5. Bleibe nicht ohne ernsten Grund von der Schule fern und sei während des Unterrichts immer auf Deinem Platz.

6. (ἑτοιμάζω —) κάθε ἡμέρα ὅλα τὰ μαθήματά σου. Καὶ ὅταν (ἀπουσιάζω) (—), τὰ (συμπληρώνω —).

6. Bereite (mache) jeden Tag alle Deine Aufgaben vor. Und wenn Du fehlst (gefehlt hast), hole sie nach.

7. (μιλῶ —) μὲ καλὸν τρόπο στοὺς συμμαθητάς σου καὶ μὲ σεβασμὸ στοὺς δασκάλους σου καὶ στοὺς μεγαλυτέρους σου.

7. Sprich anständig mit Deinen Mitschülern und mit Respekt zu Deinen Lehrern und den Älteren!

8. (διακόπτω —) ποτὲ τὸ δάσκαλό σου, ὅταν (μιλῶ). (περιμένω —), νὰ (τελειώνω) πρῶτα κ'ὕστερα νὰ (ζητῶ —) τὴν ἄδεια νὰ (μιλῶ ·).

8. Unterbrich nie Deinen Lehrer, wenn er spricht. Warte, bis er (zuerst) geendet (= ausgeredet hat), und bitte dann um die Erlaubnis zu sprechen.

9. (λέγω —) πάντα τὴν ἀλήθεια καὶ (κατηγορῶ —) τοὺς συμμαθητάς σου.

9. Sage immer die Wahrheit und klage nicht an (*etwa:* verpetze nicht) Deine Mitschüler!

10. (ἀκούω —) ὅ,τι σοῦ λέγει ὁ δάσκαλός σου, τὸν (ἀγαπῶ —) σὰν τὸν πατέρα σου καὶ (κρύβω —) ποτὲ τίποτε ἀπ'αὐτόν.

10. Höre, was Dir sagt Dein Lehrer, liebe ihn wie Deinen Vater und verbirg niemals etwas vor ihm.

In dem obigen Text kommen einige idiomatische Ausdrücke vor. Was heißt auf griechisch:

— die Klasse betreten — mit den Füßen trampeln — während des Unterrichts in der Schule fehlen — die Aufgaben (das Pensum) nachholen — ausreden = zu Ende sprechen — die Mitschüler anschwärzen — etwas vor ihm verbergen.

b) Der Imperativ in der Schule.

Man setze die in Klammern stehenden Verben in den Imperativ der zweiten Person Singular und Plural.

1. (ψάχνω) σὲ βιβλία καὶ (προσπαθῶ) νὰ βρῇς ἀναγνώσματα γιὰ τὶς τέσσερεις ἐποχὲς τοῦ χρόνου!

2. (κοιτάζω) τὴν ὑδρόγειο σφαῖρα καὶ (διαβάζω) τὰ ὀνόματα τῶν 5 ὠκεανῶν! Οἱ ὠκεανοὶ εἶναι: Ὁ Εἰρηνικὸς ἢ Μέγας ὠκεανός, ὁ Ἀτλαντικὸς ὠκεανός, ὁ Ἰνδικὸς ὠκεανός, ὁ Βόρειος Παγωμένος ὠκεανὸς καὶ ὁ Νότιος Παγωμένος ὠκεανός.

3. (βάζω) μία πυξίδα πάνω στὸ πάτωμα! Τί παρατηρεῖς; (ἀλλάζω) τὴ θέση της! Τί παρατηρεῖς; Ἡ μαγνητικὴ βελόνα δείχνει πάντα πρὸς τὸ Βορρᾶ.

4. (παρατηρῶ) τὸ θερμόμετρο: Πότε ἀνεβαίνει καὶ πότε κατεβαίνει; ..., ὅταν κάνη πιὸ ζέστη, ... ὅταν κάνει πιὸ κρύο.

5. (κάνω) ἕνα περίπατο ὡς τὸ γειτονικὸ δάσος! (παρατηρῶ) τὰ δέντρα του.

6. (ἀλληλογραφῶ) μὲ παιδιὰ ποὺ μένουν σὲ πόλεις καὶ σὲ χωριὰ τῆς Ἠπείρου!

ψάχνω (ξ) (herum)suchen
προσπαθῶ (εῖς· ησ) versuchen, sich bemühen
βρῆτε *s. Gr. L.* 9
ἀνάγνωσμα, τό Lesestück
ἡ ὑδρόγειος σφαῖρα Erdkugel, Globus
ὠκεανός Ozean
ὁ Εἰρηνικὸς ὠκεανός der Stille Ozean
ὁ Βόρειος Παγωμένος ὠκεανός das Nördliche Eismeer
ὁ Νότιος Παγωμένος ὠκεανός das Südliche Eismeer
πυξίδα (-ξίς) Kompaß
μαγνητικὴ βελόνα Magnetnadel
ὁ Βορρᾶς der Norden
ἀνεβαίνω (ἀνεβῶ) steigen } (*Temperatur, Thermometer*)
κατεβαίνω (κατεβῶ) fallen }
κάνει πιὸ ζέστη (macht mehr Hitze) wird heißer
γειτονικός, ή, ό benachbart
δάσος, τό Wald
ἀλληλογραφῶ (εῖς· ησ) korrespondieren
ἡ Ἤπειρος der Epirus (*westgriechische Landschaft*)

c) Setzen Sie an Stelle der Striche die richtigen Endungen:

Στὸν σιδηρόδρομο.
῾Ο ἐπιθεωρητής:
— Κύρι-, ἐδῶ δὲν εἶναι διαμέρισμα τῶν καπνιστ-. (σβύνω·) τὸ τσιγάρο σας!
῾Ο ταξιδιώτης:
— Γιατί; ᾿Εγὼ δὲν εἶμαι καπνιστής.
— Πῶς, ἀφοῦ καπνίζετε...
῾Ο ταξιδιώτης:
Ναί, ἀλλὰ καπνίζω σὲ ἐξαιρετικ- περιστασ-.

| | | | |
|---|---|---|---|
| διαμέρισμα | Abteil; *auch:* Etagenwohnung | τσιγάρο | Zigarette (Zigarre = ποῦρο) |
| καπνιστής | Raucher | ἀφοῦ | *Konj.* nachdem; da aber, da doch |
| σβύνω (σ) | löschen, ausmachen | περίσταση (-ις) | Umstand |

d) Übersetzen Sie ins Neugriechische:

Die kleine Tochter des Arztes öffnet dem Besucher² die Tür¹.

„Ist der Herr Doktor zu Hause (ist der Arzt hier)?", fragt dieser (= jener). „Nein, (mein Herr)", antwortet die Kleine, „er ist im Krankenhaus und führt (= macht) eine Blinddarmoperation durch (Operation [der] Blinddarmentzündung)!" Der Besucher lächelt.

„Ich sehe, daß du gut damit fertig wirst", sagt er (zu) ihr. „Ein so großes Wort für ein so kleines Mädelchen wie dich! Du weißt also auch, was es bedeutet?" Und die Kleine: „Aber natürlich (mein Herr), zweitausend Drachmen."

Tochter κόρη
Besucher ἐπισκέπτης
Krankenhaus νοσοκομεῖο(ν)
Operation ἐγχείρηση(-ις)
Blinddarmentzündung σκωληκοειδῖτις, (-δίτιδος)
lächeln χαμογελῶ (ᾶς)
es zustande bringen, damit fertig werden τὰ καταφέρνω

so τόσο
Mädelchen κοριτσάκι
also ὅμως
bedeuten σημαίνω (II σημαν-)
zweitausend δύο χιλιάδες

e) Übersetzen Sie ins Neugriechische:

1. Ziehen Sie dies hier mal an! Legen Sie bitte einen Augenblick Ihr Jackett ab, damit (νά) ich [Ihnen] Maß nehme! Kommen Sie, wenn Sie wollen, am Montag zur Anprobe! Kommen Sie bitte morgen vorbei, die Hose wird dann fertig sein.

2. Nehmen Sie bitte Platz! Probieren Sie diese Schuhe mal an, wir wollen mal sehen, ob sie Ihnen passen.

3. Reinigen Sie diese Hose und nähen Sie den Knopf an! Schicken Sie die Sachen ins Hotel!

4. Geben Sie mir eine Briefmarke zu ... Drachmen (*griech. Genitiv mit Artikel*).

5. „Wach auf“, sagt die Mutter zu Paul, „heute beginnt die Schule. Katina, setz dich hierher! Trink deine Milch und iß dein Ei! Peter, öffne die Tür und schließ das Fenster! Froso, wasch die Gläser gut (aus)! Decke den Tisch! Georg, das Frühstück ist fertig, geh und (νά) ruf deine Mutter!

6. Macht nicht solchen Lärm, Kinder! Kommt! Klettert auf die Bäume und eßt! Birnen, Äpfel, Pflaumen. Wir haben von allem, was euer Herz begehrt.“ (*Übers.:* was will eure Seele).
7. Ich weiß nicht, was dieses Wort bedeutet (*Übers.:* was wird sagen dieses Wort). Such' es in deinem Wörterbuch! Antworte mir auf das, was ich dich frage (auf das = in diesem). Ich kann dich nicht verstehen, sprich deutlich! (·). Sprich (Sprechen Sie) (—) langsam!

8. Aus der Korrespondenz zweier Freundinnen*: Liebe Lucie (Λούση), ich will ihn nicht verlieren; denn ich liebe ihn. Ich bin die unglücklichste Frau der Welt (*Übers.:* die unglücklichste von allen Frauen der Welt). Ach ("Αχ), meine liebe Lucie, sag mir, was ich tun soll! Hilf mir! Ich küsse Dich und erwarte in (μέ) Ängsten Deinen Rat! *Gen. Plur. nur φιλενάδων*

*zu* $e_1$:

anziehen *φορῶ* (ᾶς, εῖς· εσ) / ablegen *βγάζω* (II *βγάλω*) / Maß nehmen *παίρνω* (II *πάρω*) *μέτρο* / vorbeikommen *περνῶ* (II *περάσω*) / Anprobe *δοκιμή* / fertig *ἕτοιμος*

*zu* $e_{2\text{-}8}$:

Platz nehmen, sich setzen *κάθομαι* (*κάτσε, καθῆστε*) / anprobieren *δοκιμάζω* (σ) / Schuh *παπούτσι, τό* / passen = gehen *πηγαίνω* / annähen *ράβω, ράπτω* (ψ) / Knopf *κουμπί, τό* / Sache, Ding *πρᾶ(γ)μα, τό* / Briefmarke *γραμματόσημο* / beginnen *hier:* öffnen *ἀνοίγω* (ξ) / hierher *ἀπ'ἐδῶ* / auswaschen *πλένω* (II *πλύνω*) / decken (*Tisch*) *βάζω* (II *βάλω*) / rufen *φωνάζω* (ξ) / klettern *σκαρφαλώνω* (σ) / Baum *δέντρο* / Birne *ἀχλάδι, τό* / Pflaume *δαμάσκηνο* / Seele *ψυχή* / suchen *ψάχνω* (ξ) / verstehen *καταλαβαίνω* (II *καταλάβω*) / deutlich (*sprechen*) *καθαρά* / Korrespondenz *ἀλληλογραφία* / verlieren *χάνω* (σ) / die unglücklichste *ἡ πιὸ δυστυχισμένη* / helfen *βοηθῶ* (ᾶς·ησ) *mit A* / küssen *φιλῶ* (εῖς·ᾶς·ησ) / Angst, *hier:* Ängste *ἀγωνία*

f) Phonetische Übung

Man schreibe den in internationaler Lautschrift dargestellten Text in richtiger griechischer Orthographie:

stɔ 'trɛnɔ, sti'm̌brɔti 'θɛsi, mĭa ķi'ria ķi'tazi mɛ mɛ'ɣali pɛri'ɛrja, sçɛ'ðɔn ɛnɔxliti'ķi, tɔn siňdaksi'ðjɔtitis, pu 'kaθɛtɛ, ðja'vazɔňdas 'mian ɛfimɛ'riða, stɔ a'pɛnaňdi 'kaθizma.

an ķɛ ('aŋ̌ģɛ) a'ftɔs 'inɛ apasxɔli'mɛnɔs mɛ tɔ 'ðjavazma, 'ðɛňdu ðja'fɛvɣun ta pɛ'riɛrɣa 'vlɛmata tis ķi'rias. Si'ɣasiɣa 'xani tin ipɔmɔ'ni ķɛ tin rɔ'ta:

ðɛŋ̌gatala'vɛnɔ, ķi'riamu, ja'ti mɛ ķi'tazɛtɛ 'tɔsɔ ɛnɔxliti'ka. 'mipɔs i'parçi 'tipɔtɛ, pu sas ɛnɔ'xli? sas paraka'lɔ na mu ɛksi'jisɛtɛ a'ftɔ.

'ɔĭçi, 'ɔĭçi, a'la ... na mɛ siŋ̌xɔ'ritɛ ja tin aðjakri'siamu; sķe'ptɔmun, pɔs 'inɛ ðina'tɔ na fɔ'ratɛ 'ɛna 'tɔsɔ ɔ'rɛɔ pal'tɔ ... 'ɛna ka'pɛlɔ pu xɔri'salɔ 'mɔlis 'tɔra aɣɔ'rasatɛ ... ķɛ'nurja 'ɣaňdja ... na 'ɛĭçɛtɛ 'tɔsɔ 'ɔmɔrfi ɔ'm̌brɛla ... ķɛ tɔ paňda'lɔni sas na 'vrisķɛtɛ sɛ 'tɛtja 'xaļa.

ax, ķi'riamu, tis apa'ňda ɔ 'ķirĭɔs mɛ sɔva'rɔ 'ifɔs:

pal'ta, 'ɣaňdja, ka'pɛla 'vrisķi ka'nis 'sɔla ta vɛ'stjarja tɔn θɛ'atrɔn, a'la paňda'lɔŋa 'prɛpi na taɣɔ'rasi ...

Die Vokabeln sind nicht in der Reihenfolge ihres Vorkommens in dem Lesestück gegeben.

*ἀπέναντι* (*indekl.*) gegenüberliegend / *χωρὶς ἄλλο* bestimmt / *χάλι* (*mst. pl.*) (schlimmer) Zustand / *ὕφος* Miene / *περιέργεια* Neugier / *ἀπασχολημένος* beschäftigt / *ἐνοχλητικός* aufdringlich / *σκεπτόμουν* ich dachte (*Impf.*) / *βλέμμα* Blick / *σχεδόν* fast, beinahe / *τραῖνο* Zug / *συν-* mit- (*nur als Vorsilbe*) / *κάθισμα* Sitz, Platz, Bank / *παλτό* Überzieher / *ἀδιακρισία* Aufdringlichkeit, Indiskretion / *διαφεύγω* entgehen / *διαβάζοντας* lesend / *διάβασμα, τό* Lektüre, Lesen / *δυνατό* möglich / *γάντι* Handschuh / *βεστιάριο* Garderobe / *μήπως* vielleicht, etwa (*nur in Fragesätzen*) / *τέτοιος* solch(er) / *ὀμπρέλ(λ)α* Regenschirm / *μόλις* kaum, gerade (erst)

# 11. Lektion

1. 'Ο ξενιτεμμένος πατέρας

'Ο πατέρας τοῦ Φάνη εἶναι στὰ ξένα. 'Εργάζεται στὴν πολιτεία. "Οταν *ἐπλησίαζαν* τὰ Χριστούγεννα, *ἔγραψε* στὴ γυναίκα του.

'Αγαπητή μου 'Ασημῖνα.

Μὲ τὴν βοήθεια τοῦ Θεοῦ εἶμαι καλὰ καὶ εὔχομαι τὸ ἴδιο καὶ γιὰ σᾶς. 'Ετοιμάζομαι νὰ ἔλθω στὸ χωριὸ γιὰ νὰ ἑορτάσωμε τὴν Γέννηση τοῦ Χριστοῦ ὅλοι μαζί. '*Επεθύμησα* πολὺ νὰ σᾶς ἰδῶ. Πόσο θὰ χαρῶ, ἂν μάθω, πὼς τὸ παιδί μας, ὁ Φάνης, προοδεύει στὰ μαθήματα! Λίγες ἡμέρες μᾶς χωρίζουν ἀκόμα ἀπ' τὴ μεγάλη ἑορτή. Χαιρέτησέ μου τὸ παιδί.

Μὲ ἀγάπη
Νῖκος Αὐγέρης

Πόσο *ἐχάρηκαν*, ὅταν *ἐπῆραν* τὸ γράμμα! 'Ο Φάνης κάθε πρωί, ποὺ ξυπνᾶ, λογαριάζει πόσες ἡμέρες ἀπομένουν ὡς τὴν μεγάλη ἑορτή. Μὰ ὅσο τὶς λογαριάζει, ἄλλο τόσο τοῦ φαίνονται, πὼς ἀργοῦν.
Σὲ κάποιο διάλειμμα μιὰ παρέα παιδιῶν, θέλοντας νὰ πειράξη τὸν Φάνη, *ἄρχισε* νὰ λέγη:
— Ξέρετε, παιδιά; Τὰ Χριστούγεννα ἐφέτος *θὰ* τὰ ἑορτάσω*με* τὸ καλοκαίρι. "Ετσι *διέταξαν*.
'Ο Φάνης, ἀθῶο παιδί, δὲν *ἐκατάλαβε* τὸ πείραγμα. Καὶ ὅταν *ἐπῆγε* στὸ σπίτι, *εἶπε* λυπημένος στὴ μητέρα του:
— Ξέρεις τί *ἔμαθα*, μητέρα; 'Εφέτος *θὰ* ἑορτάσω*με* τὰ Χριστούγεννα τὸ καλοκαίρι. Τὸ ἔλεγαν τὰ μεγάλα παιδιά στὸ σχολεῖο.
'Η μητέρα *ἐγέλασε* μὲ τὴν καρδιά της.
— 'Αθῶό μου παιδί! Τὰ μεγάλα παιδιὰ σοῦ ἀστειεύθηκαν! Τὰ Χριστούγεννα πάντα ἔρχονται τὴν ἴδια ἡμερομηνία. "Ερχονται στὶς 25 Δεκεμβρίου. Δὲν ἀλλάζουν.

*Aus: 'Αναγνωστικὸν Β' Δημοτικοῦ (Lesebuch der 2. Volksschulklasse) von Βασίλειος Γ. Οἰκονομίδης.*
*'Οργανισμὸς ἐκδόσεως σχολικῶν βιβλίων, 'Αθῆναι* 1954
(Verband zur Herausgabe von Schulbüchern, Athen 1954).

2. ’Ανέκδοτο

Γιὰ τὴν ὀνομαστικὴ γιορτὴ τῆς συζύγου του ἕνας καλὸς σύζυγος τῆς *ἐχάρισε* ἕναν παπαγάλο. Τὸ πουλί, μέσα στὸ κλουβί του, *ἄρχισε* νὰ φωνάζῃ:

«Κάτω οἱ πεθερές! Νὰ πεθάνουν!»

Τρομαγμένη ἡ σύζυγος *εἶπε* στὸν ἄντρα της:

«Γιάννη, σὲ λίγες ἡμέρες *θὰ ἔχωμε* στὸ σπίτι μας τὴν μητέρα μου. Τί *θὰ γίνῃ* ὅταν *θὰ ἀκούσῃ* τὸν παπαγάλο; Δὲν φοβᾶσαι»; «Ἔχεις δίκαιο», λέει ὁ σύζυγος. «Ἀλλὰ ἔχω μιὰ ἰδέα. Ὁ παπάς μας ἔχει ἐπίσης ἕναν παπαγάλο ποὺ βέβαια λέει μόνο καλὰ λόγια. *Θὰ* τὸν *παρακαλέσω* νὰ μοῦ τὸν δανείσῃ γιὰ νὰ μετεκπαιδεύσῃ τὸν παπαγάλο μας.»

Μετὰ λίγες μέρες *ἔφτασε* ἡ πεθερά. Οἱ δύο παπαγάλοι, ἐν τῷ μεταξύ, φλυαροῦσαν σὰν καλοὶ φίλοι, ὅλη τὴν ἡμέρα. Ἔξαφνα *φώναξε* ὁ παπαγάλος τοῦ σπιτιοῦ δυνατά:

«Κάτω οἱ πεθερές! Νὰ πεθάνουν!»

Ὁ παπαγάλος τοῦ παπᾶ *ἀπάντησε*:

«Κύριε, γενηθήτω τὸ θέλημά σου! ...»

## Vokabeln

1.

| | |
|---|---|
| *ξενιτε(μ)μένος* | in der Fremde (im Ausland) weilend |
| *Φάνης* | *Koseform von Θεοφάνης* Theophanes |
| *στὰ ξένα* | in der Fremde |
| *πολιτεία* | Staat; *hier:* Stadt |
| *ἐπλησίαζαν* | (*Impf. von πλησιάζω*) sie näherten sich |
| *Χριστούγεννα n/pl.* | Weihnachten |
| *ἔγραψε* | (*Aor. von γράφω*) er schrieb |
| *βοήθεια* [vɔ'iθja] | Hilfe |
| *Θεός* | Gott |
| *εὔχομαι* | wünschen |
| *τὸ ἴδιο* ['iðjɔ] | das gleiche |
| *ἑτοιμάζομαι* | sich vorbereiten; *hier:* sich anschicken |
| *ἑορτάζω (σ)* | feiern |
| *γέννηση(-ις)* | Geburt |
| *ὁ Χριστός* | Christus |
| *ἐπεθύμησα* | (*Aor. von ἐπιθυμῶ* [εῖς] wünschen): ich wünschte; *hier:* ich sehne mich |
| *χαρῶ* | *Stamm II von χαίρω* |
| *μάθω* | *Stamm II von μαθαίνω* (wenn) ich erfahre |
| *προοδεύω (ευσ)* | Fortschritte machen |
| *χωρίζω (σ)* | trennen |
| *ἑορτή* | Fest |
| *χαιρετήσω* | *Stamm II von χαιρετῶ* |
| *μὲ ἀγάπη* | *hier:* herzlichst Dein ... |
| *(ἐ)χάρηκαν* | (*Aor. von χαίρομαι*) sie freuten sich |
| *(ἐ)πῆραν* | (*Aor. von παίρνω*) sie erhielten |
| *λογαριάζω (σ)* | zählen, rechnen |
| *ὅσο ... (ἄλλο) τόσο* | je mehr ... desto |
| *ἀργῶ (εῖς · ησ)* | zögern, sich verspäten; *hier:* langsam(er) kommen |
| *κάποιος (-α)* | (irgend)ein- |
| *διάλειμμα, τό* | Pause |
| *παρέα* | Schar, Gruppe |
| *πειράζω (ξ)* | necken, ärgern |
| *ἄρχισε* | (*Aor. von ἀρχίζω*) begann |
| *ἐφέτος* | in diesem Jahr |
| *θέλοντας* | wollend, ... die wollte |
| *διέταξαν* | (*Aor. von διατάζω, διατάσσω*) sie ordneten an; so hat man es angeordnet |

| | |
|---|---|
| ἀϑῶος (-ώα) | unschuldig, naiv |
| (ἐ)κατάλαβα | (*Aor. von* καταλαβαίνω) |
| πείραγμα, τό | Neckerei |
| εἶπε | (*Aor. von* λέω) er sagte |
| ἔμαϑα | (*Aor. von* μαϑαίω) ich erfuhr |
| ἔλεγαν | (*Impf. von* λέω) sie sagten |
| (ἐ)γέλασε | (*Aor. von* γελῶ [ᾶς, ασ]) |
| καρδιά | Herz |
| μὲ τὴν καρδιά της | aus vollem Herzen |
| ἀστειεύϑηκαν | sie haben sich einen Spaß (mit dir) gemacht (*Pass., Aor.*) |
| ἴδιος, (-α) | selb- |
| ἔρχεται (σέ) | fallen auf (*Festtage*) |
| ἡμερομηνία | Datum |
| Δεκέμβριος | Dezember |

2.

| | |
|---|---|
| ἀνέκδοτο | Anekdote |
| ὀνομαστικός | namentlich, Namen(s)- |
| γιορτή *Dh. von K.:* ἑορτή | |
| ὀνομαστικὴ γιορτή | Namenstag |
| σύζυγος, ὁ | Gatte, Ehemann |
| σύζυγος, ἡ | Gattin, Ehefrau |
| ἐχάρισε | (*Aor. von* χαρίζω) |
| παπαγάλος | Papagei |
| πουλί, τό | Vogel |
| κλουβί, τό | Käfig |
| πε(ν)ϑερά | Schwiegermutter |
| κάτω | unten; *hier:* nieder mit ...! |
| πεϑαίνω (II πεϑάνω) | sterben |
| τρομαγμένος | erschrocken |
| τί ϑὰ γίνη | was soll bloß werden |
| δίκαιο(ν) | Recht |
| ἔχω δίκαιο, *a.* δίκιο ['ðikjə] | recht haben |
| ἰδέα | Idee |
| παπάς, (-άδες) | Pfarrer |
| ἐπίσης | ebenfalls |
| δανείζω (σ) | leihen (τοῦ — κάτι: *ihm etwas*) |
| μετεκπαιδεύω (σ) | umerziehen |
| ἔφτασε | (*Aor. von* φτάνω) ankommen |
| ἐν τῷ μεταξύ | inzwischen |
| φλυαροῦσαν | (*Impf. von* φλυαρῶ [εῖς·ησ]) schwatzen |
| ἔξαφνα | plötzlich |
| ἀπάντησε *oder* ἀπήντησε | (*Aor. von* ἀπαντῶ [ᾶς] antworten) |
| γενηϑήτω | (*altgriechisch aus der Bibel*) es geschehe |
| ϑέλημα, τό | Wille |

## Grammatik

### A

**Verb. Der Aorist.** Der Aorist bezeichnet eine vollendete (—|) oder eine punktartig konzentriert gedachte (·) Handlung in der Vergangenheit. Dem neugr. Aorist entsprechen im Deutschen:

1. das Perfekt oder Imperfekt des alltäglichen Gespräches, das Perfekt des Briefes oder zumindest der einleitenden Sätze;
2. das Imperfekt des Berichtes, der Erzählung, des Romans;
3. zuweilen das deutsche Präsens;
4. das deutsche Plusquamperfekt nach bestimmten Konjunktionen (*s. L.* 19 B).

| | |
|---|---|
| 1. Πότε **γυρίσατε** ἀπὸ τὸ ταξίδι; **Πήραμε** τὸ γράμμα σας. | Wann **sind Sie** von der Reise **zurückgekehrt**? — **Wir haben** Euren Brief **erhalten.** |
| 2. **Ἀνεβήκαμε** τὶς σκάλες, μοῦ **ἔδειξε** τὸ δωμάτιό μου καὶ μὲ **καληνύχτισε**. | **Wir gingen** die Treppen **hinauf;** **er zeigte** mir mein Zimmer und **wünschte** mir **gute Nacht.** |

| | |
|---|---|
| 3. **κρυολόγησα** | ich habe mich erkältet = ich bin erkältet |
| **γέρασα** | ich bin alt geworden = ich bin schon alt |

Der Aorist nimmt im neugr. Verbalsystem eine beherrschende Stellung ein. Die Häufigkeit seines Vorkommens hat bewirkt, daß seine Formen in der Sprache fester eingewurzelt sind als die Formen des Präsens und Imperfekts.

Es gibt z. B. Verben, die eine Form für den Aorist, aber mehrere Formen für das Präsens (und Imperfekt) haben, z. B.:

Aorist ἔκοψα ich schnitt, ich habe geschnitten

Präsens κόπτω *K.*, κόφτω, κόβω ich schneide

**Bildung des Aorists Aktiv.** Der Aorist Aktiv wird: **B**

1. aus dem II. Stamm gebildet (*s. L.* 9), z. B.: *-γραψ-*.

2. An diesen Stamm treten besondere Personalendungen, die auch für das Imperfekt gelten (*s. L.* 14):

*-α -ες -ε -αμε -ατε -αν(ε)*

3. Der Akzent liegt auf der drittletzten Silbe:

3 2 1

´ — —

**ἔ**γραψ-α ich schrieb
δι**ά**βασ-α ich las
μ**ί**λησ-α ich sprach

Sämtliche Aoristformen sind also Proparoxytona (*s. Vorkursus* ⑧).

4. Wenn das Wort bei einer einsilbigen Endung nur aus zwei Silben besteht, muß die drittletzte Silbe, die ja Tonträger ist, durch ein ἑ-besetzt werden. Dieses nennt man lateinisch Augment, griechisch αὔξησις („Zuwachs").

**Übersicht über die Konjugation im Aorist Aktiv** **C**

| 1. *Konjugation* | | 2. *Konjugation* |
|---|---|---|
| ich schrieb *usw.* | ich las *usw.* | ich sprach *usw.* |
| ἔγραψ**α** | διάβασ**α** | μίλησ**α** |
| ἔγραψ**ες** | διάβασ**ες** | μίλησ**ες** |
| ἔγραψ**ε** | διάβασ**ε** | μίλησ**ε** |
| γράψ**αμε** | διαβάσ**αμε** | μιλήσ**αμε** |
| γράψ**ατε** | διαβάσ**ατε** | μιλήσ**ατε** |
| ἔγραψ**αν** (γράψ**ανε**) | διάβασ**αν** (διαβάσ**ανε**) | μίλησ**αν** (μιλήσ**ανε**) |

**D**

Nach subjektivem Ermessen setzen viele das ἐ- auch in den anderen Fällen, also dann, wenn es unbetont ist:

ἐγράψαμε, ἐγράψατε, ἐδιάβασα *usw.*

Man findet es besonders in Schulbüchern.

Neben diesem *silbischen Augment* gibt es ein sogenanntes *temporales Augment* und *inneres Augment*, die in der Katharevusa zwingend sind, in der Dhimotiki jedoch nur in einigen aus der Katharevusa entlehnten Verben auftauchen. Meist sind dann beide Formen, die Augment-Form und die augmentlose Form, üblich. In diesem Lehrbuch wird das Augment nötigenfalls bezeichnet.

**E**

**Das temporale Augment.** Beginnt ein Verb mit einem Vokal, so bewirkt das ε- folgende Veränderungen:

| | | | | | |
|---|---|---|---|---|---|
| ἐ + | α-, ε-: **η-** | ἀγοράζω, | *K.* ἠγόρασα | ich kaufte |
| | αι- : **η-** | *K.* αἰτῶ, | ᾔτησα | ich beantragte |
| | ο- : **ω-** | ὁδηγῶ, | ὡδήγησα | ich führte |
| | οι- : **ῳ-** | οἰκονομῶ, | *K.* ᾠκονόμησα | ich sparte |
| | αυ-, ευ-: **ηυ-** | αὐξάνω, | *K.* ηὔξησα | ich vermehrte |

Die übrigen Vokale bleiben unverändert. Diese Tabelle ist ein großes Hilfsmittel zum Lesen von Zeitungstexten, die meist in Katharevusa abgefaßt sind.

**F**

**Das innere Augment.** Bei Verben mit einem Präfix (Vorsilbe, die meist auch als Präposition auftritt) tritt das Augment zwischen das Präfix und das eigentliche Verb. Dabei verlieren auf einen Vokal auslautende Präfixe mit Ausnahme von *περί* und *πρό* den letzten Vokal. Die wichtigsten sind:

| | | | Grundbedeutung: |
|---|---|---|---|
| ἀνα- | + ε: | ἀνε- | *auf hinauf; wieder* |
| ἀπο- | | ἀπε- | *von, weg, ent-; ab-* |
| δια- | | διε- | *durch, bis zu Ende; auseinander* |
| ἐπι- | | ἐπε- | *(auf) heran, hinzu* |
| κατα- | | κατε- | *herab, zurück; völlig* |
| μετα- | | μετε- | *Veränderung; um* |
| παρα- | | παρε- | *bei, da, anwesend; entlang* |

| | | *volkstümlicher:* | |
|---|---|---|---|
| ἀναπνέω: | ἀνέπνευσα | ἀνάπνευσα | ich atmete |
| διατάσσω: | διέταξα | διάταξα | ich befahl |

| | | | |
|---|---|---|---|
| καταπίνω: | κατέπια | κατάπια | ich schluckte hinunter |
| μεταφράζω: | μετέφρασα | (ἐ)μετάφρασα | ich übersetzte |
| παρακαλῶ: | παρεκάλεσα | (ἐ)παρακάλεσα | ich bat |
| ἐπιθυμῶ: | (ἐ)πεθύμησα | — | ich wünschte |

| | | | |
|---|---|---|---|
| ἐκ- | + ε: | ἐξε- | *(her)aus* |
| συγ-, συμ- | | συνε- | *mit* |

| | | | |
|---|---|---|---|
| ἐκφράζω: | ἐξέφρασα | ἔκφρασα | ich drückte aus |

Bei einigen fest in der Dhimotiki eingewurzelten Verben wird das Augment nicht mehr zwischen Präfix und Verb eingeschaltet. Es wird vor das ganze Wort gesetzt oder fehlt nach der allgemeinen Regel ganz.

| | | |
|---|---|---|
| | καταλαβαίνω — (ἐ)κατάλαβα | ich verstand |
| dagegen | καταλαμβάνω besetzen κατέλαβα | ich besetze, ich nahm ein |
| | προσέχω — (ἐ)πρόσεξα | ich paßte auf |

Man beachte:

συνοδεύω — συνώδευσα, (ἐ)συνόδεψα ich begleitete
aus (συν mit, ὁδός Weg + ευ = mit-Weg-gehen)

Mischformen wie συνώδεψα sind besonders in Zeitungen, Zeitschriften sehr häufig.

## G

**Besonderheiten.** Verben, die in der drittletzten Silbe ein ι [ι--] haben, werden im Aorist teils auf diesem ι, teils auf der Silbe davor betont. Reine Katharevusa-Wörter betonen immer das ι. Zuweilen ist die Betonung auch von der Bedeutung abhängig.

| | | |
|---|---|---|
| δημοσιεύω — (ἐ)δημοσίευσα | | ich veröffentlichte |
| πλησιάζω — (ἐ)πλησίασα | | ich näherte mich |
| κοπιάζω < | ἐκοπίασα | a) ich mühte mich ab |
| | κόπιασα μέσα | b) ich bemühte mich hinein (ins Zimmer) (*volkstümlich*) |

## H

**Einige Regeln zur Bildung des zweiten Stammes Aktiv** (*vgl. L.* 9).

### 1. Konjugation

1. Das Element [s] tritt hinzu, wenn vor -*ω* ein Vokal steht.
2. [s] tritt an die Stelle eines Konsonanten vor -*ω*. Diese Konsonanten sind meist ζ, ϑ, ν.
3. [s] bildet mit einigen Konsonanten eine besondere Lautgruppe.

| -s- | | | | |
|---|---|---|---|---|
| 1. | ἀκού ω | | ἄκουσα | ich hörte |
| | λύ ω | | ἔλυσα | ich löste |
| 2. | ἀρχίζω | | ἄρχισα | ich begann |
| | νοιώθω | | ἔνοιωσα | ich bemerkte, spürte |
| | κλείνω | | ἔκλεισα | ich schloß |
| 3. | κόβω [v] | > [ps] | ἔκοψα | ich schnitt |
| | λείπω [p] | | ἔλειψα | ich fehlte |
| | γράφω [f] | | ἔγραψα | ich schrieb |
| | ἀνοίγω [γ] | > [ks] | ἄνοιξα | ich öffnete |
| | πλέκω [k] | | ἔπλεξα | ich strickte |
| | προσέχω [x] | | πρόσεξα | ich paßte auf |
| | δουλεύω | a) | δούλεψα | ich arbeitete |
| | | b) | ἐδούλευσα | |

## 2. Konjugation

I

An Stelle von -ῶ tritt -*ησ*- (*s. L.* 9):

| | | | |
|---|---|---|---|
| μιλῶ | — | μίλη**σα** | ich sprach |
| εὐχαριστῶ | = | εὐχαρίστ**ησα** | |
| | *K.* | ηὐχαρίστ**ησα** | ich dankte |

Es ist praktisch, alle übrigen Bildungen als Ausnahmen zu betrachten. Die Bildung des zweiten Stammes wird hinter jedem Verb durch einen Kennbuchstaben oder durch eine ganze Form bezeichnet (*s. L.* 9).

J

### Aoristformen, die nicht ohne weiteres aus dem zweiten Stamm Präsens gebildet werden können

| I. Stamm | II. Stamm | | |
|---|---|---|---|
| βλέπω | νὰ δῶ | εἶδα | ich sah |
| λέγω | νὰ πῶ | εἶπα | ich sagte |
| πίνω | νὰ πιῶ | ἤπια | ich trank |
| μπαίνω | νὰ μπῶ | μπῆκα | ich trat ein |
| βγαίνω | νὰ βγῶ | βγῆκα | ich ging hinaus |
| βρίσκω | νὰ βρῶ | βρῆκα | ich fand |
| ἀνεβαίνω | ν'ἀνεβῶ, ν'ἀνέβω | ἀνέβηκα | ich ging hinauf |
| διαβαίνω | νὰ διαβῶ | διάβηκα | ich überquerte |
| κατεβαίνω | νὰ κατεβῶ, νὰ κατέβω | κατέβηκα | ich ging hinunter |
| χαίρω, χαίρομαι | νὰ χαρῶ | χάρηκα | ich freute mich |
| παίρνω | νὰ πάρω | πῆρα | ich nahm |
| πηγαίνω | νὰ πάω | πῆγα | ich ging |
| τρώγω | νὰ φάω | ἔφαγα | ich aß |
| θέλω | νὰ θελήσω | (ἠ)θέλησα | ich wollte |
| ὑπάρχω | (νὰ εἶμαι) | ὑπῆρξα | ich war (vorhanden) |

| | | | |
|---|---|---|---|
| ἔρχομαι | νὰ ἔλθω, ἔρθω<br>νά'ρθω, ναρθῶ | ἦλθα, ἦρθα | ich kam |
| κάθομαι | νὰ καθήσω | (ἐ)κάθησα | ich saß, ich setzte mich |
| γίνομαι | νὰ γίνω | ἔγινα | ich wurde |

Von ξέρω, εἶμαι, ἔχω gibt es keinen Aorist, da eine solche Form dem Bedeutungsgehalt des Verbs widerspricht.

Als Aorist von ξέρω kann ἔμαθα „ich habe erfahren" gelten. Das Imperfekt ist ἤξερα (*s. L.* 14). Aorist von κάνω ist ἔκαμα, Imperfekt ἔκανα. Doch wird ἔκανα fast immer auch als Aorist gebraucht.

**K**

**Imperfekt von εἶμαι und ἔχω**

| | | | | | |
|---|---|---|---|---|---|
| ἤμουν | ich war | ἤμαστε | εἶχα | ich hatte | εἴχαμε |
| ἤσουν | | ἤσαστε | εἶχες | | εἴχατε |
| ἦταν | | ἦταν (ἦσαν) | εἶχε | | εἶχαν |

Man beachte den Gleichklang von εἴμαστε wir sind / ἤμαστε wir waren } ['imastɛ]

**L**

**Futur.** Das Futur wird, wie schon in L. 9 erwähnt, durch Vorsetzen der Partikel *θά* vor die Präsensform des ersten oder zweiten Stammes gebildet. Für die Bedeutung gilt das unter L. 9 Gesagte:

| | |
|---|---|
| Θὰ σοῦ γράφω κάθε μέρα (- - -). | Ich werde dir jeden Tag schreiben. |
| Θὰ σοῦ γράψω ἀπόψε(·). | Ich werde dir heute abend schreiben. (*vgl. L.* 10,1) |

In dieser und den folgenden Lektionen finden sich viele Beispiele. Der Aspekt wird durch die bekannten Symbole angedeutet.

Zum Ausdruck des unbestimmten Futurs wird oft die Wendung *πρόκειται νὰ* + St. II verwendet:

| | |
|---|---|
| Πρόκειται νὰ παντρευτῶ. | Ich gedenke mich zu verheiraten. |
| Πρόκειται νὰ ἔλθης πάλι στὴν Ἑλλάδα; | Wirst du (besteht Aussicht, daß ...) wieder nach Griechenland kommen? |

**M**

**Stellung mehrerer unbetonter Personalpronomen.** Die Personalpronomen stehen in allen Formen mit Ausnahme des Imperativs und des Adverbialpartizips (*s. L.* 18 A) vor dem Verb.

Reihenfolge: Die Dativform (meist die Form des persönlichen Objekts) steht vor der Akkusativform (meist die Form des Sachobjekts).

| | er hat es | |
|---|---|---|
| μοῦ | | mir |
| σοῦ | | dir |
| τοῦ | | ihm |
| τῆς | | ihr |
| μᾶς | | uns |
| σᾶς | | Euch (Ihnen) |
| τούς | | ihnen |
| | **τὸ εἶπε** | **gesagt** |

**N**

**Einschränkungen im Gebrauch mehrerer Personalpronomen.** Gleichlautende Pronomen.

τούς ihnen *Dativ Plural m, f, n* und τούς sie *Akkusativ Plural m* τῆς ihr *Dativ Singular f* und τίς sie *Akkusativ Plural f* dürfen nicht zusammenstoßen. Auch zwischen den obigen Pronomen (τῆς, τούς) usw. wird ein Zusammenstoß meist vermieden.

In diesem Fall muß das Dativpronomen als betontes Pronomen nach dem Verb gesetzt werden, z. B.:

| | |
|---|---|
| **Τοὺς** ἔδωσα τούς καρπούς. | Ich habe **ihnen** die Früchte gegeben. |
| Τούς ἔδωσα **σ'αὐτούς.** | Ich habe sie **ihnen** gegeben. |

μέ, σέ, μᾶς, σᾶς treten ebenfalls nicht in Verbindung mit unbetonten Dativpronomen auf. Auch in diesem Fall muß das entsprechende betonte Dativpronomen (σ'αὐτόν, σ'αὐτήν) gesetzt werden.

| | |
|---|---|
| Μὲ σύστησε σ'αὐτόν (σ'αὐτήν, σ'αὐτούς). | Er stellte mich ihm (ihr, ihnen) vor. |

**O**

**Imperativ mit Pronomen.** Einem Imperativ werden die Pronomina gewöhnlich in derselben Reihenfolge wie oben nachgestellt. Doch können sie auch in der umgekehrten Reihenfolge stehen:

| | |
|---|---|
| πές μου το *oder* πές το μου | sag es mir! |

Die Pronomen sind enklitisch (*s. Vorkursus* ⑨).

**P**

**Die Akzentuierung** richtet sich nach folgendem Schema:

| *Verb* | *Pronomen* | | |
|---|---|---|---|
| _́ | _ _ | πές μου το | sag es mir! |
| _́ _ | _́ _ | γράψε μού το | schreib es mir! |
| _́ _ _́ | _ _ | διάβασέ μου το | lies es mir vor! |

Der feminine Plural (τίς = sie) lautet nach dem Imperativ *τες*:

| | |
|---|---|
| πάρε τες | Nimm sie! |
| φέρε μού τες | Bring sie mir! |

Wenn auf der vorletzten Silbe des Imperativs eine Perispomeni steht (ἀκοῦστε, δῶστε), wird in Schulbüchern die letzte Silbe mit einem Akut versehen, wenn ein Pronomen folgt:

| | |
|---|---|
| ἀκοῦστέ με | Hört mich (*gewöhnlich* ἀκοῦστε με!) |
| δῶστέ μου το | *oder* δῶστε μού το! Gebt es mir! |

## Übungen

a) Bilden Sie von den folgenden Verben die Aoristformen, und zwar vom ersten Verb (κυνηγῶ) in der 1. Person Singular, vom zweiten Verb (λέω) in der 2. Pers. Sing. usw. bis zum sechsten Verb (μαθαίνω) in der 3. Pers. Plur.

1. κυνηγῶ, λέω, λησμονῶ· λύω, μαγειρεύω, μαθαίνω.
2. μένω, μεταφράζω, μοσχομυρίζω· μιλῶ, μπαίνω, μπορῶ (εσ).
3. νίβω, νομίζω, ξαναρχίζω· ξεπλένω, ξεχνῶ (χασ), ξοδεύω.
4. ὁδηγῶ, παίζω, παραδίδω· παρακαλῶ, παρακολουθῶ, παρατηρῶ.
5. πεινῶ (ασ), περνῶ, πέφτω (σ)· πηγαίνω, πηδῶ, πίνω.
6. πληρώνω, πλησιάζω, ποθῶ· πουλῶ, ρωτῶ, συγχωρῶ (εσ).
7. συμβουλεύω, συναπαντῶ, ταξιδεύω· τιμῶ, τραβῶ (ηξ), τρέχω.
8. τρίβω, τρώγω, ὑπάρχω· φεύγω, φτάνω, φορῶ.
9. φροντίζω, φτιάνω (ξ), φυσάει (σ, ξ)· χαιρετῶ (ισ), χαρίζω, χρησιμοποιῶ.
10. χτενίζω, χτυπῶ, ἔρχομαι· ζητῶ, καταλαβαίνω, ἀνοίγω.
11. ἀργῶ, γελῶ, γνωρίζω· δείχνω (ξ), δημοσιεύω, διαβάζω.
12. κόβω, τραβῶ, ζῶ· εὐχαριστῶ, ἑνώνω, δίνω.

b) Ergänzen Sie in dem folgenden Lesestück die fehlenden Endungen und setzen Sie die richtigen Verbformen ein. Finden Sie an Hand der nebenstehenden deutschen Übersetzung die typisch neugr. Wendungen heraus:

| | |
|---|---|
| Ὁ ἐκδότης ἐν- Ἀμερικανικ- περιοδικ- (λάμβανω, II λάβω) ἀπὸ ἐν- ἀναγνώστη του τὸ παρακάτω γράμμα: | Der Herausgeber einer amerikanischen Zeitschrift erhielt von einem seiner Leser den folgenden Brief: |
| Ἀξιότιμ- κύρι- συντάκτ-, Πρὸ καιρ- (διαβάζω) στὸ περιοδικό σας ἕνα ἄρθρο πού ἦταν ἀπὸ τὴν ἀρχὴ ὡς τὸ τέλος ἐσφαλμένο. | Sehr geehrter Herr Redakteur, vor geraumer Zeit las ich in Ihrer Zeitschrift einen Artikel, der von Anfang bis zu Ende falsch war. |
| Τὸ (κόβω) μὲ τὴν πρόθεση νὰ σᾶς τὸ (στέλνω), ἀλλὰ ἐκεῖνες τὶς ἡμέρες εἶχα πολλὴ δουλειὰ καὶ δὲν (μπορῶ). | Ich schnitt ihn in der Absicht aus, ihn Ihnen zu schicken, aber in jenen Tagen (damals) hatte ich viel zu tun, und ich konnte es nicht. |

Τελικὰ τὸ (χάνω, σ).

Schließlich verlor ich ihn.

Πάντως ἂν (ψάχνω) στὸ ἀρχεῖο σας μερικοὺς μῆνες πίσω εὔκολα θὰ (βρίσκω) τὸ ἄρθρο. Τὸ χειρότερο ἀπ' ὅλα εἶναι ὅτι δὲν θυμᾶμαι τὸ θέμα του.

Wenn Sie jedoch in Ihrer Registratur vor einigen Monaten nachsehen, werden Sie den Artikel leicht finden. Das Schlimmste vor allem ist, daß ich mich nicht mehr an das (sein) Thema erinnere.

Τὸ μόνο ποὺ θυμᾶμαι εἶναι ὅτι

Das einzige, woran ich mich erinnere, ist, daß

ἦταν ἀπὸ τὴν ἀρχὴ ὡς τὸ τέλος λανθασμένο.

er von Anfang bis zu Ende fehlerhaft war.

Ἐλπίζω αὐτὸ νὰ σᾶς (βοηθῶ) νὰ τὸ (βρίσκω).

Ich hoffe, daß dies Ihnen helfen wird, ihn zu finden.

Μεθ' ὑπολήψεως
(ὑπογραφή)

Hochachtungsvoll
(Unterschrift)

c) Übersetzen Sie ins Neugriechische:

1. Gefielen Ihnen (*betont*) die Blumen? Mir gefielen sie gut.
2. Das Telefon klingelte. Sie nahm den Hörer in die Hand.
3. Ein Herr hielt (nahm) den Jungen an der Hand.
4. Anna sprang Seil.
5. Wir gingen durch viele Korridore und gelangten in einen großen Saal.
6. Ein Auto kam vorbei. Aura jagte danach.
7. Bin ich zu spät gekommen? ἀργῶ (εῖς, ησ).
8. Haben sie geläutet? (= haben Sie geschlagen?)
9. Sie sind vorübergegangen und haben uns nicht gegrüßt.
10. Worüber (über was) habt ihr gesprochen? Habt ihr auch über mich gesprochen?
11. Er hat alle Wörter vergessen.
12. Wann sind Sie aufgewacht? Habe ich Sie gestört?
13. Haben Sie verstanden, was ich Ihnen sagte?
14. Der Lehrer hat ihnen verziehen.
15. Das Kino begann um 19 Uhr 15.
16. Der Dampfer fuhr um 9 Uhr 25 ab.
17. Um 7 Uhr nahmen sie ihr Frühstück ein.
18. Sie tranken Tee und aßen einige Schnitten Brot.
19. Der Gemüsehändler sagte: Kauft Obst, Kinder, alles ist frisch.
20. Gestern abend hörten wir Radio, und so erfuhren wir, was in der Welt geschah.
21. Takis ging in den Garten hinunter; auch seine Kusine lief dorthin. Der Garten duftete (μοσχομύριζε). Die Kinder atmeten tief die frische und wohlriechende Luft ein. Sie pflückten einige Blumen, und machten (je) einen schönen Strauß. Später gingen sie ins Haus zurück und stellten die Blumen in die Vase.
22. Wir haben das Buch beim Buchhändler gekauft.
23. Wer hat so geschrieen?
24. Wer hat die Katze am Schwanz gezogen?

d) Übersetzen Sie ins Neugriechische:

1. Wir erhielten die Entschädigung und atmeten etwas auf.
2. Dieses Kleidungsstück hielt drei Jahre.
3. In (= mit) dieser Kleidung habe ich dich nicht erkannt.
4. Das Fieber ist gefallen. Die Preise sind gefallen.
5. Was ist ihm plötzlich eingefallen, wegzugehen!
6. Ich habe mich mit dem Messer in den Finger geschnitten (= ich habe meinen Finger geschnitten).
7. Man hat uns das Gas, den Strom abgesperrt (= schneiden).
8. Ich habe mir das Rauchen abgewöhnt (schnitt das Rauchen).
9. Diese Krankheit hat mich viel gekostet. (= Mir hat gekostet viel ...)
10. Seine Rede dauerte (hielt) eine Stunde.
11. Meine Schuhe hielten nicht lange (nicht hielten lange).
12. Ich habe vergessen, was er mir gesagt hat.
13. Er hat die Hausnummer vergessen (= die Nummer des Hauses).
14. Hast du die Neuigkeiten erfahren?
15. Ich erfuhr viel von meinem Vater.
16. Wir blieben zwei Monate auf dem Lande.
17. Ich habe die Wäsche so gut ich konnte gereinigt, aber es blieben ein paar Flecke.
18. Es blieb ihm kein Pfennig.
19. Er führte die Fremden zu den sehenswürdigen Orten der Stadt.
20. Es blies ein Nordwind (es kam ein Nordwind auf).
21. Bring mir die Speisekarte! Bring sie mir!
22. Ich zahlte ihm die Beleidigung, die er mir zufügte (= machte) ordentlich (= gut) heim.
23. Lies mir den Artikel vor! Lies ihn mir vor!
24. Schreib uns Deine Adresse! Schreib sie uns!

*zu d:*

erhalten *παίρνω* / Entschädigung *ἀποζημίωση(-ις)* / etwas *λιγάκι* / Kleidungsstück *ροῦχο* / Preis *τιμή* / einfallen, *hier: κατεβαίνω* Gas *γκάζι, τό* / Strom (elektr. Licht) *ἠλεκτρισμός* / Rauchen *κάπνισμα, τό* / Krankheit *ἀρρώστια* / Nummer *ἀριθμός* / Neuigkeiten *νέα, τά* / so gut ich konnte *ὅσο μποροῦσα* / ein paar *κάνα-δύο* / Fleck *λεκές (-έδες), ὁ* / Pfennig, *hier: δεκάρα* (= 10 *λεπτά*) / sehenswürdig *ἀξιοθέατος, ος, ον* / Nordwind *βοριᾶς* / Speisekarte *κατάλογος, λίστα* / heimzahlen = zahlen / Beleidigung *προσβολή* / Artikel *ἄρθρο* / Adresse *διεύθυνση(-ις)*

e) Übersetzen Sie ins Neugriechische:

— Seit wann sind Sie zurückgekehrt?

Seit voriger Woche. Wie schön die Reise war!
(wie schön daß (= ποὐ) war die Reise).

— Es hat Ihnen gefallen, wie es scheint.

Ja, sehr. Wir blieben zwei Wochen auf Korfu und acht Tage in Patras.

— Hat Sie denn die Reise (= Aber hat Sie ...) nicht ermüdet?

Im Gegenteil. Es hat mir Freude gemacht.

— Wo wirst Du in diesem Jahr die Ferien verbringen?

Ich weiß (es) noch nicht. Vielleicht fahre (gehe) ich nach Korfu oder nach Kreta.

— Hast Du Bekannte in Kreta?
Ja, mehrere (ich habe mehrere).

*zu e:*

vorig- *περασμένος* / es gefällt *ἀρέσει* (*ἄρεσε*) / Patras *ἡ Πάτρα* (*Κ.*: *αἱ Πάτραι*) / ermüden *κουράζω* (*σ*) / es macht mir Freude *εὐχαριστοῦμαι* / im Gegenteil *ἀπ'ἐναντίας* / vielleicht *ἴσως* (*νά*) / Kreta *ἡ Κρήτη* / Bekanntschaft, Bekannte(r) *γνωριμία*

f) Übersetzen Sie ins Neugriechische:

1. Wir haben ihr einen Brief geschrieben. Wir haben ihn ihr geschrieben.
2. Ihr grüßtet das Kind. Ihr grüßtet es.
3. Sie haben den Brief erhalten. Sie haben ihn erhalten.
4. Er hat mir den Schlüssel weggenommen (= genommen). Er hat ihn mir weggenommen.
5. Der Arzt hat eine strenge Diät angeordnet. Er hat sie angeordnet.
6. Herr Joannidis hat seiner Tochter einen Papagei geschenkt. Er hat ihn ihr geschenkt.
7. Ihr habt ihr zum Geburtstag einen Hut geschenkt. Ihr habt ihn ihr geschenkt.
8. Du hast den Söhnen (den Töchtern, den Mädchen, den Kindern) ein Fahrrad geschenkt. Du hast es ihnen geschenkt.
9. Frau Marangos hat es ihr gesagt. Sie hat es ihnen gesagt. Sie haben es euch gesagt. Ihr habt es uns gesagt. Daher wissen wir, was Frau Marangos gesagt hat.
10. Wir haben Georg gebeten, uns den Ball zu leihen. Wir haben ihn gebeten, uns ihn zu leihen. Hat er ihn Euch geliehen? Er hat ihn uns nicht geliehen. Er hat ihn den anderen Kindern geliehen. Er hat ihn ihnen geliehen.
11. Bitte, schicken Sie mir das Buch per Post! Bitte, schicken Sie es mir! Ich werde es Ihnen bestimmt schicken.
12. Hast du ihnen die Bücher geschickt? Ja, ich habe sie ihnen geschickt.
13. Habt Ihr uns schon die Zeitungen zurückgegeben? Wir haben sie euch noch nicht zurückgegeben. Wir haben sie dem Angestellten gegeben. Wir haben sie ihm gegeben.
14. Der Schutzmann zeigte den Touristen den Weg. Er zeigte ihn ihnen.
15. Hat er ihn euch auch gezeigt? Ja, er hat ihn uns auch gezeigt.
16. Die Studenten haben uns die Sehenswürdigkeiten der Stadt gezeigt. Sie haben sie uns gezeigt. Sie haben sie auch den anderen gezeigt. Sie haben sie ihnen gezeigt.
17. Bitte, Herr Professor, erklären Sie uns diese Regel! Bitte, Herr Professor, erklären Sie sie uns. Er hat sie uns genau erklärt.
18. Sehr geehrter Herr Minister, erklären Sie den Herren die Lage! Erklären Sie sie ihnen. Gern hat er sie ihnen erklärt.
19. Herr Ober, bringen Sie mir bitte ein Eis! Bringen Sie es mir sofort! Der Kellner hat es ihm sofort gebracht.
20. Habe ich Ihnen die Briefmarken schon gegeben? Nein, Sie haben sie mir noch nicht gegeben.

21. Gepäckträger, bringen Sie mir mein Gepäck! Bringen Sie es mir! Er hat es mir nach einer Stunde gebracht.
22. Meine Eltern haben mir einen langen Brief geschrieben. Sie haben ihn mir geschrieben.
23. Stellen Sie mich bitte diesem Herrn vor! Bitte stellen Sie mich ihm vor! Ich werde Sie ihm vorstellen. — Ich habe sie (die Frau) ihm vorgestellt.
24. Man hat (= sie haben) mir dieses Hotel sehr empfohlen. Man hat es mir empfohlen. Ich kann es Ihnen auch empfehlen.

*zu f:*

streng *αὐστηρός, -ή* (*K. -ά*) / Diät *δίαιτα* / Geburtstag *γενέθλια, τά* / Fahrrad *ποδήλατο* / per Post *ταχυδρομικῶς, μὲ τὸ ταχυδρομεῖο* / zurückgeben *γυρίζω* (σ) / schon *ἤδη* / Schutzmann *ἀστυφύλακας; πόλισμαν* (*indekl.*) / Sehenswürdigkeiten *ἀξιοθέατα, τά* / Regel *κανόνας* / genau *ἀκριβῶς* / Lage, Zustand *κατάσταση*(*-ις*) / Eis *παγωτό* / nach *μετά* / lang, *hier: μεγάλος* / vorstellen, empfehlen *συνιστῶ, συσταίνω, συστήνω* (*συστήσω, σύστησα, συνέστησα*)

In der Bedeutung *empfehlen* verwendet man am besten die Katharevusa-Formen *συνιστῶ, συνέστησα.*

g) Übersetzen Sie ins Neugriechische:

Ein Brief.

Helene Vlachos fuhr mit ihrem Bruder Alexander für zwei Wochen aufs Land, nach Bojati, nicht weit von Athen. Von dort schreibt sie ihren Eltern einen Brief.

Liebe Eltern,

ich hoffe, daß Ihr den Brief bekommen habt, den ich Euch in der letzten Woche geschrieben habe. Jetzt schreibe ich Euch, um Euch mitzuteilen, daß wir Freitag abend zurückkehren werden. Die Ferien sind zu Ende. Alexander und ich sind traurig, weil wir Bojati verlassen müssen, wo wir so schöne Tage verlebt haben. Unsere Tante Maria tat für uns, was sie konnte.

Gestern haben wir einen Ausflug auf den Berg gemacht, von dem uns unser Vater viel erzählte. Wir sind begeistert. Die Besteigung war nicht leicht, aber wir haben es geschafft. Solche Ausflüge sind für die Gesundheit sehr nützlich. Wir sind glücklich bei dem Gedanken, daß wir Euch bald wiedersehen werden.

Helene und Alexander

Vokabeln und Übersetzungshilfen:

fuhr = ging
Bojati τὸ Μπογιάτι
nicht *ohne Verbindung mit einem Verb:* ὄχι
*... einen Brief ihren Eltern*
*Das deutsche Perfekt in Briefen wird im Neugriechischen durch den Aorist wiedergegeben:*
*... bekommen habt: Neugr. Aorist*
*in der letzten Woche: die letzte ...*
*Ich schreibe Euch* **jetzt,**

mitteilen ἀναγγέλλω (II ἀναγγείλω, ἀνήγγειλα)
zurückkehren γυρίζω (σ)
zu Ende gehen τελειώνω (σ)
sind zu Ende gegangen = sind zu Ende
weil ἐπειδή
verlassen ἀφήνω (σ)
Tante θεία
wo (*als Relativpron.*) ὅπου
verleben περνῶ (II περάσω)
konnte μποροῦσε

was (*als Relativpron.*) ὅ,τι
... *tat, was sie konnte, für uns*
Berg βουνό
von dem γιὰ τὸ ὁποῖο
erzählte ἔλεγε
*Beachte die Wortstellung im Relativsatz, vgl. L.* 5
begeistert ἐνθουσιασμένος
Besteigung ἀνάβαση(-ις)
es schaffen τὰ καταφέρνω (II-φέρω)
nützlich ὠφέλιμος
glücklich (über) εὐτυχισμένος (μέ)
Gesundheit ὑγεία
bei *hier:* mit
Gedanke σκέψη(-ις)
wiedersehen ξαναβλέπω (II -(ι)δῶ)
bald σὲ λίγο

# 12. Lektion

## Ἀπὸ τὴν Ἀρχαία Ἑλλάδα στὴ σημερινὴ Ἑλλάδα

Τρεῖς χιλιάδες χρόνια ἡ Ἑλλάδα κατοικεῖται ἀπὸ τοὺς Ἕλληνες. Πρὶν ἀπ'αὐτοὺς τὴν Ἑλλάδα τὴν κατοικοῦσαν οἱ Πελασγοί. Οἱ ἀρχαῖοι Ἕλληνες ἀνέπτυξαν τὸν ἀρχαῖο Ἑλληνικὸ πολιτισμό. Πρὶν ἀπὸ αὐτὸν εἶχαν ἀναπτυχτῆ στὴν Κρήτη ὁ μινωϊκὸς πολιτισμὸς καὶ στὴν Πελοπόννησο ὁ μυκηναϊκὸς πολιτισμός. Ἀπομεινάρια τοῦ ἀρχαίου ἑλληνικοῦ πολιτισμοῦ, ναοί, ἀγάλματα, ἐπιγραφές, *σώθηκαν* σὲ πολλὰ μέρη τῆς Ἑλλάδας. Ἀπὸ ὅλα τὰ μέρη τοῦ κόσμου ἔρχονται νὰ τὰ θαυμάσουν.

Οἱ ἀρχαῖοι Ἕλληνες ἀγαποῦσαν πολὺ τὴν πατρίδα τους καὶ τὴν ἐλευθερία. Πολέμησαν τοὺς Πέρσες καὶ τοὺς νίκησαν. Ἀργότερα, μὲ ἀρχηγὸ τὸν Μέγαν Ἀλέξανδρο ἅπλωσαν τὸν ἑλληνικὸ πολιτισμὸ σὲ χῶρες τῆς Ἀσίας καὶ τῆς Ἀφρικῆς.

*Ὑποδουλώθηκαν* κάποτε στοὺς Ρωμαίους. Ἵδρυσαν τὴ Βυζαντινὴ αὐτοκρατορία μὲ πρωτεύουσα τὴν Κωνσταντινούπολη. Πολέμησαν μὲ τοὺς Τούρκους. Στὰ 1453 μ.Χ. (χίλια τετρακόσια πενήντα τρία μετὰ Χριστὸν) ἡ Κωνσταντινούπολη ἔπεσε στὰ χέρια τῶν Τούρκων. Ἡ Ἑλλάδα ὅλη *ὑποδουλώθηκε* σ'αὐτούς.

Στὰ 1821 (χίλια ὀχτακόσια εἴκοσι ἕνα), οἱ Ἕλληνες ἔκαναν τὴ Μεγάλη Ἑλληνικὴ Ἐπανάσταση. «Ἐλευθερία ἢ Θάνατος» βροντοφώναξαν. Ἑφτὰ χρόνια πολέμησαν μὲ τοὺς Τούρκους. Τέλος ἀπόχτησαν τὴν ἐλευθερία τους. Τὸ πρῶτο ὅμως ἐλεύθερο ἑλληνικὸ κράτος ποὺ *σχηματίστηκε* ἦταν μικρό. Τὸ ἀποτελοῦσαν ἡ Στερεὰ Ἑλλάδα, ἡ Εὔβοια, ἡ Πελοπόννησος καὶ οἱ Κυκλάδες. Οἱ ἄλλοι Ἕλληνες ἦταν ἀλύτρωτοι.

Σιγὰ-σιγά, μὲ πολλοὺς ἀγῶνες καὶ μὲ πολλὲς προσπάθειες, τὸ μικρὸ ἑλληνικὸ κράτος μεγάλωσε. Στὰ 1864 (χίλια ὀχτακόσια ἑξήντα τέσσερα) τὰ Ἑφτάνησα *ἑνώθηκαν* μὲ τὴν Ἑλλάδα. Στὰ 1881 (χίλια ὀχτακόσια ὀγδόντα ἕνα) *ἐλευθερώθηκαν* ἕνα κομμάτι τῆς Ἠπείρου μὲ πρωτεύουσα τὴν Ἄρτα καὶ ἡ Θεσσαλία.

Στὰ 1912—1913 (χίλια ἐννιακόσια δώδεκα — δεκατρία), ὕστερα ἀπὸ τὸν πόλεμο μὲ τοὺς Τούρκους καὶ τοὺς Βουλγάρους ἐλευθερώθηκαν ἡ Ἤπειρος, ἡ Μακεδονία, ἡ Κρήτη καὶ τὰ νησιὰ τοῦ Αἰγαίου. Στὰ 1920 (χίλια ἐννιακόσια εἴκοσι) πήραμε τὴ Δυτικὴ Θράκη. Στὰ 1922 (χίλια ἐννιακόσια εἴκοσι δύο), μετὰ τὴν Μικρασιατικὴ καταστροφή, οἱ Ἕλληνες τῆς Μικρᾶς Ἀσίας ἦρθαν στὴν Ἑλλάδα, πρόσφυγες. Στὰ 1940—1941 (χίλια ἐννιακόσια σαράντα — σαράντα ἕνα) οἱ Ἕλληνες πολέμησαν μὲ τοὺς Ἰταλοὺς καὶ τοὺς Γερμανούς. Ὕστερα ἀπὸ νικηφόρα καὶ γενναία ἀντίσταση, ἡ Ἑλλάδα ὑποδουλώθηκε στοὺς Γερμανούς, στοὺς Ἰταλοὺς καὶ στοὺς Βουλγάρους. Οἱ Ἕλληνες ὅμως δὲν ἔσκυψαν τὸ κεφάλι τους. Ἀντιστάθηκαν στοὺς κατακτητὲς καὶ μὲ τὴ βοήθεια τῶν συμμάχων στὸ Δεύτερο Παγκόσμιο Πόλεμο ἐλευθερώθηκαν. Στὰ 1947 (χίλια ἐννιακόσια σαράντα ἑφτά) τὰ Δωδεκάνησα ἑνώθηκαν μὲ τὴν Ἑλλάδα.

Οἱ σημερινοὶ Ἕλληνες εἶναι ἀπόγονοι τῶν ἀρχαίων Ἑλλήνων. Ἀγαποῦν μὲ πάθος τὴν ἐλευθερία καὶ τὴν πατρίδα τους. Ἀγαποῦν τὶς τέχνες, τὶς ἐπιστῆμες καὶ τὰ γράμματα. Διακρίνονται γιὰ τὴν ἐξυπνάδα τους.

Πολλοὶ Ἕλληνες ζοῦν ἔξω ἀπὸ τὰ σύνορα τοῦ ἑλληνικοῦ κράτους, σὲ ξένες χῶρες. Εἶναι οἱ ἀπόδημοι Ἕλληνες. Οἱ πιὸ πολλοὶ ἀπ' αὐτοὺς βρίσκονται στὶς Ἡνωμένες Πολιτεῖες τῆς Ἀμερικῆς, στὸν Καναδᾶ, στὴν Αὐστραλία, στὴν Κύπρο, στὴν Κωνσταντινούπολη.

## Vokabeln

| | |
|---|---|
| *πρὶν ἀπό, Präp.* | vor |
| *κατοικοῦσαν, Impf.* | bewohnten |
| *Πελασγοί, οἱ* | Pelasger |
| *ἀναπτύσσω (ξ·χθ/ἀνε-)* | entwickeln |
| *πολιτισμός* | Kultur |
| *εἶχαν ἀναπτυχτῆ* | es waren entwickelt worden |
| *μινωϊκός* | minoisch |
| *μυκηναϊκός* | mykenisch |
| *ἀπομεινάρι* | Rest |
| *ναός* | Tempel |
| *ἄγαλμα, τό* | Statue |
| *σώζω (σ·θ)* | retten; erhalten |
| *θαυμάζω (σ·σθ)* | bewundern |
| *ἀγαποῦσαν Impf.* | sie liebten |
| *ἐλευθερία* | Freiheit |
| *πολεμῶ (εῖς, ᾶς·ησ·ηθ) v/t.* | kämpfen mit |
| *Πέρσης* | Perser |
| *νικῶ (ᾶς·ης·ηθ)* | besiegen |
| *ἀργότερα Adv.* | später |
| *ἀρχηγός* | Befehlshaber, Anführer |
| *ὁ Μέγας Ἀλέξανδρος* | Alexander der Große |
| *ἁπλώνω (σ·θ)* | (aus-)verbreiten; ausstrecken |
| *Ἀσία* | Asien |
| *Ἀφρική* | Afrika |
| *ὑποδουλώνω (σ·θ)* | unterwerfen |
| *ὑποδουλώνομαι σέ* | unterworfen werden von |
| *Ρωμαῖος* | Römer |
| *ἱδρύω (σ·θ)* | gründen; erbauen |
| *βυζαντινός* | byzantinisch |
| *αὐτοκρατορία* | Kaiserreich, Reich |
| *Τοῦρκος* | Türke |
| *μετὰ Χριστόν* | n. Christi |
| *ἐπανάσταση(-ις)* | Revolution |
| *θάνατος* | Tod |
| *βροντοφωνάζω (ξ)* | schreien, donnernd rufen, laut verkünden |

| | |
|---|---|
| τέλος *Adv.!* | schließlich |
| ἀποχτῶ, ἀποκτῶ (ᾶς·ησ·ηθ/ἀπεκτ-, ἀποχτ-) | erwerben, erlangen; (*Kinder*) bekommen |
| σχηματίζω (σ·στ) | bilden |
| ἀποτελοῦσαν *Impf.* | bildeten |
| Στερεὰ Ἑλλάδα | *etwa:* Mittelgriechenland (*zw. Thessalien u. d. Korinth. Golf*) |
| Εὔβοια ['εvja] | Euböa |
| Κυκλάδες, *f/pl.* | Zykladen |
| ἀλύτρωτος | unerlöst, unbefreit |
| ἀγώνας (*pl.* ἀγῶνες) | Kampf |
| προσπάθεια | Versuch, Bemühung |
| μεγαλώνω (σ) | wachsen; größer werden |
| Ἑφτάνησα, τά *K.* Ἑπτάνησος, ἡ | (*Siebeninseln*): Jonische Inseln |
| ἐλευθερώνω (σ·θ) | befreien |
| πόλεμος | Krieg |
| Μακεδονία | Mazedonien |
| νησί | Insel |
| Αἰγαῖο(ν) | die Ägäis |
| Θράκη | Thrazien |
| μικρασιατικός | kleinasiatisch |
| καταστροφή | Katastrophe |
| Μικρὰ Ἀσία | Kleinasien |
| πρόσφυγας (*K.* πρόσφυξ) | Flüchtling |
| Ἰταλός | Italiener |
| νικηφόρος (-α, -ο) | siegreich |

| | |
|---|---|
| γενναῖος (-αία) | heldenhaft |
| ἀντίσταση(-ις) | Widerstand |
| Βούλγαρος | Bulgare |
| σκύβω, σκύφτω (ψ·μμ) | (nieder)beugen |
| ἀντιστέκω, ἀντιστέκομαι (*K.* ἀνθίσταμαι) σέ | widerstehen |
| κατακτητής | Eroberer |
| σύμμαχος | Verbündete(r), Alliierte(r) |
| Δεύτερος Παγκόσμιος Πόλεμος (*G. häufig K.:* Δευτέρου Παγκοσμίου ...) | der zweite Weltkrieg |
| Δωδεκάνησα, τά (*K.* Δωδεκάνησος, ἡ) | (*die Zwölfinseln*): der Dodekanes |
| ἀπόγονος | Nachkomme |
| πάθος, τό | Leidenschaft |
| παγκόσμιος | Welt- |
| τέχνη | Kunst |
| ἐπιστήμη | Wissenschaft |
| γράμματα, τά | literarische Bildung |
| διακρίνω (II = I/διε-) | unterscheiden, gewahren |
| διακρίνομαι(θ) γιά | sich auszeichnen durch |
| ἐξυπνάδα | Intelligenz |
| ἔξω ἀπό | außerhalb |
| σύνορα, τά | Grenze |
| ἀπόδημος | Auslands- |
| οἱ πιὸ πολλοί | die meisten |
| Ἡνωμένες Πολιτεῖες, οἱ | Vereinigte Staaten |
| Ἀμερική | Amerika |
| Καναδάς, ὁ | Kanada |
| Αὐστραλία | Australien |

*Idiomatisches:*

| | |
|---|---|
| μὲ ἀρχηγὸ τὸν Μέγα Ἀλέξανδρο (*Akk.*) | (*mit Führer den Großen Alexander* =) unter Führung Alexanders des Großen |
| μὲ πρωτεύουσα τὴν Κωνσταντινούπολη | mit Konstantinopel als Hauptstadt |

*Ähnlich klingende Formen:*

| | |
|---|---|
| ἵδρ**υ**σα — ἵδρ**ω**σα *von:* ἱδρύω — ἱδρώνω | ich gründete — ich schwitzte |

## Grammatik

**A**

**Verb. Passiv: *νά*-Konstruktion; Aorist; Imperativ.** Die Passivformen werden im Neugr. nicht wie im Deutschen durch Hilfsverben, sondern durch besondere Formelemente gebildet (*s. L.* 4).

*Bemerkungen zum*

1. **I. Stamm:**

Die Konjunktivformen des I. Stammes unterscheiden sich von den Indikativformen (*s. L.* 4) nur in zwei Formen orthographisch voneinander:

*Stamm I.*

ich ziehe mich an, sie ziehen sich an

| *Präsens Indikativ* | | *Präsens Konjunktiv* | |
|---|---|---|---|
| ντύνομαι, | ντύνονται | ντύν**ω**μαι, | ντύν**ω**νται |
| ['dinɔmɛ | 'dinɔn̆dɛ] | ['dinɔmɛ | 'dinɔn̆dɛ] |

2. **II. Stamm:**

a) Formelement des zweiten Stammes ist [-θ-] für die 1. Konjugation und [-iθ-] für die 2. Konjugation.

b) Der Aorist wird durch das Element -ik- charakterisiert, das an [-θ-] tritt, also:

| 1. *Konjugation* | 2. *Konjugation* |
|---|---|
| [-θik-] | [-iθik-] |

c) Die Personalendungen des II. Stammes sind sowohl im Präsens (in der νά-Konstruktion) als auch im Aorist aktivisch. Im Präsens liegt der Ton auf der Endung, im Aorist (wie im Aktiv) auf der drittletzten Silbe. Bei einigen Verben finden sich auch die Aorist-Endungen der Katharevusa. Sie werden deshalb hier neben den Endungen der Dhimotiki angegeben.

*Beispiel:* **ντύνομαι** ['dinɔmɛ] ich ziehe mich an / ich werde angezogen

| *Passivendungen des II. Stammes* | | *Katharevusa* |
|---|---|---|
| *Präsens* | *Aorist* | *Aorist* |
| 1. -'θɔ | '-θika | '-θin (-θην) |
| 2. -'θis | '-θiķɛs | '-θis (-θης) |
| 3. -'θi | '-θiķɛ | '-θi (-θη) *usw.* |
| 1. -'θumɛ | -'θikamɛ | '-θimɛn |
| 2. -'θitɛ | -'θikatɛ | '-θitɛ |
| 3. -'θun | '-θikan | '-θisan |

| *daß ich mich anziehe:* | *ich habe mich angezogen:* |
|---|---|
| na di'θɔ | 'diθika |
| na di'θis | 'diθiķɛs |
| na di'θi | 'diθiķɛ |
| na di'θumɛ | di'θikamɛ |
| na di'θitɛ | di'θikatɛ |
| na di'θun | 'diθikan |

d) Der Imperativ der zweiten Person Singular Passiv hat als Kennzeichen [-s-], also das Formelement des II. Stammes Aktiv. Die Personalendung ist -u:

| *I. Stamm* | *II. Stamm* |
|---|---|
| (ντύνου ['dinu] zieh dich an! nicht gebräuchlich; dafür:) νά ντύνεσαι | ντύσου ['disu] |

**Übersicht über die Passivformen Präsens Stamm I (Konjunktiv), Präsens Stamm II und Aorist** **B**

| | | | | |
|---|---|---|---|---|
| | | 1. *Konjugation* (-**ω**; *Pass.* -**ομαι**) | | |
| *Stamm I* | | *Stamm II* *Präsens* (*Konjunktiv*) | | *Aorist* |
| daß ich mich anziehe *usw.* | | daß ich mich anziehe *usw.* | | ich habe mich angezogen *usw.* |
| νὰ | | νὰ | | |
| ντύνωμαι | | ντυθῶ | | ντύθηκα |
| ντύνεσαι | (ντύνου) | ντυθῆς | ντύσου | ντύθηκες |
| ντύνεται | zieh dich an | ντυθῇ | zieh dich an | ντύθηκε |
| ντυνόμαστε | | ντυθοῦμε | | ντυθήκαμε |
| ντύνεστε | ντύνεστε | ντυθῆτε | ντυθῆτε | ντυθήκατε |
| ντύνωνται | zieht euch an | ντυθοῦν | zieht euch an | ντύθηκαν |
| | | 2. *Konjugation* (-**ῶ**; *Pass.* -**ιέμαι**, -**οῦμαι**) as-*Gruppe*, jεmε-*Untergruppe* | | |
| daß ich geliebt werde *usw.* | | daß ich geliebt werde *usw.* | | ich bin geliebt worden *usw.* |
| ν' | | ν' | | |
| ἀγαπιέμαι | | ἀγαπηθῶ | | ἀγαπήθηκα |
| ἀγαπιέσαι | ν'ἀγαπιέσαι | ἀγαπηθῆς | ἀγαπήσου | ἀγαπήθηκες |
| *usw.* | werde geliebt | ἀγαπηθῇ | werde geliebt | ἀγαπήθηκε |
| *wie* | | ἀγαπηθοῦμε | | ἀγαπηθήκαμε |
| *Indikativ* | ν'ἀγαπιέστε | ἀγαπηθῆτε | ἀγαπηθῆτε | ἀγαπηθήκατε |
| | werdet geliebt | | werdet geliebt | |
| | | ἀγαπηθοῦν | | ἀγαπήθηκαν |
| | | asε-*Untergruppe* | | |
| daß ich mich fürchte *usw.* | | daß ich mich fürchte *usw.* | | ich habe mich gefürchtet *usw.* |
| νὰ | | νὰ | | |
| φοβᾶμαι | | φοβηθῶ | | φοβήθηκα |
| φοβᾶσαι | νὰ φοβᾶσαι | φοβηθῆς | φοβήσου | φοβήθηκες |
| *usw.* | fürchte dich | *usw.* | fürchte dich | *usw.* |
| *wie* | νὰ φοβάστε | | φοβηθῆτε | |
| *Indikativ* | fürchtet euch | | fürchtet euch | |
| | | is-*Gruppe* | | |
| daß ich mich beschäftige *usw.* | | daß ich mich beschäftige *usw.* | | ich habe mich beschäftigt *usw.* |
| ν' | | ν' | | |
| ἀσχολοῦμαι | | ἀσχοληθῶ | | ἀσχολήθηκα |
| ἀσχολῆσαι | ν'ἀσχολῆσαι | ἀσχοληθῆς | ἀσχολήσου | ἀσχολήθηκες |
| ἀσχολῆται | beschäftige | *usw.* | beschäftige | *usw.* |
| ἀσχολού-μαστε | dich | | dich | |
| | ν'ἀσχολῆστε | | ἀσχοληθῆτε | |
| ἀσχολῆστε | beschäftigt | | beschäftigt | |
| ἀσχολοῦνται | euch | | euch | |

**C**

**Bildung des II. Stammes Passiv. 1. Konjugation.** Für die Bildung des II. Stammes Passiv lassen sich noch weniger allgemeingültige Regeln geben als für den II. Stamm Aktiv, weil neben dem Formelement [-θ-] auch die Lautgruppe [-st-], entstanden aus [-s-] + [-θ-], auftritt.

Folgende Anhaltspunkte können jedoch das Verständnis für die Passivform erleichtern:

Das Formelement [-θ-] **oder** [-st-] wird gesetzt

1. wenn vor der Endung *-ομαι* ein Vokal steht;
2. an Stelle eines *-ν-*, das vor der Endung *-ομαι* steht. Verben, die im Aktiv auf *-ώνω* ausgehen, haben -θ-: *-ωϑ-*.

Das Formelement [-st-] tritt

3. an die Stelle von *ζ* oder *ϑ*, die vor der Endung *-ομαι* stehen.
4. Mit einigen Konsonanten bildet *-ϑ-* Lautgruppen, die aus folgendem Schema ersichtlich sind. Der Aorist Aktiv ist zum Vergleich hinzugesetzt:

| | *Aorist Passiv* | *Aorist Aktiv* |
|---|---|---|
| β π φ [v, p, f] + ϑ | φτ (φϑ) | ψ |
| γ κ χ [ɣ, k, x] + ϑ | χτ (χϑ) | ξ |
| αυ ευ [v] + ϑ | αυτ, ευτ (αυϑ, ευϑ) | αψ, εψ (αυσ, ευσ) |

5. -θ- wird nach [s, f, x] in der Dhimotiki zu [t]; nach [v], [f] und [x] findet sich auch in der Dhimotiki unter dem Einfluß der Katharevusa [θ] ϑ.

*Anmerkung:* In der Katharevusa wird immer ϑ geschrieben, nach [-s-] jedoch meist wie [t] gesprochen.

**D**

**2. Konjugation.** Das Element [-iθ-] tritt an die Stelle von *-ιέμαι*, *-ᾶμαι*, *-οῦμαι*. Die Bildung mit anderen Elementen, z. B. [-εθ-] gilt als unregelmäßig.

In den folgenden Vokalspalten, im Wörterverzeichnis am Schluß des Buches und im Langenscheidts Taschenwörterbuch Neugriechisch-Deutsch ist das Passivelement des II. Stammes, oder, wenn völlig unregelmäßig, der ganze II. Stamm (Präsens, Aorist) vermerkt, z. B.:

βαριέμαι (εϑ) βαρ-εϑ-ῶ βαρ-έϑ-ηκ-α
βαρεϑῶ βαρέϑηκα

στέλνω (στειλ· σταλϑ)
στείλω σταλϑῶ
ἔστειλα στάλϑηκα

**E**

**Beispiele des II. Stammes Passiv nach den obenerwähnten Typen.**

Da die 1. und 2. Person von vielen Verben ihrer Bedeutung wegen selten oder gar nicht vorkommen, wird von den Passivformen die 3. Person Singular angeführt.

| | | | II. Stamm Passiv<br>*Präsens* | <br>*Aorist* | |
|---|---|---|---|---|---|
| | | | [0, st, ft, xt] | | |
| 1. | λύω | ἔλυσα | νὰ λυ**θ**ῆ | λύ**θ**ηκε | es wurde gelöst |
| | ἀκούω | ἄκουσα | ἀκου**στ**ῆ | ἀκού**στ**ηκε | es wurde gehört |
| 2. | δένω | ἔδεσα | δε**θ**ῆ | δέ**θ**ηκε | es wurde gebunden |
| | κλείνω | ἔκλεισα | κλει**στ**ῆ | κλεί**στ**ηκε | es wurde geschlossen |
| | πιάνω | ἔπιασα | πια**στ**ῆ | πιά**στ**ηκε | es wurde gefaßt |
| | πληρώνω | πλήρωσα | πληρω**θ**ῆ | πληρώ**θ**ηκε | es wurde bezahlt |
| 3. | ἀρχίζω | ἄρχισα | ἀρχι**στ**ῆ | ἀρχί**στ**ηκε | es wurde begonnen |
| | ἀλέθω | ἄλεσα | ἀλε**στ**ῆ | ἀλέ**στ**ηκε | es wurde gemahlen |
| 4. | κρύβω | ἔκρυψα | κρυ**φτ**ῆ | κρύ**φτ**ηκε | es wurde verborgen, es verbarg sich |
| | λείπω | ἔλειψα | λει**φτ**ῆ | λεί**φτ**ηκε | es fehlte |
| | γράφω | ἔγραψα | γρα**φτ**ῆ | γρά**φτ**ηκε | es wurde geschrieben |
| | ἀνοίγω | ἄνοιξα | ἀνοι**χτ**ῆ | ἀνοί**χτ**ηκε | es wurde geöffnet |
| | πλέκω | ἔπλεξα | πλε**χτ**ῆ | πλέ**χτ**ηκε | es wurde gestrickt |
| | δέχομαι | | δε**χτ**ῆ | δέ**χτ**ηκε | er empfing |
| | παύω | ἔπαψα | **παυτ**ῆ | **παύτ**ηκε | es wurde beendet |
| | ὀνειρεύομαι | | ὀνειρ**ευτ**ῆ | ὀνειρ**εύτ**ηκε | er träumte |

*Anmerkungen:* ὀνειρεύομαι und δέχομαι gehören zu den Verben, die passive Formen, aber aktive Bedeutung haben.

Die Katharevusa-Formen von κρύβω und γράφω haben das Passivelement [-θ- (-t-)] nicht. Sie sind also unregelmäßig:

| | | | | |
|---|---|---|---|---|
| | νὰ κρυβῆ | ἐκρύβη | νὰ γραφῆ | ἐγράφη |
| *Mischformen:* | (ἐ)κρύβηκε | | (ἐ)γράφηκε | |

Folgende beiden Verben bilden das Passiv auch in der Dhimotiki ohne [-θ-]:

| | | | | |
|---|---|---|---|---|
| κόβω, κόπτω | ἔκοψα | νὰ κοπῆ | κόπηκε | es wurde geschnitten |
| πνίγω | ἔπνιξα | νὰ πνιγῆ | πνίγηκε | er erstickte, er ertrank |

F

**Passivformen wichtiger Verben mit Unregelmäßigkeiten.** Nach der Art der Unregelmäßigkeiten kann man diese Verben in eine große Anzahl von Typen gruppieren. Im folgenden werden nur zwei Gruppen mit bestimmten auffälligen Besonderheiten aus der dritten alphabetischen Gruppe herausgehoben. Einige Katharevusa-Formen sind zum Teil zur Vervollständigung des Systems, zum Teil wegen ihrer allmählich wachsenden Verbreitung hinzugefügt worden. Sie sind an dem inneren Augment oder dem Fehlen des *-κα* kenntlich.

1. *-ϑ-* tritt zu *ν* (ν fällt nicht aus):

| | | | | |
|---|---|---|---|---|
| αἰσθάνομαι | | αἰσθανθῆ | αἰσθάνθηκε | er fühlte, er fühlte sich |
| ἀπευθύνω richten (πρός an) | ἀπηύθυνα | ἀπευθυνθῆ | ἀπευθύνθυκε | er wendete sich (εἰς, σέ an). |

2. An Stelle des Stammvokals des Präsens Aktiv *αι*, *ε* (bei τείνω *ει*) erscheint im Passiv ein *α*:

| **a) mit -ϑ-** | | | | *w. = wurde* |
|---|---|---|---|---|
| δ**έ**ρνω schlagen | ἔδειρα | δ**α**ρθῆ | δ**ά**ρθηκε | er w. geschlagen |
| σπ**έ**ρνω säen | ἔσπειρα | σπ**α**ρθῆ | σπ**ά**ρθηκε | es w. gesät |
| στ**έ**λνω schicken | ἔστειλα | στ**α**λθῆ | στ**ά**λθηκε | es w. geschickt |
| στ**έ**κω, στ**έ**κομαι | | στ**α**θῆ<br>στάσου, σταθῆτε! | στ**ά**θηκε | er stand |
| ἐγκαταστ**αί**νω einrichten, anlegen | ἐγκατέστησα | | | ich installierte |
| *K.* ἐγκαθιστῶμαι (-ᾶσαι), *K.* ἐγκαθίσταμαι sich niederlassen | | ἐγκαταστ**α**θῆ | ἐγκαταστ**ά**θηκε | er ließ sich nieder |
| συστ**αί**νω (συστήνω) | σύστησα, συνέστησα | | | ich empfahl |
| *K.* συνιστῶμαι (-ᾶσαι) | | συστ**α**θῆ | συνεστ**ά**θη | er w. empfohlen |
| ζεστ**αί**νω erwärmen | ζέστανα | ζεστ**α**θῆ | ζεστ**ά**θηκε | es w. erwärmt |
| σιχ**αί**νομαι verabscheuen, es widert mich an | | σιχ**α**θῆ | σιχ**ά**θηκε | er verabscheute, es war ihm zuwider |
| π**αί**ρνω | πῆρα | π**α**ρθῆ | π**ά**ρθηκε | es w. genommen |
| κλ**αί**ω weinen | ἔκλαψα | κλ**α**υτῆ | κλ**α**ύτηκε | er w. beweint |
| τείνω spannen | ἔτεινα | τ**α**θῆ | τ**ά**θηκε | es w. gespannt |
| ἀποτείνω richten (πρός an) | ἀπέτεινα | ἀποτ**α**θῆ | ἀπετ**ά**θηκε, ἀποτ**ά**θηκε | er wandte sich (σέ an) |
| προτείνω vorschlagen | προέτεινα, (ἐ)πρότεινα | προτ**α**θῆ | προετ**ά**θη, (ἐ)προτ**ά**θηκε | es w. vorgeschlagen |

| | | | | |
|---|---|---|---|---|
| **b) ohne -ϑ-:** | | | | |
| καίω verbrennen (etwas) | ἔκαψα | καῆ | κάηκε | er verbrannte sich |
| ντρέπομαι sich schämen | | ντραπῆ | ντράπηκε | er schämte sich |
| στρέφω drehen | ἔστρεψα | στραφῆ | στράφηκε | er drehte sich |
| καταστρέφω zerstören | κατάστρεψα, κατέστρεψα | καταστραφῆ | καταστράφηκε, κατεστράφη | er w. zerstört |
| τρέπω wenden | ἔτρεψα | τραπῆ | τράπηκε | er wandte sich |
| ἐπιτρέπω erlauben | ἐπίτρεψα, ἐπέτρεψα | ἐπιτραπῆ | ἐπετράπη | es war erlaubt, es w. erlaubt |
| φαίνομαι erscheinen | | φανῆ | φάνηκε | er erschien |

3. **Die wichtigsten Verben mit verschiedenen Unregelmäßigkeiten im II. Stamm Aktiv und Passiv:**

| Stamm I | Stamm II | | | |
|---|---|---|---|---|
| *Aktiv* | *Aktiv* | *Passiv* | | |
| | *Aorist* | *Präsens* | *Aorist* | |
| ἀναγγέλλω (*K.*) | ἀνήγγειλα | ἀναγγελϑῆ | ἀνηγγέλϑη | es wurde mitgeteilt |
| αὐξάνω | αὔξησα | αὐξηϑῆ | αὐξήϑηκε | es wurde vermehrt, es stieg |
| βάζω | ἔβαλα | βαλϑῆ | βάλϑηκε | es wurde gelegt |
| βγάζω | ἔβγαλα | βγαλϑῆ | βγάλϑηκε | es wurde herausgenommen |
| βλέπω | εἶδα | ἰδωϑῆ | εἰδώϑηκε | es wurde gesehen |
| βρίσκω | βρῆκα | βρεϑῆ | βρέϑηκε | es fand sich |
| γίνομαι | (νὰ γίνη) ἔγινε | (γινῆ, γενῆ) | (γίνηκε) | es geschah |
| δίνω | ἔδωσε, ἔδωκε | δοϑῆ | δόϑηκε | es wurde gegeben |
| εὔχομαι | | εὐχηϑῆ | εὐχήϑηκε | es wurde gewünscht |
| λαβαίνω | ἔλαβα | ληφϑῆ | ἐλήφϑη | es wurde genommen |
| λέγω | εἶπα | εἰπωϑῆ | εἰπώϑηκε | es wurde gesagt |
| μαϑαίνω | ἔμαϑα | μαϑευτῆ | μαϑεύτηκε | es wurde gelernt |
| παραγγέλνω | παράγγειλα | παραγγελϑῆ | παραγγέλϑηκε | es wurde bestellt |
| πίνω | ἤπια | πιωϑῆ | πιώϑηκε | es wurde getrunken |
| πλένω | ἔπλυνα | πλυϑῆ | πλύϑηκε | es wurde gewaschen |
| σέρνω | ἔσυρα | συρϑῆ | σύρϑηκε | es wurde gezogen |
| τρώγω | ἔφαγα | φαγωϑῆ | φαγώϑηκε | es wurde gegessen |
| ὑπόσχομαι | | ὑποσχεϑῆ | ὑποσχέϑηκε | es wurde versprochen |
| ἀποτελῶ (*K.*) | ἀπετέλεσα | | | ich bildete |
| ἀποτελοῦμαι | | ἀποτελεσϑῆ | ἀπετελέσϑη | es wurde gebildet, bestand (aus) |
| κρεμῶ | κρέμασα | | | ich hängte |
| κρεμιέμαι | | κρεμαστῆ | κρεμάστηκε | es wurde gehängt; er erhängte sich |

## G

**Das Verb** *γίνομαι*, von dem im II. Stamm meist die aktiven Formen γίνῃ und ἔγινε gebraucht werden, hat eine reiche Bedeutungsskala. Es kann auch zur Wiedergabe der fehlenden passiven Formen von κάνω *machen* dienen. Man merke sich folgende vier Hauptbedeutungen:

| | | |
|---|---|---|
| 1. werden | Ὁ γιός μου θὰ γίνῃ γιατρός. | Mein Sohn wird Arzt (werden). |
| 2. geschehen; erfolgen; vor sich gehen; stattfinden | Ἔγιναν νέοι προβιβασμοὶ εἰς τὸ ναυτικόν. | Es erfolgten neue Beförderungen in der Marine. |
| | Γίνονται διαπραγματεύσεις. | Es finden Verhandlungen statt. |
| 3. (fertig) gemacht werden | Μοῦ εἶπε πὼς δὲν ἔγιναν ἀκόμη τὰ παπούτσια μου. | Er sagte mir, daß meine Schuhe noch nicht gemacht (fertig) seien. |
| 4. γίνεται νά es ist möglich, es geht. | Δὲν γίνεται νὰ βγαίνῃς ἔξω μονάχη τὴ νύχτα. | Es geht nicht, daß du nachts allein ausgehst. |

*Idiomatisch:*

| | |
|---|---|
| πρᾶγμα ποὺ γίνεται | so etwas kommt vor |
| πρᾶγμα ποὺ δὲν γίνεται | ein Ding der Unmöglichkeit |

## Übungen

a) Übersetzen Sie die folgenden Sätze ins Neugr. und konjugieren Sie die Sätze in den drei Personen des Sing. und Plur. nach folgendem Muster:

Ich will mich abtrocknen: Θέλω νὰ σκουπιστῶ, θέλεις νὰ σκουπιστῇς, θέλει νὰ σκουπιστῇ, θέλομε νὰ σκουπιστοῦμε, θέλετε νὰ σκουπιστῆτε, θέλουν νὰ σκουπιστοῦν.

Ich habe mich abgetrocknet: Σκουπίστηκα, σκουπίστηκες, σκουπίστηκε, σκουπιστήκαμε, σκουπιστήκατε, σκουπίστηκαν.

1. Ich will mich erheben. Ich habe mich erhoben.
2. Ich werde einschlafen. Ich bin eingeschlafen.
3. Ich muß mich rasieren. Ich habe mich rasiert.
4. Kann ich mich ausziehen? Ich habe mich ausgezogen.
5. Es ist nicht nötig, mich hinzulegen (daß ich mich hinlege). Ich habe mich hingelegt.
6. Ich habe die Absicht, mich anzuziehen. Ich habe mich angezogen.
7. Ich will dir etwas erzählen. Du willst mir etwas erzählen. (Er — uns. Wir — euch. Ihr — uns. Sie — euch.) Ich habe dir etwas erzählt. Du hast mir etwas erzählt ...
8. Ich muß mich etwas ausruhen. Ich habe mich etwas ausgeruht.
9. Ich kann mich hier nicht waschen. Ich habe mich hier gewaschen.
10. Ich werde den Garten pflegen. Ich habe den Garten gepflegt.

11. Vielleicht besuche ich alle Museen. Ich habe alle Museen besucht.
12. Wenn ich will, kann ich in diesem Büro arbeiten. Ich habe in diesem Büro gearbeitet.

Übersetzungshilfen:

1. σηκώνομαι (θ) 2. Θὰ ... 3. ξυρίζομαι (στ) 4. γδύνω (θ) 5. ξαπλώνομαι (θ) 6. ἔχω σκοπὸ νὰ ... 7. διηγοῦμαι (ηθ) 8. ἀναπαύομαι (θ) λίγο 9. πλένω (πλύθ-) 10. περιποιοῦμαι (ηθ) τὸ περιβόλι 11. ἴσως (νὰ), ἐπισκέπτομαι (φθ) 12. ἐργάζομαι (στ).

b) I. Setzen Sie in dem folgenden Text die richtigen Verbformen ein! Achten Sie auf die Verneinung, die aus der deutschen Übersetzung hervorgeht!

II. Bilden Sie, soweit der Sinn es zuläßt, von allen vorkommenden Substantiven des Lesestücks den Nominativ und Genitiv des Singulars und Plurals nach folgendem Muster:

ὁ κύριος — τοῦ κυρίου
οἱ κύριοι — τῶν κυρίων

| | |
|---|---|
| Ὀργανισμὸς προλήψεως ἀτυχημάτων | (Organisation der Verhütung ...) Gesellschaft zur Unfallverhütung |
| Κολυμβηταί: | Schwimmer! |
| 1. (κολυμβῶ, -ᾶς) σὲ ἀκτὲς ἀκάθαρτες. (προσέχω —) νὰ μὴ ὑπάρχῃ κοντὰ στὸ μέρος ποὺ κολυμβᾶτε ὑπόνομος. | 1. Schwimmt nicht an verschmutzten Küsten. Achtet darauf, daß es nicht gibt nahe der Stelle, wo Ihr schwimmt, einen Abzugskanal. |
| 2. (κάνω) βουτιὲς σὲ μέρος ποὺ ἔχει ὁ βυθὸς βράχια, διότι θὰ (τραυματίζομαι•). (παραβγαίνω —) σὲ μακροβουτιὰ μένοντας στὸν βυθὸ πιὸ πολὺ ἀπ'ὅσο ἐπιτρέπει ἡ ἀναπνοή σας. | 2. Macht keine Kopfsprünge an einer Stelle, wo der Meeresgrund Klippen hat, denn Ihr werdet Euch verletzen. Wetteifert nicht im Weittauchen, indem Ihr länger in der Tiefe bleibt, als es Euer Atem erlaubt. |
| 3. (ἀπομακρύνομαι —) σὲ βαθειὰ νερά, ὅταν μάλιστα δὲν ξέρετε καλὸ κολύμπι. | 3. Entfernt Euch nicht in tiefe Gewässer hinaus, vor allem wenn Ihr nicht gut schwimmen könnt. |
| Καὶ οἱ δεινοὶ κολυμβηταί, (ὑπερτιμῶ, -ᾶς) (—) τὶς δυνάμεις σας. Ὅταν ἀνοίγεστε, (σκέπτομαι•) ὅτι ἔχετε τὴν ἐπιστροφή, ποὺ εἶναι πιὸ κοπιαστική, ἂν μάλιστα φυσᾶ ἀέρας ἀπὸ τὴν ξηρά. | Und die tüchtigen Schwimmer: Überschätzt Eure Kräfte nicht! Wenn Ihr hinausschwimmt, denkt daran, daß Ihr (vor Euch) habt die Rückkehr, die anstrengender ist, vor allem, wenn (der) Wind vom Lande weht. |
| 4. (κολυμβῶ —) μὲ γεμάτο στομάχι. Πρέπει νὰ (περνῶ•) 3—4 ὧρες μετὰ τὸ φαγητό. | 4. Schwimmt nicht mit vollem Magen. Drei bis vier Stunden müssen nach dem Essen vergangen sein (vergehen). |

5. (μπαίνω —) στὴ θάλασσα, ὅταν εἶστε πολὺ κουρασμένοι ἢ ἱδρωμένοι. Ἂν (αἰσθάνομαι·) ρῖγος ἢ τρεμούλα ἢ παλμοὺς ἢ ζάλη,

(βγαίνω·) ἀμέσως, (ξαπλώνομαι·) στὴν ἄμμο καὶ (ἀναπαύομαι·). Αὐτὴν τὴν ἡμέρα (ξαναμπαίνω·) στὴ θάλασσα.

5. Geht nicht ins Wasser, wenn Ihr sehr ermüdet oder verschwitzt seid. Wenn Ihr spürt Schüttelfrost oder Zittern oder Herzklopfen oder Schwindel, geht sofort heraus, legt Euch in den Sand und ruht Euch aus. Diesen Tag geht nicht wieder ins Wasser.

6. Μπαίνοντας στὴ θάλασσα, (βουτῶ, -ᾶς· ηξ) ἀμέσως ὅλο τὸ σῶμα σας καὶ τὸ κεφάλι. Ἔτσι ἀποφεύγετε τὶς κεφαλαλγίες.

6. Wenn Ihr ins Wasser geht, taucht sofort Euren ganzen Körper und den Kopf unter. So vermeidet Ihr Kopfschmerzen.

7. Ἂν (πάσχω, πάθω·) «κράμπα» (φοβᾶμαι·). (χαλαρώνω·) τὸ μέρος ποὺ (πιάνω·) καὶ

(βγαίνω·) στὴ στεριά, κολυμβώντας σιγὰ-σιγὰ καὶ κινώντας τὸ ἄλλο χέρι ἢ πόδι. (ξαπλώνω·) ἀνάσκελα καὶ (ἀναπαύομαι·) λίγο. (ξαναμπαίνω·) αὐτὴ τὴν ἡμέρα στὴ θάλασσα.

7. Wenn Ihr einen Krampf bekommt, so habt keine Angst. Lockert den Teil, der (davon) ergriffen wurde und geht ans trockene Land, indem ihr langsam schwimmt und den anderen Arm oder das Bein bewegt. Legt Euch auf den Rücken und ruht Euch etwas aus. Geht diesen Tag nicht wieder ins Wasser.

8. Ἂν (κουράζομαι·) στὰ βαθειά,

(χάνω·) τὴν ψυχραιμία σας. (κρατιέμαι·) ἀνάσκελα, κάνοντας μικρὲς κινήσεις ὥσπου νὰ (ξεκουράζομαι·), καὶ συνεχίζετε σιγὰ τὴν ἐπιστροφή. Ἡ θάλασσα θέλει σύνεση καὶ ψυχραιμία.

8. Falls Ihr im tiefen Wasser ermüdet, so verliert nicht Eure Kaltblütigkeit. Haltet Euch auf dem Rücken, indem Ihr kleine Bewegungen macht, bis Ihr Euch erholt habt; setzt dann langsam fort die Rückkehr. Das Meer verlangt Besonnenheit und Kaltblütigkeit.

9. (μαθαίνω·) πῶς γίνεται ἡ τεχνιτὴ ἀναπνοή, γιὰ νὰ (μπορῶ —) νὰ (βοηθῶ) τὸν συνάνθρωπό σας σὲ ὥρα ἀνάγκης, ὅταν ἔχη πάθει ἀπὸ πνιγμὸ ἢ ἠλεκτροπληξία. (μαθαίνω·) πῶς σώζεται ἄνθρωπος πνιγόμενος. Χρειάζεται

τέχνη καὶ μέθοδος. Θὰ (βρίσκομαι·) ἕνας φίλος σας ποὺ ἦταν ἢ εἶναι πρόσκοπος, νὰ σᾶς (διδάσκω·) αὐτά.

9. Lernt, wie vonstatten geht die künstliche Atmung, damit Ihr helfen könnt Eurem Mitmenschen in der Stunde der Not, wenn er erlitten hat einen Erstickungsanfall oder elektrischen Schlag. Lernt, wie gerettet wird[1] ein ertrinkender Mensch. Es kommt (dabei) an auf Geschicklichkeit und Methode. Es wird sich finden ein Freund von Euch, der war oder ist Pfadfinder, um Euch das zu lehren.

[1]) *Vgl. Lekt.* 4 C *Anmerkung.*

10. (μένω —) στὸν καυτερὸ ἥλιο τὶς μεσημβρινὲς ὧρες. Κινδυνεύετε νὰ (πάσχω·) ἡλίαση καὶ ἐγκαύματα.
Οἱ καλύτερες ὧρες γιὰ μπάνιο εἶναι τὸ πρωὶ ὡς τὶς 11 καὶ τὸ ἀπόγευμα 4—8, ποὺ ἡ θάλασσα εἶναι καὶ πιὸ ζεστή.

10. Bleibt nicht in der glühenden Sonne zu den Mittagsstunden. Ihr lauft Gefahr, einen Sonnenstich und Verbrennungen zu erleiden.
Die besten Stunden zum Baden sind morgens bis elf und nachmittags von 4—8, wenn das Meer am wärmsten ist.

*Bemerkungen:*

κολυμβῶ(ᾶς) *Dhim. meist* κολυμπῶ
ἐπιστροφή, *pl.* ἐπιστροφές, *K*: αἱ ἐπιστροφαί Remittenden (*von Zeitungen usw.*)
παλμός Schwingung; Pulsschlag; *pl.* Herzklopfen
κεφαλαλγία *gelehrtes Wort für* πονοκέφαλος Kopfschmerzen
πρωί *hat nur Nom. und Akk. Sing., der Genitiv wird von* πρωϊνό *gebildet.*

c) Übersetzen Sie folgende Sätze ins Neugriechische:

1. Es widerte mich an, mehr zu hören, und ich stand auf.
2. Haben Sie heute nacht gut geschlafen?
3. Um wieviel Uhr sind Sie aufgestanden? — Ziemlich früh.
4. Die Studenten haben uns eine Anekdote erzählt.
5. Immer hat[3] er etwas[1] Neues[2] zu erzählen.
6. Ich kann mich seines Namens nicht erinnern.
7. Die Studenten können noch nicht immatrikuliert werden.
8. Ich habe Sie seit langem nicht gesehen.
9. Willkommen (καλῶς ἤλθατε), sagte der Lehrer zu den Kindern. Seit zweieinhalb Monaten haben wir uns nicht gesehen.
10. Warum soll ich mich fürchten? Wo sie mich auch hinschicken, (mich, wo sie mich schicken ...) ich fürchte mich nicht, sagt Tasos ermutigt.
11. Es kann ein Mensch reich (ein)schlafen und arm erwachen.
12. Nur dieser elektrische Kühlschrank ist in der Lage, sich einer solchen Errungenschaft zu rühmen.
13. Die Menschen, sagt er, wollen sowieso betrogen werden, und die kleinen Dosen schaden am wenigsten.
14. Wie kalt das Wasser (= das Meer) ist! rufen die Kinder. Taucht, taucht sofort hinein! ruft die Mutter von Kostakis.
15. Mach dir wegen deiner Schulden keine Sorgen, **ich** mach (es schon) gut (= steh dafür ein).
16. Lege dich hier aufs Sofa!
17. Ruht euch gut aus! W i r ermüden nicht.
18. Legen Sie sich ins Bett und ruhen Sie sich aus!
19. Decke dich gut zu, damit du dich nicht erkältest!
20. Beunruhigen Sie sich nicht.
21. Erzählt, erzählt mir etwas!
22. Erklären Sie sich deutlicher.
23. Denk mal (Denken Sie mal), was die Bauern unter der Hitze auszuhalten haben!

24. Sie können sich nicht vorstellen, was die griechischen Bauern unter der Hitze auszuhalten haben!
25. Was sitzt ihr (da)? Der Vater ist gekommen. Steht auf, um ihn zu empfangen!
26. Die Mutter von Helenchen und die Mutter von Kostakis sagen zu den Kindern: — Los, Helenchen, Kostakis, kümmert ihr euch um eure Freunde! Geht ins Eßzimmer!
27. Wenden Sie sich an das Büro der Fluggesellschaft.
28. Wir haben uns an das Reisebüro gewandt. Tatsächlich, die Flugscheine waren abholebereit.
29. Das Flugzeug flog um 10 Uhr 05 ab und landete um 14 Uhr 30.
30. (*Sehr höflicher Briefschluß:*) Empfangen Sie bitte meine verbindlichsten Grüße ...

*zu c:*

heute nacht *ἀπόψε* / ziemlich *ἀρκετά* / immatrikulieren *ἐγγράφω* (*ἐνέγραψα·ἐνεγράφηκα*) / ich habe seit langem (seit $2^{1}/_{2}$ Monaten) nicht (gesehen) *ἔχω καιρό* (*δυόμισι μῆνες*) *νὰ* + (*δῶ*) / *ξέθαρρος* (er)mutig(t), dreist / Kühlschrank *ψυγεῖο* / in der Lage *σὲ θέση* / sich *einer Sache* rühmen *καυχιέμαι γιά* / Errungenschaft *κατόρθωμα* / betrügen, täuschen *γελῶ* (*ᾶς·ασ*); *v/p. γελιέμαι* (*αστ*) / sowieso *ἔτσι κ'ἔτσι* / Dosis *δόση(ις)* / schaden *βλάπτω* (*ψ*) / am wenigsten *τὸλιγώτερο* (< *τὸ ὀ..*) / tauchen *v/t. u. v/i. βουτῶ* (*ᾶς·ηξ·ηχθ*) (*Im II. Stamm wird das Verb häufig passivisch gebraucht*) / Kostakis *ὁ Κωστάκης* / sich Sorgen machen (wegen) *στενοχωριέμαι* (*γιά*) / Schulden *χρέος, τό* / dafür einstehen *κάνω καλά* / sich hinlegen *ξαπλώνω* (*σ*), *ξαπλώνομαι* (*θ*) / Sofa *καναπές* (*-έδες*) / sich ausruhen *ἀναπαύομαι* (*θ*), *ξεκουράζομαι* (*στ*) / ermüden *κουράζομαι* / sich zudecken *σκεπάζομαι* (*στ*) / sich erkälten *κρυώνω* (*σ*), *κρυολογῶ* (*εῖς·ησ*) / sich beunruhigen *ἀνησυχῶ* (*εῖς·ησ*) / denken *σκέπτομαι* (*φθ*) / Bauer *γεωργός* / aushalten (müssen) *δοκιμάζω* (*σ*) *ἀπό* / der griechische Bauer *ὁ Ἕλλην γεωργός* / sich vorstellen *φαντάζομαι* (*στ*) / empfangen *ὑποδέχομαι* (*χθ*) / los! *ἐμπρός* / sich kümmern um *hier: περιποιοῦμαι v/t.* / Eßzimmer *τραπεζαρία* / sich wenden an *ἀποτείνομαι* (*ταθ*) *σέ* / das Büro *γραφεῖο* / tatsächlich *πράγματι* / abholebereit *ἕτοιμος πρὸς παραλαβήν* / abfliegen *ἀπογειοῦμαι* (*ωθ/ἀπε-*) / landen *προσγειοῦμαι* (*ωθ/προσε-*) / empfangen *δέχομαι* (*χτ*) / verbindliche Grüße *σέβη, τά* (*Sing. σέβας, τό* Respekt)

# 13. Lektion

## 1. Νῖκος Καζαντζάκης

Ὕστερα ἀπὸ τὴν «Ὀδύσειά» του καὶ τὴ νέα ἔκδοση τῆς «Ἀσκητικῆς» ὁ Νῖκος Καζαντζάκης ἔδωκε ἕνα μεγάλο βιβλίο, μυθιστόρημα ὅπως τὸ χαρακτηρίζει: «Βίος καὶ Πολιτεία τοῦ Ἀλέξη Ζορμπᾶ». Πιστεύω πὼς ἀπὸ ὅλα του τὰ βιβλία τὸ «μυθιστόρημα» αὐτὸ ἀντιπροσωπεύει καὶ ἀποδίδει τὸν Καζαντζάκη, μιὰ φλογερὴ προσωπικότητα τῆς λογοτεχνίας μας, ἕναν ἀκαταπόνητο συγγραφέα.

Ὁ Καζαντζάκης εἶναι Κρητικός. *Γεννήθηκε* στὸ Κάστρο — στὸ Ἡράκλειο — στὰ 1882 (χίλια ὀχτακόσια ὀγδόντα δύο), *σπούδασε* νομικὰ στὴν Ἀθήνα, *συμπλήρωσε* τὴ νομικὴ μόρφωσή του στὸ Παρίσι. Στὰ 1906 (χίλια ἐννιακόσια ἕξι) μὲ τὸ ψευδώνυμο «Κάρμα Νιρβαμῆ» *κυκλοφόρησε* τὸ ποιητικὸ ἀφήγημα «Ὄφις καὶ Κρίνο», ποὺ θύμιζε τότε τὸ Ντανούντσιο καὶ τὸ δικό μας Ἐπισκοπόπουλο τοῦ «Ἄσματος τῶν Ἀσμάτων», ἕνα βιβλίο ἡδονῆς καὶ θανάτου. Στὰ 1910 (... δέκα) *τύπωσε* τὸ Νιτσεϊακὸ δρᾶμα «Πρωτομάστορας» ποὺ *μελοποιήθηκε* ἀπ' τὸν Καλομοίρη ἀργότερα. *Ἔγραψε* ἐπίσης καμμιὰ δεκαριὰ λυρικὲς τραγωδίες καὶ σ' ὅλες αὐτὲς ὑπάρχουν ὡραῖα μέρη, ὅπως λ.χ. στὸν «Ὀδυσέα» καὶ στὸ «Νικηφόρο Φωκᾶ». Τὰ τελευταῖα χρόνια *ἀνέβασε* στὴ σκηνὴ ἕναν «Καποδίστρια», δρᾶμα μὲ χορικά. Φιλαπόδημος, *εἶδε* τὴ Ρωσία, τὴν Ἱσπανία, τὴν Ἀγγλία κι ἄλλες πολλὲς χῶρες. Οἱ ἐντυπώσεις ποὺ *τύπωσε* σχετικὰ μὲ τὰ ταξίδια του εἶναι ἀπὸ τὶς καλύτερες περιηγητικὲς ἑλληνικὲς σελίδες. Ἔχουν χρῶμα, κίνηση καὶ ἀγάπη τοῦ παραδόξου. Τὸ μυθιστόρημα «Βίος καὶ Πολιτεία τοῦ Ἀλέξη Ζορμπᾶ» εἶναι καὶ γλωσσικῶς ἀκόμη, τὸ πιὸ εὐκολοδιάβαστο βιβλίο τοῦ Καζαντζάκη. Δὲ χρησιμοποιεῖ, ὅπως οἱ ἀντίπαλοί του λένε, γλωσσικὰ τέρατα, ἄγνωστα στὰ Ἑλληνικὰ[1] κέντρα, λέξεις παρμένες ἀπὸ τὰ κάθε λογῆς γλωσσάρια τῶν ἰδιωμάτων — ποὺ ξαφνίζουν καὶ κάποτε ἀποκαρδιώνουν ἢ ὀργίζουν τὸν ἀναγνώστη — καὶ ποὺ χρησιμοποιοῦνται σὲ ἄλλα ἔργα του.

[1]) s. Vorkursus ⑫ 6.

Entnommen der:

*Ἱστορία τῆς νέας Ἑλληνικῆς λογοτεχνίας τοῦ Ἀρίστου Καμπάνη. Βιβλιοπωλεῖον τῆς «Ἑστίας», ἐν Ἀθήναις* 1948.

## 2. Ἀνέκδοτο

Ὁ Γεώργιος ἀναγγέλλει στὸ τραπέζι:

— *Ἀρραβωνιάστηκα* μὲ τὴν Τζέννυ.

— Μὰ δὲν ἔχει πεντάρα, λέει ὁ πατέρας.

— Δὲν εἶναι διόλου οἰκονόμα, παρατηρεῖ ἡ μητέρα.

— Δὲν ἐνδιαφέρεται γιὰ κανένα σπόρ, διαμαρτύρεται ὁ ἀδελφός.

— Ἔχει πανάδες, λέει ἡ ἀδελφή.

— Ὅλη τὴν ὥρα διαβάζει. Δὲν ξέρει νὰ κάνη τίποτ' ἄλλο, προσθέτει ὁ θεῖος.

— Ντύνεται χωρὶς γοῦστο, συμπληρώνει ἡ θεία.

— Ἴσως, ἀποκρίνεται ὁ Γεώργιος, ἀλλὰ ἔχει ἕνα μεγάλο πλεονέκτημα: Δὲν ἔχει οἰκογένεια!

## Vokabeln

| | |
|---|---|
| *Ὀδύσεια (mst. Ὀδύσσεια)* | Odyssee |
| *ἔκδοση(-ις)* | Ausgabe |
| *ἀσκητική* | Einsiedlerleben |
| *ἔδωκε = ἔδωσε* | *hier:* gab heraus |
| *μυθιστόρημα, τό* | Roman |
| *ὅπως* | wie |
| *χαρακτηρίζω (σ)* | charakterisieren |
| *βίος* | Leben |
| *πολιτεία* | Staat; Lebensführung |

| | |
|---|---|
| 'Αλέξης | *Variante von Alexander* |
| Ζορμπᾶς | *Familienname* |
| ἀντιπροσωπεύω (ευσ) | vertreten, darstellen |
| ἀποδίδω (δωσ·δοϑ / ἀπε-) | wiedergeben |
| φλογερός | brennend, feurig |
| προσωπικότητα (-της) | Persönlichkeit |
| λογοτεχνία | Literatur |
| ἀκαταπόνητος | unermüdlich |
| συγγραφεύς (*s.* 8 F) | Schriftsteller |
| Κρητικός | Kreter |
| γεννιέμαι (ηϑ) | geboren werden |
| σπουδάζω (σ) | studieren |
| νομικά, τά | Jura |
| συμπληρώνω(σ) | vollenden, ergänzen |
| νομικός | juristisch |
| μόρφωση(-ις) | Bildung |
| Παρίσι, τό (*K.* Παρίσιοι, οἱ) | Paris |
| ψευδώνυμο | Pseudonym |
| κυκλοφορῶ (εῖς) | in Umlauf setzen; *hier:* veröffentlichen |
| ποιητικός | poetisch |
| ἀφήγημα, τό | Erzählung |
| ὄφις (*G.* -εως), ὁ | Schlange |
| κρῖνο | Lilie |
| ϑύμιζε | (*von* ϑυμίζω) erinnerte an (*s. L.* 14) |
| Ντανούντσιο | d'Annunzio (*ital. Schriftsteller*) |
| ἄσμα, τό | Lied |
| 'Επισκοπόπουλος | *griech. Schriftsteller* |
| ἡδονή | Lust, Genuß |
| τυπώνω (σ) | drucken (lassen), publizieren |
| Νίτσε | Nietzsche |
| νιτσεϊκός | nietzscheanisch |
| δρᾶμα, τό | Schauspiel |
| πρωτομάστορας | Obermeister |
| μελοποιῶ (ησ·ηϑ) | vertonen |
| Καλομοίρης | *griech. Komponist* |
| καμμιὰ δεκαριά | etwa zehn |
| λυρικός | lyrisch |
| τραγωδία | Tragödie |
| λ.χ. = λόγου χάριν | zum Beispiel |
| Νικηφόρος Φωκᾶς | *byzant. Feldherr* (963 bis 969) |

| | |
|---|---|
| ἀνεβάζω (σ·στ) | heben; hinauftragen; *hier:* aufführen |
| Καποδίστριας | *Regent des neuen griech. Freistaates* (1827—31) |
| χορικό | Chorgesang |
| φιλαπόδημος | reiselustig |
| Ρωσία | Rußland |
| 'Ισπανία | Spanien |
| 'Αγγλία | England |
| σχετικὰ μέ | mit Bezug auf |
| περιηγητικός | Reise- |
| κίνηση(-ις) | Bewegung |
| παράδοξο(ν) | Ausgefallene(s), Sonderbare(s) |
| γλωσσικῶς | *Adv. K.* sprachlich |
| εὐκολοδιάβαστος | leicht lesbar |
| ἀντίπαλος | Gegner |
| τέρας, τό (*G.* τέρατος; *pl.* τέρατα) | Ungeheuer |
| ἄγνωστος | unbekannt |
| κέντρο | Kulturzentrum |
| παρμένος | genommen |
| κάϑε λογῆς | jeder Art |
| γλωσσάριο | Glossar; Wortbestand |
| ἰδίωμα, τό | Idiom; *hier:* Dialekt |
| ξαφνίζω(σ) | überraschen, bestürzen |
| ἀποκαρδιώνω (σ) | entmutigen |
| ὀργίζω (σ) | verärgern |
| ἀρραβωνιάζομαι (στ) | sich verloben |
| Τζέννυ | Jenny |
| πεντάρα | Heller |
| διόλου | überhaupt nicht, nicht im geringsten |
| οἰκονόμος | sparsam |
| ἐνδιαφέρομαι (φερϑηκ) γιά | sich interessieren für |
| σπόρ, τό | Sport(art) |
| διαμαρτύρομαι (ρηϑηκ) | protestieren |
| πανάδα | Sommersprosse |
| προσϑέτω (ϑεσ·τεϑ/a. προσε-) | hinzufügen |
| γοῦστο | Geschmack |
| συμπληρώνω (σ) | ergänzen, hinzufügen |
| ἀποκρίνομαι (ϑ) | antworten, entgegnen |
| πλεονέκτημα, τό | Vorteil |
| οἰκογένεια | Familie |

# Grammatik

## Weitere Grundzahlen, Altersangabe und Datum **A**

101 ἑκατὸν ἕνας, ~ μία, ~ ἕνα
102 ἑκατὸ δύο
121 ἑκατὸν εἴκοσι ἕνα
122 ἑκατὸν εἴκοσι δύο
200 διακόσια, διακόσιες, διακόσια
300 τριακόσιοι (τρακόσιοι), τριακόσιες, τριακόσια
400 τετρακόσιοι, -σιες, -σια
500 πεντακόσιοι, -σιες, -σια
600 ἑξακόσιοι, -σιες, -σια
700 ἑφτακόσιοι, -σιες, -σια
800 ὀχτακόσιοι, -σιες, -σια
900 ἐννιακόσιοι, -σιες, -σια
1.000 χίλιοι, χίλιες, χίλια
2.000 δύο χιλιάδες (*Gen.*: -άδων)
3.000 τρεῖς χιλιάδες
4.000 τέσσερεις χιλιάδες
10.000 δέκα χιλιάδες
100.000 ἑκατὸν χιλιάδες
200.000 διακόσ**ιες** χιλιάδες
1.000.000 ἕνα ἑκατομμύριο
3.000.000 τρία ἑκατομμύρι**α**
1.000.000.000 ἕνα δισεκατομμύριο
1.000.000.000.000 ἕνα τρισεκατομμύριο

1. Die Zahlen 2, 5—10 sowie die Zehner 10, 20—100 werden nicht dekliniert.

2. Deklination von ἕνα, τρία, τέσσερα

| | *m* | *f* | *n* |
|---|---|---|---|
| *N.* | ἕνας | μία, μιά | ἕνα |
| *G.* | ἑνός | μιᾶς | ἑνός |
| *A.* | ἕναν | μία, μιά | ἕνα |
| *N.* | τρεῖς, τέσσερεις | | τρία, τέσσερα |
| *G.* | τριῶν, τεσσ**ά**ρων | | |
| *A.* | (= *N.*) τρεῖς, τέσσερεις | | τρία, τέσσερα |

3. Die Hunderter διακόσιοι *usw.* werden wie das Adjektiv πλούσιος (*s. L.* 8 *Tabelle*) dekliniert.

4. Die Bestandteile der zusammengesetzten Zahlen werden dekliniert, wenn sie einzeln auch dekliniert werden:

223 Menschen: διακόσιοι εἴκοσι τρεῖς ἄνθρωποι

eine Gruppe von 223 Menschen: μία ὁμάδα διακόσιων εἴκοσι τριῶν ἀνθρώπων

2544 Drachmen: δύο χιλιάδες πεντακόσ**ιες** σαράντα τέσσερ**εις** δραχμές

Der Wert von 2544 Drachmen: ἡ ἀξία δύο χιλιά**δων** πεντακόσ**ιων** σαράντα τεσσ**άρων** δραχμῶν

Er hat eintausend Drachmen. Ἔχει χίλιες δραχμές.

5. Zur Andeutung einer großen unbestimmten Menge verwendet man:

χιλιάδες, μιλιούνια (*aus ital. milione*), ἑκατομμύρια, μυριάδες (Myriaden), μύρια, χίλια, χίλια δυό, ἑξήντα δυό, σαράντα δυό, z. B.:

Χάθηκαν χιλιάδες ἄνθρωποι. — Tausende von Menschen gingen zugrunde.

6. Beim Zählen und Nennen von Jahreszahlen verwendet man, soweit möglich, das Neutrum Plural:

Μέτρησα ὡς 633 (ἑξακόσι**α** τριάντα τρ**ία**) ὡς 3005 (τρεῖς χιλιάδες πέντε). — Ich zählte bis 633, bis 3005.

## Alter (ἡ ἡλικία) B

| | |
|---|---|
| Πόσων χρονῶν (ἐτῶν) εἶναι; | Wie alt ist er? |
| Εἶναι **τριῶν** | Er ist 3, |
| εἴκοσι | 20, |
| εἴκοσι **ἑνὸς** | 21, |
| τριάντα τεσσ**άρων** χρονῶν (ἐτῶν). | 34 Jahre alt. |
| Σὲ ἡλικία δεκαοχτὼ ἐτῶν ἔδωσε τὰς (τὶς) ἀπολυτηρίους ἐξετάσεις (*K.* αἱ ἀπολυτήριοι ἐξετάσεις = Abgangsprüfung). | Im Alter von 18 Jahren machte er das Abitur. |
| Πέθανε σὲ ἡλικία ἑξήντα δύο (ἐνενήντα τριῶν) ἐτῶν. | Er starb im Alter von 62 (93) Jahren. |

## Datum (ἡ ἡμερομηνία *aus* ἡ ἡμέρα *Tag* + μῆνας *Monat*). C

### 1. Tag (ἡ ἡμέρα)

| | |
|---|---|
| Τί ἡμερομηνία ἔχομε (εἶναι) σήμερα; | Welches Datum haben wir heute? |
| Πόσες (τοῦ μηνὸς) ἔχομε σήμερα; Πόσο τοῦ μηνὸς ἔχομε σήμερα; Πόσο ἔχει ὁ μῆνας σήμερα; | **Den** wievielten haben wir heute? (Der wievielte ist heute?) |
| 'Αντίπροχθες (ἀντιπροχθές), τὴν Δευτέρα, εἴχαμε (ἦταν) **δώδεκα,** προχθές, τὴν Τρίτην, εἴχαμε (ἦταν) **δεκατρεῖς,** χθές, τὴν Τετάρτην, **δεκατέσσερεις,** σήμερα ἔχομε (εἶναι) δεκαπέντε (τοῦ μηνός, Μαρτίου). | Vorvorgestern, Montag, hatten wir den 12. (war der 12.), vorgestern, Dienstag, hatten wir den 13. (war der 13.), gestern, Mittwoch, den 14., heute haben wir den 15. (ist der 15.) (dieses Monats, März). |
| *Im Griechischen:* | *Im Deutschen:* |
| einfache Grundzahl mit dem Genitiv des Monats | Artikel, Ordnungszahl mit der unveränderten Form des Monats |
| *Aber:* | |
| Σήμερα ἔχομε (τὴν) **πρώτη** (τοῦ μηνός) *oder* σήμερα εἶναι **πρωτομηνιά.** | Heute haben wir den ersten. |

### 2. Tag und Monat (ἡ ἡμέρα καὶ ὁ μῆνας) D

| | |
|---|---|
| **Στὶς** πόσες γεννήθηκε; | **Am** wievielten ist er geboren? |
| Γεννήθηκε στὶς 21 (εἴκοσι **μία**) 'Ιανουαρίου. | Er ist am 21. Januar geboren. |
| στὶς 16 (δεκαέξι) Φεβρουαρίου | am 16. Februar |
| *aber:* **τὴν πρώτη** Μαρτίου. | am 1. März |

3. **Jahr** (ὁ χρόνος, *pl.* τὰ χρόνια, τὸ ἔτος) **E**

| | |
|---|---|
| τὸ (*oder* στὰ) 1962 (χίλια ἐννιακόσια ἑξήντα δύο) | 1962 *oder* im Jahre 1962 |
| Ὁ Ἰουστινιανὸς ἀνέβηκε στὸ θρόνο τὸ 527 (πεντακόσια εἴκοσι ἑπτά), | Justinian kam im Jahre 527 auf den Thron, |
| βασίλευσε **ἀπὸ τὸ** 527 **ὡς τὸ** 565 (πεντακόσια ἑξήντα πέντε), δηλαδὴ 38 (τριάντα ὀχτὼ) χρόνια. | er regierte **von** 527 **bis** 565, d. h. 38 Jahre. |
| Ὁ Μέγας Ἀλέξανδρος γεννήθηκε τὸ (στὰ) 356 **π.Χ.** (τριακόσια πενήντα ἕξι **πρὸ Χριστοῦ**). | Alexander der Große wurde 356 **v. Chr.** geboren. |
| Ὁ Μωάμεθ γεννήθηκε τὸ (στὰ) 571 **μ.Χ.** (πεντακόσια ἑβδομήντα ἕνα **μετὰ Χριστόν**). | Mohammed wurde 571 **n. Chr.** geboren. |
| Εἶναι ἄνοιξη **τοῦ** 334 (τριακόσια τριάντα τέσσερα) ... | Es ist im Frühling **des** Jahres 334 ... |

4. **Tag, Monat, Jahr** (ἡμέρα, μῆνας, ἔτος) **F**

| | |
|---|---|
| Ὁ Μωάμεθ ὁ Β' (ὁ Δεύτερος) φάνηκε **στὶς** 5 (τοῦ) Ἀπριλίου (τοῦ) 1453 (χίλια τετρακόσια πενήντα τρία) μπροστὰ στὴν Πόλη. | Mohammed II. erschien am 5. April (des Jahres) 1453 vor Konstantinopel. |
| Ἡ ἐπίθεση ἄρχισε **τὴ** χαραυγὴ **στὶς** 29 (εἴκοσι ἐννέα) (τοῦ) Μαΐου (Μάη). | Der Angriff begann in der Morgendämmerung am 29. Mai. |

**G**

**Die Namen der Monate** (τὰ ὀνόματα τῶν μηνῶν). Bis auf Juni und Juli haben die Monate zwei Formen: Eine Katharevusa- und eine Dhimotiki-Form. Wegen des abweichenden Akzentes präge man sich auch den oft vorkommenden Genitiv der Katharevusa-Form ein.

| *Katharevusa* | | *Dhimotiki* | |
|---|---|---|---|
| Ἰανουάριος | Ἰανουαρίου | Γεννάρης (-η) | Januar |
| Φεβρουάριος | Φεβρουαρίου | Φλεβάρης | Februar |
| Μάρτιος | Μαρτίου | Μάρτης | März |
| Ἀπρίλιος | Ἀπριλίου | Ἀπρίλης | April |
| Μάϊος | Μαΐου | Μάης | Mai |
| Ἰούνιος | Ἰουνίου | | Juni |
| Ἰούλιος | Ἰουλίου | | Juli |
| Αὔγουστος | Αὐγούστου | | August |
| Σεπτέμβριος | Σεπτεμβρίου | Σεπτέμβρης | September |
| Ὀκτώβριος | Ὀκτωβρίου | Ὀκτώβρης | Oktober |
| Νοέμβριος | Νοεμβρίου | Νοέμβρης | November |
| Δεκέμβριος | Δεκεμβρίου | Δεκέμβρης | Dezember |

## Die Jahreszeiten (οἱ ἐποχὲς τοῦ ἔτους) H

*In Klammern stehen die Katharevusa-Formen.*

| | | | |
|---|---|---|---|
| ἡ ἄνοιξη(-ις) (τὸ ἔαρ, ἔαρος) | Frühling | τὸ φθινόπωρο(ν) | Herbst |
| τὸ καλοκαίρι (τὸ θέρος) | Sommer | ὁ χειμώνας (ὁ χειμών, χειμῶνος) | Winter |

## Festtage (οἱ γιορτές, *a.* ἑορτές, *K.* αἱ ἑορταί) I

| | |
|---|---|
| τὰ Χριστούγεννα | Weihnachten |
| ἡ παραμονὴ τῆς Πρωτοχρονιᾶς | Silvester |
| ἡ Πρωτοχρονιά | Neujahr |
| ἡ ἑορτὴ τῆς Ὑπαπαντῆς καὶ | Mariä Lichtmeß und |
| ἡ ἑορτὴ τῆς Μητέρας (ἡ 2α Φεβρουαρίου) | Muttertag (*2. Februar*) |
| οἱ Ἀποκριές | Fasching |
| ἡ Καθαρὰ Δευτέρα | Rosenmontag |
| τὰ κούλουμα | Fastnacht |
| ἡ 25η (εἰκοστὴ πέμπτη) Μαρτίου: | der 25. März: |
| διπλῆ ἑορτή: τοῦ Εὐαγγελισμοῦ | Doppelfest: Mariä Verkündigung |
| καὶ Ἐθνικὴ Ἑορτή | und Nationalfeiertag |
| (ἡ πρωταπριλιά) | (der erste April) |
| ἡ Μεγάλη Παρασκευή | Karfreitag |
| τὸ Μεγάλο Σάββατο | Ostersonnabend |
| ἡ Ἀνάσταση(-ις) | Auferstehung |
| τὸ Πάσχα, ἡ Λαμπρή | Ostern |
| ἡ Κυριακὴ τοῦ Πάσχα | Ostersonntag |
| ἡ Δευτέρα τοῦ Πάσχα | Ostermontag |
| ἡ Πρωτομαγιά | der erste Mai |
| ἡ Πεντηκοστή | Pfingsten |
| ἡ 28η (εἰκοστὴ ὀγδόη) Ὀκτωβρίου | der 28. Oktober |
| (ἡ φθινοπωρινὴ Ἐθνικὴ Ἑορτή) | (der Herbstnationalfeiertag) |
| τὰ γενέθλια | Geburtstag |
| ἡ ὀνομαστικὴ ἑορτή | Namenstag |

J

**Glückwünsche** (εὐχές). Allgemeinster Wunsch zu allen Festtagen, zum Geburtstag und Namenstag:

Χρόνια πολλά („viele Jahre ...") — Fröhliche Weihnachten, Frohes neues Jahr, Frohe Ostern, meinen herzlichen Glückwunsch!

Καλὲς γιορτές Frohe Festtage!

Καλὰ Χριστούγεννα (*vor dem Fest*): Frohe Weihnachstage (*nicht:* Fröhliche Weihnachten, *da dies nur an den Festtagen selbst gebräuchlich*).

| | |
|---|---|
| Εὐτυχισμένος (καὶ χαρούμενος) ὁ καινούργιος Χρόνος! *oder* Καλὸς κ'εὐτυχισμένος ὁ καινούργιος Χρόνος! *oder* *K.* Εὐτυχὲς τὸ Νέον Ἔτος | Ein glückliches (und frohes) neues Jahr! |
| *oder* καὶ τοῦ χρόνου („und auch für das nächste Jahr"), | *etwa:* Alles Gute im kommenden Jahr! |
| *oder* Καλὴ χρονιά! | Ein gutes neues Jahr! |
| Καλὸ Πάσχα (*vor dem Fest*)! | Frohe Ostertage! |

*In der Nacht vom Ostersonnabend zum Ostersonntag und Ostern selbst:*

| | |
|---|---|
| Χριστὸς ἀνέστη | Christus ist auferstanden. |
| *Antwort:* Ἀληθινῶς (*od.* ἀληθῶς) ἀνέστη. | Wahrhaft, er ist auferstanden. |
| *K.* ἀνίσταμαι (ἀνέστην) | auferstehen |

*Satzbeispiele:*

wünschen εὔχομαι (*mit Akk. od. Dat. der Person*)

Glück wünschen zu συγχαίρω (Π συγχαρῶ) γιά (*K.* ἐπί + *G.*)

| | |
|---|---|
| Λένε **τὰ** χρόνια πολλὰ ὁ ἕνας στὸν ἄλλο. | (*sie sagen viele Jahre der eine zum anderen:*) Sie wünschen einander Glück. |
| Χρόνια πολλά, παππού! εὔχονται τὰ παιδιὰ **τὸν** παππού τους. | „Und alles Gute zum Namenstag!" wünschen die Kinder ihrem Großvater. |
| Εὐχήθηκαν **στὰ** παιδιὰ χρόνια πολλά. | Sie wünschten den Kindern viel Glück. |
| Χρόνια πολλά. Νὰ ζήσετε (= daß Ihr lebet)! | *etwa:* Auch Euch alles Gute! (Und vor allem Gesundheit!) |
| Συγχαρητήρια γιὰ τὰ γενέθλιά σας (τὴν ἑορτή σας)! | Meinen besten Glückwunsch zu Ihrem Geburtstag (Namenstag)! (ich gratuliere Ihnen zum Geburtstag). |
| Σᾶς συγχαίρω γιὰ τὴν ἐπιτυχία σας. | Ich gratuliere Ihnen zu Ihrem Erfolg. |
| Τὴ Μεγάλη Παρασκευὴ γίνεται ἡ περιφορὰ τοῦ Ἐπιταφίου. | Am Karfreitag findet die Grablegungsprozession statt. |

**K**

**Ordnungszahlen.** Kennzeichen der Ordnungszahlen ist das unbetonte Element *-τος* für die Zahlen von 1—19, das betonte Element *-στός* für die Zehner, Hunderter, Tausender usw. Die femininen Katharevusa-Formen, die in amtlichen Datumsangaben häufig auftreten, zeigen wegen der Länge des *-η* (*s. Vorkursus* ⑧) bei den Proparoxytona Akzentverschiebung. Es ist von praktischem Wert, sich diese Formen, die in Klammern angeführt werden, lautlich einzuprägen.

1 πρῶτος, η, ο(ν) (πρώτη)
2 δεύτερος, η, ο(ν) (δευτέρα)
3 τρίτος
4 τέταρτος (τετάρτη)
5 πέμπτος
6 ἕκτος
7 ἕβδομος (ἑβδόμη)
8 ὄγδοος (ὀγδόη)

| | | | |
|---|---|---|---|
| 9 | ἔνατος (ἐνάτη) | 120 | ἑκατοστὸς εἰκοστός |
| 10 | δέκατος (δεκάτη) | 121 | ἑκατοστὸς εἰκοστὸς πρῶτος |
| 11 | ἑνδέκατος (ἑνδεκάτη) | 122 | ἑκατοστὸς εἰκοστὸς δεύτερος |
| 12 | δωδέκατος (δωδεκάτη) | 123 | ἑκατοστὸς εἰκοστὸς τρίτος |
| 13 | δέκατος τρίτος (δεκάτη τρίτη) *usw.* | 200 | διακοσιοστός |
| 14 | δέκατος τέταρτος | 300 | τριακοσιοστός |
| 15 | δέκατος πέμπτος | 400 | τετρακοσιοστός |
| 16 | δέκατος ἕκτος | 500 | πεντακοσιοστός |
| 17 | δέκατος ἕβδομος | 600 | ἑξακοσιοστός |
| 18 | δέκατος ὄγδοος | 700 | ἑφτακοσιοστός |
| 19 | δέκατος ἔνατος | 800 | ὀχτακοσιοστός |
| 20 | εἰκοστός, ή, ό(ν) | 900 | ἐννιακοσιοστός |
| 30 | τριακοστός | 1.000 | χιλιοστός |
| 40 | τεσσαρακοστός | 2.000 | δισχιλιοστός |
| 50 | πεντηκοστός | 3.000 | τρισχιλιοστός |
| 60 | ἑξηκοστός | 10.000 | δεκακισχιλιοστός |
| 70 | ἑβδομηκοστός | 100.000 | ἑκατοντακισχιλιοστός |
| 80 | ὀγδοηκοστός | 200.000 | διακοσιακισχιλιοστός |
| 90 | ἐνενηκοστός | 1.000.000 | ἑκατομμυριοστός |
| 100 | ἑκατοστός | 1.000.000.000 | δισεκατομμυριοστός |
| 101 | ἑκατοστὸς πρῶτος | 1.000.000.000.000 | τρισεκατομμυριοστός |

Die Ordnungszahl-Adverbien *erstens, zweitens, drittens* usw. werden im Neugr. durch die Ordnungszahl im Neutrum Sing. (*K.*), also mit der Endung **-ον**, wiedergegeben:

| | |
|---|---|
| πρῶτον | erstens |
| δεύτερον | zweitens |
| τρίτον | drittens *usw.* |

**L**

**Der Gebrauch der Ordnungszahlen** ist in der Dhimotiki ziemlich beschränkt. Man verwendet sie

1. zur Angabe des Jahrhunderts:

| | |
|---|---|
| στὸν δεύτερο αἰῶνα μ. Χ.,<br>στὸν 2ο αἰῶνα μ. Χ. | im 2. Jahrhundert n. Chr. |

2. zur Bezeichnung der zeitlichen Reihenfolge geschichtlicher Persönlichkeiten gleichen Namens:

| | |
|---|---|
| Γεώργιος Α' (ὁ Πρῶτος), βασιλεὺς τῶν Ἑλλήνων (1863—1913) | Georg I., König der Griechen |

3. zuweilen zur Angabe des Datums (im allgemeinen Grundzahl):

| | |
|---|---|
| Σήμερα εἶναι ἡ 28η (εἴκοστη ὀγδόη) Ὀκτωβρίου. | Heute ist der 28. Oktober. |

4. allgemein zur Angabe der Stelle in einer Reihenfolge:

| | |
|---|---|
| Αὐτὸ εἶναι τὸ δέκατο τρίτο μάθημα,<br>τὸ 13ο μάθημα. | Das ist die 13. Lektion. |

Häufig gibt man die Stelle in einer Reihenfolge auch — ähnlich wie im Deutschen — durch die Grundzahl an (*vgl. L.* 7, *Übungen*):

| | |
|---|---|
| Συνέχεια στὴ σελίδα 7 (ἑφτά) | Fortsetzung Seite 7 |
| Συνέχεια ἀπὸ τὴ σελίδα 2 (δύο) | Fortsetzung von Seite 7) |

In Zeitungen findet man fast nur die Katharevusa-Formen:

| | |
|---|---|
| Συνέχεια εἰς τὴν 7ην (ἑβδόμην) σελίδα | (Fortsetzung auf der 7. Seite) |
| Συνέχεια ἐκ τῆς 2ας (δευτέρας) σελίδος | (Fortsetzung von der 2. Seite) |

## M

In der Katharevusa ist der Anwendungsbereich der Ordnungszahlen größer. Durch Ordnungszahlen wird außer den oben genannten Fällen

1. in amtlicher Sprache die Uhrzeit angegeben, besonders wenn eine weitere Zeitbezeichnung (*z. B.* τῆς πρωίας morgens, μετὰ μεσημβρίαν nachmittags) folgt, z. B.:

| | |
|---|---|
| τὴν 3ην (τρίτην) ὥραν μ.μ. | 3 Uhr nachmittags |

2. in amtlichen Mitteilungen und in Briefen (besonders Geschäftsbriefen) das Datum angegeben, und zwar in Briefen fast immer in der Dativform der Katharevusa, in anderen Mitteilungen meist in der Akkusativform.

Briefdatum:

| | |
|---|---|
| 'Εν 'Αθήναις, τῇ 3ῃ (τρίτῃ) 'Οκτωβρίου 1962 | Athen, den 3. Oktober 1962 |

Bekanntmachungen, Abfahrtzeit eines Dampfers:

| | |
|---|---|
| ἐκ Πειραιῶς, | ab Piräus, |
| Τρίτην, 14ην (δεκάτην τετάρτην) Αὐγούστου | Dienstag, den 14. August |
| ὥραν 8ην (ὀγδόην) μ.μ. | 8 Uhr abends |
| κατ' εὐθεῖαν Τῆνον. | direkt nach Tinos. |

## N

Bei arabischen Ziffern wird die Ordnungszahl durch die Endung angedeutet. Man unterscheide:

| | |
|---|---|
| στὸν 2ον αἰῶνα | im 2. Jahrhundert |
| στὸν 20ον αἰῶνα | im 20. Jahrhundert |

## O

Neben den arabischen Zahlzeichen findet sich zuweilen auch (*z. B.* zur Bezeichnung der Schulklasse, zur Zählung von Kapiteln in Büchern, zur Angabe des Jahrhunderts, nach Eigennamen geschichtlicher Persönlichkeiten) die altgr. Darstellung durch die Buchstaben des Alphabets, die rechts oben oder links unten einen Strich erhalten. Obwohl die höheren Zahlzeichen selten gebräuchlich sind, wird hier die vollständige Tabelle der Zahlzeichen gegeben, die, da das Alphabet für das gewählte System nicht ausreichte, durch drei Buchstaben ergänzt wurden, und zwar durch:

ϛ στίγμα ϟ κόππα ϡ σαμπί

An Stelle von ϛ schreibt man heute meist στ.

## Die altgriechischen Zahlzeichen

Das auf einer Teilung in drei Gruppen fußende System ist aus der folgenden Tabelle ersichtlich:

| | | |
|---|---|---|
| 1 α′ | 10 ι′ | 100 ρ′ |
| 2 β′ | 20 κ′ | 200 σ′ |
| 3 γ′ | 30 λ′ | 300 τ′ |
| 4 δ′ | 40 μ′ | 400 υ′ |
| 5 ε′ | 50 ν′ | 500 φ′ |
| 6 στ′ | 60 ξ′ | 600 χ′ |
| 7 ζ′ | 70 ο′ | 700 ψ′ |
| 8 η′ | 80 π′ | 800 ω′ |
| 9 ϑ′ | 90 ϟ′ | 900 ϡ |
| 1.000 ͵α | 10.000 ͵ι | 100.000 ͵ρ |
| | 11 ια′ | 101 ρα′ |
| | 12 ιβ′ | 210 σι′ |
| | 21 κα′ | 323 τκγ′ |
| | 33 λγ′ | 450 υν′ |
| | 44 μδ′ | 1962 ͵αϡξβ′ |

Anstatt der kleinen werden auch die großen Buchstaben verwendet, immer zur Bezeichnung der dynastischen Folge:

Κωνσταντῖνος ΙΑ′ (ὁ ἑνδέκατος) *Konstantin XI.*

**P**

**Verb. Regel zur mechanischen Anwendung des Aorists.** Wie aus den zahlreichen Sätzen der Texte der 12. und 13. L. hervorgeht, besteht zwischen Datum (oder einer anderen genaueren Zeitbezeichnung) und der Aoristform des Verbs eine direkte Wechselbeziehung. Diese äußere, in der Praxis sehr nützliche Regel deckt zwar nicht alle Fälle. Die nächste Lektion, in der das Imperfekt behandelt wird, zeigt, daß auch in Sätzen mit einer Zeitbestimmung das Imperfekt stehen kann. Beispiele für die Anwendung des Aorist aus der 13. Lektion:

*ein nützlicher Anhaltspunkt:* Datum / Aorist

ὕστερα ἀπὸ τὴν «Ὀδύσσεια» ... **ἔδωκε**

γεννήθηκε στὰ 1882 ...

στὰ 1906 ... κυκλοφόρησε ...

στὰ 1910 **τύπωσε** ...

τὰ τελευταῖα χρόνια ἀνέβασε ...

## Übungen

a) Man setze in dem folgenden Abschnitt die passende Verbform ein und schreibe die Zahl in Worten:

Ἕνας ἄνθρωπος βασανίζεται ἀπὸ τὴν ἀϋπνία καὶ ὁ γιατρὸς τὸν συμβουλεύει γιὰ νὰ (μπορῶ —) νὰ (κοιμᾶμαι ˙), κάθε φορὰ ποὺ ξαπλώνεται στὸ κρεββάτι νὰ (ἀρχίζω) νὰ (μετρῶ).
Τὴν ἄλλη ἡμέρα ὁ γιατρὸς τὸν ρωτᾶ:
— Λοιπόν, ἀκολούθησες τὴν συμβουλή μου;
— Μάλιστα, γιατρέ μου. (Μετρῶ) ὡς 22285 . . .
— Καὶ (κοιμᾶμαι);
— Ὄχι, Ἦταν ὥρα νὰ (πηγαίνω ˙) στὸ γραφεῖο μου.

b) Ergänzen Sie die Endungen und fehlenden Wörter, setzen Sie die richtige Verbform ein und schreiben Sie die Zahlen aus:

1. — 25 Μαρτ- οἱ Ἕλλην- ἑορτάζ- διπλῆ ἑορτ-. Ἡ μιὰ εἶναι ὁ — τῆς Θεοτόκου. Εἶναι ποὺ (κατεβαίνω) ὁ ἄγγελος στὴν Παρθέν- Μαρία καὶ — εἶπε:
«Χαῖρε, κεχαριτωμένη Μαρία,
ὁ Κύριος μετὰ Σοῦ . . .»
Αὐτ- εἶναι — θρησκευτικ- Ἑορτ-. — ἄλλ- εἶναι — Ἐθνικ- Ἑορτ-. Τὴν ἡμέρα αὐτὴ τὸ 1821, οἱ Ἕλλην- (λαμβάνω) τὰ ὅπλα γιὰ νὰ (ἐλευθερώνω).

2. Τ- 28- Ὀκτωβρ- 1940 ὅλ- — Ἕλλην- (σηκώνομαι) σὰν ἕνας ἄνθρωπος, γιὰ νὰ (ὑπερασπίζω) τὴν γ- τ- πατέρ- τους. — Ἐχθρ- τ- Ἑλλάδ- εἶχαν κηρύξει τότε ἐξαφνικὰ τ- πόλεμ-.

c) Lesen und schreiben Sie alle nachstehenden Zahlen in Worten:

1. Ὁ πληθυσμὸς τῆς Ἑλλάδος ποὺ ἔχει ἔκταση 132.562 τετραγωνικὰ χιλιόμετρα εἶναι 8.400.000 κάτοικοι.
Ὅλος ὁ πληθυσμὸς τῆς Ἑλλάδος εἶναι μοιρασμένος σὲ 11.000 συνοικισμοὺς ποὺ ἀποτελοῦν (5½ Tausend) κοινότητες καὶ 218 δήμους.

2. Γιὰ τὴν καλύτερη διοίκηση, ὅλη ἡ Ἑλλάδα εἶναι διαιρεμένη σὲ 50 Νομοὺς καὶ στὸ αὐτοδιοίκητο διαμέρισμα τοῦ Ἁγίου Ὄρους.
Ὁ Νομὸς διαιρεῖται σὲ ἐπαρχίες. Οἱ πόλεις καὶ τὰ χωριὰ ἀποτελοῦν δήμους ἢ κοινότητες.
Ὁ δῆμος εἶναι διοικητικὴ περιφέρεια ποὺ ἔχει πάνω ἀπὸ 10.000 κατ. (*oder* ἄνω τῶν 10.000 κατ.).
Στὴν Ἑλλάδα ὑπάρχουν 74 πόλεις μὲ πληθυσμὸ πάνω ἀπὸ 10.000 κατ.

3. Ὁ πληθυσμὸς τῆς Στερεᾶς Ἑλλάδος εἶναι 2.170.000 κάτοικοι. Ἡ πυκνότητα τοῦ πληθυσμοῦ εἶναι 91 κάτοικοι σὲ κάθε τετραγωνικὸ χιλιόμετρο.

῾Η ἔκταση τοῦ Νομοῦ ᾿Αττικῆς, ποὺ διαιρεῖται σὲ 6 ἐπαρχίες, 48 δήμους καὶ 98 κοινότητες, εἶναι 3.805 τετραγωνικὰ χιλιόμετρα.

4. ῾Η ἔκταση τῶν ῾Εφτανήσων εἶναι 2.237 τετραγωνικὰ χιλιόμετρα καὶ ὁ πληθυσμός τους 229.000 κάτοικοι. ῾Η πυκνότητα τοῦ πληθυσμοῦ εἶναι 102 κάτοικοι σὲ κάθε τετραγωνικὸ χιλιόμετρο.

d) Man ergänze die fehlenden, durch Anfangsbuchstaben angedeuteten Wörter und schreibe alle vorkommenden Zahlen aus:

1. Σ᾿αὐτὰ τὰ χ..., τὸν 4ο καὶ 5ο μ.Χ. αἰῶνα, ἔγινε μεγάλη ἀναστάτωση στὸ Ρωμαϊκὸ κράτος. Π... λαοί, τὸ περισσότερο Γ..., π... τὰ σύνορα, τὸ Δούναβη καὶ τὸ Ρῆνο καὶ μπ... στὶς ἐπαρχίες τῆς αὐτοκρατορίας.

2. ῾Ο ᾿Ιουστινιανὸς ἀν- στὸ θ... τὸ 527, στὴν ἀρχὴ δηλαδὴ τοῦ 6ου αἰῶνα μ.Χ.

3. ῾Η Μακεδονικὴ Δυναστεία ἔ... στὸ θρ... 194 χρόνια, ἀπὸ 867—1061, δηλαδὴ τὸν 9ο, 10ο καὶ 11ο α.... Στοὺς 3 αὐτοὺς α..., ἰδιαίτερα τὸ 10ο, ἡ Βυζαντινὴ Αὐτοκρατορία ἔφθασε στὴ μεγαλύτερη της λαμπρότητα.

4. Τὴ Μακεδονικὴ Δυναστεία τ... ἵδρυσε ὁ Βασίλειος Α′ ὁ Μακεδών, ποὺ ἦ... ἀμόρφωτος, ἀλλὰ φάνηκε πολὺ πρακτικὸς καὶ ἐκυβέρνησε καλὰ τὸ κράτος. Αὐτὸν διεδέχθη ὁ γιός του, Λέων ΣΤ′, ποὺ τὸν εἶπαν Σοφό, ἐπειδὴ ἀντίθετα στὸν πατέρα του αὐτὸς εἶχε μάθει πολλὰ γράμματα.

5. ᾿Απὸ τὸν 11ο αἰῶνα μεγάλο μ... τῆς Μ... ᾿Ασίας ἐξουσίαζαν οἱ Σελτζοῦκοι.

6. ᾿Απὸ τότε, δηλαδὴ ἀπὸ τὴν ἀ... τοῦ 14ου α..., τὸ ᾿Οθωμανικὸ κράτος πρόκοψε τόσο γρήγορα, ὅσο δὲν τὸ βάζει ὁ νοῦς τοῦ ἀ...

7. Στὸ ΙΕ′ ὅμως αἰῶνα πολλοὶ ῞Ελληνες λόγιοι ἄρχισαν νὰ πηγαίνουν στὴν ᾿Ιταλία.

8. Στὰ 1448 πέθανε ὁ αὐτοκράτωρ ᾿Ιωάννης ὁ Η′ καὶ ἀ... στὸ θ... ὁ ἀδελφός του, ὁ Κωνσταντῖνος ΙΑ′ ὁ Παλαιολόγος.

9. ῾Η ᾿Αναγέννηση ἔ... στὸ 15ο καὶ 16ο αἰῶνα.

10. Τὸ 15ο αἰῶνα οἱ θαλασσινοὶ τῆς Ε... ἄρχισαν νὰ κάνουν μεγάλα ταξίδια.

e) Übersetzen Sie ins Neugriechische:

1. Der Frühling. Er dauert drei Monate, vom 21. März bis zum 22. Juni. Es ist die Zeit (ἐποχή), in der (ποὺ) die Tage länger werden. Die Sonne wärmt immer mehr, und die Pflanzen blühen.

2. Der Sommer. Er dauert drei Monate, vom 22. Juni bis zum 23. September. Die Sonne geht früh auf und spät unter. Es ist die Zeit mit den langen und heißen Tagen, (die Zeit) der Ernte, der Ferien und der Reisen.

3. Der Herbst. Er dauert drei Monate, vom 23. September bis zum 22. Dezember. Die Tage werden kürzer, und die Nächte werden länger. Es ist die Zeit der Weinlese, des Schulbeginns, der ersten Regenfälle und der Aussaat.

4. Der Winter. Er dauert drei Monate, vom 22. Dezember bis zum 21. März. Es ist die Zeit der Fröste und des Schnees, des Weihnachts- und des Neujahrsfestes (*Übers.* der Weihnachten und des Neujahrs).

Παροιμία (Sprichwort): Θέρος — τρύγος, πόλεμος.
*(Sinn: Ernte und Weinlese dulden keinen Aufschub.)*

f) Übersetzen Sie ins Neugriechische:

Georgs Familie zählte die Nachteile seiner Verlobten auf:

— Erstens hat sie keinen Heller, zweitens ist sie überhaupt nicht sparsam, drittens interessiert sie sich für keinen Sport, viertens hat sie Sommersprossen, fünftens liest sie dauernd, sechstens kleidet sie sich geschmacklos.

— Das stimmt, entgegnete Georg. Aber siebtens hat sie keine Tante, achtens hat sie keinen Onkel, neuntens hat sie keine Schwester, zehntens hat sie keinen Bruder, elftens hat sie überhaupt keine Familie, die mich von morgens bis abends anmeckert, und zwölftens werde ich Jenny nächste Woche heiraten.

g) Aus dem Leben des Herrn Soundso: — Er wurde am 14. Juli 1879 in Athen geboren. Er verliebte sich zum ersten Mal am 1. Mai 1895 im Alter von 16 Jahren, zum zweiten Mal am 2. Juni 1896. Er verlobte sich am 21. November 1902 und heiratete am 13. Januar 1910.
— Und wann starb er?
— Er ist noch nicht gestorben. Er lebt noch.
— Und wieviel Jahre ist er jetzt alt?
— Ich will mal nachrechnen (= laß, daß ich rechne)!
— 1910 war er 31 Jahre, 4 Jahre später, bei Ausbruch des ersten Weltkrieges (*oder:* als der erste Weltkrieg ausbrach), ging er ins 35. Lebensjahr. Ende des Krieges war er 39 Jahre alt. Im Jahre 1939, bei Ausbruch des zweiten Weltkrieges (*oder:* als der zweite Weltkrieg ausbrach), war er 60 Jahre. Seitdem sind 25 Jahre vergangen. Also ist er heute 85 Jahre. — Du bist wirklich ein guter Rechner (= Wirklich, du hast mit Raschheit gerechnet).

h) Ἀπαντῆστε στὶς ἀκόλουθες ἐρωτήσεις ἢ συμπληρῶστε τὶς φράσεις (βλέπε τὸ 12ο μάθημα):

1. Πόσα χρόνια κατοικεῖται ἡ Ἑλλάδα ἀπὸ τοὺς Ἕλληνες;
2. Καὶ ποιοὶ τὴν κατοικοῦσαν πρίν;
3. Ἀπὸ ποιοὺς ἀνεπτύχθηκε ὁ ἀρχαῖος Ἑλληνικὸς πολιτισμός;
4. Σὲ πολλὰ μέρη τῆς Ἑλλάδας σώθηκαν....
5. Τί ὀφείλουν οἱ Ἕλληνες στὸν Μέγα Ἀλέξανδρο;
   [... τὴν ἅπλωση τοῦ ...]
6. Σὲ (εἰς) ποιοὺς ὑποδουλώθηκαν;
7. Τί ἵδρυσαν ὕστερα;
8. Πότε ἔπεσε ἡ Κωνσταντινούπολη;

9. Πότε ἔκαναν οἱ Ἕλληνες τὴ Μεγάλη Ἑλληνικὴ Ἐπανάσταση;
10. Πῶς ἦταν τὸ πρῶτο ἑλληνικὸ κράτος, ποὺ σχηματίστηκε;
11. Πότε ἑνώθηκαν τὰ Ἑφτάνησα μὲ τὴν Ἑλλάδα;
12. Καὶ ἕνα κομμάτι τῆς Ἠπείρου μὲ πρωτεύουσα ....
13. Ὁ πόλεμος μὲ τοὺς Τούρκους καὶ τοὺς Βουλγάρους διήρκησε ἀπὸ ....
14. Τί ἔγινε τὸ 1920;
15. Καὶ τὸ 1922; Ἀπὸ ποῦ ἦλθαν οἱ πρόσφυγες;
16. Πότε πολέμησαν οἱ Ἕλληνες μὲ τοὺς Γερμανοὺς καὶ τοὺς Ἰταλούς;
17. Πῶς ἀντέδρασαν οἱ Ἕλληνες;
18. Ξέρετε, πότε ἑνώθηκαν τὰ Δωδεκάνησα μὲ τὴν Ἑλλάδα;
19. Νὰ μᾶς πῆτε μερικὰ λόγια γιὰ τὸν χαρακτῆρα τῶν σημερινῶν Ἑλλήνων.
20. Ὄχι ὅλοι οἱ Ἕλληνες ζοῦν ἐντὸς τῶν συνόρων τοῦ ἑλληνικοῦ κράτους. Ποῦ ζοῦν;
21. Πῶς λέτε στὰ ἑλληνικὰ Auslandsgriechen;

*zu a:*

*βασανίζω (σ·στ)* quälen / *αὐπνία* Schlaflosigkeit / *μετρῶ (ᾶς·ησ)* zählen / *ἀκολουθῶ (εῖς, ᾶς·ησ) v/t.* befolgen

*zu b:*

*διπλός, K. διπλοῦς, -ῆ, -οῦν* doppelt / *Θεοτόκος, ἡ* Mutter Gottes / *ἄγγελος* Engel / *παρθένος, ἡ* Jungfrau / *κεχαριτωμένος K.* gnadenvoll / *μετά* + (*K.*) *G* mit / *θρησκευτικός* religiös / *ἐθνικός* national / *ὅπλο* Waffe / *ὑπερασπίζω (σ)* verteidigen / *ἐχθρός* Feind / *εἶχαν κηρύξει* (sie) hatten erklärt / *ἐξαφνικά Adv.* plötzlich / *γῆ(ς), ἡ* Erde

*zu c:*

*πληθυσμός* Bevölkerung / *ἔκταση(-ις)* Ausdehnung / *τετραγωνικὸ χιλιόμετρο* Quadratkilometer / *μοιρασμένος σέ* geteilt in / *συνοικισμός* Ortschaft / *κοινότητα(-της)* Gemeinde / *δῆμος* Großgemeinde / *διοίκηση(-ις)* Verwaltung / *διαιρεμένος σέ* eingeteilt in / *αὐτοδιοίκητος* sich selbst verwaltend / *διαμέρισμα, τό* Bezirk / *Ἅγιον Ὄρος* der Heilige Berg (Athos) / *διοικητικὴ περιφέρεια* Verwaltungsbezirk / *πυκνότητα(-της)* Dichte / *Ἀττική* Attika

*zu d:*

*ἀναστάτωση(-ις)* Erhebung, Empörung / *ρωμαϊκός* römisch / *τὸ περισσότερο* meistens / *Δούναβης, ὁ* Donau / *Ρῆνος* Rhein / *μακεδονικός* mazedonisch / *ἰδιαίτερα Adv.* besonders / *λαμπρότητα (-της)* Glanz / *δυναστεία* Dynastie / *ἀμόρφωτος* ungebildet / *κυβερνῶ (ᾶς·ησ)* regieren / *διαδέχομαι (χθ/διε-) v/t.* nachfolgen / *σοφός* weise; *Su.* Weiser, Gelehrter / *ἀντίθετα σέ* im Gegensatz zu / *εἶχε μάθει* hatte gelernt / *ἐξουζιάζω (σ)* (be)herrschen / *Σελτζούκος* Seldschuke (*Angehöriger eines türkischen Stammes*) / *ὀθωμανικός* ottomanisch / *προκόπτω (ψ)* gedeihen, sich entwickeln / *ὁ νοῦς τοῦ ἀνθρώπου τὸ βάζει* man kann es sich vorstellen / *λόγιος* Gelehrter, Literat / *αὐτοκράτωρ (a. -τορας)* Kaiser / *ἀναγέννηση(-ις)* Renaissance / *θαλασσινός* Seefahrer

*zu e:*

dauern διαρκῶ (εῖς·εσ/διη-) / länger werden μεγαλώνω (σ) / wärmen ζεσταίνω (αν·αθ) / Pflanze φυτό / blühen ἀνθῶ (εῖς·ησ/ἠνθ-) / aufgehen ἀνατέλλω (τειλ/ἀνε-), βγαίνω / untergehen δύω (σ), βασιλεύω (ευσ, εψ) / Ernte θερισμός, θέρος, τό / kürzer werden μικραίνω (αν, υν) / Weinlese τρύγος / Schulbeginn ἄνοιγμα τῶν σχολείων / Aussaat σπορά / Frost πάγος / erste(r) Regen πρωτοβρόχι, τό (*mst. pl.*) / immer mehr ὅλο καὶ πιὸ πολύ

*zu f:*

aufzählen ἀραδιάζω (σ/ἀρά-) *vgl.* 11 G. / Nachteil μειονέκτημα, τό / Verlobte ἀρραβωνιαστικιά / das stimmt! αὐτὸ εἶναι σωστό! / Tante θεία / anmeckern γκρινιάζω (σ) / kommend- ἐρχόμενος / heiraten παντρεύομαι (ευτ)

*zu g:*

soundso τάδε / sich verlieben ἐρωτεύομαι (ευτ) / später ἀργότερα / Ausbruch ἔναρξη (-ις) / ausbrach ἐξερράγη *K.* (*von* ἐκρηγνύομαι) / ins ...te Lebensjahr gehen πατῶ (ᾶς, εῖς·ησ·ηθ) τὰ.. + *Grundzahl* / also λοιπόν / Raschheit σβελτοσύνη

*zu h:*

ὀφείλω (φελ/ὤ-) schulden, verdanken / ἅπλωση(-ις) Verbreitung / ἀντιδρῶ (ασ/ἀντε-) reagieren

# 14. Lektion

## Τὰ ἔνδοξα χρόνια τῆς Αὐτοκρατορίας

Στὰ χρόνια τῆς Μακεδονικῆς Δυναστείας ἡ Ἑλληνικὴ Αὐτοκρατορία *ἦταν* πλούσια καὶ δυνατή. *Ἐξουσίαζε* πάλι ἀπέραντες χῶρες στὴν Ἀνατολὴ καὶ στὴ Δύση, *εἶχε* πολλὰ πλούτη καὶ δυνατὸ στρατὸ καὶ στόλο.

Ἡ Πόλη *ἦταν* τότε μεγάλη πολιτεία κ'ἡ πρώτη ἐμπορικὴ ἀγορὰ τοῦ κόσμου. Ἀπὸ τὶς τέσσερεις ἄκρες τῆς γῆς *μαζεύονταν* τὰ ἐμπορεύματα. Ἀμέτρητα καράβια μπαινοβγαίνουν στὰ λιμάνια της καὶ ἄλλα ἀραγμένα *ἔκαναν* δάσος μὲ τὰ κατάρτια τους. Στὴ στεριὰ μεγάλοι δρόμοι τὴν *ἕνωναν* μὲ τὶς πιὸ μακρινὲς χῶρες, μὲ τὶς Ἰνδίες καὶ τὴν Κίνα στὴν Ἀσία, μὲ τὴν Αὐστρία καὶ τὴ Γερμανία στὴν Εὐρώπη. Ἀπὸ τὶς Ἰνδίες *ἔφερναν* τ'ἀρωματικά, τὰ λινὰ ὑφάσματα καὶ τὰ πολύτιμα πετράδια, ἀπὸ τὴν Κίνα τὰ μεταξωτά, ἀπ'τὴ Συρία τὰ γυαλικὰ καὶ τὰ ψιλοκέντητα χαλιά, ἀπ'τὴ Ρωσσία τὰ γουναρικά, τὸ σιτάρι καὶ τὸ χαβιάρι. Ἡ Πόλη ἡ ἴδια *εἶχε* τὴν περίφημη βιομηχανία της, τὰ κοσμοξακουσμένα μεταξωτά της, τὰ ψιλοδούλευτα ἀσημικὰ καὶ χρυσαφικά της.

Μέσα στὶς θολωτὲς ἀγορὲς τῆς Πόλης *κινιόταν* ἄπειρο πλῆθος καὶ ἀπ'τὶς δυὸ μεριὲς *ἄνοιγαν* μεγάλα καὶ πλουσιοστόλιστα μαγαζιά, φορτωμένα μὲ ὅλα τὰ καλὰ τοῦ κόσμου. Πιὸ πέρα πελώριες ἀποθῆκες, τὰ καλοκτισμένα πέτρινα χάνια, ποὺ μερικὰ σώζονται ὡς σήμερα, *χρησίμευαν* γιὰ νὰ φυλάγουν τὶς πολύτιμες πραμάτειες. Στὴν ἀγορὰ τῆς Πόλης *συναπαντιόνταν* ἔμποροι ἀπ' ὅλες τὶς χῶρες, Βούλγαροι μὲ Ἄραβες, Ἰνδοὶ μὲ Ρώσους, ξανθοὶ Γερμανοὶ μὲ μαύρους τῆς Ἀφρικῆς. Ἡ μεγάλη πολιτεία *ἁπλωνόταν* στὶς πλαγιὲς τῶν λόφων της, *σιγοκατέβαινε* στ' ἀκρογιάλια τοῦ Κερατίου καὶ τοῦ Μαρμαρᾶ καὶ *φάνταζε* περήφανη μὲ τὰ ἀμέτρητα καμπαναριὰ καὶ τοὺς τρούλλους, μὲ τὰ παλάτια καὶ τὶς πλατεῖες της.

Τὸ Βυζάντιο σ' αὐτὰ τὰ χρόνια *εἶχε* σοφοὺς καὶ γραμματισμένους ὅσους καμιὰ ἄλλη χώρα. Αὐτοὶ *μελετοῦσαν* τὰ βιβλία τῶν ἀρχαίων, τὰ *δίδασκαν* στοὺς νέους, οἱ καλόγεροι τὰ *ἀντίγραφαν* καὶ τὰ *φύλαγαν* στὰ μοναστήρια. Σ' αὐτοὺς χρωστοῦμε, ποὺ ἔμεινε ἴσα μὲ σήμερα πλῆθος ἀπὸ τὰ πολύτιμα συγγράμματα τῶν ἀρχαίων.

Οἱ ξένοι *θαύμαζαν* τὸν πλοῦτο καὶ τὸ μεγαλεῖο τῆς Πόλης, γιατὶ τότε ἡ Εὐρώπη ἦταν πολὺ πίσω καὶ ἡ Βυζαντινὴ Αὐτοκρατορία ἡ πιὸ πολιτισμένη χώρα τοῦ κόσμου.

*Abschnittsweise entnommen dem Schulbuch für die 5. Volksschulklasse mit dem Titel:*

Μεσαιωνικὸς Ἑλληνισμὸς *τοῦ Α. Λαζάρου καὶ Α. Κυριαζοπούλου. Ἐκδόσεις «Ἀτλαντίδος», ἐν Ἀθήναις* 1950.

## Vokabeln

| | | | |
|---|---|---|---|
| *δυνατός* | stark; möglich | *στεριά = στερεά* | |
| *ἀπέραντος* | unbegrenzt, unendlich | *ὁ πιὸ μακρινός* | der entfernteste |
| *πλοῦτος* (*n/pl.* *πλούτη*) | Reichtum | *Ἰνδίες, οἱ od. Ἰνδία, ἡ* | Indien |
| *στρατός* | Heer | *Κίνα* | China |
| *στόλος* | Flotte | *Αὐστρία* | Österreich |
| *Πόλη* | *Abk. für* Konstantinopel | *ἀρωματικόν* | Parfum, Riechstoff |
| *ἀγορά* | Markt, Platz | *λινός* | leinen |
| *ἄκρα* | Ende; Ecke | *πολύτιμος* | kostbar |
| *γῆ* | Erde, Welt | *πετράδι* | Juwel |
| *μαζεύομαι* (*ευτ*) | sich versammeln | *μεταξωτό* | Seidenstoff |
| | | *Συρία* | Syrien |
| *ἀμέτρητος* | unzählig | *γυαλικά, τά* | Glaswaren |
| *καράβι* | Schiff | *ψιλοκέντητος* | fein gestickt |
| *μπαινοβγαίνω* (*s. L. 11*) | ein- und ausgehen; ein- und auslaufen | *γουναρικά, τά* | Pelzwerk |
| | | *σιτάρι* | Weizen |
| | | *χαβιάρι* | Kaviar |
| | | *περίφημος* | berühmt |
| *ἀραγμένος* (*von ἀράζω*) | vor Anker liegend (Anker werfen) | *κοσμοξακουσμένος* | weltberühmt |
| | | *ψιλοδούλευτος* | fein gearbeitet |
| *κατάρτι* | Mast | *ἀσημικά, τά* | Silberwaren |
| *κάνω δάσος μέ* | einen Wald von ... bilden | *χρυσαφικά, τά* | Goldwaren |
| | | *θολωτός* | gewölbt |

| | | | |
|---|---|---|---|
| ἄπειρος | unendlich; unabsehbar | σιγοκατεβαίνω (*s. L. 11*) | sanft abfallen |
| κινοῦμαι | sich bewegen, sich regen | ἀκρογιάλι | Küste |
| πλῆθος, τό | Menschenmenge | Κεράτιος | Goldenes Horn |
| μεριά | Seite | Μαρμαράς | Marmarameer |
| πλουσιοστόλιστος | reich geschmückt | φαντάζω (ξ) | aussehen |
| καλά, τά | die Güter | περήφανος | stolz |
| μαγαζί, τό | Geschäft, Laden | καμπαναριό (-ρειό) | Glockenturm |
| φορτωμένος μέ (*von* φορτώνω) | beladen mit | τροῦλλος | Kuppel |
| πιὸ πέρα | weiter | παλάτι | Palast |
| πελώριος (-ια) | riesig | Βυζάντιο | Byzanz (*als Stadt od. Staat*) |
| ἀποθήκη | Lager, Magazin | γραμματισμένος | Hochgebildete(r) |
| καλοκτισμένος | gut gebaut, stabil | ὅσος | soviel wie |
| πέτρινος | steinern | καμιά | *hier:* keine (*s. L. 17*) |
| χάνι | Herberge, Lagerhaus | μελετῶ (ᾶς·ησ) | studieren |
| χρησιμεύω (ευσ, εψ) σέ *od.* γιά | dienen zu | διδάσκω (ξ·χθ) | *j-n etw.* lehren |
| φυλάττω, φυλάγω (ξ·χτ, *Impf.* φύλαγα) | aufbewahren | καλόγερος | Mönch |
| πραμάτεια | Ware | ἀντιγράφω (ψ·φτ) | kopieren, abschreiben |
| Ἄραψ (*G.* -αβος, *pl.* Ἄραβες) | Araber | μοναστήρι(ον) | Kloster |
| Ἰνδός | Inder | ἔμεινε | *hier:* blieb erhalten |
| Ρῶσ(σ)ος | Russe | πλῆθος ἀπό *A* | eine Menge |
| ξανθός | blond | ἴσα μέ | bis |
| πλαγιά | Hang (*des Berges*) | σύγγραμμα, τό | Werk |
| λόφος | Hügel | μεγαλεῖο | Größe |
| | | ὁ πιὸ πολιτισμένος | der zivilisierteste |
| | | μεσαιωνικός | mittelalterlich |
| | | Ἑλληνισμός | Griechentum |

## Grammatik

### Bildung des Imperfekts **A**

1. Das Imperfekt wird vom I. Stamm gebildet: ἔ -γραφ-α *ich schrieb*

2. Die Endungen des Aktivs entsprechen denen des Aorists. Die Verben der zweiten Konjugation haben zwischen Stamm und Endung das Element [-us-] (Infix): ἀγαπ-οῦσ-α *ich liebte.*

3. Die Regeln für die Setzung des Augments sind die gleichen wie für den Aorist.

4. Das Passiv des Imperfekts hat besondere Endungen.

a) Die Endungen der 1. Konjugation sind in der Umgangssprache der Gebildeten im allgemeinen einheitlich. Einige Schriftsteller, z. B. Kazantzakis, weichen in ihren Werken von diesen Formen ab.

b) Die Endungen der 2. Konjugation haben verschiedene Varianten, die durch die Schulgrammatik allmählich vereinheitlicht werden.

Die schwankenden Passivendungen in dieser Konjugation haben dazu geführt, daß bisweilen die Katharevusa-Formen verwendet werden.

### Endungen des Imperfekts B

| Aktiv | | Passiv | |
|---|---|---|---|
| 1. *Konjugation* | 2. *Konjugation* | 1. *Konjugation* | 2. *Konjugation** |
| -a | -'usa | -'ɔmun | |
| -ɛs | -'usɛs | -'ɔsun | |
| -ɛ | -'usɛ | -'ɔtan | |
| -amɛ | -'usamɛ | -'ɔmastɛ | |
| -atɛ | -'usatɛ | -'ɔsastɛ | |
| -an (-anɛ) | -'usan(ɛ) | '-ɔn̆dan | -'ɔn̆dan |

Die Endungen der 2. Konjugation haben im Imperfekt Passiv ein j- (-jɔmun) usw., wenn die passiven Präsens-Endungen dieses j- auch haben. Es ergibt sich folgendes Verhältnis:

*

| | | | | |
|---|---|---|---|---|
| 2. Konjug. | Präsens | -jɛsɛ | -asɛ | -isɛ |
| | Imperfekt | -jɔsun | -ɔsun | -ɔsun (-jɔsun) |

### Übersicht über die Formen des Imperfekts der 1. und 2. Konjugation Aktiv und Passiv C

| Aktiv | | Passiv | |
|---|---|---|---|
| 1. *Konjugation* | 2. *Konjugation* | 1. *Konjugation* | 2. *Konjugation* |
| ich sah | ich liebte | ich wurde gesehen | ich wurde geliebt |
| ἔβλεπα | ἀγαποῦσα | βλεπόμουν | ἀγαπιόμουν |
| ἔβλεπες | ἀγαποῦσες | βλεπόσουν | ἀγαπιόσουν |
| ἔβλεπε | ἀγαποῦσε | βλεπόταν | ἀγαπιόταν |
| βλέπαμε | ἀγαπούσαμε | βλεπόμαστε | ἀγαπιόμαστε |
| βλέπατε | ἀγαπούσατε | βλεπόσαστε | ἀγαπιόσαστε |
| ἔβλεπαν | ἀγαποῦσαν | βλέπονταν | ἀγαπιόνταν |
| (βλέπανε) | (ἀγαπούσανε) | | |
| | *Diese Formen dringen auch in die Katharevusa ein.* | | |

### Varianten der Imperfektformen: D

1. Verben der 1. Konjugation, deren Stamm auf Vokal endet, schalten oft ein -γ- zwischen Stamm und der Imperfekt-Endung Aktiv und Passiv ein, z. B.:

| | | |
|---|---|---|
| | ἄκουα, ἄκουγα | ich hörte |
| *fast nur* | ἀκουγόταν | er, sie, es wurde gehört |
| | ἔκλαια, ἔκλαιγα | ich weinte (*von* κλαίω, κλαίγω) |
| | ἔκαια, ἔκαιγα | ich steckte in Brand (*von* καίω, καίγω) |

2. Die 2. Konjugation bildet das Imperfekt zuweilen von einer Form auf -αγ- unter Fortfall des Infixes [-us-]:

| ich liebte | |
|---|---|
| ἀγάπαγα | ἀγαπάγαμε |
| ἀγάπαγες | ἀγαπάγατε |
| ἀγάπαγε | ἀγάπαγαν |

Häufiger trifft man diese Formen bei πετῶ (ᾶς· ξ·αχτ) *fliegen; werfen,* „schleudern“: πέταγα, πέταγες usw.

3. Von den folgenden Passivformen, die sich nur in den letzten Bestandteilen von den obigen unterscheiden, ist besonders die längere Form der dritten Person Plural in Gebrauch:

| ich wurde gesehen | ich wurde geliebt |
|---|---|
| βλεπόμουν**α** | ἀγαπιόμουν**α** |
| βλεπόσουν**α** | ἀγαπιόσουν**α** |
| βλεπόταν**ε** | ἀγαπιόταν**ε** |
| βλεπόμαστ**αν** | ἀγαπιόμαστ**αν** |
| βλεπόσαστ**αν** | ἀγαπιόσαστ**αν** |
| → βλεπόντ**ουσαν** | → ἀγαπιόντ**ουσαν**, ἀγαπι**οῦ**νταν |

4. In den Werken Kazantzakis' findet man bei den Verben der 1. Konjugation die besonders auf Kreta gebräuchlichen Formen:

| ich schämte mich | | |
|---|---|---|
| ντρέπουμουν | | ντρεπούμαστε |
| ντρέπουσουν | | ντρεπούσαστε |
| ντρέπουνταν | ← = → | ντρέπουνταν |

### Die Gruppen der 2. Konjugation im Imperfekt Passiv. E

Die ase-Untergruppe hat -όμουν usw.:

| | | |
|---|---|---|
| | κοιμόμουν | ich habe geschlafen |
| | φοβόμουν | ich habe mich gefürchtet |
| | θυμόμουν | ich habe mich erinnert |
| | λυπόμουν | ich habe bedauert |
| *ferner:* | ἐγγυόμουν | ich habe garantiert |
| | κρεμόταν | es hing; *auch:* κρεμιόταν |

Die Endungen der isε-Untergruppe schwanken zwischen -όμουν und -ιόμουν. Die Schulbücher bevorzugen jetzt -όμουν, z. B.:

| | |
|---|---|
| διηγόμουν | ich habe erzählt |
| μιμόμουν | ich habe nachgeahmt |
| περιποιόμουν | ich habe gepflegt |

ευχαριστούμαι *ich bin erfreut, ich freue mich* hat ευχαριστιόμουν, weil es ευχαριστιέμαι gibt.

Von der isε-Untergruppe werden wegen der noch herrschenden Unsicherheit im Gebrauch der Dhimotiki-Endungen auch die Katharevusa-Formen verwendet, ohne daß allerdings immer das in der Katharevusa erforderliche Augment gesetzt wird.

ich war erfreut,
ich habe mich gefreut

| | |
|---|---|
| ευχαριστ**ούμην** (ηύχαριστούμην) | ευχαριστ**ούμεθα** |
| ευχαριστ**εἶσο** | ευχαριστ**εἶσθε** |
| ευχαριστ**εἶτο** | ευχαριστ**οῦντο** |

**F**

Die Imperfektformen können ohne Schwierigkeit aus dem I. Stamm, dem Stamm, der im Wörterbuch erscheint, gebildet werden. Man merke sich besonders zwei Formen:

| | | | |
|---|---|---|---|
| ἤθελα | ich wollte | *Aor.* | (ἠ)θέλησα |
| υπῆρχε | es war (vorhanden) (*mit innerem Augment*) | *Aor.* | υπῆρξε |

Einige Beispiele. Zum Vergleich sind die Aoristformen hinzugefügt.

| | | |
|---|---|---|
| ἄκου(γ)α | ich hörte | ἄκουσα |
| ἔκλεινες | du schlossest | ἔκλεισες |
| ἔφται(γ)ε | er hatte schuld | ἔφταιξε |
| ἀνοίγαμε | wir öffneten | ἀνοίξαμε |
| δουλεύατε | ihr arbeitetet | δουλέψατε |
| συνώδευαν (ἐ)συνόδευαν | sie begleiteten | συνώδευσαν, (ἐ)συνόδεψαν |
| μιλοῦσα | ich sprach | μίλησα |
| ζοῦσες | du lebtest | ἔζησες |
| γελοῦσε | er lachte *usw.* | γέλασε |
| ἐρχόμουν | ich kam | ἦλθα |
| υποδεχόσουν | du empfingst | υποδέχτηκες |
| φαινόταν | es schien | φάνηκε |
| ἀναρωτιόμαστε | wir fragten uns | ἀναρωτηχτήκαμε |
| χασμουριόσαστε | ihr gähntet | χασμουρηθήκατε |
| πουλιόνταν | sie wurden verkauft | πουλήθηκαν |

## G

**Funktion des Imperfekts.** Das neugriechische Imperfekt bezeichnet eine wiederholte, gewohnheitsmäßige (— — —) oder eine fortdauernde Handlung (—) in der Vergangenheit.

Dem neugr. Impf. entspricht im Deutschen, wie aus den untenstehenden Beispielen hervorgeht, ebenfalls das Imperfekt. Um das neugr. Impf. richtig anwenden zu können, muß seine Funktion näher beschrieben, durch Beispiele erläutert und das Verhältnis zwischen Aorist und Imperfekt verdeutlicht werden.

1. Das Imperfekt beschreibt Zustände und Gewohnheiten in der Vergangenheit. Ein gutes Beispiel dafür liefert der Text dieser Lektion, dessen Inhalt eine Beschreibung Konstantinopels im Mittelalter ist.

2. Durch die Schilderung im Impf. wird oft der Rahmen für Ereignisse vorbereitet, die im Aorist berichtet werden. Das Impf. beschreibt die Bühne; durch den Aor. kommt Bewegung in das ruhige Bühnenbild. Betrachtet man die im Aor. berichteten Ereignisse, Handlungen und Tatsachen als die Hauptsache, dann kann das Impf., das nur eine Beschreibung gibt, im Vergleich zum Aor. als sekundär betrachtet werden. Beispiel:

*Das Bild vermittelt Beschaulichkeit: Symbol:* (—), (—) . . .

| | |
|---|---|
| Μιὰ φορά, στὴν καρδιὰ τοῦ<br>χειμώνα, ἔπεφτε πυκνὸ χιόνι.<br>Ὁ οὐρανὸς ἔμοιαζε<br>γεμάτος ἄσπρα πού-<br>πουλα, ποὺ σκέπαζαν<br>ἀθόρυβα τὴ γῆ. Μιὰ βασίλισ-<br>σα, καθισμένη στὴν ἐβένινη<br>πολυθρόνα, κεντοῦσε. | Einmal, tief im (Herzen des) Winter(s)<br>fiel dichter Schnee.<br>Der Himmel war wie (*wörtl.*: ähnelte)<br>voller weißer Daunen,<br>die bedeckten<br>lautlos den Boden. Eine Königin,<br>sitzend auf (ihrem) elfenbeinernen<br>Thron, stickte. |

*In das Bild kommt Bewegung:* (·) (·) (·)

| | |
|---|---|
| **Σήκωσε** τὰ μάτια, νὰ **κοιτάξῃ**<br>τὸ χιόνι, ποὺ ἔπεφτε<br>κ' ἡ βελόνα τῆς **ξέφυγε**<br>καὶ **τρύπησε** τὸ δάχτυλό της. | Sie hob die Augen, um zu schauen<br>den Schnee, der (langsam) fiel (*vgl.* Hc),<br>und ihre Nadel entglitt ihr,<br>und sie stach sich in den Finger. |

*Zusammenfassendes Symbol:* (—) (—) *usw.*, (·) (·) (·)

## H

Folgende äußerliche Merkmale erleichtern die Anwendung des Imperfekts. Es steht

a) in einem Hauptsatz, der Zeitbestimmungen enthält wie z. B. *jeden Tag, den ganzen Sommer, damals, vor dem Krieg,* es war *einmal:*

| | |
|---|---|
| Κάθε βράδυ ὁ Πιστὸς **ἔβγαινε** (— — —)<br>στὴν ἐξώπορτα καὶ **περίμενε**<br>(— — —) τὸν πατέρα. | Jeden Abend ging Pistos (*der Hund*)<br>hinaus an die Haustür und erwartete<br>den Vater.<br>*Symbol:* (— — —) |

| | |
|---|---|
| Ὅλο τὸ καλοκαίρι **ξυπνοῦσα** (— — —) στὶς ἕξι. | Den ganzen Sommer wachte ich um 6 Uhr auf (*d. h. jeden Tag*). *Symbol:* (— — —) |
| Στὴν Ἀθήνα **ζοῦσαν** (—) τότε πολλοὶ σοφοὶ διδάσκαλοι. | In Athen lebten damals viele weise Lehrer. *Symbol:* (—) |
| Προπολεμικῶς (*od.* -κὰ) **ζοῦσα** (—) στὴν Ἀθήνα. | Vor dem Kriege lebte ich in Athen (*die Zeit ist unbestimmt*). *Symbol:* (—) |
| Κοντὰ σ'ἕνα μεγάλο δάσος **ζοῦσε** (—) μιὰ φορὰ ἕνας φτωχὸς ξυλοκόπος μὲ τὴ γυναίκα του καὶ τὰ δύο του παιδιά. | In der Nähe eines großen Waldes lebte einmal ein armer Holzfäller mit seiner Frau und seinen beiden Kindern. |
| Τὸ ἀγοράκι τό'**λεγαν** (—) Χὰνς καὶ τὸ κοριτσάκι Γκρέτε. | Der Junge hieß Hans und das Mädchen Grete. *Symbol:* (—) |

b) in einem mit *während* (*zeitlich*) oder einer anderen gleichbedeutenden Konjunktion eingeleiteten Nebensatz.

| | |
|---|---|
| **Ἐνῶ** ὁ Ἡράκλειος **βρισκόταν** (—) μακριὰ ἀπὸ τὴν Πόλη, οἱ Πέρσες συνεννοήθηκαν(·) μὲ τοὺς Ἄραβες. | Während sich Herakleios (610—641) fern von Konstantinopel befand, verständigten sich die Perser mit den Arabern. *Symbol:* ·̱ |

c) in einem Relativsatz, der kein neues Ereignis meldet, sondern Bekanntes wiederholt (*vgl. Punkt 2, zweiter Abschnitt:* „der Schnee, der herniederfiel") oder das Bezugswort näher charakterisiert, z. B.:

| | |
|---|---|
| Ὕστερ'ἀπὸ τρία χρόνια πέθανε (·) ὁ Μουρὰτ ὁ Β' καὶ | Nach drei Jahren starb Murat II., und |
| ἔγινε (·) σουλτάνος ὁ γιός του Μωάμεθ ὁ Β', ἕνας ὁρμητικὸς νέος μόλις 21 (- ἑνὸς) χρονῶν, | es wurde Sultan sein Sohn Mohammed II., ein stürmischer Jüngling von kaum 21 Jahren, |
| **ποὺ ἀγαποῦσε** (—) τὸν πόλεμο καὶ τὴ δόξα. | der den Kampf und den Ruhm liebte. *Symbol:* (· ·⊃—) |

**I**

In zeitlichen mit *ὅταν, σάν als* eingeleiteten Nebensätzen steht meistens der Aorist, weil ein neues Ereignis gemeldet wird. Im Hauptsatz steht das Imperfekt, wenn dadurch der Hintergrund beschrieben wird, vor dem sich die neue Handlung abspielt. Dieses „Zeitenschema" ist das gewöhnlichste:

a)

| | |
|---|---|
| Ὅλοι σώπαιναν (—), ὅταν ἄξαφνα ἀκούστηκε (·) ἕνας πυροβολισμός. | Alle schwiegen (*od. genauer:* verharrten in Schweigen), als plötzlich (!) ein Kanonenschuß gehört wurde. *Symbol:* (— ·) |
| Ξημέρωνε (—), ὅταν φτάσαμε (—\|) στὴν κορφὴ τοῦ βουνοῦ. | Es wurde Tag, als wir den Gipfel des Berges erreichten. *Symbol:* (—\|—) |

b) Durch den Bedeutungsgehalt der Verben kann jedoch eine Umkehrung des obigen Schemas nötig werden, z. B.:

| | |
|---|---|
| Ὅταν ἐπλησίαζαν (- - -) τὰ Χριστούγεννα, ἔγραψε (·) ἕνα γράμμα στὴ γυναίκα του. | Als das Weihnachtsfest näher kam (*d. h. mit jedem Tag*), schrieb er seiner Frau einen Brief (*d. h. einen Brief an einem bestimmten Tag*). (*Vgl. hierzu auch J.*) |

**J**

a) Der Sinn des neugr. Imperfekts muß im Deutschen zuweilen durch ein passendes Adverb verdeutlicht werden. Auch die Wahl des deutschen Verbs ist von entscheidender Bedeutung.

b) Das neugr. Impf. kann modale Kraft haben, d.h., es muß im Deutschen ein passendes Modalverb (*können, müssen, wollen, sollen, mögen*) ergänzt werden.

Das folgende Beispiel schließt sich an das letzte Beispiel unter **H a**) an:

| | |
|---|---|
| Σπάνια εἴχανε νὰ φᾶνε καλὸ φαΐ. | Selten hatten sie etwas Gutes zu essen. |
| Καὶ σὰν **ἔπεφτε** πείνα στὸν τόπο, **περνοῦσαν** μ'ἕνα κομμάτι ξερὸ ψωμί. | Und als **dann noch** eine Hungersnot ins Land **kam**, **mußten** sie mit einem Stück trockenem Brot auskommen. |

Eine wörtliche Übersetzung entspräche nicht dem Sinn des neugr. Originals oder klänge undeutsch:

„Und als eine Hungersnot ins Land fiel (das entspräche einem neugr. *ἔπεσε*, weil man bei *fallen* an etwas Plötzliches denkt), *kamen* sie mit einem Stück Brot *aus* (unklar!)".

| | |
|---|---|
| Νόμιζες πὼς ἦτανε ἄνοιξη. | Man konnte glauben, es sei Frühling (*wörtl.:* Du glaubtest, daß Frühling war). |
| ἤθελα | ich möchte (*wörtl.:* ich wollte) (*vgl.* 9 a.) |

**K**

Durch die Partikel *θά* mit dem folgenden Impf. wird die **Bedingungs- oder Möglichkeitsform** eines Hauptsatzes gebildet. Dieser Form entspricht im Deutschen der Konditional oder der Konjunktiv. Wie im Deutschen wird diese Form auch zum Ausdruck einer höflichen Frage oder einer gemilderten Aussage verwendet.

*Beispiele:*

| | |
|---|---|
| Τί **θὰ κάνατε** στὴ θέση του; | Was würden Sie an seiner Stelle tun (Was täten Sie ...)? |
| **Θὰ ἐρχόμουν** καὶ χωρὶς νὰ μοῦ τὸ πῆτε. | Ich würde kommen, auch ohne daß Sie es mir sagten. |
| **Θὰ μπορούσατε** νὰ μοῦ πῆτε ποῦ εἶναι τὸ ταχυδρομεῖο; | Könnten Sie mir vielleicht sagen, wo die Post ist? |
| **Θὰ** σὲ **συμβούλευα** νὰ πᾶς κατ' εὐθεῖαν στὴ θέση σου. | Ich würde dir raten, direkt an deinen Platz zu gehen. |
| Σεῖς ποὺ ἔχετε τέτοια θέση, **θὰ μπορούσατε** νὰ μοῦ φανῆτε χρήσιμος. | Sie, die Sie eine solche Stellung haben, könnten sich mir nützlich erweisen. |

Die vollständigen irrealen Bedingungssätze werden in Lekt. 19 behandelt.

**L**

**Gebrauch von Stamm I und II in der *νά*-Konstruktion** (Fortsetzung von 9 C, 10 D, G). Nach einigen Verben, die durch ihre Bedeutung schon einen Aspekt zum Ausdruck bringen (z. B. *aufhören:* vollendet mit Hinweis auf einen Abschluß —|), folgt das Verb der abhängigen νά-Konstruktion im I. Stamm (Präsens mit Konjunktivendungen). Es kommen vor allem folgende Verben in Betracht:

| | | |
|---|---|---|
| ἀρχίζω | beginnen | |
| παύω | aufhören | νά + *Verb im I. Stamm* |
| συνεχίζω<br>ἀκολουθῶ<br>ἐξακολουθῶ | fortfahren | |

Die Zeitstufe, in der das unabhängige Verb steht, hat keine Wirkung auf das abhängige Verb:

| | |
|---|---|
| **ἀρχίζει** νὰ βρέχῃ, νὰ βροντᾶ | es fängt an zu regnen, zu donnern |
| **ἄρχισε** νὰ βρέχῃ, νὰ βροντᾶ | es fing an zu regnen, zu donnern |

| | |
|---|---|
| **παύει** νὰ χιονίζῃ | es hört auf zu schneien |
| **ἔπαψε** νὰ χιονίζῃ | es hat aufgehört zu schneien |
| Ὁ παπαγάλος ἄρχισε νὰ φωνάζῃ: Κάτω οἱ πεθερές! | Der Papagei begann zu rufen: Nieder mit den Schwiegermüttern! (*s.* $L\,11_2$). |

## Übungen

a) Worin unterscheidet sich:

1. die 1. Pers. Pl. Passiv **Präsens** von der 1. Pers. Pl. Passiv **Imperfekt**?
2. die 3. Pers. Pl. Passiv **Präs.** von der 2. Pers. Pl. Passiv **Impf.**?
3. die 3. Pers. **Sing.** Passiv Impf. von der 3. Pers. **Plur.** Passiv Impf.?
4. Was macht die Formen des Impf. Passiv für beide Konjugationen lautlich so einprägsam?
5. Können Sie aus einem Verb, so wie es im Wörterbuch als Stichwort angegeben ist, leichter den Aorist oder das Imperfekt bilden? Welche Zeit (Impf. oder Aor.) ist dem fett gedruckten Stichwort ähnlicher?

   Machen Sie einmal den Versuch mit den zum Grundwortschatz gehörenden Verben *kommen, gehen, essen, trinken, geben, sehen, setzen, stellen, legen, sagen, nehmen.* Nennen Sie das Impf. und den Aor. dieser Verben!

b) Konjugieren Sie die Verben der Übung a) der 11. L. im Impf. entsprechend den dortigen Anweisungen!

c) Konjugieren Sie folgende Sätze im Impf. nach dem Muster:
Ich schlief allmählich ein, du schliefst allmählich ein *usw.*

1. Den ganzen Sommer stand ich morgens früh auf, wusch mich mit kaltem und warmem Wasser, trocknete mich mit einem Handtuch ab, rasierte mich mit einem elektrischen Rasierapparat und zog mich an. Dann kämmte ich mich, ging in das Wohnzimmer und sagte allen „Guten Morgen".
2. Ich schlief allmählich ein.
3. Ich zog mich aus und ging ins Wasser.
4. Abends erzählte ich eine Geschichte.
5. Ich ahmte die Bewegungen des Professors nach.
6. Ich besuchte meinen Onkel täglich.
7. Das ganze Frühjahr arbeitete ich im Büro.
8. Morgens besorgte (pflegte) ich den Garten.

d) Setzen Sie in die durch Punkte angedeuteten Lücken die passenden neugr. Verben in der richtigen Form (Impf., Aor., Präs., Imper. usw.). Die Bedeutung und die Form des Verbs können Sie aus der kursiv gedruckten deutschen Übersetzung ermitteln:

| | |
|---|---|
| Τί θὰ κάνατε στὴ θέση του; | Was würden Sie an seiner Stelle tun? |
| Μιὰ φορὰ σὲ μιὰ βασιλικὴ αὐλὴ τῆς Εὐρώπης τοῦ Μεσαίωνα ...... ἕνας γελωτοποιὸς ποὺ ἡ μεγάλη του εἰδικότητα ....... νὰ ...... τὴ μοῖρα. Καθὼς τὰ χρόνια ...... ἡ φήμη του ...... καὶ ὁ κόσμος ..... σ'αὐτὸν νὰ ..... τί τοῦ ....... γραφτό: | Einmal *diente* an einem königlichen Hof des mittelalterlichen Europas ein Spaßmacher, dessen (*s. L.* 16) große Spezialität es *war*, das Schicksal *vorauszusagen*. Wie die Jahre *vergingen*, *wurde* sein Ruhm *größer*, und die Leute *liefen* zu ihm, *um zu hören*, was ihnen bevorstand (geschrieben *war*): |
| Τὸ πρᾶγμα ...... καὶ στ'αὐτιὰ τοῦ βασιλιᾶ ποὺ ..... γιὰ τὴν τόση ἀγάπη ποὺ τοῦ ..... ὁ λαὸς καὶ ..... νὰ τὸν ........... μιὰ γιὰ πάντα. | Die Sache *gelangte* auch zu den Ohren des Königs, der *neidisch wurde* wegen soviel Liebe, die ihm *bezeigte* (hatte) das Volk und er *wollte* ihn *loswerden* ein für allemal. |
| ......... λοιπὸν τοὺς ἀνθρώπους του νὰ τοῦ τὸν ..... στὸ παλάτι, τάχα πὼς ..... κι αὐτὸς νὰ ...... τὸ γραφτό του. | Also *befahl* er seinen Leuten, ihn zu ihm ins Schloß *zu bringen*, angeblich, weil auch er *erfahren wollte* sein Schicksal. |
| — Λοιπόν, νάνε, τοῦ ...... ὅταν τὸν ...... μπροστά του, ........ πὼς ...... νὰ ...... τὴ μοῖρα. | Nun, Zwerg, *sagte* er zu ihm, als man ihn vor ihn *führte*, ich *erfahre*, daß du die Zukunft *vorhersagen kannst*. |
| ..... μου, ...... πότε .........; | *Sag mir*, weißt du, wann du *sterben wirst*? |
| Ὁ κλάουν ..... μὲ σβελτωσύνη. | Der Narr *dachte* rasch *nach*. |
| Ἀμέσως ...... πὼς ὁ βασιλιὰς ..... σκοπὸ νὰ τὸν ......... καὶ πὼς ἡ τύχη του ...... ἀπὸ μίαν ἔξυπνη ἀπάντηση. Τί ...... λοιπὸν στὸ βασιλιά; | Sofort *begriff* er, daß der König die Absicht *hatte*, ihn *zu töten* und daß sein Schicksal *abhing* von einer klugen Antwort. Was *sagte* er demnach zum König? |
| Ὁ κλάουν ..... ὅλη του τὴν ἐξυπνάδα καὶ μὲ θάρρος ..... στὸ βασιλιά: | Der Narr *bot* seine ganze Intelligenz *auf*, und mutig *antwortete* er dem König: |
| — Ἐγώ, πολυχρονεμένε μου, | Lange mögest Du noch leben (*wörtl.* ich, o Langlebiger!)! Ich |
| ...... μαζὶ μὲ τὴν μεγαλειότητά σου. | *werde* zusammen mit Deiner Majestät *sterben*. |
| Ἐπηρεασμένος ἀπὸ τὴ φήμη τοῦ νάνου, ποὺ, ὅ,τι κι ἂν εἶχε πῆ, ...... ἀληθινό, ὁ βασιλιὰς τοῦ ...... τὴ ζωὴ γιὰ νὰ ...... κι ὁ ἴδιος. | Beeindruckt von dem Ruhm des Narren — denn, was auch immer er gesagt hatte, *erwies sich als* wahr — der König ihm *schenkte* das Leben, *um* selbst *zu leben*. |

| | |
|---|---|
| Mittelalter | ὁ Μεσαίωνας, *K.* Μεσαίων (-ονος) wegen M- s. ⑫ 6 |
| dienen | ὑπηρετῶ (εῖς·ησ·ηθ) |
| voraussagen = sagen | |
| größer werden, wachsen | μεγαλώνω |
| neidisch sein auf, wegen | ζηλεύω γιά |
| loswerden | ξεφορτώνομαι (θ) *A* |
| bringen, *hier:* | πηγαίνω |
| sterben | πεθαίνω (II πεθάνω) |
| nachdenken | σκέπτομαι (φτ·ἐσκεμμ) |
| töten | θανατώνω (σ·θ) |
| abhängen, *hier:* κρεμιέμαι | (*Impf.* κρεμόμουν) |
| aufbieten, mobilisieren | ἐπιστρατεύω (ευσ·ευθ, ευτ/ἐπε-) |
| denn, *hier:* | πού |
| sich erweisen als | βγαίνω + *N* |
| befehlen | διατάσσω (ξ·χθ·γμ / διε-, δια-) *A* |

# 15. Lektion

## Ὁ Καραγκιόζης

Ὁ ἁπλὸς καὶ ταπεινὸς Καραγκιόζης πού χρόνια ὁλόκληρα *πίσω ἀπὸ* τὸ φωτισμένο πανὶ διασκέδασε γενεὲς καὶ γενεὲς μὲ τὰ τολμηρὰ καὶ πιπεράτα ἀστεῖα του, *ὕστερα ἀπὸ* μιὰ περίοδο κάμψεως, κάνει τώρα διεθνῆ καρριέρα. Ὅπως ἴσως θὰ διαβάσατε στὶς ἐφημερίδες, τὸ Ἑλληνικὸ Θέατρο Σκιῶν μᾶς ἀντιπροσωπεύει στὸ ἐφετεινὸ Φεστιβὰλ πού γίνεται στὸ Παρίσι μὲ τὴ συμμετοχὴ τῶν καλύτερων θεατρικῶν συγκροτημάτων τοῦ κόσμου. *Πλάϊ στὶς* διάσημες βεντέττες πού θὰ μεταδώσουν τὴ συγκίνηση *μέσα ἀπὸ* κλασσικὰ καὶ σύγχρονα κείμενα, ὁ ταπεινὸς Καραγκιόζης μὲ τὸν χαρτονένιο θίασό του ἔδωσε ἕνα ἱκανοποιητικὸ παρὸν στὴ διεθνῆ αὐτὴ θεατρικὴ συγκέντρωση.

### Ἕνας αἰῶνας Θεάτρου Σκιῶν

Θὰ πρέπει ἴσως ν'ἀναφέρουμε ὅτι τὸ Θέατρο Σκιῶν ἔχει γόνιμη παράδοση ἑνὸς καὶ πλέον αἰῶνος *ἀπὸ τὴν* πρώτη του ἐμφάνιση στὴ χώρα μας, πού ἔγινε τὸ 1852 *ἀπὸ τὸν* Μπάρμπα-Γιάννη τὸ Βλάχαλη.

Οἱ πρῶτες του παραστάσεις ἦταν πολὺ τολμηρές, γι'αὐτὸ καὶ ἀπαγορευόταν ἡ εἴσοδος στὶς γυναῖκες. Ἀργότερα ὁ Καραγκιόζης ἔγινε δημοφιλέστατος καὶ πολλοὶ γνήσιοι λαϊκοὶ καλλιτέχνες μετέφεραν τὴν ἰδιότυπη τέχνη του σ'ὅλη τὴν Ἑλλάδα. Σήμερα ὁ ἁπλοϊκὸς χαρτονένιος ἥρωας τοῦ Θεάτρου Σκιῶν ἀνήκει στὸ παρελθόν, μ'ὅλο πού αὐτὴ τὴ στιγμὴ ὑπάρχουν στὴ χώρα μας 140 ἐπαγγελματίες Καραγκιοζοπαῖχτες πού ἔχουν ἱδρύσει μάλιστα καὶ σωματεῖο.

Ἂς ἐλπίσωμε ὅτι ἡ διεθνὴς προβολὴ πού τοῦ γίνεται τελευταῖα θὰ τὸν ξαναφέρη κάπως στὴν ἐπικαιρότητα καὶ στὶς καρδιές μας!

## Vokabeln

| | |
|---|---|
| *Καραγκιόζης* | Karagöz (*Schattenspielfigur*) |
| *ἁπλός* | einfach |
| *ταπεινός* | demütig; bescheiden |
| *ὁλόκληρος* | ganz |
| *φωτισμένος* | beleuchtet |
| *πανί, τό* | Segel; Leinwand |
| *διασκεδάζω (σ)* | unterhalten |
| *γενεά* | Generation |
| *τολμηρός* | kühn; gewagt |
| *πιπεράτος* | gepfeffert |
| *ὕστερα ἀπό* | nach |
| *κάμψη(-ις)* | Biegung; *hier:* Niedergang |
| *περίοδος, ἡ* | Periode |
| *διεθνής* (*Formen s. L. 16, Typ 7*) | international |
| *καρριέρα* | Karriere |
| *θὰ διαβάσατε* | sie werden wohl gelesen haben |
| *σκιά* | Schatten |
| *θέατρο σκιῶν* | Schattenspiel |
| *ἐφετεινός* | diesjährig |
| *φεστιβάλ, τό* | Festspiele |
| *συμμετοχή* | Teilnahme |
| *θεατρικός* | Theater- |
| *συγκρότημα, τό* | Ensemble, Truppe |
| *πλάϊ σέ* | neben (*a. fig.*) |
| *διάσημος* | berühmt, prominent |
| *βεντέττα* | Star (Schauspieler) |
| *μεταδίδω* (*s.* *δίνω/μετε-*) | übertragen; mitteilen |
| *συγκίνηση(-ις)* | Erregung, Rührung |
| *κλασσικός* | klassisch |
| *σύγχρονος* | modern |
| *κείμενο* | Text |
| *χαρτονένιος* | aus Pappmaché |

| | |
|---|---|
| *θίασος* | Ensemble, Truppe |
| *ἱκανοποιητικός* | zufriedenstellend |
| *παρόν, τό* | Gegenwart |
| *συγκέντρωση(-ις)* | Treffen |
| *αἰῶνας* | Jahrhundert |
| *ἀναφέρω* (I = II· *φερθ/* *a.* *ἀνε-*) | erwähnen |
| *γόνιμος* | fruchtbar |
| *παράδοση(-ις)* | Tradition |
| *πλέον* | mehr |
| *ἐμφάνιση(-ις)* | Erscheinen |
| *Μπάρμπα-Γιάννης ὁ Βλάχαλης* | *Eigenname* |
| *ἀπαγορεύω* (*ευσ·ευθ*) | verbieten |
| *δημοφιλέστατος* (*von* *δημοφιλής*) | überaus volkstümlich |
| *γνήσιος, -ια* | echt |
| *λαϊκός* | Volks- |
| *καλλιτέχνης* | Künstler |
| *μεταφέρω* (II = I·*φερθ/* *μετε-*) | bringen; übertragen; verlegen |
| *ἰδιότυπος* | eigenartig |
| *ἁπλοϊκός* | ungekünstelt; einfach, naiv |
| *ἀνήκω* (*nur Impf.* *ἀνῆκα*) | gehören |
| *παρελθόν (-οντος), τό* | Vergangenheit |
| *μ'ὅλο πού* | obgleich |
| *ἐπαγγελματίας* | Berufstätiger; Profi; *hier Adj.:* berufstätig, berufsmäßig |
| *παίκτης (παίχτης)* | Spieler |
| *ἔχουν ἱδρύσει* | haben gegründet |
| *σωματεῖο* | Körperschaft |
| *προβολή* | Projektion; Aufführung |
| *τοῦ γίνεται* | ihm wird zuteil |
| *τελευταῖα* *Adv.* | kürzlich, jüngst |
| *ξαναφέρω* | zurückbringen |
| *κάπως* | irgendwie |
| *ἐπικαιρότης(-τητα)* | Aktualität; *etwa:* Tagesgeschehen |

## Grammatik

### Präpositionen

Die neugr. Präpositionen lassen sich wie folgt gruppieren:

A. **Einfache Präpositionen,** die mit dem Akkusativ verbunden werden. Einige Präpositionen werden in gewissen Fällen mit dem Nominativ verbunden.

B. **Zusammengesetzte Präpositionen.** Diese bestehen aus einem Adverb und der einfachen Präposition *ἀπό, γιά, σέ* oder *μέ*, z. B.: *κάτω unten* + *ἀπό von, κάτω ἀπό unter* (+ *Akkusativ und Dativ*).

C. **Aus der Katharevusa stammende Präpositionen,** die in der Dhimotiki allmählich an Boden gewinnen. Sie werden mit dem Genitiv verbunden. Einige Präpositionen kommen fast nur noch in feststehenden Ausdrücken vor.

D. **Präpositionelle Ausdrücke,** die zum Teil aus einem einzigen Substantiv (*vgl. deutsch kraft*) im Dativ bestehen.

E. Die beiden Kategorien der Ruhelage und der gerichteten Bewegung, die im Deutschen durch den Akkusativ nach verschiedenen Präpositionen genau bezeichnet werden, kommen im Neugriechischen nicht zum Ausdruck.

| | |
|---|---|
| εἶμαι **στὸ** σχολεῖο | ich bin in **der** Schule |
| πηγαίνω **στὸ** σχολεῖο | ich gehe in **die** Schule |

## Einfache Präpositionen **A**

| | |
|---|---|
| **ἀντί(ς)** | *anstatt:* |
| Ἀντὶς ἐπιστημονικὲς διατριβὲς ἔγραψε ποιήματα. | Anstatt wissenschaftlicher Arbeiten schrieb er Gedichte. |
| auch mit **γιά** | |
| Ἀντὶς γιὰ ἕνα, δύο μοῦ φέρανε. | Anstatt eines brachten sie mir zwei. |
| **ἀπό** | *örtlich: aus* |
| Ἔφυγε ἀπὸ τὸ σπίτι. | Er ging aus dem Haus. |
| Ἀπὸ τὴ βρύση τρέχει κρύο νερό. | Aus dem Hahn läuft kaltes Wasser. |
| Ἔρχομαι ἀπὸ τὸ Φάληρον. | Ich komme aus (von) Faliron. |
| | *von:* |
| Κόψε μου ἀπὸ τὸ ψωμὶ μιὰ φέτα. | Schneide mir von dem Brot eine Schnitte ab! |
| | *durch:* |
| Ἔφυγεν ἀπὸ τὴν πίσω πόρτα. | Er ging durch die Hintertür hinaus. |
| Τὸ φῶς μπαίνει στὸ δωμάτιο ἀπὸ τὸ παράθυρο. | Das Licht fällt durch das Fenster ins Zimmer. |
| | *zeitlich: von* |
| Ὑφαίνουν ἀπὸ τὸ πρωὶ ὡς τὸ βράδυ. | Sie weben vom Morgen bis zum Abend. |
| | *seit:* |
| Ἀπὸ τὸ Πάσχα | seit Ostern |
| Ἀπὸ τὸ πρωὶ σὲ περιμένω. | Ich warte seit heute morgen auf dich. |
| Ἀγάπησα ἀπὸ τὰ μικρά μου χρόνια ἕνα δεντρί. | Seit meinen Kinderjahren (jungen Jahren) liebe ich (*im Deutschen Präsens*) einen Baum. |
| | *übertragen: aus* |
| Ἀγάλματα ἀπὸ μπροῦντζο, ἀπὸ σίδερο, ἀπὸ πέτρα, ἀπὸ ξύλο | Statuen aus Bronze; aus Eisen; aus Stein; aus Holz |

| | |
|---|---|
| Τὸ ἔλεγε ἀπὸ φθόνο. | Er sagte es aus Neid. |
| Εἶχε μεγάλα κέρδη ἀπ' τὸ ἐμπόριο. | Er hatte (erzielte) große Gewinne aus dem Handel. |
| | *von:* |
| Τί θέλετε ἀπὸ μένα; | Was wollen Sie von mir? |
| | *zur Betonung („was anbetrifft“):* |
| Ἀπὸ ὑγεία εἶμαι καλά. | Gesundheitlich (was die Gesundheit anbetrifft) geht's mir gut. |
| | *je:* |
| Ἔδωσε σ' ὅλα τὰ κορίτσια ἀπὸ ἕναν πέπλο. | Allen Mädchen gab er je einen Schleier. |
| Σὲ κάθε βρύση ἔχει κι ἀπὸ ἕνα δέντρο. | An jeder Quelle gibt es (je) einen Baum. |
| | *an:* |
| Κάποιος τὸν ἔπιασε ἀπ' τὸ χέρι. | Jemand faßte ihn an der Hand. |
| Ἀποφάσισε νὰ πιάση τὸν ταῦρο ἀπὸ τὰ κέρατα. | Er beschloß, den Stier an (bei) den Hörnern zu packen. |
| | *vor:* |
| Εἶναι τρελλὴ ἀπὸ εὐτυχία. | Sie ist närrisch vor Glück. |
| Πεθαίνει ἀπὸ τὴν πεῖνα. | Er stirbt vor Hunger. |
| | *beim Passiv: von:* |
| Δὲν εἶναι σπάνιο νὰ δαγκωθῆ κανεὶς ἀπὸ φίδι. | Es ist nicht selten, daß man von einer Schlange gebissen wird. |
| | *Nach dem Komparativ: als:* |
| Ὁ Ὄλυμπος εἶναι ψηλότερος ἀπὸ τὸν Κίσσαβο. | Der Olymp ist höher als der Kissavos. |
| | *Merke besonders:* |
| Πέρασε αὔριο ἀπὸ τὸ γραφεῖο μου. | Komm morgen mal in meinem Büro vorbei! |
| | *mit dem Nom. „schon als“, wenn sich dies auf das Subjekt bezieht:* |
| Ἀπὸ μικρὸ παιδάκι ἔχασε τὴ μητέρα του. | Schon als kleines Kind hat er seine Mutter verloren. |
| Τέτοια ζωὴ κάνει ἀπὸ νέος. | Schon als junger Mensch führte er so ein Leben. |
| **γιά** | *für:* |
| Νέα γιὰ τοὺς φίλους τῶν σπόρ | Neuigkeiten für die Sportfreunde |
| Ἐργάζεται γιὰ τὴν οἰκογένεια. | Er arbeitet für die Familie. |
| Ἡ μητέρα ὅλη τὴν ἡμέρα φροντίζει γιὰ τὸ σπίτι (γιὰ μένα, γιὰ σένα). | Die Mutter sorgt den ganzen Tag für das Haus (für mich, für dich). |
| Κάνει ὅ,τι μπορεῖ γιὰ τὴν ὑγεία του. | Er tut alles mögliche (= was er kann) für seine Gesundheit. |
| Σᾶς εὐχαριστῶ γιὰ τὸ δῶρο. | Ich danke Ihnen für das Geschenk. |
| Ἡ θυρίδα γιὰ ταχυδρομικὲς ἐπιταγές | Der Schalter für Postanweisungen |
| | *an Stelle von (für):* |
| Θὰ πάω γιὰ σένα. | Ich gehe an deiner Stelle (für dich). |

| | |
|---|---|
| | *wegen:* |
| γι' αὐτό | deswegen |
| γιὰ ψύλλου πήδημα | wegen einer Kleinigkeit (= eines Flohsprunges) |
| Τὸν θαυμάζω γιὰ τὴν ἐξυπνάδα του. | Ich bewundere ihn wegen seiner Intelligenz. |
| | *gegen:* |
| Ἕνα γιατρικὸ γιὰ τὸ βῆχα | Ein Mittel gegen den Husten |
| | *örtlich: nach, zu ... hin:* |
| Γιὰ ποῦ; | Wohin? |
| Ἔφυγε γιὰ τὸ Παρίσι. | Er fuhr nach Paris ab. |
| Ὁ δρόμος γιὰ τὴν Ἀκρόπολη. | Der Weg zur Akropolis |
| | *zeitlich: auf, zu, ... lang:* |
| Θὰ λείψω γιὰ τρεῖς μέρες. | Ich werde (auf) drei Tage (oder drei Tage lang) abwesend sein. |
| Γιὰ πρώτη φορὰ εἶμαι στὴν Ἑλλάδα. | Ich bin zum ersten Mal in Griechenland. |
| | *zur Betonung:* |
| Γιὰ ψωμί, ἔχουμε μπόλικο. | Brot (betont!) haben wir reichlich. |
| **δίχως** *s. auch* χωρίς | *ohne:* |
| Περπατεῖ δίχως καπέλλο. | Er geht ohne Hut. |
| **ἴσαμε** (*a.* **ἴσα μέ**) *s. auch* μέχρι, ὡς | *örtlich und zeitlich: bis (zu):* |
| Ἀπὸ δῶ ἴσαμε τὸ σπίτι μας | Von hier bis zu unserem Haus |
| Ἴσαμε τότε ἦταν πάντα δεύτερος διευθυντὴς ὀρχήστρας. | Bis dahin war er immer (nur) zweiter Dirigent gewesen. |
| **κατά** | *örtlich: zu ... (hin), nach, in Richtung auf:* |
| Πάω κατὰ τὴ βρύση. | Ich gehe zur Quelle hin. |
| Νοίκιασα ἕνα δωμάτιο ποὺ ἦταν κατὰ τὸ περιβόλι. | Ich mietete ein Zimmer, das zum Garten lag. |
| | *zeitlich: gegen, um ... herum, während (s. Lekt. 7, Uhrzeit):* |
| Θὰ φύγῃ κατὰ τὸ Πάσχα. | Er wird um Ostern herum abreisen. |
| Κατὰ τοὺς ζεστοὺς καλοκαιρινοὺς μῆνες μένω συνήθως στὴν ἐξοχή. | Während der heißen Sommermonate wohne ich meistens auf dem Lande. |
| | *übertragen: gemäß, nach:* |
| Κατὰ τὴν γνώμη μου εἶναι κουτός. | Meiner Meinung nach ist er dumm. |
| Κατὰ τὸν Πλάτωνα ἡ ψυχὴ εἶναι ἀθάνατη. | Nach Plato ist die Seele unsterblich. |
| Κατὰ πᾶσαν πιθανότητα | Aller Wahrscheinlichkeit nach |
| **μέ** | *mit:* |
| Σ' αὐτὸ τὸ σπίτι κάθεται ὁ Πέτρος μὲ τὴ μητέρα του. | In diesem Hause wohnt Peter mit seiner Mutter. |
| Μὲ ποιὸν μιλοῦσες; | Mit wem sprachst du? |
| Ἤπια καφὲ μὲ γάλα. | Ich trank Kaffee mit Milch. |

| | |
|---|---|
| Θὰ πάω μὲ τὸ τράμ, σιδηρόδρομο, τραῖνο, ἀεροπλάνο, μὲ τὰ πόδια. | Ich werde mit der Straßenbahn, Eisenbahn, mit dem Zug fahren, dem Flugzeug reisen, *zu* Fuß gehen. |
| Τὰ χρήματα θὰ σοῦ τὰ στείλω μὲ τὸν Πέτρο. | Das Geld schicke ich dir mit (*durch*) Peter. |
| Σπίτι μὲ τρία πατώματα | Ein Haus mit drei Stockwerken |
| Ἡ Ἁγιὰ Σοφιὰ μὲ τὶς χρυσὲς καμπάνες | Die Hagia Sofia mit den goldenen Glocken |
| Βιβλίο μὲ εἰκόνες | Ein Buch mit Bildern (Bilderbuch) |
| Αὐτὸς μὲ τὰ γιαλιά | Der da mit der Brille |
| Πωλεῖ (Πουλᾶ) μὲ ἔκπτωση. | Er verkauft mit Rabatt. |
| | *enger Kontakt: an, in:* |
| Καθόμαστε πόρτα μὲ πόρτα. | Wir wohnen Tür an Tür. |
| Χέρι μὲ χέρι | Hand in Hand |
| | *zeitlich: bei:* |
| Μὲ τὸ κρύο (μὲ τὴ ζέστη) δὲν μποροῦμε νὰ πᾶμε ἔξω. | Bei der Kälte (der Hitze) können wir nicht ausgehen. |
| Νοικιάζει δωμάτια μὲ τὸ μῆνα. | Sie vermietet monatsweise Zimmer. |
| | *Maß: zu:* |
| Θέλω ἕνα χαλὶ τρία μὲ τέσσερα. | Ich möchte einen Teppich drei mal vier. |
| | *mit* ὅλο ...: *trotz:* |
| Μ'ὅλες τὶς δυσκολίες δὲν πρέπει κανεὶς οὔτε στιγμὴ ν'ἀπελπιστῇ. | Trotz all der Schwierigkeiten darf man keinen Augenblick verzweifeln. |
| **μετά** | *zeitlich: nach; auch mit* ἀπό: |
| Μετὰ τὸ δεῖπνο ἤπιαν ἕνα φλιτζάνι καφέ. | Nach dem Abendessen tranken sie eine Tasse Kaffee. |
| Μετὰ ἀπὸ ἕνα ταξίδι ἀρρώστησε βαριά. | Nach einer Reise erkrankte er schwer. |
| **μέχρι** | *örtlich und zeitlich: bis* (*zu*): |
| Πᾶμε μαζὶ μέχρι τὴν Ὁμόνοια. | Gehen wir zusammen bis zum Omonoia-Platz. |
| Θὰ μείνῃ ἐδῶ μέχρι τὸ Πάσχα. | Er wird bis Ostern hierbleiben. |
| **παρά** | *gegen; trotz; minus* (*s. Lekt.* 7, *Uhrzeit*): |
| Τὸ ἔκαμα παρὰ τὴ θέλησή μου. | Ich tat es gegen meinen Willen. |
| Παρὰ τὶς ὑποσχέσεις του δὲν μοῦ παρέσχε καμίαν ἐκδούλευση (St. I παρέχω). | Trotz seiner Versprechungen erwies er mir keine Gefälligkeit. |
| **πρός** | *zu, nach, in Richtung auf; gegen, an, für:* |
| Τὸ παράθυρο βλέπει πρὸς τὸ Λυκαβηττό. | Mein Fenster geht (sieht) zum Lykavettos hinaus. |
| Ὁ στόλος πλέει ὁλοταχῶς πρὸς τὸν Ἑλλήσποντον. | Die Flotte segelt mit Volldampf in Richtung auf die Dardanellen. |
| Πρὸς τὸν κύριον .... | (*in Adressen!*) (An) Herrn ... |
| πρὸς τὸ βράδυ | gegen Abend |

βῆμα πρὸς βῆμα — Schritt für Schritt
λέξη πρὸς λέξη — Wort für Wort
Μᾶς χαιρέτισε ἕναν πρὸς ἕναν. — Er grüßte jeden einzelnen von uns (*wörtl.:* uns einen für einen).

**σέ** (σ-, σ'), **εἰς** — *Wegen der Bezeichnung des Dativs siehe die Deklination.*

*örtlich: in, an, auf, zu (fester Punkt und Richtung):*

Εἶμαι στὸ δωμάτιο σ'ἕνα μαγαζί, σ'ἕνα ἑστιατόριο, στὸ ταχυδρομεῖο, στὸ σταθμό, στὸ ἀκρογιάλι. — Ich bin im Zimmer, in einem Geschäft, in einem Restaurant, auf der Post, im Bahnhof, am Strand.

Πηγαίνω στὸ δωμάτιο . . — Ich gehe in das Zimmer *usw.*
Ἔχετε καιρὸ στὴν Ἑλλάδα; — Sind Sie schon lange in Griechenland?
Πᾶμε στὸ καφενεῖο. — Gehen wir ins Café!
Πάω στὸ γιατρό. — Ich gehe zum Arzt.
Ὁ Πέτρος ἔμεινε στὸ σπίτι. — Peter blieb zu Hause.
Τρώγω συνήθως στὸ ἑστιατόριο. — Ich esse gewöhnlich im Restaurant.
Τί κρατεῖς στὸ χέρι; — Was hältst du in der Hand?
Πῆγα στὴ θυρίδα τῶν τηλεγραφημάτων. — Ich ging an den Telegrammschalter.

(= (ἐ)πάνω σέ) — *auf:*
Στὸ τραπέζι, στὴ καρέκλα, στὸ πάτωμα . . . — Auf dem Tisch, auf dem Stuhl, auf dem Boden ...

*zeitlich: in, um, am (s. Lekt. 7 u. 13):*
Στὰ νιάτα μου — In meiner Jugend
Θὰ τελειώσω τὴ δουλειά μου σὲ μιὰ ὥρα. — Ich werde meine Arbeit in einer Stunde beendet haben.
Μὲ ξυπνήσανε στὶς 4 τὸ πρωί. — Sie weckten mich um 4 Uhr morgens.
Στὶς εἴκοσι πέντε Δεκεμβρίου — Am 25. Dezember

**χωρίς** — *ohne:*
Θύμωσε χωρὶς αἰτία. — Er wurde ohne Grund wütend.

**ὡς** (*s. auch* ἴσαμε, μέχρι) — *örtlich und zeitlich: bis (zu), (an) (s. Lekt. 7, Uhrzeit, u. Lekt. 13, Daten)*
Μὲ συνόδεψε ὡς τὴν ἐξώπορτα. — Er begleitete mich bis an die (zu) Haustür.

## Zusammengesetzte Präpositionen: B

1. Die Bedeutung der Präposition wird besonders bei πάνω und κάτω wesentlich durch σέ und ἀπό verändert:

| | |
|---|---|
| πάνω σέ | auf |
| πάνω ἀπό | über |

**ἀνάμεσα σέ** — *zwischen:*
Ὁ καθρέφτης εἶναι ἀνάμεσα στὰ δύο παράθυρα. — Der Spiegel steht zwischen den beiden Fenstern.

| | |
|---|---|
| **ἀπέναντι σέ, ἀντίκρυ σέ** | *gegenüber:* |
| Ἀπέναντι στὸ ταχυδρομεῖο εἶναι ἕνα βιβλιοπωλεῖο. | Gegenüber der Post ist eine Buchhandlung. |
| **γύρω σέ** | *um (meist ziemlich nahe):* |
| Κάθονται γύρω στὸ τραπέζι. | Sie sitzen um den Tisch. |
| **γύρω ἀπό** | *um (meist etwas ferner):* |
| Γύρω ἀπὸ τὴν πόλη ὑπάρχουν δάση. | (Rings) um die Stadt gibt es Wälder. |
| **δίπλα σέ** | *neben:* |
| Δίπλα στὸ Πανεπιστήμιο εἶναι ἡ Ἀκαδημία. | Neben der Universität ist die Akademie. |
| **ἐδῶ καί** | *(zeitlich) (heute) vor:* |
| Ἐδῶ καὶ δύο χρόνια τὸν εἶδα γιὰ τελευταία φορά. | Vor zwei Jahren habe ich ihn zum letzten Mal gesehen. |
| **ἐκτὸς ἀπό** | *außerhalb (meist mit Gen.), außer, mit Ausnahme:* |
| Τὰ πάντα στεροῦνται ἐκτὸς ἀπὸ τὸ ψωμί. | Alles fehlt ihnen mit Ausnahme des Brotes. |
| **ἔξω ἀπό** | *außerhalb, außer:* |
| ἔξω ἀπὸ τὰ ὅρια τῆς Ἑλλάδας | außerhalb der Grenzen Griechenlands |
| Ἔξω ἀπὸ λίγα μακαρόνια, τίποτ' ἄλλο δὲν περίσσεψε. | Außer einigen Makkaroni blieb nichts übrig. |
| **κάτω σέ** | *unten, in, an:* |
| κάτω στὸ ὑπόγειο | (unten) im Kellergeschoß |
| **κάτω ἀπό; ἀπὸ κάτω ἀπό** | *unter (wo?, wohin?); unter ... hervor:* |
| Ἡ γάτα κάθεται κάτω ἀπὸ τὸ τραπέζι. | Die Katze sitzt unter dem Tisch. |
| Τὸ μῆλο κάτω ἀπ' τὴ μηλιὰ θὰ πέση. | Der Apfel fällt unter den Apfelbaum. (*Sprichw.:* Der Apfel fällt nicht weit vom Stamm.) |
| **κοντὰ σέ** | *nahe bei, in der Nähe:* |
| Ἡ στάσις εἶναι κοντὰ στὸ ταχυδρομεῖο. | Die Haltestelle ist in der Nähe der Post. |
| **μαζὶ μέ** | *(zusammen)* mit *(örtlich u. zeitlich):* |
| Φέρε μαζὶ μὲ τὸν καφὲ καὶ τὰ τσιγάρα μου. | Bring mit dem Kaffee auch meine Zigaretten her! |
| **μέσα σέ** | *in, innerhalb:* |
| μέσα στὸ σπίτι | im Haus (*deutlicher als* σέ) |
| Μέσ' στὴν καρδιὰ τοῦ χειμῶνα γυρίζει χωρὶς παλτό. | Mitten im Winter geht er ohne Mantel umher. |
| **μέσα ἀπό; ἀπὸ μέσα ἀπό** | *aus ... heraus; durch:* |
| Ὁ λαγὸς πετάχτηκε μέσα ἀπὸ τοὺς θάμνους. | Der Hase sprang aus dem Gebüsch heraus. |
| **μπροστὰ σέ, ἐμπροστὰ σέ, (ἐ)μπρὸς σέ** | *vor (wo?, wohin?) (meist ziemlich nahe):* |
| Μπροστὰ στὸ σπίτι βλέπομε μιὰ βρύση. | Vor dem Haus sehen wir einen Brunnen. |
| Ὁ ἐκφωνητὴς πηγαίνει ἐμπρὸς στὸ μικρόφωνο καὶ λέγει ... | Der Ansager tritt vor das Mikrophon und sagt ... |

| | |
|---|---|
| Μπρὸς στὰ κάλλη τί'ναι ὁ πόνος; | *vor, angesichts, im Vergleich zu:* Was ist der Schmerz im Vergleich zur Schönheit? |
| **μπροστὰ ἀπό, ἐμπροστὰ ἀπό, (ἐ)μπρὸς ἀπό** Τὸ ἀόριστο ἄρθρο δὲν μπαίνει ἐμπρὸς ἀπὸ ὀνόματα ποὺ φανερώνουν ἕνα ἀόριστο πρόσωπο, ὅταν ὁ λόγος ἐκφέρεται μὲ κάποια γοργότητα. | *vor (meist etwas ferner und übertragen):* Der unbestimmte Artikel steht nicht (*wörtl.* „tritt nicht ein") vor Nomen, die eine unbestimmte Person bezeichnen, wenn die Rede eine gewisse Lebhaftigkeit annimmt. |
| Ἦρθε μπρὸς ἀπὸ τοὺς ἄλλους. | *zeitlich: vor:* Er kam vor den anderen. |
| **πάνω σέ, ἀπάνω σέ, ἐπάνω σέ** Ρίξε ἀπάνω σου τὸ παλτό! | *auf (wo?, wohin?):* Wirf dir den Mantel über (*wörtl.*: über dich)! |
| Ἄφησε τὸ βιβλίο πάνω στὸ τραπέζι! | Laß das Buch auf dem Tische liegen! |
| Ἦλθες πάνω στὸν καυγά. | *gerade bei, während:* Du kamst gerade während des Streites. |
| **πάνω ἀπό, ἀπάνω ἀπό, ἐπάνω ἀπό** Ἔκοψε τὸ δέντρο πάνω ἀπὸ τὴ ρίζα. | *über (wo?, wohin?):* Er schnitt den Baum über der Wurzel ab. |
| **πέρα ἀπό** πέρα ἀπὸ τὸν ποταμὸ Εὐφράτη | *jenseits, über ... hinaus:* jenseits des Flusses Euphrat; über den Euphrat hinaus |
| **πίσω ἀπό, ὀπίσω ἀπό, ἀπὸ πίσω ἀπό** | *hinter (wo?, wohin?); hinter ... hervor:* |
| Κρύφτηκα πίσω ἀπὸ τὸ δέντρο. | Ich versteckte mich hinter dem Baum. |
| Νὰ καὶ ἕνα πλοῖο μακριά, ποὺ περνᾶ ἀφήνοντας πίσω του μαῦρο καπνό. | Da in der Ferne ist auch ein Schiff, das vorüberzieht und schwarzen Rauch hinter sich läßt. |
| **πρὶν ἀπό** Ἦρθε πρὶν ἀπὸ σένα. | *vor (zeitlich):* Er kam vor dir. |
| **ὕστερα ἀπό** Ὕστερα ἀπὸ μιὰ περίοδο κάμψεως, κάνει τώρα διεθνῆ καρριέρα. | *nach (zeitlich, Reihenfolge):* Nach einer Periode des Niedergangs macht er (*Karagöz*) jetzt internationale Karriere. |

2. In Verbindung mit Pronomen verlieren die meisten der obigen Präpositionen den zweiten Bestandteil ἀπό, μέ oder σέ. Das Pronomen folgt in der unbetonten Dativform (*s. L. 5, Tabelle*), z. B. δίπλα μου neben mir, κοντά σου (nahe) bei dir, μπροστά του vor ihm, πίσω της hinter ihr, μαζί μας mit uns, κάτω σας unter euch.

*Man merke sich:* ἔλεγα μέσα μου ich sagte (zu, bei) mir ...

## Präpositionen aus der Katharevusa: C

διά *G* durch, über; ἐκ (ἐξ *vor Vokalen*) *G* aus; ἐν *D* in; μετά *G* mit; μέχρι *G* bis; περί *G* um, über; σύν *D* mit; ὑπέρ *G* für, um willen, *A* über; ὑπό *A* unter kommen in der Dhimotiki nur noch in festen Verbindungen vor, z. B. διὰ ξηρᾶς über Land, ἐξ ὄψεως vom Sehen her (*kennen*), ἐν πάσῃ περιπτώσει auf jeden Fall, ἐν τάξει in Ordnung.

**ἐκτός** — *außerhalb, außer:*
Ὅλοι εἶναι σύμφωνοι ἐκτὸς τοῦ κυρίου Μαραγκοῦ. — Alle sind einverstanden außer Herrn Marangos.

**ἐναντίον** — *gegen, entgegen:*
ἐναντίον τοῦ ρεύματος — gegen den Strom

**ἕνεκα** (*a. fälschlich mit dem Nom.*) — *wegen:*
Τὸ ἀτμόπλοιον καθυστερεῖ ἕνεκα τῆς κακοκαιρίας. — Der Dampfer hat wegen des schlechten Wetters Verspätung.
ἕνεκα ἡ βροχή, ἕνεκα ὁ πόλεμος — wegen des Regens, des Krieges

**ἐντός** — *innerhalb, binnen:*
ἐντὸς τῆς πόλεως — innerhalb der Stadt
ἐντὸς δύο μηνῶν — binnen zwei Monaten

**ἐπί** — *unter, während (zeitlich):*
ἐπὶ Τουρκοκρατίας — unter der Türkenherrschaft
ἐπὶ ζωῆς μου — zeit meines Lebens

**κατά** — *gegen* (feindlich):
ἡ ἐκστρατεία κατὰ τῶν Ἀράβων — der Feldzug gegen die Araber

**μεταξύ** — *zwischen:*
μεταξὺ τῶν δύο κρατῶν — zwischen den beiden Staaten

**πρό** — *vor* (zeitlich):
πρὸ καιροῦ, πρὸ δύο μηνῶν — vor geraumer Zeit, vor zwei Monaten

## Die wichtigsten präpositionalen Ausdrücke mit dem Genitiv. D

**ἐξ αἰτίας** — *wegen:*
Ἐξ αἰτίας τῶν πολλῶν βουνῶν ἡ ταχυδρομικὴ ὑπηρεσία στὴν Ἑλλάδα δὲν εἶναι πάντα εὔκολη. — Wegen der vielen Gebirge ist der Postzustelldienst in Griechenland nicht immer leicht.

**ἐπὶ τῇ βάσει, βάσει** — *auf Grund:*
Τὸ ἐμπόρευμα ἀγοράστηκε (ἐπὶ τῇ) βάσει δείγματος. — Die Ware wurde auf Grund eines Musters gekauft.

**δυνάμει** — *kraft:*
δυνάμει τῆς δικαστικῆς ἀποφάσεως — kraft des richterlichen Beschlusses

**τὸν καιρό** — *während (einer längeren Zeit):*
τὸν καιρὸ τοῦ πολέμου — während des Krieges

**τὴν ὥρα** — *während (einer kürzeren Zeit):*
τὴν ὥρα τοῦ μαθήματος — während des Unterrichts

**λόγῳ** — *wegen, aus Gründen ...:*
λόγῳ τῆς βροχῆς · λόγῳ ὑγείας — wegen des Regens; aus Gesundheitsgründen

## Übungen

a) Durch die Übersetzung der folgenden Sätze ins Neugr. können Sie prüfen, wieweit Sie den neugr. Text der bisherigen Lesestücke im Gedächtnis haben. Die meisten der folgenden Sätze stellen eine Übersetzung neugr. Textstellen dar, in denen Präpositionen vorkommen.

1. Alle sind am Tisch und essen mit Appetit. 2. Neben Takis geht Anna. 3. Sie befinden sich auf dem Platz und betrachten die Läden. 4. Anna liest: Kolonialwarenhandlung „Ein wenig von allem". 5. Takis ging morgens früh in den Garten hinunter. 6. Später ging er in das Haus zurück. 7. Alle sitzen um den Tisch herum. 8. Ich sitze vor dem Tisch; meine Kusine sitzt hinter dem Tisch. 9. Diese Maschinen werden in Deutschland hergestellt. 10. Es ist schwer, diese Artikel außerhalb Europas zu bekommen. 11. Wir danken Euch für Euren Brief. 12. Wieviel kostet die Fahrkarte von hier nach Saloniki? 13. Frau Marangos sprang von einem Thema auf das andere. 14. Wir fuhren durch eine lange Straße. 15. Herr Nikolopulos wohnt in der vierten Etage. 16. Das Personal besteht einzig und allein aus dem Direktor, dem Kassierer und dem Boten. 17. Eines Tages traf der Inspektor aus der Zentrale zu einer Inspektion ein. 18. Das Personal schlief seelenruhig unter einem Baum. 19. Der Larissa-Bahnhof liegt in der Nähe des SPAP-Bahnhofs. 20. Viele Reisende nehmen ihr Gepäck mit in das Abteil. 21. Wir können aus dem Griechischen in das Deutsche übersetzen. 22. Schneewittchen konnte bei den sieben Zwergen bleiben. 23. Der Vater kaufte Peter eine Schulmappe aus Leder. 24. Fanis rechnet, wie viele Tage es noch bis Weihnachten sind. 25. Zum Geburtstag schenkte ein Ehemann seiner Frau einen Papagei. 26. In seinem Käfig begann der Vogel zu rufen: „Alle Menschen sind dumm!" 27. Vor den Griechen bewohnten die Pelasger Griechenland. 28. Viele Griechen leben außerhalb der Grenzen des griechischen Staates. 29. An den beiden Seiten öffneten sich große und reich geschmückte Läden, beladen mit allen Gütern der Welt. 30. Der König war von dem Ruhm des Zwerges beeindruckt. 31. Wir lasen einen Text mit dem Titel: Vom alten zum neuen Griechenland. 32. Früher wurde Griechenland von den Pelasgern bewohnt. 33. Aus allen Teilen der Welt kamen Touristen. 34. Im Jahre 1453 fiel Konstantinopel in die Hände der Türken. 35. Die Griechen zeichnen sich durch (ihre) Intelligenz aus. 36. In der Nähe der Stelle, wo sie schwammen, war ein Abzugskanal. 37. Sie tanzten mit vollem Magen. 38. Sein Bein wurde von einem Krampf gepackt.

b) Man übersetze folgende Sätze ins Neugriechische:

1. Er legte sich aufs Sofa. 2. Er saß auf dem Sofa. 3. Wir gingen ins Eßzimmer. 4. Außer den beiden Koffern werde ich auch die Aktentasche mitnehmen. 5. Außer einem Speisewagen hat der Zug auch Schlafwagen. 6. Wir setzten uns auf unsere Plätze. 7. Wir saßen auf unseren Plätzen. 8. Das Flugzeug flog über das Meer. 9. Im Kino nehme ich immer einen Platz an der Tür. 10. Ich habe Italienisch schon als Kind gelernt. 11. Die Logen in einem Theater befinden sich meist nahe der Bühne, und zwar links und rechts davon. 12. Niemand saß am Klavier. 13. Er ging und setzte sich unter eine große Platane. 14. Sie saßen unter einer großen Platane. 15. Nahe beim Weinberg des Onkels unter einer Platane kam kühles Wasser heraus. 16. Gegen Abend gelangte sie

an ein Häuschen und ging hinein, um sich auszuruhen. 17. Alles in dem Haus war schön und sauber. 18. Sie probierte sie alle (*n. pl.*), eins nach dem anderen. 19. Ein Käfig hing über dem Sessel, der am Fenster stand (sich befand). 20. Neben dem Haus ist die Garage. 21. Im Mund befinden sich die Zähne und die Zunge.

c) Übersetzen Sie folgende Beschreibung ins Neugriechische:

Mein Zimmer

1. Mein Zimmer hat (= ist) ungefähr 24 Quadratmeter. 2. Links von der Tür steht (befindet sich) ein Radioapparat mit Plattenspieler. 3. Daneben steht (ist) auf einem kleinen Tisch ein Tonbandgerät. Mit diesem nehme ich interessante Rundfunksendungen in griechischer Sprache auf. 4. Rechts von der Tür steht ein Bücherschrank mit fünf Brettern (Etagen). 5. Ein ähnlicher Bücherschrank befindet sich an derselben Wand nahe am Fenster. 6. Zwischen den beiden Bücherschränken steht eine Couch, davor ein Tisch mit einem Stuhl. 7. Vor dem Fenster sehen wir einen Schreibtisch, der eine Schublade und zwei Schränkchen hat. 8. Auf dem Schreibtisch liegen viele Bücher, einige Bleistifte, Kugelschreiber und ein Radiergummi. 9. Der Boden zwischen dem Schreibtisch und der Tür ist mit einem Perserteppich bedeckt. 10. Das Zimmer wird von verschiedenen Lampen beleuchtet. 11. Eine Lampe hängt an der Decke; zwei Lampen sind rechts und links vom Fenster an der Wand angebracht, und eine Lampe steht auf dem Schreibtisch. 12. Beheizt wird das Zimmer von einem Heizkörper der Zentralheizung, der sich unter dem Fenster befindet.

*zu a:*

Artikel, Waren *εἴδη n/pl.* / früher *πρωτύτερα*

*zu b:*

Koffer *βαλίτσα* / Aktentasche *τσάντα* / Schlafwagen *βαγκὸν-λί, κλινάμαξα* / fliegen *πετῶ (άω·αξ·αχτ)* / Kino *σινεμά, τό* / Loge *θεωρεῖο* / Bühne *σκηνή* / Platane *πλατάνι, τό* / probieren *δοκιμάζω (σ·στ)* / Garage *γκαράζ(ι), τό* / links (von) *ἀριστερά (ἀπό)*

*zu c:*

Quadratmeter *τετραγωνικὸ μέτρο* / Radioapparat *ραδιόφωνο* / Plattenspieler *πικ-άπ, τό* / kleiner Tisch *τραπεζάκι* / Tonbandgerät *μαγνητόφωνο* / aufnehmen (*auf Tonband*) *ἠχογραφῶ (εῖς·ησ)* / interessant *hier: ἐνδιαφέρουσες (f/pl.)* / Rundfunk- *ραδιοφωνικός* / Brett, Etage *ράφι, τό* / ähnlich *ὅμοιος (-α)* / Couch *ντιβάνι, τό* / Schublade *συρτάρι, τό* Schränkchen, Seitenfach *ντουλάπι* / Kugelschreiber *μολύβι διαρκείας (oft: στυλό)* / Radiergummi *γόμμα* / bedeckt *στρωμένος* / beleuchten *φωτίζω (σ·στ)* / Lampe *λάμπα* / (Zimmer)Decke *ταβάνι, τό* / angebracht *βαλμένος* / beheizen *ζεσταίνω (αν)* / Heizkörper *θερμαντικὸ σῶμα* / Zentralheizung *κεντρικὴ θέρμανση(-ις)*

# 16. Lektion

## 1. Ἀεραυτοκίνητο

Πετάει, πετάει τὸ αὐτοκίνητο; Φαίνεται ὅτι ἄρχισε καὶ αὐτὸ νὰ πετάῃ. Ὁ Ἀμερικανικὸς τύπος μᾶς πληροφορεῖ ὅτι ἔγινε τελευταῖα ἐπίδειξη ἑνὸς ἱπταμένου αὐτοκινήτου.

Ὅπως περιγράφουν *ὅσοι* εἶδαν τὸ θέαμα, ἀκριβῶς κάτω ἀπὸ τὸ αὐτοκίνητο ὑπάρχει ἕνα στρογγυλὸ ἄνοιγμα *ἀπὸ τὸ ὁποῖο* ἐκτοξεύεται μία μεγάλη ποσότητα ἀέρος (500 κυβικὰ τὸ δευτερόλεπτο). Ὁ ἀέρας αὐτὸς δημιουργεῖ ἕνα ἀόρατο μαξιλαράκι *ποὺ* διατηρεῖ τὸ ἀεραυτοκίνητο σὲ μιὰ ἀπόσταση 12 πόντων περίπου ἀπὸ τὴ γῆ. Τὸ αὐτοκίνητο κάθεται ἐπάνω στὸ μαξιλαράκι καὶ προχωρεῖ. Τώρα τὸ ζήτημα εἶναι πῶς προχωρεῖ. Δὲν εἶναι πολὺ γρήγορο, παραδέχονται οἱ κατασκευαστές του. Τρέχει μόλις μὲ 50 μίλια τὴν ὥρα. Ὕστερα δὲν ἔχει εὐστάθεια. Φαίνεται ὅτι ὁ ἀέρας δὲν ἔχει δαμασθῆ ἐντελῶς ἀπὸ τοὺς τεχνικούς. Ἄλλοτε φεύγει περισσότερος καὶ ἄλλοτε λιγώτερος. Αὐτὸ προκαλεῖ διάφορα σκαμπανεβάσματα *ποὺ* δίνουν ἴσως μία ὀπτικὴ γραφικότητα στὸ ὄχημα, ἀλλὰ γιὰ τὸν ἐπιβάτη εἶναι πολὺ ἐνοχλητικά. «Ἔμοιαζε σὰν μεθυσμένος ἱπποπόταμος» ἔγραψε εἰρωνικὰ ὁ ρεπόρτερ τοῦ «Νιοὺ Γιόρκερ» περιγράφοντας τὴν ἐντύπωση *ποὺ* τοῦ ἄφησε τὸ ἀεραυτοκίνητο ἐν πτήσει. Τέλος πάντων, ὅλα αὐτὰ μπορεῖ νὰ τὰ δικαιολογήσῃ κανείς. Ποιὰ ἐφεύρεση στὸ κάτω-κάτω ἦταν τέλεια εὐθὺς ἐξ ἀρχῆς; Ἀκόμη καὶ τὴν τιμή του θὰ μπορούσαμε νὰ δεχθοῦμε (στοιχίζει τὸ τετραθέσιο 15.000 δολλάρια), ἀφοῦ ὅλα αὐτὰ τὰ μειονεκτήματα τὰ ἐξουδετερώνει ἕνα σημαντικώτατο πλεονέκτημα: τὸ ἀεραυτοκίνητο σὰν ἀεραυτοκίνητο *ποὺ* εἶναι δὲν θὰ ἔχῃ ἀνάγκη ἀπὸ ἀσφαλτοστρωμένους δρόμους γιὰ νὰ φθάσῃ στὸν προορισμό του. Ἔτσι τουλάχιστον πιστεύαμε καὶ αὐτὸ ἄφηναν νὰ ἐννοηθῆ οἱ κατασκευαστές του ὡς τὴ στιγμὴ *ποὺ* ἕνας ἐνοχλητικὸς δημοσιογράφος θέλησε νὰ ξεκαθαρίσῃ τὰ πράγματα.

*Συνεχίζεται*

2. Ζητεῖται...

Ὁρισμὸς τῆς *ἰδεώδους* γραμματέως... Ἀπὸ μιὰ ἀγγελία *ποὺ* δημοσιεύθηκε σὲ ἐφημερίδα τοῦ Ἰλλινόϊ: Ζητεῖται γραμματεὺς *ἡ ὁποία* νὰ φαίνεται σὰν κορίτσι — νὰ σκέπτεται σὰν ἄνδρας — νὰ φέρεται σὰν κυρία — καὶ νὰ δουλεύῃ σὰν σκύλος.

## Vokabeln

| | |
|---|---|
| 1. | |
| *ἀεραυτοκίνητο* | Schwebefahrzeug, Luftkissenauto |
| *τύπος* | Presse |
| *πληροφορῶ (εῖς·ησ)* | benachrichtigen, melden |
| *τελευταῖα Adv.* | kürzlich, jüngst |
| *ἐπίδειξη(-ις)* | Schau, Vorführung |
| *ἱπτάμενος* | fliegend |
| *περιγράφω (ψ·φ/περιε- od. περι-)* | beschreiben |
| *ὅσοι* | alle, die |
| *θέαμα, τό* | Schauspiel, Anblick |
| *ἀκριβῶς Adv.* | genau |
| *στρογγυλός* | rund |
| *ἐκτοξεύω (ευσ·ευθ/ἐξε-)* | hinausschleudern |
| *ποσότητα(-της)* | Menge |
| *κυβικὸ(ν) (μέτρον)* | Kubikmeter |
| *δημιουργῶ (εῖς·ησ)* | schaffen |
| *ἀόρατος* | unsichtbar |
| *μαξιλαράκι* | kleines Kissen |
| *διατηρῶ (εῖς·ης/διε-)* | halten |
| *ἀπόσταση(-ις)* | Abstand |
| *πόντος* | Zentimeter |
| *ζήτημα, τό* | Frage |
| *παραδέχομαι (χθ, χτ/α. παρε-)* | zugeben |
| *κατασκευαστής* | Hersteller |
| *μίλι(ον)* | Meile |
| *ὕστερα* | außerdem, dazu |

| | |
|---|---|
| *εὐστάθεια* | gute Straßenlage |
| *δαμάζω (σ·στ)* | bändigen |
| *ἐντελῶς* | gänzlich |
| *τεχνικός* | Techniker |
| *ἄλλοτε ... ἄλλοτε* | einmal ... einmal |
| *λιγώτερος* | weniger |
| *προκαλῶ (εῖς·εσ·κληθ/προε-)* | hervorrufen |
| *διάφορος* | verschieden |
| *σκαμπανέβασμα, τό* | Stampfen, Bewegung |
| *ὀπτικός* | optisch |
| *γραφικότητα(-της)* | Malerische(s) |
| *ὄχημα, τό* | Fahrzeug |
| *ἐπιβάτης* | Fahrgast |
| *μοιάζω (ἔμοιασα) σάν + Nom.* | aussehen wie |
| *μεθυσμένος* | betrunken |
| *ἱπποπόταμος* | Nilpferd |
| *εἰρωνικός* | ironisch |
| *ρεπόρτερ, ὁ* | Reporter |
| *Νιοῦ Γιόρκερ* | (*phonetisch*) *Zeitung:* New Yorker |
| *περιγράφοντας* | bei der Beschreibung |
| *ἐν πτήσει* | im Flug |
| *τέλος πάντων* | letzten Endes |
| *δικαιολογῶ (εῖς·ησ)* | rechtfertigen |
| *ἐφεύρεση(-ις)* | Erfindung |
| *στὸ κάτω-κάτω* | schließlich |
| *τέλειος (-εια)* | vollkommen |
| *εὐθὺς Adv.* | gleich |
| *ἐξ ἀρχῆς* | zu Anfang |
| *ἀκόμη καί* | sogar |
| *δολλάριο(ν)* | Dollar |
| *τετραθέσιος* | viersitzig |
| *ἐξουδετερώνω (σ)* | neutralisieren |
| *σημαντικώτατος* | höchst bedeutsam |
| *ἀσφαλτοστρωμένος* | asphaltiert |
| *προορισμός* | Bestimmung(sort) |
| *τουλάχιστον* | wenigstens |
| *ἐννοῶ (εῖς·ἐνοησ-·ἐνοηθ-)* | verstehen |
| *ἀφήνω νὰ ἐννοηθῆ κάτι* | etwas zu verstehen geben |
| *δημοσιογράφος* | Journalist |
| *ξεκαθαρίζω (σ·στ)* | aufklären |
| *2.* | |
| *ὁρισμός* | Definition |
| *ἰδεώδης* | ideal |
| *γραμματεύς, ὁ u. ἡ* | Sekretär(in) |
| *ἀγγελία* | Anzeige, Annonce |
| *Ἰλλινόϊ* | Illinois |
| *φέρομαι* | sich benehmen |
| *σκύλος* | Hund (*hier: wie ein Pferd*) |

## Grammatik

### A

**Relativpronomen.** Allgemeines Relativpronomen der Dhimotiki ist das nach Geschlecht, Zahl und Fall unveränderliche *πού*. Zur Verdeutlichung der Beziehung wird im Akkusativ häufig, im Genitiv und in Verbindung mit einer Präposition fast immer, das entsprechende unbetonte (oder selten betonte) Personalpronomen hinzugefügt.

Anstelle von *πού* wird in höherem Stil — besonders in Verbindung mit einer Präposition — das aus der Katharevusa stammende *ὁ ὁποῖος* verwendet.

**Vergleichende Tabelle der Relativpronomen** *πού* **und** *ὁ ὁποῖος*

| *Singular* | | | | |
|---|---|---|---|---|
| πού | der, die, das | ὁ ὁποῖος | ἡ ὁποία | τὸ ὁποῖο(ν) |
| πού ..του, της | dessen, deren | τοῦ ὁποίου | τῆς ὁποίας | τοῦ ὁποίου |
| πού τοῦ, τῆς | dem, der | στὸν ὁποῖον | στὴν ὁποίαν | στὸ ὁποῖο(ν) |
| πού (τόν, τήν, τό) | den, die, das | τὸν ὁποῖον | τὴν ὁποίαν | τὸ ὁποῖο(ν) |

| | | Plural | | |
|---|---|---|---|---|
| πού | die | οἱ ὁποῖοι | οἱ ὁποῖες | τὰ ὁποῖα |
| πού ... τους | deren | τῶν ὁποίων | τῶν ὁποίων | τῶν ὁποίων |
| πού τούς | denen | στοὺς ὁποίους | στὶς ὁποῖες | στὰ ὁποῖα |
| πού (τούς, τίς, τά) | die | τοὺς ὁποίους | τὶς ὁποῖες | τὰ ὁποῖα |

*Beispiele:*

Ὁ Νῖκος Καζαντζάκης **ποὺ** ἔφθασε τόσο κοντὰ στὸ Νομπέλ ἔγραψε τὸ βιβλίο «Ἀλέξης Ζορμπᾶς».
*oder:* **ὁ ὁποῖος** ἔφθασε ...

Nikos Kazantzakis, der dem Nobelpreis so nahe war, hat das Buch Alexis Zorbas verfaßt.

Οἱ Ρωμαῖοι κτύπησαν ὕστερα τὴν Ἑλλάδα, **ποὺ** ἡ κατάσταση **της** δὲν ἦταν διόλου καλή.
*oder:* **τῆς ὁποίας** ἡ κατάσταση ...

Die Römer unterwarfen (schlugen) später Griechenland, dessen Lage keineswegs gut war.

Ὁ κύριος, **ποὺ τοῦ** ἔφεραν τὸ γράμμα, ἦταν τραπεζικὸς ὑπάλληλος.
*oder:* **στὸν ὁποῖον** ἔφεραν ...

Der Herr, dem man den Brief brachte, war Bankangestellter.

Ὁ Γιάννης, **ποὺ τὸν** εἶδα χτὲς, μοῦ φάνηκε παχύτερος.
*oder:* **τὸν ὁποῖον** εἶδα ...

Jannis, den ich gestern sah, schien mir dicker (geworden zu sein).

Ὁ Κώστας εἶχε ἕνα σκυλί, **ποὺ** ἔβγαινε **μὲ αὐτὸ** κάθε μέρα.
*oder:* **μὲ τὸ ὁποῖο(ν)** ἔβγαινε κάθε μέρα.

Kostas hatte einen Hund, mit dem er jeden Tag ausging.

Der Genitiv τοῦ ὁποίου *usw.* steht häufig nach dem Substantiv:

Ἡ γυναίκα, τὰ παιδιὰ **τῆς ὁποίας** παίζουν πάντα στὸ δρόμο, ἐργάζεται σ'ἕνα γραφεῖο.

Die Frau, deren Kinder immer auf der Straße spielen, arbeitet in einem Büro.

## Verallgemeinernde Relativpronomen **B**

| | |
|---|---|
| ὅποιος, ὅποια, ὅποιο | wer; derjenige, der *usw.* |
| ἐκεῖνος πού | derjenige, der *usw.* |
| ὅ,τι | was |
| αὐτὸ (αὐτὰ) πού, ἐκεῖνο (ἐκεῖνα) πού | das, was |
| ὅσος, ὅση, ὅσο | wer; derjenige, der; das, was |
| ὅσοι, ὅσες, ὅσα | die(jenigen), die; alle, die |
| ὅσα; κάθετι, πού | alles, was |

Eine größere Unbestimmtheit wird den obigen Pronomen durch den Zusatz von κι ἄν (νά) *auch immer* oder durch die Verbindung von ὅποιος (zuweilen ὅσος) mit -δήποτε *jeder beliebige* verliehen. Das neugr. Verb steht nach κι ἄν im II. Stamm Präsens; bei vergangenen Handlungen im Aorist, Perfekt oder Plusquamperfekt.

| | |
|---|---|
| **῞Οποιος κι ἂν** ἔρθῃ, ἂς μπῇ μέσα. | Wer auch immer kommen mag, er möge eintreten. |
| **῞Ο,τι** καὶ νὰ πῇς, θὰ ἔχεις δίκιο. | Was du auch immer sagen magst, du hast recht. |
| (*Vgl. L.* 14, *Üb.* d): **῞Ο,τι** κι ἂν εἶχε πῆ, βγῆκε ἀληθινό. | Was er auch immer gesagt hatte, erwies sich als wahr. |
| ῾Ο παπαγάλος μπορεῖ νὰ μιμιθῇ **ὁποιονδήποτε** ἦχο. | Der Papagei kann jeden beliebigen Laut nachahmen. |

-*δήποτε* tritt als Zeichen der Verallgemeinerung auch an andere Adverbien, z. B.:

| | |
|---|---|
| **ὁπωσδήποτε** | wie auch immer; wie dem auch sei; auf jeden Fall. |

## C

**Reflexivpronomen.** Das Reflexivpronomen, das im Neugr. nur beschränkt verwendet wird — das neugr. Verb hat besondere Verbformen für das Reflexiv (πλένομαι ich wasche mich) — besitzt keinen Nominativ. Der Nom. ὁ ἑαυτός usw. heißt *ich selbst.*

Am häufigsten ist die Akkusativform:

| *1. Person* | *2. Person* | *3. Person* |
|---|---|---|
| mich; uns | dich; euch | ihn, sie; sie |
| **τὸν ἑαυτό(ν)** μου · μας | . . . σου · σας | . . . του, της · τους |

Die Deklination ist wie καλός, also τοῦ ἑαυτοῦ meiner *usw.* In Verbindung mit μας, σας, τους kann τὸν ἑαυτόν *usw.* die Pluralform erhalten: τοὺς ἑαυτούς μας usw.

| | |
|---|---|
| Βλέπω **τὸν ἑαυτό μου** στὸν καθρέφτη. | Ich sehe mich im Spiegel. |
| Δὲν αἰσθάνεται (τὸν ἑαυτό του) καλά. | Er fühlt sich nicht wohl. |
| Ἤπια δυὸ ποτήρια μπύρα καὶ ἦρθα **στὸν ἑαυτό μου.** | Ich trank zwei Glas Bier und kam (wieder) zu mir. |

## D

**Typen der Adjektive.** Neben dem in Lekt. 8 beschriebenen Typ auf -*ος*, -*η*, -*ο* (mit der femininen Variante -*α* nach *ι* und betontem Vokal) gibt es noch verschiedene andere Typen, auf die sich jedoch nur verhältnismäßig wenige Adjektive verteilen. Nachstehend werden nur die vom Typ I abweichenden Formen gegeben:

*Typ 2* γλυκός süß

| | | |
|---|---|---|
| γλυκ**ός** | γλυκ**ιά**[1] | γλυκ**ό** |
| | γλυκιᾶς | |
| | γλυκές (*pl.* ohne ι) | |
| | γλυκῶν | |

[1] *a.* γλυκειά

*ebenso:*

| | |
|---|---|
| εὐγενικός | höflich |
| κακός (*a.* κακή) | schlecht, böse |
| φρέσκος | frisch |
| ξανθός | blond |

*Typ 3* μακρύς weit

| | | |
|---|---|---|
| μακρ**ύς** | μακρ**ιά** | μακρ**ύ** |
| μακριοῦ | μακριᾶς | μακριοῦ |
| μακρύ | μακριά | μακρύ |
| μακριοί | μακριές | μακριά |
| ← | μακριῶν | → |
| μακριούς | μακριές | μακριά |

*ebenso:*

| | |
|---|---|
| ἀψύς | beißend, scharf |
| βαθύς | tief |
| βαρύς | schwer |
| ἐλαφρύς | leicht |
| παχύς | fett; dicht |
| τραχύς | rauh |
| φαρδύς | breit |

*Typ 4* σταχτής aschfarben, grau

| | | |
|---|---|---|
| σταχτ**ής** | σταχτ**ιά** | σταχτ**ί** |
| σταχτιοῦ | σταχτιᾶς | σταχτιοῦ |
| σταχτή | σταχτιά | σταχτί |

Plural wie μακρύς

*ebenso:*

| | |
|---|---|
| κανελ(λ)ής | zimtfarben |
| καφετής | kaffeebraun |
| λουλακής | lila |
| μαβής | dunkelbraun |
| μενεξεδής | violett |
| πορτοκαλής | apfelsinenfarben |
| χρυσαφής | goldgelb |

*Typ 5* τεμπέλης faul

| | | |
|---|---|---|
| τεμπέλ**ης** | τεμπέλ**α** | τεμπέλ**ικο** |
| τεμπέλη | τεμπέλας | τεμπέλικου |
| τεμπέλη | τεμπέλα | τεμπέλικο |
| τεμπέληδες | τεμπέλες | τεμπέλικα |
| τεμπέληδων | (τεμπέλικων) | τεμπέλικων |
| τεμπέληδες | τεμπέλες | τεμπέλικα |

*ebenso:*

| | |
|---|---|
| ἀρρωστιάρης | kränklich |
| γκρινιάρης | nörglich |
| πεισματάρης | trotzig |
| τριαντάρης | dreißigjährig |
| σγουρομάλλης | kraushaarig |

Einige Adjektive haben statt der femininen Endung -α die Endung -ισσα, z. B.:

| | | |
|---|---|---|
| λεβέντ**ης** λεβέντ**ισσα** λεβέντ**ικο** | | schlank und stark |
| *Ebenso:* | σακάτης | verkrüppelt |
| | μακαρίτης | selig |

*Typ 6* γλωσσάς geschwätzig

| | | |
|---|---|---|
| γλωσσ**άς** | γλωσσ**οῦ** | γλωσσ**άδικο** |
| γλωσσᾶ | γλωσσοῦς | *wie Typ 5* |
| γλωσσά | γλωσσοῦ | |

*vgl. L.* 8 -δες-*Plural*

*ebenso:*

| | |
|---|---|
| ὑπναράς | schlafsüchtig |

*Typ 7:* Dieser aus der Katharevusa entlehnte Typ wird in der Dhimotiki immer häufiger gebraucht. Für eine moderne Unterhaltung ist er wichtiger als Typ 4, 5 und 6.

διεθνής international

| | | |
|---|---|---|
| διεθν**ής** | *fem.* = *mask.* | διεθν**ές** |
| διεθνούς | | διεθνούς |
| διεθνή | | διεθνές |
| διεθνείς | | διεθνή |
| διεθνών | | διεθνών |
| διεθνείς | | διεθνή |

Das Adverb endet auf **-ως**:
ειλικριν**ώς** aufrichtig

*ebenso:*

| | |
|---|---|
| ακριβής | genau, pünktlich |
| αμελής | faul |
| αυθάδης | frech |
| ειλικρινής | aufrichtig |
| επιμελής | fleißig |
| ευτυχής | glücklich |
| ευφυής | intelligent, geistreich |
| ιδεώδης, -ώδες | ideal |
| μεγαλοπρεπής | großartig |
| μυστηριώδης, -ώδες | mysteriös |
| πολυτελής | luxuriös |
| συνήθης, σύνηθες | gewöhnlich |
| υγιής | gesund |
| -ετής | -jährig |

*Typ 8:* Einige häufig verwendete Adjektive haben die Form des alten Partizips Präsens, das auf *-ων*, *-ουσα*, *-ον* endet.

ενδιαφέρων interessant

| | | |
|---|---|---|
| ενδιαφέρ**ων** | ενδιαφέρ**ουσα** | ενδιαφέρ**ον** |
| ενδιαφέροντος | ενδιαφερούσης (-φέρουσας) | ενδιαφέροντος |
| ενδιαφέροντα | ενδιαφέρουσα(ν) | ενδιαφέρον |
| ενδιαφέροντες | ενδιαφέρουσαι (-σες) | ενδιαφέροντα |
| ενδιαφερόντων | ενδιαφερουσών | ενδιαφερόντων |
| ενδιαφέροντας (-ες) | ενδιαφερούσας (-φέρουσες) | ενδιαφέροντα |

*ebenso:*

| | | | |
|---|---|---|---|
| παρών | anwesend | παρελθών | vergangen |
| απών | abwesend | μέλλων | künftig |

*Typ 9:* Zuweilen kommen auch in der gehobenen Dhimotiki einige Adjektive auf *-ων* aus der Katharevusa vor:

ευγνώμων dankbar
*m* = *f*

| | |
|---|---|
| ευγνώμ**ων** | εύγνωμ**ον** |
| ευγνώμονος | ευγνώμονος |
| ευγνώμονα | εύγνωμον |
| ευγνώμονες | ευγνώμονα |
| ευγνωμόνων | ευγνωμόνων |
| ευγνώμονες | ευγνώμονα |

*ebenso:*

| | |
|---|---|
| δεισιδαίμων | abergläubisch |
| μεγαλόφρων | großmütig, hochmütig |

# Übungen

a) Ergänzen Sie die fehlenden Relativpronomen und, wenn nötig, die fehlenden Präpositionen:

1. Ἀρχὴ τοῦ Ἀρχιμήδους (*N* Ἀρχιμήδης).
Ἡ ἄνωση, — δέχεται ἕνα σῶμα, ὅταν βυθίζεται σ'ἕνα ὑγρό, εἶναι ἴση μὲ τὸ βάρος τοῦ ὑγροῦ, — ἐκτοπίζει τὸ σῶμα.

Archimedisches Prinzip.
Der Auftrieb, den ein Körper erfährt, wenn er in eine Flüssigkeit eingetaucht wird, ist gleich dem Gewicht der Flüssigkeit, die der Körper verdrängt.

2. Ἀνέκδοτο.
— Τί θὰ πῆ, μπαμπά, οἰκογενειακὸς προϋπολογισμός; ρωτάει ὁ μικρός.
— Εἶναι, παιδί μου, τὸ σύστημα, μὲ — οἱ γονεῖς σου στενοχωροῦνται, προτοῦ ἀρχίσουν νὰ ξοδεύουν τὸ μισθό τους.

— Papa, was bedeutet Haushaltsplan? fragt der Kleine.
— Das ist das System, mein Kind, mit dem sich deine Eltern quälen, bevor sie beginnen, ihr Gehalt auszugeben.

3. Ἕνας κύριος πλησιάζει ἕνα γέρο ἐργάτη — κάθεται ἔξω ἀπὸ ἕνα ξυλουργικὸ ἐργοστάσιο.
4. Στὸ ὑποκατάστημα μιᾶς τραπέζης, — τὸ προσωπικὸ ἀποτελεῖται ἀπὸ τὸν διευθυντὴ καὶ δύο ὑπαλλήλους, φθάνει μιὰ μέρα ὁ ἐπιθεωρητὴς ἀπὸ τὸ κεντρικό.
5. Βλέπομε πολλοὺς ταξιδιώτας μὲ τὶς ἀποσκευές τους — μερικοὶ παίρνουν μαζί τους στὸ διαμέρισμα.
6. Ὁ Τάκης ἀγαπάει (alles, was) ἀνήκει στὸ σχολεῖο.
7. Ὁ σύζυγος, — ὁ παπαγάλος φώναξε ἔξαφνα «Κάτω οἱ πεθερές» ἦταν τρομαγμένος.
8. Ὁ συνδρομητὴς διάβασε ἕνα ἄρθρο — ἦταν ἀπὸ τὴν ἀρχὴ ὡς τὸ τέλος ἐσφαλμένο.
9. Ὁ ὑπουργὸς ἔκανε — μποροῦσε, γιὰ μᾶς.
10. Τὰ παιδιὰ ἔκαναν μιὰν ἐκδρομὴ στὸ βουνὸ — — τοὺς ἔλεγε πολλὰ ὁ δάσκαλός τους.
11. Στὴν πόλη κατοικοῦσε καὶ ἕνας ράφτης, ὁ γιὸς — ἐργαζόταν κοντὰ στὸ ἀνοιχτὸ παράθυρο.
12. Ὑπάρχει ἄλλο ἕνα θέμα — — οἱ ἐπιστήμονες περιμένουν νὰ μάθουν πολλὰ ἀπὸ τὰ δελφίνια — γεννήθηκαν στὴν αἰχμαλωσία: πρόκειται γιὰ τὴ διάρκεια τῆς ζωῆς τους, — μερικὲς ναυτικὲς παραδόσεις — ἀνεβάζουν σὲ ἕνα αἰῶνα.
13. Πηγές, — τὸ ζεστὸ νερὸ — ἔχει θεραπευτικὲς ἰδιότητες λέγονται θεραπευτικὲς ἢ ἰαματικὲς πηγές.
14. — σκάφτει τὸ λάκκο τοῦ ἀλλουνοῦ, πέφτει μέσα ὁ ἴδιος.
(Wer anderem eine Grube gräbt, fällt selbst hinein.)
15. Τὰ ἐντὸς τῆς Σχολῆς διδασκόμενα (die in der Schule gelehrten) μαθήματα εἶναι πολλά, ἀνάμεσα στ- — περιλαμβάνονται ἡ ψυχολογία, δίκαιον, ὑγιεινή κλπ.

b) 1. Was er auch immer gesagt hatte, erwies sich als wahr. 2. Ein Spaßmacher, dessen große Spezialität darin bestand, das Schicksal vorauszusagen, diente an einem Königshof. 3. Was er verdient, reicht kaum für ihn zum Leben (*Übers.:* kaum ihm reicht, daß er lebe [—]). 4. Das, was man jetzt braucht (χρειάζεται), ist ein System. 5. Der Vortrag von Dr. Lily machte einen großen Eindruck auf alle, die ihn hörten, und auf alle, die ihn lasen. 6. Nimm, was du willst! 7. Der Herr, dessen Hut dort hängt, sitzt im Wartezimmer. 8. Ich reiste mit dem Dampfer, mit dem auch Sie reisten. 9. Es kam der Herr, über den du mit mir (*Übers. nur:* mir) sprachst (... die Herren, über die ...). 10. Der Schüler, mit dessen Aufsatz der Lehrer zufrieden war, heißt Peter. 11. Die Dame, die ich gestern an der Haltestelle traf, ist Modistin. 12. Der Herr, mit dem ich sprach, ist Bankbeamter. 13. Der Ausflug, über den Peter viel erzählte (—), gefiel allen. 14. Anna, mit der Takis jeden Tag zur Schule geht, ist heute krank. 15. Ich erzählte (— — —) mir selbst Märchen, du erzähltest ...

c) Deklinieren Sie im Sing. und Plur. (*N*, *G*, *A*): 1. die internationale Ausstellung. 2. der ideale Beruf (*N* = *A*). Übersetzen Sie: 3. Die Leser, die Kinder, die Frauen sind dankbar.

d) Übersetzen Sie ins Neugriechische: 1. Die Kinder atmen tief die frische Luft ein. 2. Karagöz macht internationale Karriere. 3. Die Angestellten der griechischen Geschäfte sind sehr höflich. 4. Diese Hotels sind luxuriös. 5. Es ist sehr schön dort. Es gibt (= es ist) kaltes Wasser (*pl.!*), Bäume mit dichtem Schatten. 6. Es gibt viele (= viele die) interessante Bücher, die im Ausland über das Thema Griechenland (*Übers.:* mit Thema das Griechenland) in Umlauf sind. 7. Genaue Abschrift (für die Richtigkeit der Abschrift); mysteriöser Tod eines vierjährigen Kindes.

*zu a:*

*ράφτης* Schneider / *ἐπιστήμονας* Wissenschaftler / *δελφίνι, τό* Delphin / *αἰχμαλωσία* Gefangenschaft / *πρόκειται* (*Impf. ἐπρόκειτο*) *γιά* sich handeln um / *ναυτικός* Seemanns-; Seemann / *ἰδιότητα(-της)* Eigenschaft / *θεραπευτικός* therapeutisch; Heil- / *περιλαμβάνω* (*λαβ·ληφθ/περιε-*) enthalten / *ψυχολογία* Psychologie / *ὑγιεινή* Hygiene

*zu b:*

verdienen *κερδίζω* (*σ·στ*) / Vortrag *διάλεξη(-ις)* / Doktor *διδάκτωρ(-ορος)*, *Abk.* *δρ, δρος* / Wartezimmer *δωμάτιο ἀναμονῆς* / Aufsatz *ἔκθεση(-ις)* / Haltestelle *στάση (-ις)* / Modistin, Schneiderin *μοδίστρα* / Bankbeamter *τραπεζικὸς ὑπάλληλος* / Märchen *παραμύθι, τό*

*zu c:*

Ausstellung *ἔκθεση(-ις)* / Beruf *ἐπάγγελμα, τό*

*zu d:*

höflich *εὐγενής* / Schatten *ἴσκιος* / Ausland *ἐξωτερικό(ν)* / Abschrift *ἀντίγραφο(ν)* / vierjährig *τετραετής*

# 17. Lektion

## 1. Ἀεραυτοκίνητο (Τέλος)

«Δηλαδή», τούς ρώτησε, «ὅταν καθήσω μπροστὰ στὸ τιμόνι τοῦ ἀεραυτοκινήτου, μπορῶ νὰ πάω ὅπου θέλω;» Οἱ μηχανικοὶ ἄρχισαν νὰ τὰ μασοῦν. «Περίπου».

«Τί θὰ πῆ περίπου;» ἐπέμενε ὁ ρεπόρτερ. «Μπορῶ ἢ δὲν μπορῶ;» «Μπορεῖτε, ἀλλὰ γιὰ καλὸ καὶ γιὰ κακὸ πρέπει νὰ βεβαιωθῆτε ὅτι τὸ ἔδαφος ποὺ θὰ διασχίσετε δὲν εἶναι πολὺ ἀνώμαλο. Βλέπετε, γιὰ τὴν ὥρα τὸ ἀεραυτοκίνητο δὲν σηκώνεται παραπάνω ἀπὸ 12 πόντους ἀπὸ τὸ ἔδαφος. Ὕστερα ἡ μηχανή του εἶναι πολὺ ντελικάτη. Ἂν τύχη καὶ βρῆτε στὸ δρόμο σας *καμία* μεγάλη πέτρα ἢ *κανένα* κορμὸ δένδρου, χαθήκατε. Πρέπει λοιπὸν νὰ λάβετε τὰ μέτρα σας». Τί νὰ πῆ καὶ τί νὰ γράψη *κανεὶς* μετὰ ἀπὸ αὐτὴ τὴν ψυχρολουσία; Κρῖμα ὁ ἐνθουσιασμὸς ποὺ δείξαμε στὴν ἀρχή. Δηλαδὴ θὰ παίρνετε τὴν παρέα σας νὰ τὴν πᾶτε ἐκδρομὴ καὶ στὴ μέση τοῦ δρόμου θὰ κάνετε στόπ καὶ θὰ λέτε: «Δὲν βάζετε *κανένα* χεράκι, βρὲ παιδιά, νὰ καθαρίσουμε τὸ δρόμο ἀπὸ τὶς πέτρες».

Ὡραία ἐκδρομή. Πάλι *προτιμότερο* τὸ γαϊδουράκι...

*Aus* Ἐκλογή, Μάρτιος 1960

## 2. Ὁμολογία

Ἕνας ἀπὸ τοὺς περιφημ*ότερους* μαγείρους τῆς Εὐρώπης, ὁ Βαυαρὸς Α. Βάλτερσπηλ, πέθανε στὸ Μόναχο καὶ ἄφισε μιὰ τεράστια βιβλιοθήκη μὲ 3.000 τόμους σχετικοὺς μὲ τὴ μαγειρική. *Ἕνας* ἀπ'αὐτοὺς εἶναι δικό του ἔργο. Στὸ κεφάλαιο «Αὐγὰ ἀλὰ κὸκ» γράφει: «Φαγητὸ πολύπλοκο, τὸ ὁποῖον δὲν ἱκανοποιεῖ *κανέναν*, γιατὶ ὁ *κάθε* πελάτης τὸ θέλει διαφορετικὰ βρασμένο, χωρὶς νὰ μπορῆ νὰ προσδιορίση πόσο.»

## Vokabeln

1.

| | |
|---|---|
| *δηλαδή* | nämlich, das heißt |
| *τιμόνι* | Steuer |
| *μηχανικός* | Ingenieur |
| *μασῶ (ᾶς·ησ)* | kauen |
| *τὰ μασῶ* | (*es kauen;*) sich verschwommen ausdrücken |
| *ἐπιμένω (μειν/α. ἐπε-)* | beharren (*σέ* auf) |
| *γιὰ καλὸ καὶ γιὰ κακό* | unter allen Umständen |
| *βεβαιώνω (σ·ϑ)* | bestätigen |
| *βεβαιώνομαι ὅτι* | sich vergewissern ob, |
| *διασχίζω (σ)* | durchqueren; durchschneiden |
| *ντελικᾶτος* | empfindlich |
| *ἀνώμαλος* | uneben |
| *τυχαίνω (τυχ)* | zufällig treffen; |
| *ἂν τύχη καὶ* + *St.* II. | im Falle, daß |
| *κορμός* | Stamm |
| *χαθήκατε von χάνω* | (*vgl. L.* 12 A, B) Sie sind verloren |

| | | | |
|---|---|---|---|
| *λαμβάνω* (*λαβ/ληφϑ*) | ergreifen | *τεράστιος* (*-ια*) | ungeheuer, riesig |
| *μέτρον* | Maßnahme | *σχετικὸς μέ* | mit Bezug auf |
| *ψυχρολουσία* | kalte Dusche | *μαγειρική* | Kochkunst |
| *κρῖμα* + *N od. A* | schade um | *κεφάλαιο* | Kapitel |
| *κάνω στόπ* | halten, stoppen | *αὐγό* | Ei |
| *προτιμότερος* | besser, (ist) vorzuziehen | *ἀλὰ κόκ frz.* = *μελᾶτος* | weichgekocht |
| *πάλι* | wiederum, immerhin | *πολύπλοκος* | kompliziert |
| *γαϊδουράκι* (*von γάϊδαρος* — | kleiner Esel Esel) | *ἱκανοποιῶ* (*εἶς·ησ*) | zufriedenstellen |
| 2. | | *πελάτης* | Kunde, (*Hotel*) Gast |
| *ὁμολογία* | Eingeständnis | *διαφορετικά Adv.* | auf andere Weise |
| *περίφημος* | berühmt | *βρασμένος* | gekocht |
| *μάγειρος* | Koch | *προσδιορίζω* (*σ·στ*) | definieren |
| *Βαυαρός* [vava'rɔs] | Bayer | | |

## Grammatik

**A**

**Steigerung des Adjektivs.** Das neugr. Adjektiv kann auf zwei Arten gesteigert werden:

1. analytisch: durch Vorsetzen des Adverbs *πιό* mehr;
2. synthetisch: durch Anfügen der Endung *´-τερος*.

| *Positiv* | | *Komparativ* | *Superlativ (Artikel + Komparativ)* |
|---|---|---|---|
| ψηλός | 1. | **πιὸ** ψηλός | **ὁ πιὸ** ψηλός |
| | 2. | ψηλό**τερος** | **ὁ** ψηλό**τερος** |
| hoch | | höher | der höchste; am höchsten |

Ein besonders hoher Grad kann durch die Endung *´-τατος* ausgedrückt werden (absoluter Superlativ). Diese Endung muß ins Deutsche durch ein Adverb (*sehr, äußerst, höchst*) übersetzt werden.

| | |
|---|---|
| σημαντικός | bedeutsam |
| σημαντικώ**τατος** | höchst bedeutsam |

Adjektive auf -υς haben im Komparativ/Superlativ die Endung -ύτερος, Adjektive auf -ης die Endung -έστερος.

| | | | |
|---|---|---|---|
| βαρύς | schwer | βαρ**ύ**τερος | schwerer |
| παχύς | fett, dicht | παχ**ύ**τερος | fetter |
| σαφής | klar | σαφ**έσ**τερος | klarer |

**B**

**Orthographische Besonderheiten:** Das [ɔ] der Endung -ότερος und -ότατος bei Adjektiven auf -ος wird ω geschrieben, wenn der Vokal in der Silbe vor -ος nach den Gesetzen der alten Sprache kurz ist. In ψηλός ist η lang; deshalb schreibt man ψηλότερος. Die Schreibung nach den zweiwertigen Vokalen α, ι, υ schwankt heute. Meistens sind α, ι, υ kurz und man schreibt ω: σημαντικώτατος (*s. a. Vorkursus* ⑦1).

*Beispiele:*

| | | | | |
|---|---|---|---|---|
| η, αι | *sind, lang, deshalb:* | ψ**η**λός | ψηλ**ό**τερος | höher |
| | *Doppelkonsonant gilt* | ωρ**αῖ**ος | ωραι**ό**τερος | schöner |
| | *als lang, deshalb:* | μι**κρ**ός | μικρ**ό**τερος | kleiner |
| ε, ο | *sind kurz, deshalb:* | ν**έ**ος | νε**ώ**τερος | jünger |
| | | σύντ**ο**μος | συντομ**ώ**τερος | kürzer |
| α, ι, υ | *können kurz und lang sein:* | δυνατός | δυνατ**ώ**τερος | stärker, |
| | | *heute auch:* | δυνατ**ό**τερος | mächtiger |

**C**

Die übrigen Typen der Adjektive werden nur analytisch durch πιό gesteigert, ebenso die Partizipien auf -μενος:

| | |
|---|---|
| πιὸ ἐνδιαφέρον | interessanter |
| πιὸ χαρούμενος | fröhlicher |

**Unregelmäßige Steigerung** **D**

| *Positiv* | | *Komparativ* | | *absoluter Superlativ* |
|---|---|---|---|---|
| ἁπλός | einfach | ἁπλούστερος (ἁπλόστερος) | | ἁπλούστατος (ἁπλόστατος) |
| καλός | gut | καλύτερος (καλλίτερος) *poet.* κάλλιος | | ἄριστος |
| κακός | schlecht | χειρότερος | | χείριστος |
| λίγος (ὀλίγος) | wenig | λιγότερος (ὀ)λιγώτερος | | (ὀ)λίγιστος |
| μεγάλος | groß | μεγαλύτερος | | μέγιστος |
| πολύς | viel | περισσότερος | | — |
| γέρος | alt | γεροντότερος | | — |
| κοντός | nahe (*mst. Adv.* | κοντύτερος κοντά) | | — |
| (πλησίον | nahe) | πλησιέστερος | | — |
| (ἄνω | oben) | ἀνώτερος | höher, ober-, überlegen | ἀνώτατος |
| (κάτω | unten) | κατώτερος | niedriger, unter-, | κατώτατος |
| (ὑπέρ | für) | ὑπέρτερος | höher, überlegen | ὑπέρτατος |
| (ἐ)νωρίς *Adv.* früh | | (ἐ)νωρίτερα | | |

*Nur Komparativ:* προτιμότερος besser, μεταγενέστερος später, nachklassisch, πρωτύτερος früher

## Ergänzungen: E

ἄριστα „sehr gut“ als Note:

| | |
|---|---|
| Σήμερα ὁ δάσκαλος μοῦ ἔβαλε ἄριστα στὰ Ἑλληνικά. | Heute hat mir der Lehrer „sehr gut“ in Griechisch gegeben. |
| περισσότερ**οι** ἄνθρωποι<br>περισσότερ**α** παιδιά | mehr Menschen<br>mehr Kinder |
| Σήμερα κάνει πιὸ ζέστη. | Heute ist es heißer. |
| τόσο τὸ καλύτερο<br>τόσο τὸ χειρότερο<br>πιὸ πίσω<br>πιὸ ἔξω | um so besser<br>um so schlechter<br>weiter hinten<br>weiter draußen |

*Man merke:* F

| | |
|---|---|
| der zweitgrößte, der drittgrößte ... *usw.* | ὁ δεύτερος σὲ μέγεθος, ὁ τρίτος σὲ μέγεθος (der zweite in Größe ...) *usw.* |

**Die Vergleichspartikel:**

| | |
|---|---|
| 1. beim Positiv τόσο(ν) .... ὅσο(ν) | so ... wie |
| Δὲν εἶναι τόσον πλούσιος ὅσον ὁ ἀδελφός του. | Er ist nicht so reich wie sein Bruder. |

2) Nach dem Komparativ

a) ἀπό + Akk. steht meist vor einem Substantiv, Pronomen und ὅ,τι

b) παρά steht meist vor anderen Wörtern oder Wortgruppen als Substantiven;

— oder wenn zwei Eigenschaften derselben Person oder Sache verglichen werden.

| | |
|---|---|
| a) Ἐγὼ εἶμαι μεγαλύτερος ἀπὸ σένα (*od.* μεγαλύτερός σου) | Ich bin größer als du. |
| Φαίνεται νεώτερος ἀπὸ ὅ,τι εἶναι. | Er scheint jünger als er ist. |
| b) Κάλλιο πέντε στὸ χέρι παρὰ δέκα στὸ καρτέρι. | Besser fünf in der Hand als zehn im Hinterhalt (Besser ein Sperling in der Hand, als eine Taube auf dem Dach). |
| Καλύτερα νὰ εἶναι κανεὶς φτωχὸς καὶ γερὸς παρὰ πλούσιος καὶ ἄρρωστος. | Es ist besser, arm und gesund zu sein, als reich und krank. |

Alle Adjektive können auch analytisch mit πιὸ gesteigert werden: πιὸ καλός *besser*, πιὸ πολύ *mehr* usw.

## G

Wiedergabe deutscher Ausdrücke in Verbindung mit der Steigerung:

| | |
|---|---|
| am ...sten: | ὁ ..-'τερος |
| das ist am bequemsten | αὐτὸ εἶναι τὸ βολικότερο (βολικός bequem) |
| spätestens | τὸ ἀργότερον |
| frühestens *usw.* | τὸ ἐνωρίτερον |
| **möglichst** (+ Adverb): | **ὅσο**(ν) **τὸ δυνατὸ**(ν) ....**-'τερα**, ... **πιὸ** .... |
| möglichst bequem | ὅσο(ν) τὸ δυνατὸ(ν) βολικότερα |
| möglichst schnell | ὅσο(ν) τὸ δυνατὸ(ν) γρηγορώτερα |
| möglichst bald | ὅσο(ν) τὸ δυνατὸ(ν) συντομώτερα |
| möglichst deutlich | ὅσο(ν) τὸ δυνατὸ(ν) πιὸ καθαρά |
| **je** schneller **desto** besser | ὅσο τὸ γρηγορώτερο τόσο τὸ καλύτερο |

## H

**Indefinitpronomen**

*deklinierbar*

**ohne Artikel** — **mit und ohne Artikel**

*adjektivisch und substantivisch*

| *nur Singular* | | *nur Singular* | |
|---|---|---|---|
| κανείς | man, jemand | ἕνας, μία, ἕνα | einer |
| *negativ:* | | ὁ ἕνας, ἡ μία, τὸ ἕνα | der eine |
| κανεὶς δέν ... | niemand | (ὁ) καθένας, (ἡ) καθεμιά (καθεμία), (τὸ) καθένα | jeder, jedermann; ein jeder |
| κανένας, καμιά (καμία), κανένα | jemand; (irgend)ein; ein gewisser | καθένας, καθεμιά, καθένα | jeder |
| *negativ:* | | ὁ ἕνας ... ὁ ἄλλος | der eine ... der andere |
| κανένας δέν.. | niemand; kein | | |
| κάποιος, -οια, -οιο | (irgend)jemand; (irgend)ein; ein gewisser | ἄλλος, -η, -ο | ein anderer; noch ein |
| κάποιοι, -οιες, -οια | einige, gewisse | ὁ ἄλλος, ἡ ἄλλη, τὸ ἄλλο | der andere |
| ἀρκετός, -ή, -ό | ziemlich groß, recht ansehnlich | ἄλλοι, -ες, -α | andere; noch welche |
| ἀρκετοί, -ές, -ά | ziemlich viele, eine (ganze) Reihe von | οἱ ἄλλοι, οἱ ἄλλες, τὰ ἄλλα | die anderen |
| *nur Plural* | | ἄλλος...ἄλλος | der eine ... der andere |
| μερικοί, -ές, -ά | einige | ἄλλοι ... ἄλλοι | die einen ... die anderen |
| διάφοροι, -ες, -α | verschiedene | | |

*nur adjektivisch*

| | |
|---|---|
| κάμποσος, -η, -ο | ziemlich viel, recht ansehnlich |
| κάμποσοι, -ες, -α | eine (ganze) Reihe von |

*nur substantivisch*

| | |
|---|---|
| ποιός ... ποιός | der eine ... der andere |

*undeklinierbar*

| | | | |
|---|---|---|---|
| *adjektivisch und substantivisch* | | | |
| | | *nur Singular* | |
| κάτι | etwas | (ὁ) δεῖνα(ς), (ἡ) δεῖνα, (τὸ) δεῖνα | der und der, so und so; Soundso |
| κάτι (παιδιά) | einige (Kinder) | (ὁ) τάδε(ς), (ἡ) τάδε, (τὸ) τάδε | |
| τίποτε | etwas | | |
| τίποτε (πράματα) | einige (Sachen) | | |
| *negativ:* τίποτε δέν ... | nichts | | |
| *nur adjektivisch* | | | |
| | | κάθε | jeder |
| | | ὁ, ἡ, τὸ κάθε | (ein) jeder |
| | | κάθε (δυὸ ὧρες) | alle (zwei Stunden) |
| *nur substantivisch* | | | |
| κάτιτι (κατιτί) | etwas | (τὸ) κάθετι (καθετί) | alles |

I

**Deklination von:** *κανείς*, *κανένας*; *καθείς*, *καθένας* wie ἕνας (*L.* 13), *κάποιος*, wie πλούσιος (*L.* 8): κανενός, καμιᾶς, κανενός; καθενός, καθεμιᾶς, καθενός; κάποιου, κάποιας, κάποιου usw., **Akk. mask.** *κάποιον*.

*κανείς* (*κανένας*) und *τίποτε* haben zwei Bedeutungen: J

1) *man, jemand* bzw. *etwas* in einem bejahenden Satz.

2) *niemand, kein* bzw. *nichts* a) in einem verneinten Satz, b) als Antwort auf eine Frage.

*Beispiele:*

| | |
|---|---|
| 1. Ἂν μὲ ζητήση **κανείς**, φώναξέ με. | Wenn jemand nach mir fragt, ruf mich! |
| Ἂν ξέρεις **τίποτε** (= κάτι, κάτιτι), πές μας το. | Wenn du etwas weißt, sag es uns! |
| 2. a) **Κανένας δὲν** εἶναι μέσα. | Niemand ist drinnen (zu Hause). |
| Δὲν βλέπω **τίποτε**. | Ich sehe nichts. |
| b) Ποιὸς εἶναι μέσα; **Κανείς**. | Wer ist drinnen? Niemand. |
| Τί τρέχει; **Τίποτε**. | Was ist los? Nichts! |

Weitere Beispiele zur Tabelle:

| | |
|---|---|
| **Κάποιος** σᾶς ζητᾶ. | Jemand fragt nach Ihnen. |
| Ἔχω **κάποιον** νὰ συναντήσω. | (Ich habe jemanden zu treffen =) Ich habe eine Verabredung. |
| **Κάποια** παροιμία λέει ... | Ein (gewisses) Sprichwort sagt ... |
| Ἔχει **ἀρκετὴν** περιουσία. | Er hat ein recht ansehnliches Vermögen. |

| | |
|---|---|
| Ἦρθαν **κάμποσοι** ἄνθρωποι. | Es kamen ziemlich viele Menschen. |
| Μοῦ ἔφερε **ἕνας** δῶρα. | Einer brachte mir Geschenke. |
| Ὁ **καθένας** μόνος νὰ ἐργάζεται. | Ein jeder (jedermann) soll allein arbeiten. |
| Αὐτὸς καὶ ὄχι **ἄλλος**. | Der und kein anderer. |
| **Κάτι** θὰ σοῦ δώσω. | Etwas werde ich dir geben. |
| Ἄκουσα τὰ ὀνόματα **κάτι** παιδιῶν. | Ich hörte die Namen einiger Kinder. |
| Δὲν προσέχω τί λέει **ὁ δεῖνα** καὶ **ἡ δεῖνα**. | Ich achte nicht darauf, was Herr Soundso und Frau Soundso sagt. |
| **Κάθε** ἄνθρωπος ἔχει τὰ βάσανά του. | Jeder Mensch hat seine Plagen (Sorgen). |
| Ξέρω **καθετί**, ποὺ ἔγινε. | Ich weiß alles, was geschah. |

Bemerkungen und Ergänzungen: **K**

Viele schreiben *καμμιά* (καμμία Katharevusa-Form); *καμιὰ* mit Zahlwörtern auf *--αριά* bedeutet *ungefähr:*

*καμιὰ δεκαριά* ungefähr zehn, *καμιὰ πενηνταριά* ungefähr fünfzig.

Als Antwort auf einen Dank sagt man *τίποτε* („keine Ursache“). *τίποτ' ἄλλο* etwas anderes; *aber: ἄλλο τίποτε* mehr als das, und ob:

z. B.:

| | |
|---|---|
| Τρώει καλά; — **Ἄλλο τίποτε.** | Ißt er tüchtig? — Und ob! |
| **ὁ καθένας μας** (σας, τους) | ein jeder von uns (euch, ihnen) |
| **κάτι τέτοιο** | so etwas |
| Κάνει **τὸν καμπόσο** (*Akzent!*). | Er macht sich wichtig. |

## Übungen

a) Man ergänze in den folgenden Sätzen die richtige neugr. Form des Komparativs und Superlativs sowie die Vergleichspartikel.

1. (Das wichtigste) βιομηχανικὸ κέντρο τῆς Θεσσαλίας εἶναι ὁ Βόλος. 2. (Die Größten) καὶ (die Mächtigsten) ἔχουν συχνὰ ἀνάγκη ἀπὸ τοὺς μικροὺς καὶ τοὺς ἀδύνατους. 3. (Die Älteren) πιστεύουν πάντα πὼς στὰ νιάτα τους ἦταν χρυσὸς αἰώνας. 4. Ἕνα σαββατοκύριακο στὴ Γλυφάδα εἶναι (die leichteste, angenehmste und bequemste) ἐκδρομή. 5. Τὸ νερὸ εἶναι (ganz kühl). 6. (Der beste) παιδαγωγὸς εἶναι ἡ μάννα. 7. Ἡ εὐθεῖα εἶναι (der kürzeste) δρόμος μεταξὺ δύο σημείων. 8. Ὁ Πέτρος εἶναι (der reichste, am reichsten) ἀπ' τοὺς φίλους μου. 9. Ὁ καιρὸς εἶναι σήμερα (schlechter) ἀπὸ χθές. 10. Σοῦ ζήτησα (besser) ὕφασμα καὶ σὺ μοῦ δίνεις (schlechter). 11. Εἶμαι (besser). 12. Νὰ πάρουμε ἕνα (größer) κλουβὶ γιὰ τὸν παπαγάλο. 13. Ἐλᾶτε (näher). 14. Ἄλλη φορὰ νὰ εἶσαι (vorsichtiger). 15. Μὴ φωνάζῃς ἔτσι· μίλα (leiser). 16. (Das vollkommenste) ἀπὸ ὅλα τὰ πλάσματα εἶναι ὁ ἄνθρωπος. 17. Ὁ Πέτρος εἶναι (reicher als) τὸν Παῦλο. 18. Μὲ τὸ αὐτοκίνητο πάει κανεὶς (schneller als) μὲ τὸ σιδηρόδρομο. 19. Ἀγαπάει (mehr) τὰ χρήματα (als) τὴ ζωή του. 20. Ὁ Θανάσης εἶναι τρία χρόνια (jünger = kleiner als ich). 21. Εἶναι (älter = größer als) φαίνεται. 22. Δὲν ὑπάρχει (nichts Besseres

als) αὐτὸ τὸ ὕφασμα. 23. Ἡ γῆ εἶναι ἕνα ἑκατομμύριο τριακόσιες χιλιάδες φορὲς (kleiner als) τὸν ἥλιο. 24. Ἡ σελήνη εἶναι 50 φορὲς (kleiner als) τὴ γῆ. 25. (Das entlegenste) χωριὸ θὰ ἔχῃ φθηνὸ ἠλεκτρικὸ ρεῦμα. 26. (Die größten) καὶ (die meisten) ἐργοστάσια ὅλης τῆς Ἑλλάδας βρίσκονται στὴν Ἀττική, στὴν Ἀθήνα, στὸν Πειραιᾶ καὶ στὴν Ἐλευσίνα. 27. Οἱ ἄρχοντες καὶ (die höheren) ὑπάλληλοι φρόντιζαν (mehr) γιὰ τὸν ἑαυτό τους (als) γιὰ τὴ ζωὴ καὶ τὴν ἀσφάλεια τοῦ κράτους. 28. (Das berühmteste) ἔργο τοῦ Ἰουστινιανοῦ εἶναι ἡ ἐκκλησία τῆς Ἁγίας Σοφίας. 29. Δύο ἀρχιτέκτονες καὶ χιλιάδες ἐργάτες δούλευσαν ἔξι χρόνια, γιὰ νά στήσουν τὸ (überaus prächtig) οἰκοδόμημα. 30. Ἔτσι τὸ νόημα τῆς φράσεως γίνεται (klarer). 31. Νὰ κοιτάξτε αὐτὸ τὸ καφετὶ χρῶμα: Τὸ ἕνα εἶναι (dunkler), τὸ ἄλλο εἶναι (heller = offener). 32. Ἡ Ἀθήνα δὲν εἶναι (so groß wie) τὸ Βερολῖνο. 33. Τὸ κλῖμα τῆς Γερμανίας δὲν εἶναι (so mild wie) τὸ κλῖμα τῆς Ἑλλάδας. 34. Ὁ Πειραιὰς εἶναι (die zweitgrößte) πόλις τῆς Ἑλλάδας. 35. Δὲν ἔχει (etwas Billigeres, Besseres);

b) In den folgenden zwölf Sätzen sind die Indefinitpronomen in der richtigen Form (*Sing.*, *Plur.*, *Akk. usw.*) zu ergänzen.

Es kommen vor: κάμποσος, κάτιτι, μερικοί, κανείς, ἕνας, ὁ καθένας, κάθε, ἀρκετός, κάθε, 2 × τίποτε, 2 × ἄλλος.

1. — εἶναι μηχανικοί, — εἶναι δάσκαλοι. 2. — ποὺ ἔχει μυαλό, δὲν λέει τέτοια λόγια. 3. Ἔχει κι αὐτὸς — περιουσία. 4. — τρία χρόνια παίρνει δυὸ μῆνες ἄδεια. 5. Ἔχει — ἀντίρρηση; 6. Ἦταν — κόσμος στὴν παράσταση. 7. Πέρασαν — μέρες. 8. Σᾶς εὐχαριστῶ πολὺ γιὰ τὸν κόπο σας. — Παρακαλῶ, —. 9. — φροντίζει γιὰ τὸν ἑαυτό του. 10. Μὴν ἦλθαν — ὑπάλληλοι καὶ μὲ ζήτησαν; 11. Θέλω κ' ἐγὼ —. 12. Αὐτὸ εἶναι — ζήτημα.

c) Wie die vorige Übung mit den folgenden Indefinitpron.:
ἄλλος, μερικοί, τίποτε, κανείς, κάποιος, κάποιος *od.* κάτι, κάμποσος, ὁ ἕνας — ὁ ἄλλος, 2 × κάθε, 5 × κανένας.

1. Ποιὸς χτήπησε τὴν πόρτα; —. 2. Ἔρχεται — χρόνο καὶ μένει μαζί μας ἕνα μῆνα. 3. — μπαίνει, — βγαίνει. 4. Ἔχετε — σακκάκι ποὺ νὰ μὴν (vielleicht nicht mehr) χρειάζεστε; 5. Εἴδατε — στρατιώτη; Εἴδαμε — στρατιῶτες. 6. Τὸν εἶδα νὰ κάθεται μὲ — στὸ καφενεῖο. 7. Ὑπάρχουν ἐδῶ — θέατρα; Ὄχι —. 8. Τὸν ρώτησα, ἂν θέλῃ —, ἀλλὰ — λέξη δὲν μ'ἀπάντησε. 9. — δὲν γνωρίζω σ'αὐτὴν τὴν πόλη. 10. — παιδὶ δὲν ἔχω. 11. Ἔμεινε κι αὐτὸς — μῆνες στὴν Ἀθήνα. 12. Εἶναι μπάνιο σὲ — πάτωμα.

d) Wie Übung b) mit:
κάποιος, κανένας, μερικοί, ὁ δεῖνας, ὁ τάδε(ς), ὁ καθένας, 2 × κάτι.

1. Καὶ — καὶ —, ὅλοι εἶναι μασκαράδες. 2. Ἂν ἔρθῃ — Πέτρος καὶ μὲ ζητήσῃ, πές του πὼς δὲν εἶμαι ἐδῶ. 3. — φώναξε. 4. Λέει — πολι-

τικὰ ἀστεῖα πού δὲν τὰ καταλαβαίνει —. 5. Μπορεῖτε νὰ μοῦ δώσετε — πληροφορίες; 6. Νομίζει πὼς εἶναι κι αὐτὸς —.

e) Wissen Sie noch, wie die folgenden Sätze auf Neugr. heißen?

1. Wie oft fährt der Zug? Oh, jede halbe Stunde. 2. Jedes Jahr besuchen Griechenland, wo sie ziemlich viel Geld ausgeben, mehr als 250 000 ausländische Touristen. 3. Ich kenne nur einige Wörter. Wenn Sie schnell sprechen, verstehe ich nichts. 4. Würdest du mir bitte etwas zu trinken geben? 5. Einige nehmen ihr Gepäck mit in die erste oder zweite Klasse, andere übergeben es den Gepäckträgern für den Gepäckwagen. 6. Viele Grüße bitte an die fünftausend Bürger von mir, aber an jeden einzeln. 7. Er schrieb so etwa zehn lyrische Tragödien. 8. Er interessiert sich für keinen Sport. 9. Etwas anderes versteht sie nicht (sie versteht nichts anderes zu machen). 10. In diesen Jahren hatte Byzanz so viel Gelehrte, wie kein anderes Land. 11. Alles das kann man rechtfertigen. 12. Jeder Kunde will das Ei anders gekocht.

f) 1. Die schönste Jahreszeit für eine Reise nach Griechenland ist von Mitte April bis Mitte Mai. 2. Der größte und bedeutendste Bahnhof heißt offiziell Larissa-Bahnhof, und der andere „Bahnhof der SPAP". 3. Das Schlimmste von allem ist, daß ich mich nicht mehr an das Thema erinnern kann. 4. Die Eindrücke, die er mit Bezug auf seine Reise veröffentlichte, gehören zu den besten griechischen Reiseblättern (-seiten). 5. Dieser Roman ist das am leichtesten lesbare Buch von Kazantzakis. 6. Lange Straßen verbanden Konstantinopel mit den entferntesten Ländern. 7. Damals war das Byzantinische Kaiserreich das kultivierteste Land der Welt. 8. Später wurde Karagöz überaus volkstümlich. 9. Einmal kommt mehr, einmal weniger (Luft) heraus. 10. Das Zurückschwimmen (die Rückkehr) ist anstrengender. 11. (Die) besten Stunden zum Baden sind morgens und nachmittags, wenn das Wasser auch wärmer (oder am wärmsten) ist. 12. Die Tage werden kürzer, und die Nächte werden länger.

*zu a:*

*βιομηχανικός* industriell / *ἀδύνατος* schwach / *πιστεύω* (*ευσ*, *ψ*) glauben / *νιάτα, τά* Jugend / *χρυσός* golden / *σαββατοκύριακο* Wochenende / *Γλυφάδα Vorort von Athen* / *ἄνετος* bequem, mühelos / *παιδαγωγός* Erzieher / *μάννα* Mutter / *εὐθεῖα* gerade Linie / *σημεῖο* Punkt / *προσεκτικός* vorsichtig / *σιγανός* leise / *πλάσμα, τό* Geschöpf / *ἀπόμερος* entlegen / *ἄρχοντας* Adlige(r) / *ὀνομαστός* berühmt / *ἀρχιτέκτονας* Architekt / *στήνω* (*σ·ϑ*) errichten / *οἰκοδόμημα* Bau(werk) / *καφετής* (*-ιά, -ί*) braun (*s. L.* 16) / *σκοῦρος* dunkel / *γλυκός* mild / *νόημα, τό* Sinn

*zu b:*

*μυαλό* Gehirn, Verstand / *περιουσία* Vermögen / *ἄδεια* Urlaub / *ἀντίρρηση(-ις)* Einwand / *κόπος* Mühe

*zu c:*

*στρατιώτης* Soldat

*zu d:*

*μασκαράς* (*-δες*) Taugenichts / *ἀστεῖο* Scherz

# 18. Lektion

Προλήψεις

Ἕνα εὐθυμογράφημα: Ἡ κωμωδιούλα μας.

Πρόσωπα

*Γιάγκος:* *Τυραννισμένος* βιοπαλαιστὴς καὶ *βασανισμένος* οἰκογενειάρχης. — *Φρόσω:* Γυναίκα του. — *Τάκης:* Γιός του. *Πολυξένη:* Πεθερά του.

Σκηνὴ Ιη (Βραδάκι στὸ δρόμο. Ὁ Γιάγκος μὲ τὸ ἕνα χέρι του κρατάει τὸ χεράκι τοῦ γιοῦ του καὶ μὲ τὸ ἄλλο στριφογυρίζει μηχανικὰ καὶ *νευριασμένα* ἕνα κρῖκο μὲ κλειδιά). *Τάκης* (δειλά): Καλέ, μπαμπάκα...

*Γιάγκος:* Τί συμβαίνει πάλι; Παγωτὸ μοῦ ὀρέχτηκες; Ἢ σοκολάτα; Ἢ καραμέλλες;

*Τάκης:* Ὄχι, καλὲ μπαμπᾶ.

*Γιάγκος:* Ἔμ, τί θέλεις, λοιπόν;

*Τ:* (πολὺ *φοβισμένα*): Νά... Ἤθελα νὰ σοῦ πῶ νά... νά... μὴν παίζης τὰ κλειδιά σου.

*Γ:* (*φουντωμένος*): Γιατί;

*Τ:* Γιατὶ... γιατὶ θὰ γίνη καυγάς.

*Γ:* Τί ἀηδίες εἶν' αὐτὲς ποὺ μοῦ τσαμπουνᾶς.

*Τ:* Μὰ ἔτσι ἄκουσα νὰ λέη προχθὲς στὸ Ζάππειο κάποιος κύριος σ'ἕναν ἄλλο κύριο.

*Γ:* Καὶ τὄχαψες ἐσύ, βρὲ ζωντόβολο;

*Τ:* Μὰ ὁ κύριος ποὺ τὸ ἔλεγε στὸν ἄλλο κύριο φαινότανε πολὺ σοβαρός. Κ' εἶχε κ'ἕνα μεγάλο *στριμένο* μουστάκι.

*Γ:* Δηλαδή, ὑπόθεσις... Τρίχες. *Τ:* Τί εἶπες μπαμπᾶ;

*Γ:* Τὸν κακό σου τὸν καιρό! εἶπα. Κι ἄλλη φορὰ νὰ μὴ δίνης προσοχὴ σ'ὅποια βλακεία ἀκοῦς ἐδῶ κ' ἐκεῖ. Αὐτὸ μᾶς ἔλειπε τώρα. Νὰ γίνης καὶ προληπτικὸς μιὰ σταλιὰ μπόμπιρας.

*Τ:* Ἐγώ, πάντως, τὸ καλὸ ποὺ σοῦ θέλω, μὴν παίζης τὰ κλειδιά σου, γιατὶ θὰ γίνη καυγάς.

*Γ:* (*μπατσίζοντάς τον*) Ἔ! νά, λοιπόν! Βρωμόπαιδο! (Ὁ Τάκης βάζει τὰ κλάματα, κι ὁ Γιάγκος τὸν σούρνει ἔξω φρενῶν κουδουνίζοντας μὲ λύσσα τὰ κλειδιά).

Σκηνὴ 2α. (Σὲ δέκα λεπτὰ στὸ σπίτι).

*Γ:* (*μπαίνοντας*): Καλησπέρα.

*Φ:* Καλῶς τους, καλῶς τους. Ἔ, πῶς πῆγε, Τακούλη μου, ὁ περίπατος; Μὰ τί βλέπω; Τὰ ματάκια σου εἶναι *πρησμένα* καὶ κατακόκκινα. Ἔκλαψες λοιπόν; (Ὁ Τάκης κουνάει καταφατικὰ τὸ κεφάλι του). Καὶ γιατί ἔκλαψες, ἀγοράκι μου;

*Τ:* (*καταπίνοντας* ἕνα λυγμό): Γιατί μ'ἔδειρεεεε...
*Φ:* Σ'ἔδειρε; Ποιὸς σ'ἔδειρε;
*Τ:* Ὁ μπαμπάς.
*Φ:* (στὸ Γιάγκο, ποὺ ἐξακολουθεῖ νὰ στριφογυρίζη στὰ χέρια του τὸν κρῖκο μὲ τὰ κλειδιά): Γιατί, καλέ, τὸ ἔδειρες τὸ παιδί;
*Γ:* Γιατὶ ἀκόμα δὲν ἔσκασε ἀπὸ τ'αὐγό του κ'ἔχει καὶ προλήψεις.
*Φ:* Προλήψεις; Τί προλήψεις;
*Γ:* Νά, μοῦ εἶπε νὰ μὴν παίζω τὰ κλειδιά μου, γιατὶ θὰ γίνη, λέει, καυγάς.
*Φ:* Καλὰ σοῦ εἶπε τὸ παιδί. Δὲν τὸ ἤξερες, δηλαδή, πώς, ὅταν παίζη κανεὶς τὰ κλειδιά του, γίνεται καυγάς;
*Γ:* (ξαναμμένος): Ὄχι. Δὲν τὸ ἤξερα.
*Φ:* Ἔ! Μάθε το, λοιπόν.
*Γ:* Βρέ, ἄει παράτα με κ'ἐσύ, ζουρλοπαντιέρα. Μὲ τὰ μυαλὰ ποὺ κουμαντάρεις, σπουδαία ἀνατροφὴ θὰ δώσης τοῦ παιδιοῦ[1]).

*Συνεχίζεται*

[1]) *s.* 9 P.

## Vokabeln

| | |
|---|---|
| *εὐθυμογράφημα* | Humoreske |
| *κωμωδιούλα* | kleine Komödie |
| *πρόληψη(-ις)* | Vorurteil; *im Plur. a.* Aberglaube |
| *πρόσωπο* | Person; Gesicht |
| *τυραννῶ* (*ᾶς/ησ·ηθ*) | tyrannisieren, plagen |
| *τυραννισμένος* | geplagt |
| *βιοπαλαιστής* | jemand, der sich für das tägliche Brot abrackert, „Existenzkämpfer“, Arbeitstier |
| *βραδάκι* | früher Abend |
| *στριφογυρίζω* (*σ·στ*) | kreisen lassen, schwenken |
| *μηχανικός* | mechanisch |
| *νευριάζω* (*σ·στ*) | reizen, nervös machen |
| *νευριασμένος* | nervös, gereizt |
| *δειλός* | schüchtern |
| *οἰκογενειάρχης* | Familienvater |
| *μπαμπάκας* | Vati, Papa |
| *συμβαίνει* (*βῆ·συνέβηκε*) | geschehen, sich ereignen; *hier:* was ist wieder los? |
| *ὀρέγομαι* (*χτ*) | Appetit, Lust haben auf |
| *ἔμ* | nun, hm |
| *φοβισμένος* | furchtsam |
| *παίζω A* | spielen mit |
| *φουντώνω* (*σ*) | anschwellen, sich ausbreiten |
| *φουντωμένος* | aufbrausend |
| *γιατὶ* | weil, *hier:* sonst |
| *καυγάς* | Zank, Streit |
| *ἀηδία* | Ekel, Abgeschmacktheit; Dummheit |
| *τσαμπουνάω* (*ησ*), *τσαμπουνίζω* (*σ*) | faseln, schwatzen |
| *προχθές* | vorgestern; neulich |
| *Ζάππειον* | *Park in Athen* |
| *χάφτω, χάβω* (*ψ*) *τὄχ-* = *τὸ ἔχ-* s. (11) | nach etwas schnappen, herunterschlingen; *hier:* so hinnehmen, glauben |
| *ζωντόβολο* | Dummkopf |
| *στρίβω, στρίφω* (*ψ·φτ*) | drehen, zwirbeln |
| *στριμ(μ)ένος* | gezwirbelt |
| *ὑπόθεση(-ις)* | Angelegenheit, Vermutung; *hier etwa:* Wichtigkeit! |
| *τρίχα* | Härchen, Kleinigkeit |
| *pl. τρίχες* | dummes Zeug |
| *τὸν κακό σου τὸν καιρό* | *Verwünschung* („eine schlechte Zeit“) *etwa:* geh zum Kuckuck! |
| *δίνω προσοχὴ σὲ* | achtgeben auf |
| *βλακεία* | Dummheit |
| *λείπω* (*ψ·φτ*) | fehlen; abwesend sein |
| *αὐτὸ μας ἔλειπε* | das hat uns gerade noch gefehlt, auch das noch |

| | |
|---|---|
| *προληπτικός* | abergläubisch |
| *μιὰ σταλιά* | ein Tropfen; ein wenig |
| *μπόμπιρας* | Knirps |
| *μιὰ σταλιὰ μπόμπιρας* | Dreikäsehoch |
| *μπατσίζω* (σ·στ) | eine Ohrfeige geben |
| *βρωμόπαιδο* | dummes Gör |
| *βάζω τὰ κλάματα* | zu weinen anfangen, losheulen |
| *σούρνω mst.: σύρω, σέρνω* (II *σύρ·συρθ*) | (weiter)ziehen, (weg-)schleppen |
| *ἔξω φρενῶν* | außer sich, von Sinnen |
| *κουδουνίζω* (σ) | läuten, schellen; *hier:* klappern, rasseln |
| *λύσσα* | Wut, Zorn |
| *καλῶς τους* | Willkommen! Na, da seid ihr ja! |
| *περίπατος* | Spaziergang |
| *πρήσκω, πρήζω* (σ, ξ·στ) | schwellen, quellen, blähen |
| *πρησμένος* | geschwollen; *hier a.:* verweint |
| *κατακόκκινος* | hochrot |
| *καταφατικός* | bejahend |
| *λυγμός* | Schluchzen |
| *καταπίνω* (*s. πίνω, κατάπια*) | hinunterschlucken |
| *δέρνω* (*δειρ·δαρθ*) | schlagen, prügeln |
| *σκάζω, σκάνω* (σ) | platzen, zerbrechen; *hier:* ausschlüpfen |
| *ξανάφτω, ξανάβω* (ψ) | wiederanzünden; aufregen |
| *ξαναμμένος* | aufgeregt |
| *παραιτῶ, παρατῶ* (*ησ/α. παρητ-*) | lassen, aufgeben |
| *ἄει, παράτα με* | geh, laß mich in Ruhe! |
| *ζουρλοπαντιέρα* | launischer Mensch, launische Person |
| *κουμαντάρω* (*αρισ*) | kommandieren; *hier:* verfügen über |
| *ἀνατροφή* | Erziehung |

# Grammatik

## Die Partizipien und Grundformen der Vergangenheit A

*Adverbialpartizip (nur aktivisch)*

| | | | |
|---|---|---|---|
| *1. Konj.:* | **-οντας** | γράφ**οντας** | schreibend, durch Schreiben, beim Schreiben usw. |
| *2. Konj.:* | **-ώντας** | ρωτ**ώντας** | fragend, durch Fragen usw. |
| | | ρωτώντας τον | ihn fragend |

*Partizip Präs. Passiv:*

| | | |
|---|---|---|
| **-μένος** | γραμ**μένος** | geschrieben |
| | αγαπη**μένος** | geliebt |

*Partizip Präs. Passiv nur erstarrte Formen, häufig mit aktiver Bedeutung:*

**-όμενος**, **-ούμενος**, **-άμενος**

| | |
|---|---|
| μαθητευ**όμενος** | Lehrling („der Ausgebildetwerdende") |
| τρεχ**ούμενος** | fließend, laufend |

*Verneinung der Partizipien durch:* **μή**

| | |
|---|---|
| **μὴ** γράφ**οντας** | nicht schreibend |
| ὁ **μὴ** γυμνασ**μένος** | der Unausgebildete (der Nichtgeübte) |

| | |
|---|---|
| *Grundform der Vergangenheit Aktiv* | (ἐνεργητικὸ ἀπαρέμφατο)[1]: |
| II. Stamm + -́ει ...γράψ-ει | geschrieben |
| *Grundform der Vergangenheit Passiv* | (παθητικὸ ἀπαρέμφατο): |
| II. Stamm + -ῆ ...γραφτ-ῆ<br>(*K.*) ...γραφ-ῆ | geschrieben worden |
| Beide Grundformen kommen nur in Verbindung mit ἔχω vor. | |
| **ἔχω** γράψ**ει** | ich habe geschrieben |
| **ἔχει** γραφτ**ῆ** | es ist geschrieben worden |

[1]) In neugriechischen Grammatiken wird die Grundform aus historischen Gründen als „Infinitiv" bezeichnet, obwohl die Funktion dieser Form eine ganz andere ist.

**B**

Veränderlich sind nur die Partizipien auf *-μενος*. Das Adverbialpartizip und die Grundformen sind unveränderlich.

**C**

**Funktionen der obigen Formen.** Das Adverbialpartizip bezeichnet einen Nebenumstand; es hat außerdem zeitliche, begründende und einräumende Bedeutung. Im Deutschen wird es wiedergegeben durch

1. das Partizip auf *-end*; 2. eine entsprechende Präposition mit substantiviertem Infinitiv; 3. einen Nebensatz; 4. Anknüpfung mit *und*.

| | |
|---|---|
| Ὁ Παῦλος ἔφυγε τρέχ**οντας**. | Paul entfernte sich laufend: = Paul lief weg. |
| Ρωτ**ώντας** πηγαίνει κανεὶς στὴν Πόλη. | (Fragend =) Durch vieles Fragen *od.*: Dadurch, daß man fragt, kommt man nach Konstantinopel. |
| Λέγ**οντας** αὐτὰ ἄνοιξε τὴν πόρτα. | Während er das sagte, öffnete er die Tür. |

**D**

Das Partizip Perfekt wird meistens adjektivisch und substantivisch gebraucht. Zuweilen wird es auch an Stelle der Grundform zur Bildung des Perfekts, Plusquamperfeks und Futurs II verwendet:

| | | |
|---|---|---|
| *adjektivisch:* | τὸ χαλασ**μένο** δόντι | der verdorbene Zahn |
| *substantivisch:* | ἦλθε ἕνας μεθυσ**μένος** | es kam ein Betrunkener |

Als Perfektbestandteil richtet sich seine Form nach dem vorangegangenen Akkusativobjekt; als passiver Perfektbestandteil nach dem Subjekt. Die aktive Form ist ziemlich selten.

| | | |
|---|---|---|
| **ἔχω** χα**μένο** | (*neutral*) | ich habe verloren |
| **εἶχα** χα**μένο** | | ich hatte verloren |
| **τὴν ἔχω** χα**μένη** | | ich habe sie verloren (= als eine verlorene) |

| | |
|---|---|
| **τὴν εἶχα χαμένη** | ich hatte sie verloren |
| **εἶμαι** ἀγαπημ**ένος** (-**μένη**) | ich bin geliebt (worden) |
| **ἤμουν** ἀγαπημ**ένος** (-**μένη**) | ich war geliebt worden |

Diese letzte Form mit εἶμαι hat zuweilen aktivischen Sinn:
ἤμουν ἀγαπημένος (ich war ein „Geliebthabender") = ich hatte geliebt *s. a. Abschnitt O!*

## E

**Mit der unveränderlichen Grundform Aktiv und Passiv werden gebildet:**

**1. das Perfekt:**

| | | | |
|---|---|---|---|
| ἔχω ἀγαπήσει | ich habe geliebt | ἔχω ἀγαπηθῆ | ich bin geliebt worden |
| ἔχεις ἀγαπήσει | du hast geliebt *usw.* | ἔχεις ἀγαπηθῆ | du bist geliebt worden |

**2. das Plusquamperfekt:**

| | | | |
|---|---|---|---|
| εἶχα ἀγαπήσει | ich hatte geliebt | εἶχα ἀγαπηθῆ | ich war geliebt worden |
| εἶχες ἀγαπήσει | du hattest geliebt *usw.* | εἶχες ἀγαπηθῆ | du warst geliebt worden |

**3. das Futur II:**

| | | | |
|---|---|---|---|
| θὰ ἔχω ἀγαπήσει | ich werde geliebt haben | θὰ ἔχω ἀγαπηθῆ | ich werde geliebt worden sein |
| θὰ ἔχεις ἀγαπήσει | du wirst geliebt haben *usw.* | θὰ ἔχεις ἀγαπηθῆ | du wirst geliebt worden sein *usw.* |

## F

**Das Perfekt** wird im Neugr. viel seltener gebraucht als der Aorist, der meist das deutsche Perfekt wiedergibt. Das neugr. Perfekt bezeichnet eine Handlung, deren Ergebnis in der Gegenwart noch fühlbar oder sichtbar sein soll. Es wird deshalb besonders in der direkten Rede verwendet, in der der Sprecher seine eigene Meinung zum Ausdruck bringt. Der Deutsche muß in der Anwendung dieser Form sehr vorsichtig sein.

| | |
|---|---|
| Ἔχω τελειώσει τὸ γράψιμό μου. | Ich bin (*jetzt*) mit dem Schreiben fertig. |
| Τὸ ἔχω ἀκούσει. | Ich habe es gehört (*und weiß es jetzt noch*). |
| Τὸ ἔχω ἀκουσμένο (*nachdrücklicher und seltener*). | Ich habe es (*bestimmt*) gehört. |

*Man merke:*

| | |
|---|---|
| **ἔχω πάει** (*selten:* εἶμαι πηγεμένος) | ich bin gewesen |
| **Ἔχετε πάει** στὴν Κρήτη; | Sind sie schon mal in Kreta gewesen? |

## G

**Das Plusquamperfekt** bezeichnet (wie im Deutschen) eine Handlung, die vor einer anderen in der Vergangenheit spielenden Handlung liegt.

Die im Plusquamperfekt geschilderte Handlung hat also immer eine andere entweder geschilderte oder gedachte Handlung zur Voraussetzung:

| | |
|---|---|
| Τώρα ἦλθε ἡ σειρὰ τοῦ 'Ανδρέα, γιὰ νὰ μιλήση. Αὐτὸς **εἶχε πάει** στὴ θάλασσα. | Jetzt kam die Reihe an Andreas zu sprechen. Er war an der See gewesen. |

*Man merke:*

| | |
|---|---|
| **εἶχα πάει** (*selten:* ἤμουν πηγεμένος) | ich war gewesen |

**H**

**Das Futur II** drückt häufig — ebenso wie im Deutschen — die Wahrscheinlichkeit aus.

| | |
|---|---|
| "Οταν βραδιάση, **θὰ ἔχω** τελειώ**σει** τὶς δουλειές μου. (βραδιάζει es wird Abend) | Wenn es Abend geworden sein wird, werde ich meine Arbeiten beendet haben. |
| **Θὰ ἔχη** βρέ**ξει** κάπου, γι'αὐτὸ κρύωσε ὁ καιρός. | Es wird wohl irgendwo geregnet haben; deshalb ist es (so) abgekühlt. |

**I**

An Stelle von θὰ + Perfekt steht oft *θὰ* + **Aorist,** z. B.:

| | |
|---|---|
| **Θὰ** καθυστέρ**ησε** τὸ τραῖνο καὶ γι'αὐτὸ δὲν ἦρθε ὁ κύριος Πετρόπουλος. | Der Zug wird sich wohl verspätet haben, und deshalb ist Herr Petropoulos nicht gekommen. |

**J**

**Auch mit anderen Zeitformen drückt *θὰ* eine Wahrscheinlichkeit aus,** z. B.:

| | |
|---|---|
| *Präs.:* Τί κάνει; **Θὰ διαβάζη**. | Was macht er? Er liest wohl. |
| *Impf.:* 'Εκείνη τὴ στιγμὴ **θὰ διάβαζε**. | In dem Augenblick **war** er **wohl gerade** beim Lesen. |

**K**

**Regeln zur Bildung der Partizipien und Grundformen:** Adverbialpartizip: nur **Stamm I** + *´οντας*, *-ώντας* (διαβάζ-οντας, ρωτ-ώντας); -ώντας wird jetzt immer mit Oxia geschrieben.

**L**

**Das Partizip Perfekt wird aus dem zweiten Stamm Passiv gebildet.** An die Stelle von *-θ-* (*-τ-*) tritt *-μένος*. Ein vor -μένος stehendes φ wird zu μ, χ zu γ.

| | | |
|---|---|---|
| *I. Konj.* | λυ**θ** ....... λυ-**μένος**<br>ἀκουσ**τ** .. ἀκουσ-**μένος**<br>ἰδω**θ** ..... ἰδω-**μένος**<br>βαλ**θ** ..... βαλ-**μένος** | gelöst<br>gehört<br>gesehen<br>gesetzt<br>angebracht |
| *II. Konj.* | ἀγαπη**θ** .. ἀγαπη-**μένος** | geliebt |
| **φ** → **μ**:<br>**χ** → **γ**: | κρυ**φθ** ... κρυ**μ**-**μένος**<br>ἀνοι**χτ** ... ἀνοι**γ**-**μένος** | verborgen<br>geöffnet |

Die Ausnahmen der obigen Regel sind nicht sehr zahlreich. Sie werden in diesem Lehrbuch und in dem Langenscheidt-Taschenwörterbuch Neugriechisch-Deutsch besonders vermerkt, z. B.:

| *Aorist Passiv:* | *Partizip:* | |
|---|---|---|
| (ἔγινε) | γινωμένος | geworden |
| δόθηκε | δομένος<br>δο**σ**μένος | gegeben |
| ἐγκαταστάθηκε | ἐγκαταστ**η**μένος | niedergelassen |
| κάηκε | κ**α**μένος | verbrannt |
| — | καμωμένος | gemacht |
| κλαύτηκε | κλ**α**μένος | beweint |
| κοιμήθηκε | κοιμ**ισ**μένος | eingeschlafen |
| μαθεύτηκε | μαθ**η**μένος | erfahren |
| ὑφάθηκε | ὑφ**ασ**μένος | gewebt |
| — | πηγ**ε**μένος | gegangen |

**M**

**Die Grundform Passiv ist gleich der 3. Person Sing. des 2. Stammes** (νὰ ... *η*). Die aktive Grundform wird jedoch mit -*ει* statt mit -*η* geschrieben.

| *Aktiv:* | | | *Ausnahmen:* |
|---|---|---|---|
| νὰ λύση: | **ἔχει** λύ**σει** | er hat gelöst | ἔχω ἀνεβῆ, βγῆ, διαβῆ, κατεβῆ, μπῆ |
| νὰ διαβάση: | **ἔχει** διαβά**σει** | er hat gelesen | ich bin hinaufgestiegen, bin herausgekommen, habe passiert, bin hinabgegangen, bin eingetreten |
| νὰ γράψη: | **ἔχει** γρά**ψει** | er hat geschrieben | |

*Passiv:*

| | | |
|---|---|---|
| νὰ λυθῆ: | **ἔχει** λυ**θῆ** | es ist gelöst worden |
| νὰ διαβαστῆ: | **ἔχει** διαβα**στῆ** | es ist gelesen worden |
| νὰ γραφτῆ: | **ἔχει** γραφ**τῆ** | es ist geschrieben worden |

**N**

Die Katharevusa-Formen der Partizipien Perfekt haben die sogenannte **Reduplikation** (Verdoppelung), d. h. vor dem Verbstamm tritt eine Silbe, die aus dem ersten Konsonanten des Verbstamms + ε gebildet ist:

| | | | |
|---|---|---|---|
| **λύω**: | **λ**+**ε**-**λυ**-μένος: | λελυμένος | gelöst |
| **γράφω**: | **γ**+**ε**-**γραμ**-μένος: | γεγραμμένος | geschrieben |

Vokalisch anlautende Verben erhalten statt der Reduplikation das temporale Augment (*vgl.* L. 11), z. B.:

| | |
|---|---|
| ἀγοράζω | ἠγορασμένος |
| ἑνώνω | ἡνωμένος |

Genauere Regeln bilden einen Teil der altgriechischen Grammatik. Einige dieser Partizipien werden in der amtlichen Sprache und in der Dhimotiki häufig als erstarrte Formen verwendet, z. B.:

| | |
|---|---|
| *K.* αἱ Ἡνωμέναι Πολιτεῖαι, οἱ Ἡνωμένες Πολιτεῖες | die Vereinigten Staaten |
| κατειλημμένος (*aus* κατα-λαμβάνω, *s.* 11 F) | besetzt (*Platz, Toilette*) |
| ἐπανειλημμένος (*aus* ἐπανα-λαμβάνω wiederholen) | wiederholt, fortgesetzt |
| τεταμένος (*aus* τείνω, 12 $F_2$) | gespannt |
| τεταμένη ἀτμόσφαιρα | gespannte Atmosphäre |
| ἐπιτετραμμένος (*aus* ἐπιτρέπω, *s.* 12 $F_2$b) | Geschäftsträger |

**O**

Partizipien transitiver Verben haben zuweilen auch aktivischen Sinn, z. B.:

*passivisch:*

| | |
|---|---|
| τὸ διαβασμένο βιβλίο | das gelesene Buch |

*aktivisch:*

| | |
|---|---|
| ἕνας διαβασμένος ἄνθρωπος | ein Mensch, der viel gelesen hat: ein belesener Mensch |

*ebenso:*

| | |
|---|---|
| φαγωμένος | gegessen, der (gerade) gegessen hat, satt |
| πιωμένος | getrunken (*Wasser*); betrunken (*Mensch*) |

**P**

Viele Wörter mit der Form des Partizips haben eine Bedeutung, die sich nicht aus der Grundform herleiten läßt. Sie müssen als Vokabeln gelernt werden, z. B.:

| | |
|---|---|
| συνηθισμένος | gewöhnlich |
| ἀφηρημένος | abstrakt; zerstreut |
| συγκεκριμένος | konkret |
| *Adv.* συγκεκριμένως | offensichtlich |
| ὡρισμένος | bestimmt |

**Q**

**Die Partizipien der Verben mit nur passiver Endung** (*-ομαι*) **haben meist aktive Bedeutung,** z. B.:

| | |
|---|---|
| κάθομαι, καθισμένος | sitzend |

## Wortbildung

**R**

Einige weitere Wortbildungssuffixe (*s.* 9 S):

| | *Bedeutung:* | *Beispiel:* | |
|---|---|---|---|
| -άκι *m* | Verkleinerung, Nuance der Zärtlichkeit, der leichten Ironie; etwas, ein bißchen ... | χεράκι<br>σκυλάκι<br>δὲν βάζετε κανένα χεράκι...<br>(ἕνα) νεράκι | Händchen<br>Hündchen<br>legt mal ein bißchen Hand an (*s. Text L.* 17)<br>etwas Wasser |
| -άκας *m* | Verkleinerung | μπαμπάκας | Papa |
| -άκης *m* | Verkleinerung nur für Eigennamen | Γεωργάκης | kleiner Georg |
| -ούλης *m* | Verkleinerung | Τακούλης | kleiner Takis |
| -άκα *f* | Verkleinerung | γιαγιάκα | Großmütterchen |
| -ούλα *f* | Verkleinerung | κωμωδιούλα | kleine Komödie, *von* κωμωδία Komödie |

## Übungen

a) Setzen Sie die in Übung a) der 11. Lekt. gegebenen Verben unter Beachtung der beschriebenen Reihenfolge in das Perfekt.

b) Man übersetze die folgenden Sätze ins Neugr. und konjugiere sie im Perfekt und Plusquamperfekt:

1. Ich habe (hatte) mich erhoben. 2. Ich bin eingeschlafen. 3. Ich habe mich rasiert. 4. Ich habe mich ausgezogen. 5. Ich habe mich hingelegt. 6. Ich habe etwas erzählt. 7. Ich habe mich angezogen. 8. Ich habe mich ausgeruht. 9. Ich habe mich gewaschen. 10. Ich habe den Garten gepflegt. 11. Ich habe nicht alle Museen besucht. 18. Ich habe in diesem Büro gearbeitet. 13. Ich bin gefunden worden. 14. Ich bin gesehen worden. 15. Ich bin geschickt worden. 16. Ich bin versteckt worden. 17. Ich bin gebunden worden. 18. Ich bin geliebt worden. 19. Ich bin gefaßt worden. 20. Ich bin gehaßt worden.

c) (*Vgl.* 12 F) Bilden Sie von folgenden Verben das Partizip Perfekt; zur Erleichterung sind in einigen Fällen die Elemente des Aorists Passiv hinzugefügt. Die von der Grundbedeutung des Verbs abweichende Bedeutung des Partizips Perfekt ist ebenfalls angegeben.

1. λέγω, λησμονῶ, λύω, μαγειρεύω, μαθαίνω, μεταφράζω.
2. μιλῶ, νίβω, ξοδεύω, ξεχνῶ (*od.* ξεχάνω), ξεπλένω, παίζω(χτ).
3. παραδίδω, πεινῶ, περνῶ, πέφτω, πηγαίνω, πηδῶ.
4. πίνω (betrunken), πληρῶ, πουλῶ, ταξιδεύω, τιμῶ, τραβῶ(ηχτ).
5. τρίβω, τρώγω, φθάνω, φορῶ, φροντίζω (gepflegt) φτειάνω(χτ) (*a.* künstlich, gefälscht).
6. χαιρετίζω, χαρίζω, χτίζω, χτυπῶ, ζητῶ, ἀνοίγω.
7. γελῶ, ἀποφασίζω, δείχνω, δημοσιεύω, διαβάζω, κόβω.
8. εὐχαριστῶ (zufrieden), ἑνώνω, δίνω, κάνω, κλαίω, δέρνω.
9. κλείνω, δανείζω, ὑπόσχομαι, παραγγέλνω, βγάζω, αὐξάνω.
10. χαλνῶ, βλάπτω, κουράζω, κρεμῶ, λυπᾶμαι, νικῶ.

11. ξαπλώνω, ξαφνίζω, τρομάζω (erschrecken), τυπώνω, ὑπογράφω τυραννίζω (*od.* -νῶ).
12. ὑποδουλώνω, ἀπογειοῦμαι, ἀράζω (vor Anker liegen), ἀρχίζω, βουτῶ, παρατηρῶ.

d) Setzen Sie die passenden neugriechischen Verbformen ein:

1. 'Ανέκδοτο

'Ο νέος ὑπάλληλος πηγαίνει στὸ γραφεῖο ἀπεριποίητος: ροῦχα (voller Flecke = befleckt), πουκάμισο (schlecht gebügelt), κουμπιά (losgegangen), παπούτσια ἀγυάλιστα.
Μιὰ μέρα τὸν φωνάζει ὁ διευθυντής: — Ἄκουσε, παιδί μου, τοῦ λέει. Δὲν ξέρω ποιὰ εἶναι ἡ οἰκογενειακὴ κατάστασή σου, ἀλλὰ θὰ σοῦ δώσω μιὰ συμβουλή: ἢ παντρέψου ἢ χώρισε.

2. 'Ανέκδοτο

Ἕνας συνταξιοῦχος ναυτικὸς (hatte gekauft) ἕνα οἰκόπεδο σ'ἕνα ἐξοχικὸ μέρος μὲ σκοπὸ νὰ χτίση σπίτι γιὰ νὰ περάση τὰ γηρατειά του. Μιὰ μέρα, (als er mit einem seiner Freunde sprach) τοῦ λέει: — Θὰ χτίσω τὸ σπίτι μου ἔτσι ὥστε νὰ μοιάζη μὲ πλοῖο γιὰ νὰ θυμᾶμαι τὴ θάλασσα. Τὴν βεράντα θὰ τὴν κάνω σὰν γέφυρα, τὶς καπνοδόχους σὰν φουγάρο καὶ μπροστὰ θὰ τὸ κάνω μυτερὸ γιὰ νὰ μοιάζη σὰν πλώρη.
Ἕνας πιτσιρῖκος ποὺ (hatte gehört) τὴ συζήτηση τοῦ φωνάζει: — Νὰ τοῦ βάλης καὶ παναμαϊκὴ σημαία γιὰ νὰ μὴν πληρώνης φόρο!

(*Mitgeteilt von* Παπαδόπουλος *in* 'Εκλογή)

3. Μάταιος ἦταν ὁ κόπος τοῦ 'Ιουλιανοῦ, ἑνὸς ἀνεψιοῦ τοῦ Μ(εγάλου) Κωνσταντίνου. 'Η παλιὰ θρησκεία, μαζὶ μὲ τοὺς θεοὺς καὶ τοὺς μύθους καὶ τὴν ποίησή της (war gestorben) ἀπὸ καιρό. 'Η προσπάθειά του χάθηκε ὕστερα ἀπὸ τὸ θανατό του.

4. 'Εστρώθηκαν ὅλα τὰ δωμάτια μὲ χαλιὰ καὶ τὰ κρεββάτια μὲ χονδρὲς μάλλινες κουβέρτες. Τὶς (hatte gewebt) ἡ γιαγιά, ὅταν ἦταν νέα.

5. Γυρίσαμε ἕνα βράδι ἀπὸ τὸ δάσος, ὅπου (hatten abgeschlagen — geschnitten) κλαδιὰ γιὰ τὴ φωτιά.

6. Βροχὲς καὶ χαλάζι (hatten zerstört) ὅλα τὰ γεννήματα καὶ ὅλα τὰ σπαρτά τους.

7. Τί μπορῶ νὰ σᾶς προσφέρω; — Τίποτα. (ich habe gerade gegessen).

8. Τί ὥρα λέγει τὸ ρολόγι σας; Τὸ δικό μου (*s.* 5 J) σταμάτησε ἀπόψε. — (Hatten Sie sie nicht aufgezogen?)

9. 'Εφέτος τὸ καλοκαίρι (hatten übernommen) τὴν περιποίηση τοῦ κήπου οἱ μαθηταὶ τῆς Ἕκτης τάξεως.

10. Ὅλες οἱ θέσεις εἶναι (besetzt).
11. Αὐτὸ τὸ τρακτὲρ εἶναι (hergestellt) ἀπὸ τὰ καλύτερα μέταλλα, (ausgerüstet) μὲ τὰ τελειότερα μηχανήματα καὶ ἐξαρτήματα.
12. *Sprichwörter:* Ὁ (Hungrige) καρβέλια ὀνειρεύεται.
Vergangen — Vergessen (*n. pl.*)
13. *Vers:* Ὦ σπίτι μου, καλὸ καὶ (geschätzt),
χίλιες φορὲς ἆς εἶσαι (gesegnet). (*Τ. Στρατήγης*)

e) Erinnern Sie sich? Wie heißen die folgenden Sätze auf Neugriechisch?

1. In einer Pause begann eine Schar von Kindern in der Absicht (= wollend), Takis zu necken, zu sagen ...
2. Aus dem gegenüberliegenden Café stürzt der Kellner hervor und bringt drei Kaffee.
3. Wenn Sie ins Wasser gehen, so tauchen Sie sofort Ihren ganzen Körper und den Kopf unter.
4. Gehen Sie ans Land, indem Sie langsam schwimmen und den anderen Arm oder Fuß bewegen.
5. Halten Sie sich unter Ausführung (od. durch) kleine(r) Bewegungen auf dem Rücken.
6. Gehen Sie nicht ins Wasser, wenn Sie sehr müde oder verschwitzt sind.
7. Er verwendet keine irgendwelcher (= jeder Art von) Sammlung mundartlicher Ausdrücke entnommenen Wörter.
8. Lernen Sie, wie ein ertrinkender Mensch gerettet werden kann (= gerettet wird).
9. Die gesamte Bevölkerung Griechenlands ist in 11 000 Ortschaften eingeteilt.
10. Damals war das Byzantinische Kaiserreich das zivilisierteste Land der Welt.
11. Viele vor Anker liegende Schiffe bildeten einen Mastenwald (= mit ihren Masten einen Wald).
12. Karagöz hinter der beleuchteten Leinwand unterhielt Generationen und Generationen.
13. Zur besseren Verwaltung ist ganz Griechenland in 50 Departements eingeteilt.
14. Beeindruckt von dem Ruhm des Zwerges, schenkte ihm der König das Leben.
15. An beiden Seiten öffneten sich große, mit allen Gütern der Erde beladene Geschäfte.
16. Erschrocken sagte die Frau zu ihrem Mann: ...
17. Als Weihnachten herannahte, schrieb der in der Fremde weilende Vater von Fanis seiner Frau einen Brief.
18. Vor der alten griechischen Kultur hatten sich auf Kreta die minoische und auf dem Peloponnes die mykenische Kultur entwickelt.
19. Er hat einen elektrischen Schlag erlitten. (= Er ist betroffen worden **von** ...)
20. Im Gegensatz zu seinem Vater hatte Leo VI. viel gelernt (viel Wissen erworben).
21. Die Karagös-Spieler haben sogar auch eine Körperschaft gegründet.
22. Es scheint, daß die Luft von den Technikern nicht ganz gebändigt worden ist.
23. Die amerikanische Presse setzt uns davon in Kenntnis, daß kürzlich die Vorführung eines fliegenden Autos erfolgte (daß ein fliegendes Auto vorgeführt wurde).

24. Das fliegende Auto wird keine asphaltierten Straßen nötig haben.
25. Jeder Gast will das Ei anders gekocht.

f) Übersetzen Sie ins Neugriechische:

1. Zuweilen ist auch der Himmel in Griechenland mit (von) schwarzen Wolken bedeckt.
2. Ich bedaure sehr, daß ich Sie warten ließ (machte), aber ich war beschäftigt.
3. Unser Auto ist bezahlt.
4. Wir sind eingeladen.
5. Dieser Garten ist nicht sehr gepflegt.
6. Alle lagen in tiefem Schlaf (= waren tief geschlafen).
7. Der Zahnarzt plombiert den verdorbenen Zahn; er zieht den Zahn aus, der sehr beschädigt ist.
8. Alles (*n/pl.*) ist eingeschneit (= beschneit).
9. Er hatte an (einer) deutschen Universität studiert. (Er war ...)
10. Eine Dame geht zum Psychiater. In ihren Händen trägt sie einen Hahn. „Herr Doktor", sagt sie verzweifelt zu ihm, „ich bringe Ihnen meinen Mann. Er glaubt, daß er ein Hahn sei".

## Vokabeln

*zu* $d_1$:

*ἀπεριποίητος* ungepflegt / *λεκιάζω* (σ·στ) beflecken, beschmutzen / *(κακο)σιδερώνω* (σ) (schlecht) bügeln / *ξηλώνω* (σ·ϑ) auf-, abtrennen / *ἀγυάλιστος* ungeputzt / *οἰκογενειακὴ κατάσταση(-ις)* Familienstand / *χωρίζω* (σ), ***hier:*** sich scheiden lassen

$d_2$:

*συνταξιοῦχος* Pensionär; pensioniert / *οἰκόπεδο* Grundstück / *ἐξοχικός* Land..., in der Provinz befindlich / *σκοπός* Zweck, Ziel / *ἔτσι ὥστε νὰ* so daß / *γηρατειά* Alter, Lebensabend / *πλοῖο* Schiff / *βεράντα* Veranda / *γέφυρα* (Schiffs)Brücke / *καπνοδόχος, ἡ* (*a.* *ὁ*) Schornstein / *φουγάρο* Fabrik- oder Schiffsschornstein / *μυτερός* spitz / *πλώρη* Bug / *πιτσιρῖκος* Schlingel, Steppke / *παναμαϊκός* panamaisch, von Panama / *σημαία* Flagge / *φόρος* Zoll, Steuer / *χτίζω* (σ· στ) bauen

*(Deutsch-griechische Vokabeln am Ende)*

$d_3$-$d_{13}$:

*μάταιος* vergeblich / *ἀνεψιός* Neffe / *ϑρησκεία* Religion / *μύϑος* Sage, Mythos / *ποίηση(-ις)* Dichtung / *ἀπὸ καιρό* seit langem / *χονδρός* (*a.* *χοντρός*) dick / *κουβέρτα* Decke / *ὑφαίνω* (αν·ανϑ) weben / *κλάδι* Zweig, Ast / *βροχή* Regen / *χαλάζι* Hagel / *γεννήματα, τὰ* Ernte / *σπαρτά, τὰ* Saat / *φωτιά, ἡ* Feuer / *προσφέρω* (II = I·ρϑ/προσε-) anbieten / *σταματάω* (ᾶς·ησ) stehenbleiben / *περιποίηση(-ις)* Pflege, Obhut, Wartung / *κῆπος* Garten / *τρακτέρ, τὸ* Traktor / *μέταλλο(ν)* Metall / *μηχάνημα, τὸ* Gerät, Maschine / *ἐξάρτημα, τὸ* Zubehör(teil) / *καρβέλι* Brotlaib / *ὀνειρεύομαι A* (ευτ/ὠ-) träumen von / aufziehen *κουρδίζω* (σ·στ) / übernehmen *ἀναλαμβάνω, ἀναλάβω* (λαβ·ληφϑ/ἀνε-) / ausrüsten *ἐφοδιάζω* (σ·στ/ἐφω-) / schätzen *τιμῶ* (ᾶς·ησ·ηϑ) / segnen *εὐλογῶ* (εῖς·ησ·ηϑ)

*zu f:*

*μερικὲς φορές* bisweilen, manchmal / *σύννεφο* Wolke / *προσκαλῶ* (ᾶς·εσ·εστ) einladen / *ὀδοντοϊατρός* Zahnarzt / *βουλλώνω* (σ·ϑ) versiegeln; plombieren, füllen / *χιονίζει* (σ) schneien / *ψυχίατρος* Psychiater, Seelenarzt / *κόκ(κ)ορας* Hahn / *ἀπελπίζω* (σ·σϑ) verzweifeln

# 19. Lektion

## 1. Προλήψεις (Τέλος)

*Φ*: Τί θέλεις νὰ πῆς, δηλαδή, κύριε Γιάγκο;

*Γ*: Θέλω νὰ πῶ, μαντὰμ Φρόσω, ὅτι τέτοια μάνα ποὖχες, τέτοια ἔγινες κ' ἐσύ.

*Φ*: Ὅταν μιλᾶς, βρέ, γιὰ τὴ μάνα μου, νὰ πλένης τὸ στόμα σου μὲ ἀνθόνερο.

*Γ*: Μᾶλλον θὰ τὸ ξεπλένω μὲ σουμπλιμέ.

*Π*: Παλιάνθρωπε! Ἐλεεινέ! Ποὺ χαράμισα στὰ βρωμόχερά σου τὴ Φρόσω μου, τὸ λουλούδι μου.

*Γ*: Τὴν τσουκνίδα σου, θέλεις νὰ πῆς.

*Φ*: Οὔ, νὰ μοῦ χαθῆς, σιχαμένο ὑποκείμενο. Ἀλλὰ σὲ τέτοιο σταῦλο ποὺ γεννήθηκες, τί ἀνατροφὴ μποροῦσες νὰ ἔχης;

*Γ*: Ξέρεις καλὰ ὅτι ἐγὼ γεννήθηκα σὲ σπίτι. Σπιταρόνα μὲ τὰ οὖλα της. Ἀλλὰ μὲ στράβωσε ὁ διάολος, παντρεύτηκα καὶ κλείστηκα σὲ ἀχοῦρι μαζὶ μὲ δύο ἀγελάδες.

*Φ*: Ἀγελάδες, βρέ, εἶναι οἱ ἀδελφές σου οἱ φαρμακομύτες. Χαμένο κορμί. (Τοῦ πετάει ἕνα βάζο).

*Π*: Λοῦστρο! (Τοῦ ἐκσφενδονίζει μιὰ καρέκλα. Ἡ ἐπίθεσις θεριεύει καὶ σὲ λίγα λεπτὰ ὁ Γιάγκος βρίσκεται ἐκτὸς μάχης, σωριασμένος σὲ μιὰ γωνιὰ τοῦ χώλ).

*Τ*: Ἐγὼ ὁ φουκαρὰς στὸ εἶπα νὰ μὴν παίζης τὰ κλειδιά σου. Κι ἂν σ'ἀρέση, μπάρμπα Λάμπρο, ξαναπέρνα ἀπὸ τὴν Ἄντρο.[1]

ΑΥΛΑΙΑ

Γ. Γ.

(*aus:* ΘΗΣΑΥΡΟΣ, Sept. 1956)

[1]) „Wenn es dir gefällt, Onkel Lambros, gehe noch mal an Andros vorbei". Entspricht etwa unserem: Wer nicht hören will, der muß fühlen. Erklärung: Ἡ φράση αὐτὴ βγῆκε ὅταν ὁ Λάμπρος Κατσώνης, νικητὴς ὡς τότε, νικήθηκε ἀπὸ τὸν τούρκικο στόλο κοντὰ στὴν Ἄντρο (die nördlichste der Zykladeninseln) τὴν ἄνοιξη τοῦ 1790.

## 2. Γοργόνα

Ὁ Πετρῆς, τοῦ καπετὰν Μπούρα ὁ γιός, ἀπὸ μικρὸς ἦταν μεγαλωμένος μέσα στὸ καράβι τοῦ πατέρα του. Ἦταν ἕνα ἀγόρι κάπου δεκάξι χρονῶν, *ἀλλὰ* δυνατὸ *σὰν* ἄνδρας καὶ ψημένο στὴ δουλειὰ τοῦ καραβιοῦ. *Κάθε φορὰ ποὺ* τὸ καράβι γύριζε(ν) ἀπὸ ταξίδι, πάντα κάτι τὸ καινούργιο εἶχε νὰ διηγηθῆ καὶ ὁ φίλος του ὁ Ἀνδρέας, ὁ γιὸς τοῦ καφετζῆ, τὸν ἄκουε μὲ ἀνοικτὸ στόμα. Τοῦ ἔλεγε καὶ τὶς ἱστορίες, ποὺ ἄκουε ἀπὸ τὸν πατέρα του.

Ἀπὸ ὅλες τὶς ἱστορίες αὐτὲς πιὸ πολὺ ἄρεσε τοῦ Ἀνδρέα ἡ ἱστορία τῆς Γοργόνας καὶ ὁ Πετρῆς τοῦ τὴν ξανάλεγε μὲ πολλὴ εὐχαρίστηση.

Ἦταν μιὰ ἀληθινὴ ἱστορία, *καθὼς* ἔλεγεν ὁ Πετρῆς, ἀφοῦ συνέβηκε ἀκόμα στὸν παπποῦ του. Στὰ μεγάλα ταξίδια, βλέπεις, λαχαίνει καμμιὰ φορὰ τὰ καράβια νὰ βρίσκωνται ὁλομόναχα, μέρες καὶ νύχτες ὁλάκερες, βωλοδέρνοντας μέσα στὶς μακρινὲς θάλασσες. Ἐκεῖ δὲν ὑπάρχει τίποτε ἄλλο ἀπὸ οὐρανὸς καὶ θάλασσα, θάλασσα καὶ οὐρανός. Βραδυάζει, ξημερώνει καὶ στεριὰ δὲν φαίνεται. Θαρρεῖ κανεὶς *πὼς* τὸ καράβι ρίζωσε στὴ μέση τοῦ πελάγους καὶ δὲν μετατοπίζεται μηδὲ ὀργυιά.

Μιὰ φορὰ *σὰν* κι αὐτὲς ἦταν *ποὺ* ὁ γέρο-Μπούρας, ὁ παπποῦς τοῦ Πετρῆ, εἶδε τὴν Γοργόνα.

— Τὴν εἶδε μὲ τὰ μάτια του; ρώτησε ὁ Ἀνδρέας.

— Ἀκοῦς λέει; Τὴν εἶδε μὲ τὰ μάτια του, τὴν ἄκουσε μὲ τ'αὐτιά του καὶ τῆς μίλησε, *ὅπως* μιλοῦμε, *καλὴ ὥρα*, οἱ δυό μας, βεβαίωσε ὁ Πετρῆς. Ὁ πατέρας μου τὸ ἔχει ἀκουστὰ ἀπὸ τὸν ἴδιο τὸν παπποῦ μου. Καὶ νὰ πῶς ἔγινε.

## Vokabeln

| | |
|---|---|
| 1 | |
| *μαντάμ* | Madame, *ironisch für κυρία* |
| *τέτοιος* | solch(er) |
| *ποὔχες = ποὺ εἶχες* | *s. Vorkursus* ⑪ 3 |
| *ἀνθόνερο* | Blütenwasser |
| *μᾶλλον* | lieber, eher |
| *σουμπλιμέ, τό* | Sublimat, Desinfektionsmittel |
| *παλιάνθρωπος* | Spitzbube, Halunke |
| *ἐλεεινός* | Elender |
| *χαραμίζω (σ·στ)* | vergeuden, (*Geld*) hinauswerfen |
| *βρωμόχερο* (*aus ἡ βρῶμα* der Schmutz *u. χέρι*) | Tatze, Pfote |
| *ποὺ χαράμισα στὰ ...* | *etwa:* wo ich dir meine Froso in den Rachen geworfen habe |
| *τσουκνίδα* | Brennessel |
| *οὔ! νὰ μοῦ χαθῇς!* | äh, bleib mir gestohlen |
| *σιχαμένο ὑποκείμενο(ν)* | widerwärtiges Subjekt |
| *σταῦλος* | Stall |
| *σπιταρόνα* | großes Haus |
| *μὲ τὰ οὖλα (οὖλα = ὅλα)* | mit allem Drum und Dran |
| *στραβώνω (σ·θ)* | blind machen |
| *διάολος* | Teufel |
| *ἀχοῦρι, τό* (*türk.*) | (Pferde)Stall |
| *ἀγελάδα* | Kuh |
| *φαρμακομύτης (-α)* | „Giftschlange", „Giftnudel" |
| *χαμένο κορμί* | *wörtl.* verlorener Körper, *hier etwa:* Galgenstrick |
| *πετάω* | *hier:* werfen |
| *βάζο* | Vase |
| *λοῦστρος* | Schuhputzer, *hier:* Dreckfink |
| *ἐκσφενδονίζω (σ·στ)* | schleudern |
| *ἐπίθεση(-ις)* | Angriff |
| *θεριεύω (ψ)* | gewaltig anschwellen, toben, wüten |
| *ἐκτὸς μάχης* | außer Gefecht |
| *σωριάζομαι(στ)* | hinsinken |
| *χώλ, τό* | Diele |
| *φουκαράς* | Tropf, Ärmster |
| *στὸ = σοῦ τὸ* (*s. Vorkursus* ⑪ 6) | |
| *ξαναπερνῶ (ᾶς/περασ-)* | wiedervorbeikommen, -gehen |
| *αὐλαία* | Vorhang |
| *νικητής* | Sieger |
| 2 | |
| *Γοργόνα* | Gorgo; *hier:* die Kalokyra, *Tochter Alexanders des Großen und der Meeresgöttin Thalassa* |

| | | | |
|---|---|---|---|
| καπετάν, ὁ | Kapitän (*als Titel oder* | ξημερώνει (σ) | Tag werden, tagen |
| κάπου | *hier:* ungefähr [*Anrede*) | στεριά | Festland, Land |
| ψήνω (σ·ϑ) | braten | ϑαρρῶ (εῖς/εψ) | *hier:* glauben |
| ψημένος | *hier:* (ab)gehärtet | ριζώνω (σ·ϑ) | Wurzel fassen |
| καφετζής | Kaffeehauswirt | πέλαγος, τό | das (offene) Meer |
| πιὸ πολύ | am meisten | μετατοπίζω (σ·στ) | vom Fleck rühren |
| ξαναλέ(γ)ω | wieder, erneut erzählen | μηδέ | nicht einmal |
| εὐχαρίστηση (-ις) | Behagen, Zufriedenheit | ὀργυιά | 2 Yards (= *1,83 m*) |
| ἀληϑηνός | wahr(haftig), wirklich | γέρο-Μπούρας | der alte Buras |
| λαχαίνει (II λαχ) | es trifft sich | ἀκοῦς λέει; | na und ob |
| ὁλομόναχος | ganz allein | καλὴ ὥρα | *eingeschobene Wendung, etwa:* gottlob |
| βραδιάζει (σ) | Abend werden, dämmern | τὸ ἔχει ἀκουστά | er hat es gehört |
| ὁλάκερος | ganze ... (hindurch) | καὶ νὰ πῶς ἔγινε | und so hat es sich zugetragen. (*Zu νὰ s. 5 F*) |
| βωλοδέρνω | *hier:* schwer ringen, sich abmühen | | |

## Grammatik

**Konjunktionen.** Man unterscheidet nebenordnende und unterordnende Konjunktionen. Während die nebenordnenden Konjunktionen Wörter, Wortgruppen und Sätze verbinden, werden durch die unterordnenden zwei Sätze (Haupt- und Nebensatz) miteinander in Beziehung gesetzt. Die Art der Beziehung ergibt sich aus der Konjunktion.

### Nebenordnende Konjunktionen: **A**

| | | | |
|---|---|---|---|
| καί | und | μόνο πού | nur daß |
| καὶ .. καί | sowohl ... als auch | ἀλλιῶς | sonst, anderenfalls |
| ἤ | oder | λοιπόν | also |
| ἤ .. ἤ | entweder ... oder | ἔτσι | so |
| | | ἄρα | demnach |
| οὔτε .. οὔτε, μήτε .. μήτε | weder ... noch | ἑπομένως | folglich |
| εἴτε | sei es | σάν, καθώς, ὅπως | wie (*in der Art wie*) |
| εἴτε ... εἴτε | ob ... oder | | |
| ἀλλά, μά | aber, sondern | | |
| ὄχι μόνο(ν) .. ἀλλὰ καί | nicht nur ... sondern auch | σάν | als (*in der Eigenschaft als*) |
| ὅμως | jedoch, aber | παρά | als (*nach dem Komp. s.* 17 $F_2$). |
| ὡστόσο | jedoch | | |
| μολαταῦτα / ἐν τούτοις | trotzdem, dennoch | δηλαδή | nämlich |
| | | γιατί, *K.* διότι | denn |

Die Grenze zwischen nebenordnenden Konjunktionen und Adverbien ist fließend; deshalb rechnen einige Grammatiker z. B. *folglich* zu den Adverbien, andere noch weitere Wörter wie *sogar* zu den Konjunktionen.

## Unterordnende Konjunktionen: B

*zeitlich:*

| | |
|---|---|
| ὅταν, σάν (καθώς) | wenn; als (*s.* 14 I) |
| ὅποτε I | immer wenn |
| κάθε (φορὰ) πού, ὁσάκις I | jedesmal wenn, sooft |
| τὴν ὥρα πού | als |
| ἐνῷ I | während (*s.* 14 H b) |
| τώρα πού | jetzt da (wo) |
| ἀφοῦ II | nachdem |
| ἀφότου (ἀφ'ὅτου), ἀπὸ τὸν καιρὸ πού | seit(dem) |
| ὅσο, ἐνόσῳ, καθώς (*mst.* I) | solange |
| πρίν (νά), προτοῦ (νά) | bevor, ehe (9 A, 10 G) |
| καθώς | wie, als, sobald |
| ἅμα II | sobald |
| μόλις II | kaum .. als, sobald |
| ὥσπου (νά), ὥστε νά | bis |

*bedingend:*

| | |
|---|---|
| ἄν | falls, wenn (14 I) |
| ἂν τύχη | im Falle, daß |
| ἐκτὸς ἄν | außer wenn |
| ἐφ'ὅσον | sofern |

*zweckanzeigend:*

| | |
|---|---|
| νά, γιὰ νά II | damit, um ... zu (9 A) |

*vergleichend:*

| | |
|---|---|
| σὰν νά I | als ob, als wenn |

| | |
|---|---|
| ὅσο ... τόσο (*s.* 17 G) | je ... desto (umso) |
| τόσο ... ὅσο (*s.* 17 F) | so ... wie |

*begründend:*

| | |
|---|---|
| γιατί, ἐπειδή, πώς | weil, da |
| ἀφοῦ | da (ja), weil |

*gegensätzlich:*

| | |
|---|---|
| ἐνῷ | während |
| ἀντί(ς) νά II | anstatt |

*einräumend:*

| | |
|---|---|
| μολονότι, ἂν καί, μ'ὅλο πού | obgleich, obwohl |
| καὶ ἂν (ἀκόμη) | wenn auch |
| κι ὅταν ἀκόμα | selbst wenn |

*folgernd:*

| | |
|---|---|
| ὥστε (πού, νά) | (so) daß |
| ἔτσι πού | so daß |
| τόσο ... ὥστε (*od.* πού) | so ... daß |
| τόσος (η, ο) ... ὥστε (*od.* πού) | soviel (-viele *usw.*) ... daß |

*verneinend (verschiedene Beziehungen):*

| | |
|---|---|
| χωρὶς νά | ohne daß, ohne zu |

*zur Einleitung von Subjekts- und Objektssätzen:*

| | |
|---|---|
| ὅτι, πώς, πού, μή, μήπως | daß |

*zur Einleitung unvollständiger Sätze:*

| | |
|---|---|
| μακάρι νά I | wenn doch ...! |
| ἄν, νά I | wenn nur ...! |

νά + St. II *s.* 9 M, N, 10 $F_1$

Ein Teil der unterordnenden Konjunktionen verlangt einen bestimmten Aspekt (*s.* 9 B) und eine bestimmte Zeitform (*s.* 14 I). Konjunktionen, die meist nur eine Stammform verlangen, sind durch I oder II in der obigen Aufstellung gekennzeichnet. Im folgenden werden Beispiele für die Anwendung der wichtigsten Konjunktionen mit Angaben des Aspekts und der Zeitform gegeben. Ferner wird darauf hingewiesen, wie bestimmte neugriechische Zeitformen im Deutschen wiedergegeben werden müssen.

## Bemerkungen und Beispiele zu einzelnen Konjunktionen: C

1. **οὔτε ... οὔτε, μήτε ... μήτε** — Folgt οὔτε (*od.* μήτε) dem Verb, muß das Verb durch δὲν verneint werden.

| | |
|---|---|
| Ἐσὺ οὔτε παιδιὰ ἔχεις οὔτε σκυλιά. | Du hast weder Kinder noch Hunde. |

*aber:*

Δὲν ἔβλεπα μήτε τὴ λίμνη μήτε τὴ θάλασσα. — Ich sah weder den Hafen noch das Meer.

2. **σάν, ὅπως, καθώς:** σάν *wie* verlangt den Akk., wenn der bestimmte Art. oder ein Pron. folgt. Sonst steht der Nom.

Νὰ ζήσῃς σὰν ἄνθρωπος. — Lebe wie ein Mensch.
Τρέχουν σὰν τρελλοί. — Sie laufen wie verrückt.
μαῦρος σὰν τὸν κόρακα — schwarz wie der Rabe = rabenschwarz
Δὲν ἦταν ἄνθρωπος σὰν ἐμᾶς (*od.* ὅπως ἐμεῖς). — Es war kein Mensch wie wir.
Ἔκαμα καθὼς (ὅπως) μοῦ εἶπες. — Ich tat, wie du mir gesagt hast.

**σάν** + Nominativ = als:

Ἐσὺ σὰν συγγενὴς ἔπρεπε νὰ μὲ ὑποστηρίξῃς. — Du als Verwandter müßtest mich unterstützen.

3. **ὅταν** I. St. Präs. Konj.:

Ὅταν πνέῃ βορρᾶς, ὁ οὐρανὸς εἶναι αἴθριος. — Wenn der Nordwind weht, ist der Himmel heiter.

I. St. Impf.:

Ὅταν τοῦ τἄλεγα, δὲ μ'ἄκουγε. — Wenn (= sooft) ich ihm das sagte, hörte er nicht auf mich.

II. St. Präs.:

Ὅταν δῇς τὸν ὑπουργό, μίλησέ του γιὰ μένα. — Wenn du den Minister siehst (= sehen solltest), sprich mal meinetwegen mit ihm.

II. St. Aorist:

Ὅταν ἐφτάσαμε, ἦταν πιὰ (πλέον) ἀργά. — Als wir ankamen, war es schon spät.

*σάν* wird häufig (besonders volkstümlich) mit dem II. Stamm gebraucht. Der II. Stamm Aorist nach ὅταν und σάν muß im Deutschen häufig mit dem Plusquamperfekt wiedergegeben werden.

Σὰν ἦρθαν (·) τὰ μεσάνυχτα, τότε βγῆκαν οἱ πολεμιστὲς ἀπ'τὴν κοιλιὰ τοῦ Δόρειου ἵππου. — Als Mitternacht gekommen w a r, kamen die Kämpfer aus dem Bauch des Hölzernen Pferdes heraus.

4. **καθώς:**

Καθὼς τὸν εἶδα ἀπὸ μακριά, τὸν γνώρισα ἀμέσως. — Als (Sobald) ich ihn von weitem sah, erkannte ich ihn sofort.

5. **ἀφοῦ** II. St. Präsens = deutsch Perfekt; II. St. Aorist = deutsch oft Plusquamperfekt.

Ἀφοῦ τελειώσῃς τὸ μάθημά σου, ἔλα νὰ πᾶμε περίπατο. — Nachdem (Wenn) du deine Arbeit beendet hast, laß uns einen Spaziergang machen.

Ἀφοῦ ἔπαψε ἡ βροχή, ξεκινήσαμε. — Als der Regen aufgehört h a t t e, brachen wir auf.

6. **ὅσο** I. St. Präsens und Imperfekt:

| | |
|---|---|
| Ὅσο ζῶ, δὲν θὰ τὸ ξεχάσω. | Solange ich lebe, werde ich das nicht vergessen. |

7. **πρίν, προτοῦ** II. St. Präs. = deutsch Präsens oder Perfekt:

| | |
|---|---|
| Πρὶν φύγης, νὰ σὲ ἰδῶ. | Bevor du weggehst, möchte ich dich noch sehen. |
| Μὴ φύγης, προτοῦ (νὰ) γυρίσω ἐγώ. | Gehe nicht weg, bevor ich zurückgekehrt b i n. |

8. **ἅμα, μόλις** II. St. Präsens = deutsch Präsens; II. St. Aorist = deutsch oft Plusquamperfekt:

| | |
|---|---|
| Μόλις μὲ χρειαστῇς, γράψε μου. | Sobald du mich brauchst, schreib mir! |
| Ἅμα ἔλαβα τὸ γράμμα σου, σοῦ ἀπάντησα. | Sobald ich deinen Brief erhalten h a t t e, antwortete ich dir. |

9. **ὥσπου** meist Stamm II, nach ὥσπου νά Stamm II Präsens:

| | |
|---|---|
| Τὸν περιποιόταν ἡ μητέρα, ὥσπου ἔγινε καλά. | Die Mutter pflegte ihn, bis er wieder gesund war. |

10. **ἄν** *wenn, falls* leitet Bedingungssätze ein.

a) Wird die Bedingung als Tatsache gesetzt, dann steht nach *ἄν* meist der II. Stamm Präs. oder seltener der I. Stamm Präs. Konj., im Deutschen der Indikativ Präsens. Im Hauptsatz steht im Deutschen ebenfalls der Indikativ, im Neugr. je nach der geschilderten Situation der I. Stamm Präs. oder der II. Stamm (meist θὰ + II. Stamm oder Imperativ).

**Der reale Bedingungssatz**

| | |
|---|---|
| Σὲ παρακαλῶ νὰ ἔλθης ἀπόψε, **ἄν μπορέσης.** | Ich bitte dich, heute abend zu kommen, wenn (falls) du kannst. |
| **Ἂν ψάξης** καλά, **θὰ βρῆς.** | Wenn du richtig suchst, findest du es (wirst du es finden). |
| **Ἂν μπορῶ,** θἄρθω. | Wenn ich kann, komme ich. |

b) Eine nur angenommene (irreale) Bedingung wird durch folgendes Satzgefüge ausgedrückt:

a) in der Gegenwart und in der Vergangenheit

| *Nebensatz* | *Hauptsatz* |
|---|---|
| ἄν + Stamm I, Imperfekt | θὰ + Imperfekt |

b) in der Vergangenheit (seltener)

| *Nebensatz* | *Hauptsatz* |
|---|---|
| ἄν + Plusquamperfekt | θὰ + Plusquamperfekt |

Im Deutschen steht im ersten Fall in beiden Sätzen der Konjunktiv des Imperfekts, im zweiten Fall der Konjunktiv des Plusquamperfekts. Im Hauptsatz wird der Konjunktiv häufig durch das Konditional *würde* ersetzt.

### Der irreale Bedingungssatz

| | |
|---|---|
| **Ἄν** δὲν τὸν γνώριζα καλά, θὰ τὸν πίστε**υα**. | Wenn ich ihn nicht gut kennte, würde ich ihm glauben.<br>*oder:*<br>Wenn ich ihn nicht gut gekannt hätte, hätte ich ihm geglaubt. |
| Ἄν **εἶχε λάβει** ἐγκαίρως τὸ τηλεγράφημα, **θὰ εἶχε πάει** (*od.* θὰ πήγαινε). | Wenn er das Telegramm rechtzeitig erhalten hätte, wäre er hingegangen. |

11. **σὰν νά** *als ob* I. Stamm, meist Imperfekt oder Plusquamperfekt:

| | |
|---|---|
| Ἔτρεχα, σὰν νὰ μὲ κυνηγοῦσαν. | Ich lief, als ob man mich jagte. |
| Φωνάζεις ἐδῶ πέρα, σὰν νὰ ἦσουν ἀφέντης. | Du schreist hier herum, als ob du (hier) Herr (im Hause) wärest. |

12. **ὅσο ... τόσο** *je ... desto:*

| | |
|---|---|
| Ὅσο πιὸ κρύος εἶναι ὁ ἀέρας, τόσο πιὸ βαρὺς εἶναι. | Je kälter die Luft ist, desto schwerer ist sie. |

13. **ὥστε (νά)** (*so*) *daß:*

| | |
|---|---|
| Θὰ χτίσω τὸ σπίτι μου ἔτσι, ὥστε νὰ μοιάζῃ μὲ πλοῖο. | Ich werde mein Haus so bauen, daß es wie ein Schiff aussieht. |

14. **τόσος ... ὥστε** *soviel ... daß:*

| | |
|---|---|
| Ἔχω τόση δουλειά, ὥστε δὲν μοῦ μένει καιρὸς γιὰ περίπατο. | Ich habe soviel Arbeit, daß mir keine Zeit zum Spazierengehen bleibt. |

15. **πώς, ὅτι, πού:**

πώς und ὅτι, das der Schriftsprache entnommen ist, werden heute fast gleichwertig gebraucht. πού steht meist nach Ausdrücken der Gefühlsäußerung. Doch siehe auch den nächsten Punkt.

| | | | |
|---|---|---|---|
| χαίρω, πού | sich freuen, daß | καλὰ πού | gut, daß |
| λυποῦμαι, πού | bedauern, daß | εὐτυχῶς πού | Gott sei Dank, daß |
| κρῖμα πού | schade, daß | ἀρκεῖ (φτάνει) πού | genug, daß |

16. Nach *sehen, hören, finden* wird es im Deutschen durch einen Infinitiv ohne *zu* bzw. durch das erste Partizip wiedergegeben, oft auch durch einen Nebensatz mit *wie*.

| | |
|---|---|
| Τὸν **εἶδα ποὺ ἔπαιζε** στὴν αὐλή. | Ich *sah ihn* im Hof *spielen* (*od.* wie er im Hof spielte). |
| Τὸν **βρῆκα ποὺ δούλευε** στὸ ἐργαστήρι. | Ich *fand ihn arbeitend* in seinem Atelier. |

17. Nach vielen Verben kann sowohl **πώς** (**ὅτι, πού**) als auch **νά** stehen. **νά** weist auf etwas Beabsichtigtes oder auf größeren Zweifel hin, **πώς** registriert einen Tatbestand. Im Deutschen muß häufig ein anderes Verb gewählt werden, um den Bedeutungsunterschied auszudrücken.

| | |
|---|---|
| Λέει πὼς εἶναι ἄρρωστος. | Er sagt, daß er krank sei. |
| Λέει νὰ μείνῃ ἐδῶ λίγες μέρες. | Er beabsichtigt, einige Tage hier zu bleiben. |

| | |
|---|---|
| M'έπεισε (*von* πείθω) ὅτι ἔχει δίκαιο. | Er überzeugte mich davon, daß er recht hat. |
| M'έπεισε νὰ πάω κ'ἐγὼ μαζί του. | Er überredete mich dazu, auch mitzugehen. |
| Ἔμαθε πὼς εἶσαι ἄρρωστος. | Er erfuhr, daß du krank seiest. |
| Ἔμαθε νὰ διαβάζη καὶ νὰ γράφη. | Er hat lesen und schreiben gelernt. |
| Πιστεύω πὼς τὸ ἔλαβε τὸ γράμμα. | Ich glaube, daß er den Brief erhalten hat. |
| Πιστεύω νὰ τὸ ἔλαβε τὸ γράμμα. | Ich glaube schon, daß er den Brief erhalten hat. |

18. **μή** (**νὰ μή**), **μήπως** *daß* nach Verben des Fürchtens und des Zweifelns; Verneinung **μὴ δὲν**. Sonst μή, μήπως = *daß nicht:*

| | |
|---|---|
| Φοβήθηκα μὴν πέσω. | Ich fürchtete (daß ich nicht falle =) zu fallen. |
| Ἔχει ὑποψία, μήπως τὸν ἔχουν διαβάλει στὸν προϊστάμενό του. | Er hat den Verdacht, daß sie ihn bei seinem Chef angeschwärzt haben. |
| Φοβοῦμαι, μὴ δὲν τὸν ἐπρόφτασε τὸ τηλεγράφημά μας στὸ Παρίσι. | Ich fürchte, daß unser Telegramm ihn in Paris nicht erreicht hat. |
| Κοίταξε, μὴν κάνης λάθος. | Sieh zu, daß du keinen Fehler machst. |

Auf φοβοῦμαι und ähnliche Verben folgt auch πώς, wenn nur der Tatbestand betont werden soll.

| | |
|---|---|
| Φοβοῦμαι πὼς τὰ ἔμαθε ὅλα. | Ich fürchte, daß er alles erfahren hat. |

19. **Μακάρι νὰ** mit I. Stamm Imperfekt *wenn doch ...:*

| | |
|---|---|
| Μακάρι νὰ (ἐ)ζοῦσε ἀκόμα ὁ ἀδελφός μου! | Wenn mein Bruder doch noch lebte! |

20. **ἂν** (*od.* **νά**) mit I. Stamm Imperfekt *wenn doch, wenn nur:*

| | |
|---|---|
| Ἂν (Νὰ) βρίσκαμε ψάρια! | Wenn wir nur Fische fänden! |

21. **ἂν** *ob* leitet auch indirekte Fragesätze ein. Es steht nach:

ρωτῶ, λέγω, ξέρω, ἐξετάζω, δὲν εἶμαι βέβαιος, θυμᾶμαι, ἀμφιβάλλω (ich zweifle), δοκιμάζω u. a.

| | |
|---|---|
| Δὲ θυμοῦμαι, **ἂν** ἦταν κι αὐτὸς ἐκεῖ. | Ich erinnere mich nicht (= ich weiß nicht mehr), ob auch er dort war. |

## D

**Verneinung:** Mit *νὰ* eingeleitete Nebensätze werden durch *μὴ* verneint:

| | |
|---|---|
| Σοῦ τὸ εἶπα **νὰ μὴ** παίζης τὰ κλειδιά σου. | Ich sagte dir doch, daß du nicht mit den Schlüsseln spielen sollst. |

Durch **μὴ** werden auch andere Wortarten verneint (*s. a. L.* 9 A):

| | |
|---|---|
| τὸ **μὴ** σωστό | das Falsche, Verkehrte |
| **Μὴ** πρὸς κακοφανισμόν σας. | (*Nicht zu ihrem Übelnehmen:*) Nehmen Sie es nicht übel! |

Soll innerhalb eines Satzes ein einzelnes Wort stark verneint werden, gebraucht man **ὄχι**:

| | |
|---|---|
| **Ὄχι** σήμερα, ἀλλὰ χθὲς ἤμουνα ἐδῶ. | Nicht heute, sondern gestern war ich hier. |

## Übungen

a) Erinnern Sie sich? Wie heißen folgende Sätze auf Neugriechisch?

1. Ich schicke mich an, ins Dorf zu kommen, **damit** wir die Geburt Christi feiern (können).
2. Wie werde ich mich freuen, **wenn** ich erfahre, **daß** unser Kind im Lernen Fortschritte macht.
3. Wie freuten sie sich, **als** sie den Brief erhielten.
4. Aber **je** mehr er sie (= die Tage) zählt, **desto** langsamer scheinen sie ihm zu laufen (= desto mehr scheinen sie ihm zu zögern).
5. Was wird geschehen, **wenn** sie den Papagei hört? (Futur!)
6. Die beiden Papageien schwatzten indessen **wie** gute Freunde.
7. **Wenn** Sie jedoch in Ihrer Registratur nachsehen, werden Sie den Artikel finden.
8. Der erste freie griechische Staat war **jedoch** klein.
9. Er sagte mir, **daß** meine Schuhe noch nicht fertig seien.
10. Tauchen Sie nicht; **denn** Sie werden sich verletzen.
11. Er verwendet nicht, **wie** seine Gegner sagen, sprachliche Ungeheuer.
12. Die Fremden bewunderten den Reichtum Konstantinopels; **denn** damals war Europa sehr zurück.
13. Ich käme, auch **ohne daß** Sie es mir sagten.
14. **Wie** die Jahre vergingen, wurde sein Ruhm größer.
15. Er befahl also seinen Leuten, ihn (zu) ihm in den Palast zu bringen, angeblich **weil** auch er sein Schicksal erfahren wollte.
16. Heute gehört der Held aus Pappmaché der Vergangenheit an, **obwohl** es 140 berufsmäßige Karagös-Spieler gibt.
17. Sogar seinen Preis könnten wir noch akzeptieren, **da** ein sehr bedeutender Vorteil alle diese Nachteile neutralisiert (*Wortstellung vgl.* 5 L).
18. Wenn ich mich ans Steuer setze, kann ich fahren, wohin ich will.
19. **In dem Falle, daß** Sie auf Ihrem Weg einen großen Stein finden sollten, sind Sie verloren.
20. Jeder Kunde will es anders gekocht, **ohne** definieren zu können wie.
21. **Wenn** mich jemand verlangt, ruf mich!
22. Zu seiner großen Überraschung jedoch sieht er, **daß** die Türen weit geöffnet sind, **während** das Personal schläft.

b) Bilden Sie aus den folgenden Wörtern irreale Bedingungssätze. Die Person ist, wenn nötig, in Klammern angegeben.

**ἄν**

1. δέν, βρίσκομαι, ἐκεῖνος, κύριος, καλός/μπορεῖς, παθαίνω κακό.
2. δέν, εἶμαι, καὶ τὰ πουλιά/δέντρα, παθαίνω, μεγαλύτερο κακό.
3. (ἐγώ) ἔχω, μεγαλύτερος, διακοπές/μένω, περισσότερο.
4. (ἐγώ) ἔχω, πολλὰ λεφτά/ἀγοράζω, ὅ,τι, χρειάζομαι, τὰ παιδιὰ τῆς κυρα-Γιαννούλας.
5. (ἐμεῖς) ἔχω ὄρεξη / τρώγω.
6. (ἐγώ) δέν, πηγαίνω, σέ, Σκωτία, πέρυσι / κάνω, ταξίδι, σέ, Ἑλλάδα.

7. (ἐγώ) μπορῶ / κάνω τὸν γῦρο τοῦ κόσμου (= eine Weltreise).
8. (αὐτοί) ἔχω, χρήματα / ταξιδεύω, ἀκόμη, πολύ, πιό, συχνά.
9. (ἐμεῖς) εἶμαι, πλούσιος / ταξιδεύω συχνὰ-πυκνά.
10. (ἐγώ) λέγω ψέμματα / μιλῶ, ἀλλιώτικα.
11. πράμματα, ἐνωρίτερα, φθάνω / τά, ἔχω, τώρα, πουλημένος.
12. (σύ) δέν, προφθάνω, βαπόρι / πρέπει, περιμένω, ἀκόμη, τρεῖς, μέρα.
13. (ἐσεῖς) ἔρχομαι, λίγο, πρωτύτερα / πιάνω, κλέφτης.
14. (σύ) δέν, ἔχω ἀγορασμένο, σπίτι / σοῦ, λέγω, μήν, τό, παίρνω.
15. (σύ) ἔχω, μυαλό / δέν, εἶμαι φτωχός.

c) Bilden Sie aus den folgenden Wörtern Sätze mit Haupt- und Nebensatz!

1. Ἄμα, λείπω, ὁ γάτος / χορεύω, τὰ ποντίκια (*Sprichwort*).
2. Τὰ παιδιὰ ἐκυνηγοῦσαν πεταλοῦδες.
   Μόλις, ὅμως, πλησιάζω / οἱ πεταλοῦδες, πετῶ μακριά (*Impf.*).
3. Θά, ἐμεῖς, ἔρχομαι, χωρὶς ἄλλο / ὅταν, τελειώνω, τὸ σχολεῖο.
4. Ἂν καί, εἶμαι, ἀργά, θά, περιμένω / ὥσπου νά, φτάνω (αὐτός).
5. Ἀφοῦ, σηκώνομαι, ἀπὸ τὸ κρεββάτι / πηγαίνω στὸ λουτρό.
6. Οἱ κόττες, κουρνιάζω, νωρίς / γιατὶ, ἔχω, πολύ, ἀσθενής, ὅραση / κι ἄν, μένω, λίγο, περισσότερο / δέν, βλέπω, νά, ἀνεβαίνω, στὴ σανίδα, ἤ, στὰ κλαδιά, τὸ δέντρο, ὅπου, κοιμᾶμαι.
7. Ἡ μέλισσα, δέν, βρέχομαι, ποτέ. Ἕνα μυστηριώδης, ἔνστικτο, τήν, εἰδοποιῶ, νά, γυρίζω, στήν, κυψέλη / προτοῦ, πέφτω, οἱ, πρῶτος, σταγόνα, τῆς, βροχή.
8. Ὅταν, ξυπνῶ, ἡ Χιονάτη / φοβοῦμαι.
9. Ἦταν, τόσο, γεμᾶτος, τὸ θέατρο / πού, δέν, πέφτω, βελόνα (*Impf.*).
10. Σάν, περνῶ, ἕνας, χρόνος / ὁ βασιλιάς, ξαναπαντρεύομαι.
11. Ὅταν, τὸ πνεῦμα, κοιμᾶμαι / τὸ σῶμα, τρέφομαι.
12. Ἂν (ἐγώ) βλέπω, κανένας / θά, σοῦ, τό, δείχνω.

d) Übersetzen Sie folgende Sätze ins Neugriechische:

1. Was ich euch sagen würde, wenn ihr mich fragtet? Wenn ihr mich fragtet, würde ich euch sagen, daß (νά) ihr Haschen (τὸ κυνηγητό) spielen solltet.
2. Bevor der Herbst ins Dorf zieht (βγαίνω), beginnen sie mit den Vorbereitungen (ἑτοιμασία) für den Winter.
3. Wenn es einige Tage (so) schön wäre (= es machte wenige süße Tage) wie heute, würden wir (mit) dem Pflügen (τὰ ὀργώματα) fertig werden (τελειώνω).
4. Wie (πόσο) freute er sich, als er die Schwalben sah (τὸ χελιδόνι). Wenn er könnte, würde er sie alle streicheln (χαϊδεύω).
5. Wenn du groß (geworden) bist, kommst du in die Schule (πηγαίνω).
6. Am Rande (στὴν ἄκρη) war das Meer nicht tief. Je weiter wir jedoch gingen (προχωρῶ), desto tiefer wurde es (βαθύνω).
7. Er sprach so leise zu mir, daß ich ihn kaum hören konnte.

8. Du hast mich so häufig (= so viele Male) betrogen, daß ich dir nicht mehr glaube.
9. Wenn du hinausgehst, nimm einen Regenschirm (mit).
10. Wenn ich mich nicht irre, sind Sie nicht Professor Tzikas?
11. Es kann sein, daß (νὰ) Ihnen das griechische Essen nicht gefällt.
12. Ich habe eine sehr wichtige Angelegenheit (ὑπόθεση) zu erledigen (βολεύω), bevor ich (weg)gehe.
13. Wie traurig wäre die Welt, wenn es den Weihnachtsmann (*in Griechenland:* Ἅγιος Βασίλης) oder das Auto, die Elektrizität usw. nicht gäbe.
14. Wenn ich nicht Alexander wäre, möchte ich wohl Diogenes sein.
15. Wenn es auch spät ist, ich werde warten, bis er (an)kommt.
16. In den Dörfern ändert sich nichts, wenn nicht ein Erdbeben oder eine Überschwemmung (σεισμός, κατακλυσμός) kommt.
17. Gott sei Dank, daß Peter gerade da war (= sich befand).
18. Nachdem sie den ganzen Tag gelaufen war, kam sie gegen Abend an ein Häuschen.
19. Sie untersuchen die Maschine, ob sie gut arbeitet.
20. Er gibt soviel Geld aus, als ob er ein Millionär wäre (ἑκατομμυριοῦχος).
21. Nachdem er seinen Brief beendet hatte, läutete er.
22. Du schliefst noch so sanft (= süß), daß ich dich nicht wecken wollte.
23. Bevor [ein] Jahr vergangen war, starb auch sie.
24. Bevor ich abreise, werde ich in Ihrem Büro vorbeikommen (vorsprechen).
25. Wenn ein Mensch seine innere Ruhe (γαλήνη) verliert, verliert er alles (τὸ πᾶν).
26. Gehen Sie, bevor die Sonne ins Meer sinkt (= fällt).
27. Ich hoffe, daß wir Sie noch einmal (πάλι) sehen, bevor Sie abreisen.
28. Ich will, bevor ich sterbe, den Ort wiedersehen, wo ich geboren wurde.
29. Ich fürchte, daß er alles erfahren hat.
30. Wir fürchten, daß wir allein (μόνοι μας) gehen müssen.
31. Er leugnete ab, daß er es (τά) gesagt habe.
32. Er verspricht uns, uns zu helfen.
33. Sobald ich deinen Brief erhalten hatte, antwortete ich dir.
34. Ruf mich, sobald mein Freund kommt.
35. Erst nachdem wir das Geld erhalten haben (werden), werden wir eine Reise machen.
36. Nachdem er es gehört hatte, ging er hinaus.
37. Nachdem der Regen aufgehört hatte, brachen wir auf (ξεκινῶ).
38. Wenn ich doch auch Kinder hätte!
39. Verzeihen Sie mir, wenn mein Vorschlag (πρόταση) Ihnen unverschämt (ἀναιδής) erscheint, aber wenn meine Tochter Ihren Sohn heiratete, würde alles wunderbar klappen (= alles ginge).
40. Je besser man jedoch in sich [selbst] lesen kann, desto leichter kann man die wahren Triebfedern seiner Handlungen feststellen (πραγματικός, κίνητρο[ν], ἐνέργεια, ἐξακριβώνω).

Was würden Sie sagen, ...

41. wenn er nicht käme?
42. wenn er eine andere Frau ohne Mitgift (προίκα) geheiratet (= genommen) hätte?

43. wenn ich das große Los gewonnen hätte (τὸ πρῶτον λαχεῖον)?
44. wenn ich eine Weltreise machte?
45. wenn ich viel Geld hätte?
46. wenn ich ein Haus in Mytilini kaufte (gekauft hätte)?
47. wenn ich Sie zu einer Kahnfahrt (= Spaziergang mit dem Boot) einlüde?
48. wenn es jetzt anfinge zu schneien?

## Vokabeln

*zu b:*

*Σκωτία* Schottland / *πέρυσι* voriges Jahr / *γῦρος* Runde, Tour / *συχνά* oft / *συχνὰ-πυκνά* sehr oft, dauernd / *ἀλλιώτικα* anders / *προφθάνω* (s. *φθάνω*) schaffen, (zur Zeit) erreichen / *κλέφτης* Dieb

*zu c:*

*γάτος* Kater / *ποντίκι, τό* s. *ποντικός* / *πεταλοῦδα, ἡ* Schmetterling / *λουτρό* Bad / *κόττα* Huhn / *κουρνιάζω* (σ) hockend schlafen / *νωρίς* = *ἐνωρίς* früh / *ἀσθενής* schwach / *ὅραση* Sehvermögen / *σανίδα* Stange / *κλαδί* Zweig / *μέλισσα* Biene / *βρέχομαι* (βραχ) naß werden / *βρέχω* (ξ) regnen; naß machen / *μυστηριώδης* geheimnisvoll, mysteriös / *ἔνστικτο* Instinkt / *εἰδοποιῶ* (ησ·ηθ) benachrichtigen, *hier:* warnen / *κυψέλη* Bienenstock / *σταγόνα* Tropfen / *βροχή* Regen / *Χιονάτη* Schneewittchen / *φίσκα* überfüllt; übervoll / *πνεῦμα* Geist

# 20. Lektion

## 1. Γοργόνα (Τέλος)

Ὁ παπποῦς εἶχε(ν) ἕνα δικάταρτο καράβι. Ταξίδευεν ἐκείνη τὴ χρονιὰ κατὰ τὴν Μπαρμπαριά. Ἦταν καλοκαίρι φεγγαράδα κι ὁ παπποῦς ξαγρυπνοῦσε στὸ τιμόνι, τὰ μάτια του τέσσερα νὰ μὴ *ξεδρομίση* τὸ καράβι *ἀπὸ* τὸ δρόμο του.

Ἔξαφνα, ἐκειδὰ πίσω ἀπὸ τὴν πρύμνη ἀκούγεται μεγάλη φασαρία κτύπος μέσα στὰ νερά. Σὰν νὰ ἦταν κανένα θεριόψαρο κ'ἔδερνε τὰ νερὰ μὲ τὴν οὐρά του. Κάνει νὰ γυρίση κιόλας τὸ τιμόνι ὁ παπποῦς, αὐτὸ τίποτε. *Καρφωμένο στὸν* τόπο. Μήτε δεξιὰ στρίβει μήτε ἀριστερά. Γυρίζει τὰ μάτια του πίσω καὶ τί νὰ δῆ; Μία γυναίκα στέκεται πίσω ἀπὸ τὸ καράβι, ὄρθια μέσα στὴ θάλασσα. Εἶναι θεόρατη, *βαστιέται* μὲ τὰ χέρια της *ἀπὸ* τὴν κουπαστή. Τὸ κορμί της ὡς τὴ μέση εἶναι γυναίκειο κι ἀπὸ τὴ μέση καὶ κάτω θεριόψαρο, ὅλο λέπια. Ἡ οὐρά της δέρνει τὴ θάλασσα σὰν τὴν ἕλικα τοῦ βαποριοῦ. Ἴδια ὅπως εἶναι ἡ φιγούρα στὴν πλώρη κάποιων καραβιῶν, μόνο ποὺ εἶναι *σκαλισμένη* στὸ ξύλο. Αὐτὴ εἶναι θεόρατη, ὁλοζώντανη. Τὰ μάτια της ἀστράφτουν μέσα στὴ νύχτα, τὰ μαλλιά της εἶναι πλεγμένα μὲ τὰ φύκια.

Ὁ παπποῦς μου τὴν εἶδε καὶ κόπηκε ἡ ἀναπνοή του. Μονομιᾶς τὴ γνώρισε ὡστόσο. Γιατὶ ὅλοι οἱ θαλασσινοὶ τὴν ἔχουν ἀκουστά. Ἔκανε λοιπὸν τὸ σταυρό του καὶ περίμενε. Ἡ Γοργόνα *τοῦ μίλησε* τότε καὶ *τοῦ εἶπε*: — Ζῆ ὁ βασιλιὰς Ἀλέξανδρος;

Ἡ φωνή της ἦταν γλυκ(ε)ιὰ καὶ παραπονεμένη. Ὁ παπποῦς μου, ποὺ ἤξερε τὶς συνήθειες τοῦ στοιχειοῦ, τῆς λέει μονομιᾶς: — Ζῆ καὶ βασιλεύει, Κυρά μου.

Αὐτὸ ἦταν. Μόλις εἶπε τὸ λόγο του, ἡ Γοργόνα χαμογέλασε, ἀφῆκε τὸ καράβι καὶ βούλιαξε ἀγάλι-ἀγάλι μέσα στὸ πέλαγος. Γιατὶ ὁ παπποῦς μου ἤξερε τὸ λόγο, ποὺ τοῦ γύρευε τὸ στοιχειὸ τῆς θάλασσας. Αὐτή, νὰ καταλάβης, εἶναι ἀδελφὴ τοῦ Μεγάλου Ἀλεξάνδρου. Γυρίζει λοιπὸν τὶς θάλασσες καὶ ρωτᾶ τοὺς καραβοκύρηδες καὶ τοὺς καπεταναίους καὶ ἀλλοίμονό τους ἂν δὲν ξέρουν τί νὰ τῆς ἀπαντήσουν.

Ἔτσι δὲν *τὴν ἔπαθε* ἕνας καινούργιος καπετάνιος Πειραιώτης; Δὲν ἤξερε πιά, ἤθελε νὰ κάνη τὸν ἔξυπνο, δὲν ξέρω.

— Ζῆ ὁ βασιλιὰς Ἀλέξανδρος; τὸν ρωτᾶ ἡ Γοργόνα. Καὶ αὐτὸς τῆς λέει:

— Τώρα πιὰ ὁ βασιλιὰς Ἀλέξανδρος! Αὐτός, κυρά μου, πέθανε στὴ Βαβυλῶνα, ἐδῶ καὶ δυὸ χιλιάδες χρόνια!

Δὲν ἀπόσωσε τὸ λόγο του καὶ ἡ Γοργόνα τοῦ τσάκισε τὸ καράβι ἀνάμεσα στὰ δύο δάχτυλα, ἔτσι δά, ὅπως τσακίζουμε ἕνα καρύδι.

— Ὤ, Πετρῆ! λέει μὲ ἀστραφτερὰ μάτια ὁ γιὸς τοῦ καφετζῆ. Πές μου, εἶναι ἀλήθεια αὐτά; — Ποιὰ αὐτά;

— Νά, γιὰ τὴ Γοργόνα. Ὁ πατέρας σου τό 'χει γιὰ σίγουρο;

— Καὶ βέβαια, Ἀνδρέα, *τό 'χει γιὰ σίγουρο*. Ὁ παπποῦς μου τὴν εἶδε τὴ Γοργόνα καὶ τῆς μίλησε. Ὁ βασιλιὰς Ἀλέξανδρος ζῆ καὶ θὰ ζῆ αἰώνια. Νά, ἐδῶ μέσα στὴν καρδιά μας. Χάθηκε τὸ βασίλειό του στὶς στεριές. Δὲν πειράζει. Τὸ βαστοῦμε στὶς θάλασσες. Ἀνδρέα! Ἀνδρέα! Ὅλες οἱ θάλασσες τοῦ κόσμου εἶναι Ἑλλάδα! Ὅλα τὰ κύματα ξέρουν τὶς ἑλληνικὲς καρένες! Ὅπου νὰ ταξιδέψης, θὰ ἀνταμώσης τὴν ἑλληνικὴ σημαία νὰ ἀγεροχτυπιέται πάνω στὰ ψηλὰ ἄλμπουρα.

*Von* Στράτης Μυριβήλης
*Aus* Ἀναγνωστικὸν Δ' Δημοτικοῦ

2. Ἀνέκδοτο

Ἕνας ὑπουργὸς ἐπισκέπτεται πολλὰ χωριὰ καὶ εἶναι πολὺ *εὐχαριστημένος μὲ* τὴν τάξη καὶ τὴν καθαριότητα τῶν περισσοτέρων. Μίαν ἡμέρα ἔρχεται σ'ἕνα φτωχὸ χωριό. Ὁ ὑπουργὸς *συγχαίρει* τὸν δήμαρχο *γιὰ τὸν* καθαρὸν ἀέρα τοῦ χωριοῦ καὶ ἐκεῖνος τοῦ λέγει:

«Κύριε ὑπουργέ, τὸ χωριό μας θὰ ἦταν πολὺ καλύτερο, ἂν μποροῦσε νὰ *ζήσει μὲ* τὸν καθαρὸν ἀέρα του.

# Vokabeln

1.

| | |
|---|---|
| δικάρτατος | zweimastig |
| χρονιά, ἡ | Jahr, Zeit |
| Μπαρμπαριά | *alte Bezeichnung für* Nordafrika |
| φεγγαράδα | Mondschein |
| ξαγρυπνῶ (ᾶς/ῃς) | wachen, schlaflos sein |
| τὰ μάτια του τέσσερα | *hier:* und paßte scharf auf |
| ξεδρομίζω (σ) | (vom Kurs, Weg) abweichen |
| ἐκειδά | siehe da |
| πρύμνη | Heck |
| φασαρία | Geräusch, Lärm |
| κτύπος | Schlag, schlagendes Geräusch |
| θεριόψαρο | Seeungeheuer |
| καρφώνω (σ·θ) | fest-, annageln |
| στρίβω (ψ·φτ) | einbiegen, schwenken |
| στέκομαι (II σταθ) | stehen, verharren, bleiben |
| ὄρθιος | aufrecht, gerade, stehend |
| θεόρατος | riesig |
| βαστιέμαι ἀπό (αχθ) | sich festhalten an |
| κουπαστή | Reling, Bordkante |
| μέση | Taille |
| γυναίκειος (-εια) | weiblich |
| λέπι | Schuppe |
| ἕλικα | Schiffsschraube |
| μονομιᾶς | auf einmal, sofort |
| φιγούρα | Gallionsfigur |
| πλώρη | Bug |
| σκαλίζω (σ·στ) | meißeln, schnitzen |
| ξύλο, τό | Holz |
| ὁλοζώντανος | springlebendig |
| ἀστράφτω (ψ) | blitzen, leuchten |
| πλέκω (ξ·χτ) | (ver)stricken, (durch-)flechten |
| φύκι, τό (*mst. pl.*) | Seegras |
| ἀναπνοή | Atem, Atmung |
| κόπηκε | *s.* κόβω |
| σταυρός | Kreuz(eszeichen) |
| βασιλιάς (-άδες) | König |
| παραπονεμένος (*vgl.* παραπονιέμαι) | klagend |

| | |
|---|---|
| στοιχειό, τό | Gespenst, Erscheinung |
| ζῆ = ζεῖ | |
| βασιλεύω (ψ) | König sein, herrschen |
| κυρά | Herrin, *auch* Frau *als höfl. Anrede bes. vor Berufsbezeichnungen* |
| ἀφῆκε = ἄφησε | |
| βουλιάζω (ξ) | untertauchen, -gehen, versinken |
| ἀγάλι-ἀγάλι | allmählich, langsam |
| γυρεύω (ψ), τοῦ ... κάτι | suchen; j-n um etw. ersuchen |
| γυρίζω | durchstreifen |
| καραβοκύρης (-ηδες) | Schiffsherr |
| καπετάνιος (*im Pl. Akk. bisweilen* -αίους) | Kapitän |
| ἀλλοίμονο + A | wehe, gnade Gott |
| παθαίνω (II παθ) | (er)dulden, erleiden |
| τὴν ἔπαθε | es ist ihm schlecht ergangen |
| Πειραιώτης | Piräote, ... aus Piräus |
| κάνω τὸν ἔξυπνο | den Schlauen spielen |
| δὲν ... πιά | nicht mehr |
| Βαβυλῶνα | Babylon |
| ἐδῶ καί | (heute) vor |
| ἀποσώνω (σ·θ) | fertig werden (sein), beenden |
| ... καί | *hier:* als |
| τσακίζω (σ·θ) | zerdrücken |
| ἀστραφτερός (*vgl.* ἀστράφτω) | blitzend, leuchtend |
| σίγουρος | sicher, gewiß |
| τὸ ἔχω γιά σίγουρο | es bestimmt wissen, für sicher halten |
| βασίλειο (ν) | Königreich |
| δὲν πειράζει | es schadet, macht nichts |
| κῦμα, τό | Woge, Welle |
| καρένα, *mst.* καρῖνα | Kiel |
| ὅπου νά ... | wohin auch immer |
| ἀνταμώνω (σ·θ) | treffen, begegnen |
| σημαία | Fahne, Flagge |
| ἀγεροχτυπιέμαι (ηθ) | im Winde flattern |
| ἄλμπουρο | Mast |
| ἀναγνωστικόν | Lesebuch |
| δημοτικὸν (σχολεῖον) | Volksschule |

2.

| | |
|---|---|
| ὑπουργός | Minister |
| συγχαίρω γιά (II -χαρ) | beglückwünschen zu |
| ζῶ μέ | leben von |

## Grammatik

### A

1. An Stelle der Adjektive von Völkernamen (z. B. griechisch) wird im Neugriechischen vor Berufsbezeichnungen und Titeln der Völkername selbst gebraucht (*vgl. a.* 12c$_{21}$: οἱ Ἕλληνες γεωργοί).

| | |
|---|---|
| ὁ **Ἕλλην φοιτητής** | der griechische Student |
| ἕνας **Γερμανὸς γιατρός** | ein deutscher Arzt |

2. Eigennamen (Vornamen ohne Nachnamen) und Ortsnamen haben im Neugriechischen den bestimmten Artikel bei sich:

| | |
|---|---|
| **ἡ Ἄννα· ὁ Παῦλος** | Anna; Paul |
| **ἡ Ἑλλάδα· ἡ Γερμανία** | Griechenland; Deutschland |
| **ἡ Ἀθήνα· τὸ Βερολῖνο** | Athen; Berlin |

Eigennamen stehen ohne Artikel nach den Verben, die *heißen* bedeuten:

Μὲ λένε **Παῦλο**. Ich heiße Paul. (s. Lektion 5, 6.)

Weitere Angaben s. 5 H, 10 I.

### B

Verben, die trotz passiver Form aktive und transitive Bedeutung haben, bilden das Passiv durch Umschreibung meist mit γίνομαι *od.* εἶμαι

Ὁ ὑπουργὸς **ἔγινε δεκτός**. Der Minister wurde empfangen.

### C

Im Deutschen mit *werden* und einem Adjektiv gebildete Ausdrücke werden im Neugr. meist durch ein Verb mit der Endung *-άζω, -ίζω, -αίνω, -ώνω* wiedergegeben.

| | | | |
|---|---|---|---|
| ἀσπρίζω | weiß werden | μεγαλώνω | groß werden, (*Tage*) länger werden |
| γερνῶ | alt werden | | |
| θυμώνω | wütend werden | μικραίνω | kleiner werden, kürzer werden |
| ζεσταίνω | warm (wärmer) werden | ξανανιώνω | wieder jung werden |
| | | ξημερώνει | es wird Tag |
| κιτρινιάζω, | | ὀμορφαίνω | schöner werden |
| κιτρινίζω | gelb werden | πλουταίνω | reich werden |
| κοκκινίζω | rot werden | πρασινίζω | grün werden |
| κρυώνω | kalt (kälter) werden | σκοτινιάζει | es wird dunkel |
| μαυρίζω | schwarz werden | χαράζει | es wird hell, es dämmert |
| | | ψυχραίνω | kalt (kälter) werden |

## D

Das Neugriechische hat eine besondere Form der Abhängigkeit zwischen Verb und Objekt entwickelt, die als besonderer Fall betrachtet werden kann. Charakterisiert ist er durch Fehlen einer Präposition, eines Artikels und durch die Akkusativform des Substantivs (*vgl.* παίζω τὰ κλειδιά *mit* den Schlüsseln spielen). Seiner Funktion nach kann man diesen Fall als **Instrumental,** seiner Form nach als **Apräpositional** (präpositionsloser Fall) bezeichnen. Häufig kommt dieser Instrumental nach folgenden Verben und Adjektiven vor. Daneben kommen einige Verben auch mit Präposition vor.

| | | | |
|---|---|---|---|
| γεμίζω (μέ, ἀπό) | sich füllen mit | φορτώνω | beladen mit |
| γεμᾶτος (ἀπό) | voll von | χορταίνω | sich sättigen an; genug haben von |
| ντύνω | bekleiden mit | | |
| κάνω λάθος (πέντε δραχμές) | sich irren um (5 Drachmen) | λείπω ταξίδι | auf Reisen sein |
| | | πηγαίνω κάποιον ἐκδρομή | j-n auf einen Ausflug mitnehmen |
| φιλεύω | bewirten mit | | |

*Beispiele:*

| | |
|---|---|
| Γεμίζω τὸ κανάτι νερό (μὲ νερό). | Ich fülle den Krug mit Wasser. |
| Χόρτασα ἐφέτος θέατρο. | Dieses Jahr habe ich genug vom Theater. |

## E

Das deutsche **lassen** (**veranlassen**) wird im Neugriechischen verschieden wiedergegeben:

1. gar nicht in Ausdrücken wie

| | |
|---|---|
| ξυρίζομαι | sich rasieren *und* sich rasieren **lassen** |

2. durch **κάνω νὰ** ... **διατάσσω** *A* **νὰ** ... (befehlen zu)

| | |
|---|---|
| Λυπᾶμαι ποὺ σᾶς **ἔκανα** νὰ περιμένετε. | Ich bedauere, daß ich Sie warten **ließ.** |

3. durch **βάζω καὶ** ... / **διατάσσω καὶ** ... } + folgendem Personenwechsel

| | |
|---|---|
| Τὴν ἄλλη ἡμέρα **ἔβαλεν** ὁ δάσκαλος **καὶ** ἔφτειασαν πάλι τὸν τοῖχο. | Am nächsten Tag ließ der Lehrer sie wieder die Wand in Ordnung bringen. (*der Lehrer* ordnete an, und *sie* (= die Kinder) brachten in Ordnung) |

## F

**Die indirekte Rede** wird im Neugr. nicht — wie im Deutschen durch den Konjunktiv — besonders gekennzeichnet. In den *daß*- oder *ob*-Sätzen steht meist die Zeit des Hauptsatzes oder eine logisch notwendige Zeit, z. B.:

| | |
|---|---|
| Μὲ ρώτησε, **ἂν ἤμουν** εὐχαριστημένος. | Er **fragte** mich, ob ich zufrieden **sei.** |

## G

**Rektion der Verben.** Wichtige Verben, die im Neugr. und Deutschen den Dativ der Person und den Akkusativ der Sache haben. Bekannt sind dem Lernenden folgende Verben:

ἀναγγέλλω, ἀνοίγω, ἀπαγορεύω, γράφω, δανείζω, δείχνω, διηγοῦμαι, δίνω, ἐκφράζω, ἐξηγῶ, ἐπιτρέπω, λέγω, παραδίδω, περιγράφω, προσφέρω, πουλῶ, στέλνω, συγχωρῶ, συνιστῶ, ὑπόσχομαι, φέρνω, χαρίζω, χρεωστῶ (χρωστῶ).

Einige weitere Verben mit den passenden deutschen Entsprechungen:

| | | | |
|---|---|---|---|
| ἀποκαλύπτω | offenbaren | παρέχω | gewähren |
| ἀποκρύπτω | vorenthalten, verheimlichen | παρουσιάζω | vorstellen |
| | | περνῶ | umhängen |
| ἀφήνω | überlassen; hinterlassen | πηγαίνω | zuführen, bringen |
| | | προμηθεύω | beschaffen, besorgen; liefern |
| γυρίζω | zurückgeben | | |
| διορθώνω | reparieren | προξενῶ | verursachen, zufügen, bereiten |
| ἐμπιστεύομαι | anvertrauen | | |
| ἐξιστορῶ | berichten | προτείνω | vorschlagen |
| θυσιάζω | opfern | φανερώνω | verraten, offenbaren |
| μαθαίνω | beibringen | φορτώνω | aufdrängen |
| μηνῶ | melden, mitteilen | χορηγῶ | gewähren |
| ὀφείλω | schulden | | |

Verben mit der Bedeutung *wegnehmen* verlangen das unbetonte Personalpronomen in der Dativform (μοῦ, σοῦ *usw.*), das betonte Personalpronomen oder ein Substantiv steht mit der Präposition ἀπό, z. B.:

| | |
|---|---|
| ἁρπάζω | rauben, entreißen |
| κλέβω, κλέπτω | stehlen |
| παίρνω | (weg)nehmen |
| Ὁ λωποδύτης **τῆς** ἅρπαξε τὴν τσάντα. | Der Taschendieb raubte ihr die Handtasche. |
| Ὁ λωποδύτης ἅρπαξε τὴν τσάντα **ἀπὸ τὴν κυρία.** | Der Taschendieb raubte der Dame die Handtasche. |

## Die wichtigsten Verben und Adjektive mit Kasusangabe und Präpositionen

**Verben:** **H**

| | | | |
|---|---|---|---|
| ἀγοράζω *A* ἀπό | kaufen *A* bei | ἀρχίζω *A* | anfangen, beginnen *A od.* mit |
| ἀδιαφορῶ γιά | gleichgültig sein gegenüber *D* | ἀρχίζω ἀπό | beginnen, anfangen mit (*z. B. das Wort ... mit einem Vokal*) |
| ἀκολουθῶ *A* | folgen *D* | | |
| ἀκούω γιά | hören von, über *A* | | |
| ἀμφιβάλλω γιά | zweifeln an *D* | ἀστειεύομαι μέ (μαζί) | scherzen mit, Scherz treiben mit |
| ἀναφέρομαι σέ | sich beziehen auf *A* | | |
| ἀνήκω σέ | gehören *D*, gehören zu, zugehören *D* | ἀσχολοῦμαι μέ, εἰς | sich beschäftigen mit |
| ἀνταγωνίζομαι *A* | konkurrieren mit | βασίζομαι σέ | sich verlassen auf *A* |
| ἀνταγωνίζομαι γιά | wetteifern um | βασίζω *A* σέ (*K:* ἐπί *G*) | gründen auf *A* |
| ἀντιστοιχῶ σέ | entsprechen *D* | βαστάω: δὲν .. ἀπό | nicht mehr aushalten vor (*Hitze*) |
| ἀπαντῶ, τοῦ .. σέ | j-m antworten auf *A* | | |
| ἀρκοῦμαι σέ | sich begnügen mit | βεβαιώνω *A* | versichern *D* |

| | |
|---|---|
| βλάπτω *A* | schaden *D*; beschädigen *A* |
| βοηθῶ *A* νά | helfen *D* bei |
| γειτονεύω μέ | benachbart sein *D* |
| γελῶ μέ | sich lustig machen über *A* |
| γλυτώνω ἀπό | befreien von, retten vor |
| γνωρίζω ἀπό | erkennen an *D* |
| διαβάζω ἀπό | vorlesen aus |
| διαθέτω *A* | stimmen, in eine Stimmung bringen *A*; verfügen über *A* |
| διαιρῶ σέ | teilen in *A* |
| διακρίνομαι γιά | sich auszeichnen durch |
| δίνω προσοχὴ σέ | achten auf *A*; achtgeben auf *A* |
| διορίζω *A* + *A* | j-n ernennen zu |
| διψῶ γιά | dürsten nach |
| ἐκδικιέμαι *A* | sich rächen an *D*; rächen *A* |
| ἐμποδίζω, τοῦ ... τό | hindern *A* an *D* |
| ἐνδιαφέρομαι γιά | sich interessieren für |
| ἐπιδιώκω *A* | streben nach, erstreben *A* |
| ἑτοιμάζομαι γιά | sich anschicken zu |
| ἔχω ἀνάγκη ἀπό | nötig haben *A* |
| ἔχω δικαίωμα σέ | ein Recht haben auf *A* |
| ἔχω ἐμπιστοσύνη σέ | Vertrauen haben zu |
| ἐπωφελοῦμαι ἀπό | ausnutzen *A*; profitieren von |
| εὐχαριστιέμαι σέ | sich begnügen mit |
| εὐχαριστιέμαι ἀπό | erfreut sein über |
| εὐχαριστῶ *A* γιά | danken *D* für |
| ζημιώνω *A* | schaden *D* |
| ζημιώνω ἀπό | Schaden leiden durch |
| ζηλεύω *A* | neidisch, eifersüchtig sein auf *A* |
| ζητῶ *A* | j-n verlangen, nach j-m fragen |
| ζητῶ, τοῦ ... τό (*od.* ἀπό + *Su.*) | j-n um etw. bitten |
| ζῶ μέ | leben von |
| θυμίζω, τοῦ ... τό | j-n erinnern an *A* |
| θυμοῦμαι *A* | sich erinnern an *A* |
| θυμώνω μέ | sich ärgern über |
| τοῦ θύμωσα | ich bin ihm böse |
| καθαρίζω ἀπό | reinigen von |
| καμαρώνω *A* | stolz sein auf *A*; sich brüsten mit |
| κάνω λάθος σέ | sich irren in *D* |
| καταλαβαίνω *A* ἀπό | etwas verstehen von |
| καταμαρτυρῶ, τοῦ τό | j-n bezichtigen *G* |
| κατατάσσω *A* σέ | einordnen, einstufen *A* in *A* |
| κατατοπίζω *A* | Bescheid sagen *D* |
| κατατοπίζω, τὸν ... γιά (*K.* ἐπί) | orientieren *A* über *A*, vertraut machen *A* mit |
| κατηγορῶ *A* γιά | vorwerfen *D* + *A*; anklagen *A* + *G* |
| κατορθώνω νά | es gelingt mir zu |
| καυχιέμαι γιά | sich rühmen *G* |
| κιτρινίζω ἀπό | blaß werden vor |
| κλαίω ἀπό | weinen vor (*Freude*) |
| κοκκινίζω ἀπό | rot werden vor |
| λαμβάνω μέρος σέ | teilnehmen an *D* |
| λάμπω ἀπό | strahlen vor |
| λέγω γιά | sprechen über, sagen zu |
| λυποῦμαι γιά | betrübt sein über *A* |
| μαθαίνω γιά | erfahren über *A* |
| μαθαίνω ἀπό | erfahren von, lernen aus |
| μαλώνω γιά | sich streiten über *A*, wegen |
| μέλλει, τὸν ... γιά | sich kümmern um |
| μεταν(ο)ιώνω *A* | sich besinnen |
| μεταν(ο)ιώνω γιά | bereuen *A* |
| μιλῶ γιά | sprechen über |
| μπαίνω σέ | kommen auf *A*, stehen auf *D* (*z. B. der Akzent ... auf der ersten Silbe*) |
| μοιάζω *A od.* μέ | ähnlich sein *D*, ähneln *D* |
| μοιράζω σέ | teilen in *A* |
| μυρίζω ἀπό | riechen nach |
| ντρέπομαι ἀπό | sich schämen vor |
| ξέρω ἀπό | etwas verstehen von |
| ξεπερνῶ *A* σέ | übertreffen *A* an *D* |
| ξεφορτώνω *A* | sich entledigen *G*, loswerden *A* |
| ὀνειρεύομαι *A* | träumen von |
| παίζω μέ | j-n zum besten haben |
| παλεύω γιά | kämpfen um, für |
| παραπονιέμαι, τοῦ ... γιά | sich beklagen bei ... über *A* |
| πάσχω ἀπό | leiden an *D* |
| πεθαίνω ἀπό | sterben an |

| | |
|---|---|
| πεθαίνω γιά | schwärmen für |
| πειράζομαι μέ, ἀπό | sich ärgern über *A* |
| περνῶ γιά *N* | gelten als *N* |
| πετυχαίνω νά | es gelingt mir zu |
| πιάνω *A* ἀπό | fassen *A* an *D* |
| πιστεύω *A* | glauben *D* |
| πιστεύω σέ | glauben an *A* |
| πιστεύω *A* ἱκανὸν νά | j-n für fähig halten zu |
| πληροφοροῦμαι γιά | sich erkundigen nach |
| πληροφορῶ *A* γιά | unterrichten *A* von *D* |
| πλησιάζω *A* | sich nähern *D* |
| πρόκειται γιά | es handelt sich um |
| προστάζω, προστάσσω *A* | etw. befehlen *D* |
| προστατεύω ἀπό | beschützen vor *D* |
| προτείνω *A* γιά | vorschlagen als |
| ρωτῶ γιά | fragen *A* nach |
| στενοχωριέμαι μέ | sich abquälen mit |
| σκέπτομαι *A* | denken an *A* |
| σκέπτομαι (ἐ)πάνω σέ | nachdenken über |
| στεροῦμαι *A* (*K.*: *G*) | nicht haben, es fehlt *D* an *D* |
| στερῶ, τὸν ... *G* | j-n berauben *G* |
| συκοφαντῶ *A* σέ | verleumden *A* bei |
| συμβουλεύω *A* νά | j-m raten zu |
| συμφωνῶ μέ (μαζί) | zustimmen *D* |
| συναισθάνομαι *A* | sich bewußt sein *G* |
| συνηθίζω *A* *od.* μέ, σέ, πρός | sich gewöhnen an *A* |
| ταιριάζει μέ | passen zu |
| ταιριάζει σέ | sich schicken für |
| τελειώνω σέ | enden auf (*einen Vokal*) |
| τραβῶ ἀπό | ziehen an *D* |
| τρέμω ἀπό | zittern vor *D* |
| τρέμω γιά | zittern um |
| τρίβω τὰ μάτια ἀπό | sich die Augen reiben vor (*Freude*) |
| ὑποφέρω ἀπό | leiden an *D*; leiden unter *D* |
| φεύγω μπροστά | fliehen vor |
| φροντίζω γιά | sorgen für, sich kümmern um |
| χαίρομαι *A* | sich freuen an *D*, genießen *A* |
| χαίρομαι μέ | sich freuen über *A* |
| χρειάζεται *D* | brauchen |
| μοῦ χρειάζεται | ich brauche es |
| χρησιμοποιῶ σέ (*K.* πρός) | dienen zu |
| χωρίζω σέ | teilen in *A* |
| χωρίζω μέ(μαζί) | sich trennen von, sich scheiden lassen |
| φαίνεται ἀπό | es ist deutlich an *D* |
| *merke:* πῶς σᾶς φαίνεται; | Was sagen Sie dazu? |
| φοβοῦμαι | fürchten *A* |
| φοβοῦμαι ἀπό | sich fürchten vor |
| ψοφῶ γιά | scharf sein auf *A* |
| ὠφελοῦμαι ἀπό | Nutzen ziehen aus, benutzen |
| ὠφελῶ | nützen *D* |

**Adjektive:**

| | |
|---|---|
| ἀνάλογα μέ | entsprechend *D* |
| ἁρμόδιος γιά (*K.*: ἐπί *G*) | zuständig für |
| βέβαιος γιά | sicher *G* |
| ἐλεύθερος *G* | frei von |
| ἔμπειρος *G* | erfahren in *D* |
| ἔνοχος *G* | schuldig *G* |
| ἐρωτευμένος μέ | verliebt in *A*, entzückt von |
| ἕτοιμος γιά | bereit zu |
| εὐχαριστημένος ἀπό *od.* μέ | zufrieden mit |
| ἴδιος μέ | gleich wie |
| ἱκανὸς γιά | fähig *G* *od.* zu |
| ἴσος μέ | gleich *D* |
| κατάλληλος γιά | geeignet für |
| κάτοχος *G* | kundig *G* |
| περίφημος γιά | berühmt wegen |
| πιστὸς σέ | treu *D* |
| πλούσιος σέ | reich an *D* |
| ὅμοιος σέ *od.* πρός | ähnlich |
| τρελλὸς ἀπό | närrisch vor |
| ὑπεύθυνος *G* | verantwortlich für |
| (ὑ)περήφανος γιά | stolz auf *A* |
| ὕποπτος *G* | verdächtig *G* |
| φημισμένος γιά | berühmt wegen |
| φτωχὸς σέ | arm an *D* |
| ὠφέλιμος σέ | nützlich *D* |

## Übungen

a) Wissen Sie noch, wie die folgenden Sätze auf Neugriechisch heißen?

1. Herr Marangos ist mit seinem Leben nicht zufrieden.
2. Die Kinder ziehen sich warm an.
3. Kaufen wir es denn nicht bei ihm?
4. Also so viele arbeiten an dem Buch. Und allen diesen schulden wir Dank.
5. Er betritt die Bank, nähert sich der Alarmglocke und zieht die Schnur.
6. Woran leiden Sie?
7. Du kannst bei uns bleiben und alles haben, was du brauchst.
8. Es ist keine Übertreibung zu sagen, daß die griechischen Stoffe mit den europäischen konkurrieren können.
9. Entferne dich nicht von der Schule!
10. Verbirg nichts vor ihm!
11. Ich schicke mich an, in das Dorf zu kommen.
12. Die großen Kinder haben sich einen Spaß mit dir gemacht.
13. Zum Namenstag seiner Frau schenkte ein guter Ehemann ihr einen Papagei.
14. Ich werde ihn bitten, ihn mir zu leihen.
15. Ich erinnere mich nicht mehr an sein Thema.
16. Sie kämpften mit den Türken. Sie bekämpften die Perser.
17. Die Griechen zeichnen sich durch ihre Intelligenz aus.
18. 1906 veröffentlichte er die poetische Erzählung „Schlange und Lilie", die damals an d'Annunzio ... erinnerte.
19. Ich habe mich mit Jenny verlobt. Sie interessiert sich für keinen Sport.
20. Der Arzt rät ihm, jedesmal wenn er sich ins Bett legt, zu zählen anzufangen.
21. Die ganze Bevölkerung Griechenlands ist in 11 000 Ortschaften aufgeteilt. Griechenland ist in 50 Nomos (Departements) eingeteilt.
22. Jemand faßte ihn an der Hand.
23. Sie ist närrisch vor Glück.
24. Es gibt noch ein Thema, über das die Wissenschaftler viel von den Delphinen zu erfahren hoffen (erwarten) ...: Es handelt sich um ihre Lebensdauer.
25. Reinigen wir den Weg von den Steinen!
26. Ich bat dich um einen besseren Stoff, und du gibst mir einen schlechteren.
27. Sind nicht vielleicht einige Beamte gekommen und haben nach mir gefragt?
28. Spiel nicht mit deinen Schlüsseln!
29. Gib nicht auf jede Dummheit acht, die du hörst!
30. Wenn du von meiner Mutter sprichst, wasch dir den Mund mit Blütenwasser!
31. Sie schleudert ihm einen Stuhl entgegen.
32. Er erzählte ihm auch die Geschichten, die er von seinem Vater gehört hatte (*Aor.!*).
33. Sie (die Geschichte) war noch seinem Großvater zugestoßen.
34. Sie hält sich mit den Händen an der Reeling fest.
35. Die Gorgo redete ihn dann an und sagte zu ihm: Lebt König Alexander?
36. Der Vater hält es für sicher.
37. Der Minister gratuliert dem Bürgermeister zu der reinen Luft.
38. Unser Dorf wäre viel besser, wenn wir von seiner reinen Luft leben könnten.

b) Übersetzen Sie folgende Anekdote ins Neugriechische:

### Der Lärm und die Mayonnaise

Als der König von Dänemark, Christian, auf einer neuen Eisenbahnstrecke seines Landes reiste, benutzte er einen Aufenthalt des Zuges, um sich mit dem Bahnhofsvorsteher eines Dorfes zu unterhalten. Unter anderem (also) fragte er ihn, ob die Einheimischen zufrieden seien, daß sie endlich die Eisenbahnverbindung erhalten hätten, die sie seit so vielen Jahren ersehnt hätten.

„Nur die Hausfrauen, die in der Nähe der Eisenbahnstrecken wohnen, beklagen sich über den Lärm", antwortete der Stationsvorsteher. „Er soll ihnen die Mayonnaise verderben. Es scheint, daß die Mayonnaise den Lärm nicht verträgt."

„Schadet nichts, sie wird sich daran gewöhnen", sagte der König lächelnd.

Lärm *θόρυβος* / Mayonnaise *μαγιονέζα* / als ... reiste = reisend / Dänemark *ἡ Δανία* / benutzen, ausnutzen *ἐπωφελοῦμαι* / Aufenthalt *στάθμευση* / Bahnhofsvorsteher *σταθμάρχης* / sich unterhalten *κουβεντιάζω* / unter anderem *μεταξὺ ἄλλων* / Einheimischer *ἐντόπιος* / endlich *ἐπιτέλους* / erhalten = erwerben / seit vielen Jahren *ἐπὶ τόσα χρόνια* / Hausfrau *νοικοκυρά* / sollen = sie sagen, daß er / verderben *χαλνῶ, χαλῶ (χαλασ-)* / vertragen *ἀνέχομαι* (II *ἀνεχθ-/ἠν-*, *K. Impf. ἠνειχόμην*) / schadet nichts *δὲν πειράζει* / lächeln *χαμογελῶ*

c) Übersetzen Sie ins Neugriechische:

1. Er reibt sich vor Freude die Hände.
2. Er konnte nicht begreifen, wozu der Tischler sie (τὰ) brauchte.
3. Ich halte es vor Hitze nicht mehr (ἄλλο) aus.
4. Wohin ich gehe, er folgt mir. — Ich folge deinen Empfehlungen.
5. Das Wort „γράφω" beginnt mit γ und endet auf ω.
6. Die Regierung verfügt (διαθέτω) über viele Guthaben.
7. Er kümmert sich um nichts.
8. Er erzählte (berichtete) uns alles, was der durchgemacht hatte (= alle seine Leiden).
9. Das Unwetter fügte uns großen Schaden zu.
10. Glaubst du an Träume?
11. Ich halte ihn für fähig, die Katze an den Ohren zu ziehen.
12. Soviel haben wir über Griechenland gehört.
13. Da drinnen strahlte alles vor Sauberkeit.
14. Sie rieten ihr, das nächste Mal niemandem mehr die Tür zu öffnen (nicht zu öffnen mehr die Tür niemandem).
15. Ich ernenne dich zum Generalsekretär.
16. Sie hatten die Schandtat bereut.
17. Als ich über die Brücke ging, kam ein kräftiger Windstoß und riß (nahm) mir den Hut weg.
18. Begeistert erzählte er uns von seiner Reise nach Delphi.
19. Griechenland gehört zum Balkan.
20. Ich erkannte ihn an seinem runden Hut.
21. Die Königin glaubte, daß sie sich Schneewittchens ein für allemal entledigt habe.
22. Wenn ich Ihnen meine Geschichte erzählte, würden Sie mir nicht glauben.

23. Ich werde ihm nie die Undankbarkeit verzeihen, die er mir gegenüber bezeigte.
24. Das viele Rauchen wird dir schaden.
25. Wir freuen uns an den Naturschönheiten Griechenlands.
26. Er zittert um sein Leben.
27. Deutschland ist reich an Erzen.
28. Er war des Diebstahls verdächtig.
29. Sie sind stolz auf ihre Kinder.
30. Er ähnelt seinem Vater.
31. Dieses Haus ist für Sie geeignet.
32. Sie orientierten mich über die wirtschaftliche Lage des Landes.
33. Erinnere mich daran, damit ich es nicht vergesse.
34. Verzeihung, ich habe mich in der Tür geirrt.
35. Wir haben sie darum gebeten.
36. Sie schwärmt für (das) Theater.
37. Wir beschäftigen uns mit der griechischen Sprache.
38. Der Gast beschwert sich beim Kellner über das Essen.
39. Denken Sie mal darüber nach!
40. Was sagen die Zeitungen zu dem Verbrechen?
41. Das Taschentuch riecht nach Zimt.
42. Etwas verstehen sie von Musik.
43. Nikos protestierte, er ärgerte sich über das, was Paris gesagt hatte (= sagte).
44. Kannst du dich nicht an die neue Lage gewöhnen?
45. Der Onkel freute sich (*Impf.*) über den Appetit, den die Kinder hatten.
46. Er war stolz auf seine Tat.
47. Sobald der Lehrer geendet hatte, ließ er die Kinder singen und Gedichte aufsagen.
48. Pharao ließ Josef vor sich kommen (befahl, und sie brachten) und erzählte ihm seine beiden Träume.

*zu c:*

Tischler *ξυλουργός* / Empfehlung *σύσταση(-ις)* / Regierung *κυβέρνηση(-ις)* / verfügen über *διαθέτω* / Guthaben, Kredit *πίστωση(-ις)* / ausführlich erzählen *ἐξιστορῶ* (*ησ*) / Leiden *πάθημα, τό* (*hier Plur.*) / verursachen, zufügen *προξενῶ* (*εῖς·ησ/mst. ἐπρο-*) / Schaden *ζημία* / Sturm, Gewitter *καταιγίδα* / Schandtat *μεγάλο κακό* / General..., allgemein *γενικός* / Brücke *γέφυρα* / Windstoß *φύσημα, τό* / ein für allemal *μιὰ γιὰ πάντα* / Undank(barkeit) *ἀχαριστία* / bezeigen *δείχνω ἀπέναντι* / Erz *ὀρυκτό(ν)* / Diebstahl *κλοπή* / wirtschaftlich, ökonomisch *οἰκονομικός* / Verbrechen *ἔγκλημα, τό* / Taschentuch *μαντήλι, τό* / Zimt *κανέλλα* / singen *τραγουδῶ* (*εῖς·ησ·ηθ, ιστ*) / Pharao *Φαραώ, ὁ* (*undekl.*) / Josef *'Ιωσήφ, ὁ* / Traum *ὄνειρο*

# NEUGRIECHISCH-DEUTSCHES WÖRTERVERZEICHNIS

Die Zahlen verweisen auf die Lektionen, Großbuchstaben auf die Abschnitte der Grammatik, Kleinbuchstaben auf die Übungen der betreffenden Lektion. Tiefgestellte Zahlen oder Buchstaben geben die genaue Stelle innerhalb der vorgenannten Lektion, Übung oder grammatischen Darstellung an. Folgt der Zahl kein Buchstabe, ist das Lesestück der betreffenden Lektion gemeint.

## A

**ἀγάλι-ἀγάλι** 20 allmählich, langsam
**ἄγαλμα, τό** 12 Bildsäule, Statue
**ἀγάπη** 7 Liebe
  **μὲ ἀγάπη** $11_1$ *hier:* herzlichst Dein ...
**ἀγαπητός** 10 $I_2$ lieb, geliebt
**ἀγαπῶ** (ᾶς·ησ) 6B, 7B, 10A, 12B, 14A, C, D, 18E lieben, gern mögen
**ἀγγελία** 16 Anzeige, Annonce
**'Αγγλία** 13 England
**'Αγγλίδα** 3 Engländerin
**ἀγγλικά** *Adv.* 1 englisch
**ἀγγλικός** 6b, 9S englisch
**῎Αγγλος** 9S Engländer
**ἀγελάδα** 19 Kuh
**῞Αγιος Βασίλης** 19d der heilige Basilios; *etwa:* Weihnachtsmann *m*
**῞Αγιον ῎Ορος** 13 der heilige Berg Athos
**ἄγνωστος** 13 unbekannt
**ἀγορά** 14 Markt(platz)
**ἀγοράζω** (σ·στ/*K.* η-) 10E, f, 11E, c, 18N kaufen
**ἄγρυπνος** 6c wach, schlaflos
**ἀγυάλιστος** 18d ungeputzt
**ἀγώνας** (*pl.* **ἀγῶνες, ἀγώνων**) 12 (Wett)Kampf
**ἀγωνία** 10e Angst, (*fig.* Ängste)
**ἄδεια** 9L Erlaubnis; Urlaub
**ἀδελφή** 5 Schwester
**ἀδελφός** 5 Bruder
**ἀδιακρισία** 10f Aufdringlichkeit, Indiskretion
**ἀδύνατος** 17 schwach; unmöglich
**ἄει** 18 *Partikel der Ermunterung:* he!, los!
**ἀεράκι** 4, 11c Lüftchen, Brise, frische Luft
**ἀέρας** 8 Luft
**ἀεραυτοκίνητο** 16 Schwebefahrzeug, Luftkissenauto
**ἀεροδρόμιο** 9d Flugplatz
**ἀεροπλάνο** 8 Flugzeug
**ἀεροπορία** 9S Luftfahrt
**ἀεροπορικός** 9S, d Luftfahrt-
**ἀεροπορικῶς** (*Adv.*) 9g per Luftpost
**ἀηδία** 18 Ekel; Abgeschmacktheit; Dummheit
**'Αθήνα,** *K.*: **'Αθῆναι** *pl. f* 4, $20A_2$ Athen
**ἄθροισμα, τό** 7G Summe
**ἀθῶος** (-α) $11_1$ unschuldig, naiv
**Αἰγαῖο(ν)** 12 die Ägäis
**αἴθουσα** 6, 11c Schulzimmer, Saal
**αἰσθάνομαι** (νθ) 12F (sich) fühlen
**αἰτία** 10a Grund, Ursache
  **ἐξ αἰτίας** 8M, 15D auf Grund, wegen
**αἰτῶ** (ησ/ήτ-) 11E beantragen
**αἰχμαλωσία** 16a Gefangenschaft
**αἰῶνας** 15 Jahrhundert
**ἀκάθαρτος** 12b unrein, schmutzig
**ἀκαταπόνητος** 13 unermüdlich
**-άκι** (*Suffix*) *s.* 18R
**ἀκολουθῶ** (εῖς, ᾶς·ησ) A 13a, 14L (be)folgen
**ἀκόμα** *od.* **ἀκόμη** 6 noch
  **δὲν ... ἀκόμα** 18 noch immer nicht; **ἀκόμη καί** 16 sogar
**ἀκοῦς λέει** 19 na und ob
**ἀκουστά:**
  **τὸ ἔχει ἀκουστά** 19 er hat es gehört
**ἀκουστικό** 6 (Telefon)Hörer
**ἀκούω** (σ·στ) 3E, 9g, 10, 11H, c, 12E, 14D, F hören
**ἄκρα, ἄκρη** 14, $19d_6$ Ende; Ecke
**ἄκρα, τά** 7m Gliedmaßen
**ἀκριβά, ἀκριβῶς** (*Adv.*) 11f genau
**ἀκριβής** (-ές) 16D genau, pünktlich
**ἀκριβός** 2 teuer
**ἀκριβῶς** 11f genau
**ἀκροατής** 9e (Zu)Hörer
**ἀκρογιάλι** 14 Küste
**'Ακρόπολη(-ις)** $10_2$ Akropolis
**ἀκτή** 12b Küste
**ἀλατιέρα** 5b Salzfaß
**ἀλέθω** (σ·στ) 12E mahlen
**'Αλέξανδρος.**
  **ὁ Μέγας 'Αλέξανδρος** 12 Alexander der Große
**'Αλέξης** 13 *Variante von Alexander*
**ἀλέτρι** 7 Pflug
**ἀλήθεια** 5, 10a Wahrheit, wirklich!, nicht wahr?
**ἀληθηνός** 19 wahr(haftig), wirklich
**ἀλησμονῶ** *s.* **λησμονῶ** vergessen
**ἀλλά** 5, 19A aber; sondern
**ἀλλάζω** (**ἀλάσσω**) (ξ·χτ) $9_3$, 10b, 11 wechseln; umsteigen
**ἀλληλογραφία** 10e Korrespondenz
**ἀλληλογραφῶ** (εῖς·ησ) 10b korrespondieren
**ἀλλιώτικα** *Adv.* 19b anders
**ἀλλιώτικος** 5 sonderbar, merkwürdig
**ἀλλοίμονο** *A* 20 wehe, Gnade Gott!
**ἄλλος** 17H,J ein anderer; noch ein
**ἄλλοτε ... ἄλλοτε** 16 mal ... mal
**ἀλύτρωτος** 12 unerlöst, unbefreit
**ἅμα** 19B, c, $d_{33}$, $d_{34}$, $20c_{47}$ (sofort) wenn, sobald, sogleich als
**ἁμαξιτός** 8 befahrbar, Fahr-
**ἀμελής** 16D nachlässig, faul
**'Αμερικανίδα** 3 Amerikanerin
**ἀμερικανικός** 11, 16 amerikanisch
**'Αμερικανός** 3 Amerikaner
**'Αμερική** 12 Amerika
**ἀμέσως** 4, 7o, 11f sofort
**ἀμέτρητος** 14 unzählig
**ἄμμος, ἡ** $12b_5$ Sand
**ἀμόρφωτος** 13d ungebildet
**ἀμπέλι** 7m, 15b Weinberg
**ἀμύγδαλο** 7 Mandel
**ἄν** (**καί**) 9A, 10D, 19B, c wenn (auch), ob
**ἀνα-, ἀνε-** *s.* 11F *Vorsilbe*
**ἀνάβαση(-ις)** 11g Aufstieg, Besteigen
**ἀναγγέλλω** (ειλ·ελθ·ελμ/ ἀνη-) 11g, $12F_3$, $13_2$ mitteilen
**ἀναγέννηση(-ις)** 13d Renaissance; Wiederauferstehung
**ἀνάγκη** 9, 16 Notwendigkeit

**εἶναι ἀνάγκη νὰ** ... 12a, $b_9$ es ist notwendig, daß ...
**ἀνάγνωσμα, τό** 10b Lesestück
**ἀναγνώστης** 11b Leser
**ἀναζητῶ** (ησ) 9 nachsehen
**ἀναιδής** 16D, 19$d_{39}$ unverschämt
**ἀναλαμβάνω** (λαβ·ηφθ/ἀνε-) 18$d_9$ übernehmen
**ἀνάμεσα σέ** 15$B_1$ zwischen
**ἀναπαύομαι** (αυθ·α (υ)μ) 12a, b, c sich ausruhen
**ἀναπνέω** (ευσ/*K.*: ἀνε-) 4, 11F, c, d, 16d (ein- u. aus)atmen
**ἀναπνοή** 20 Atem, Atmung
**τεχνητὴ ἀναπνοή** 12$b_9$ künstliche Atmung
**ἀναπτύσσω** (ξ·χθ·γμ/ἀνε-) 13h, 12 entwickeln
**ἀναρωτῶ** (ᾶς·ησ·ηχτ) 7B, 14F (sich) fragen
**ἀνάσκελα** *Adv.* 12$b_8$ auf dem Rücken liegend, rücklings
**ἀναστάτωση(-ις)** 13d Erhebung, Empörung
**ἀνατέλλω** (τειλ/ἀνε-) 13e aufgehen (*Sonne*)
**ἀνατολή** 8, 10I, 14 Osten
**ἀνατροφή** 18 Erziehung; Aufsicht; *hier*: Kinderstube
**ἀναφέρω** (I = II·φερθ/ἀνε-) 15 erwähnen
**ἀνε-** *s.* **ἀνα-**
**ἀνεβάζω** (σ·στ·ασμ) 13 heben; hinauftragen; aufführen
**ἀνεβαίνω** (ἀνεβῶ·ηκ·ασμ) $10_5$, B, b, 11A, J, 19$c_6$ (be)steigen, hinaufgehen
**ἀνέκδοτο** $11_2$ Anekdote
**ἄνεμος** 7 Wind
**ἄνετος** 17a bequem
**ἀνέχομαι** *s.* 20b vertragen
**ἀνεψιός** 18$d_3$ Neffe
**ἀνήκω** (*nur Impf.* ἀνῆκα) **σέ** 10a, 15, 20$c_{19}$ gehören zu
**ἀνησυχῶ** (εῖς·ησ·σμ) 12c sich beunruhigen
**ἀνθογυάλι** 4 Blumenvase
**ἀνθόνερο** 19 Blütenwasser
**ἀνθρωπινός** 7m menschlich
**ἄνθρωπος** 5H, 7m, 8c, 9 Mensch
**ἀνθῶ** (εῖς·ησ/ἤν-) 13e *Dh.* **ἀνθίζω** (ησ) blühen
**ἄνοιγμα, τό** 13e, 16 Eröffnung
**ἄνοιγμα τῶν σχολείων** Schulbeginn
**ἀνοίγω** (ξ·χθ) 7o, 10e, 11c, H, 12E, $b_3$, 14F öffnen; aufschlagen (*Buch*); beginnen (*Schule*); anstellen (*Radio*); aufs Meer hinausfahren
**ἄνοιξη(-ις)** 13H,e Frühling
**ἀνοιχτός** (*a.* -κτός) 2, 9 offen
**ἀνταγωνίζομαι** *A* (στ) 9e konkurrieren mit
**ἀντίγραφο** 16d Abschrift
**ἀντιγράφω** (ψ·φτ·-γεγραμμ/ἀντε-, *Pass. a.* ἀντι-) 14 kopieren, abschreiben
**ἀντιδρῶ** (ᾶς·ασ/ἀντε-) 13h reagieren
**ἀντίθετα σέ** 13$d_4$ im Gegensatz zu
**ἀντίθετο** 2 Gegensatz, Gegenteil
**ἀντίκρυ σέ** *Präp.* 15$B_1$ gegenüber
**ἀντίπαλος** 13 Gegner
**ἀντίπροχθες** (*a.* -θές) 13C vorvorgestern
**ἀντιπροσωπεύω** (ευσ) 13 vertreten; darstellen
**ἀντίρρηση(-ις)** 17b Einwand
**ἀντί(ς)** 9, 15A anstatt
**ἀντιστέκω, ἀντιστέκομαι** (σταθ) (*K.* ἀνθίσταμαι) **σέ** 12 *j-m* widerstehen
**ἄντρας** (τοῦ ἀντρός) 8G, 9P, $11_2$ Mann
**ἄνω** *G* 13, 17D mehr als, über
**ἀνώμαλος** 17 uneben
**ἄξαφνα** = **ἔξαφνα** 11d plötzlich
**ἀξιοθέατα, τά** 11f Sehenswürdigkeiten
**ἀξιοθέατος** 11d sehenswürdig
**ἀξιότιμος** 10 $I_2$ 11b ehrenwert, sehr geehrt
**ἀόρατος** 16 unsichtbar
**ἀπαγορεύω** (ευσ·ευθ/*a.* ἀπη-) 15 verbieten
**ἀπαντῶ** (ᾶς·ησ/*a.* ἀπη-) 6, B, 10A, H, d antworten
**(ἀ)πάνω**: (ἀπὸ) (ἀ)πάνω ἀπό 7, 15B über, oberhalb
**ἀπασχολημένος μέ** 10f beschäftigt mit
**ἀπατῶ** (ᾶς·ηθ/ἠπ-) 7C täuschen
**ἀπε-** *s.* **ἀπο-**
**ἄπειρος** 14 unendlich; unabsehbar
**ἀπελπίζομαι** (σ·σθ) 18f verzweifeln
**ἀπέναντι** (σέ) *Präp.* 7, 15$B_1$, 2, 10f, 20$c_{23}$ gegenüber; *Adj.* gegenüberliegend
**ἀπ' ἐναντίας** 11e im Gegenteil
**ἀπέραντος** 14 unbegrenzt, unendlich
**ἀπεριποίητος** 18d ungepflegt
**ἀπευθύνω** (I = II·νθ/ἀπηυ-) 12F richten (πρός an); *v/p.* sich wenden (σέ an)
**ἀπλοϊκός** 15 ungekünstelt, einfach
**ἁπλός** 15, 17D einfach
**ἁπλώνω** (σ·θ/*a.* ἤ-) 12 ausstrecken; verbreiten
**ἅπλωση(-ις)** 13h Verbreitung
**ἀπο- ἀπε-** (*Präfix s.* 11F)
**ἀπό** *Präp.* 4, 9, 15A, 17F von, aus; seit; je
**ἀπογειοῦμαι** (ειωθ/ἀπε-) 12c abfliegen, starten
**ἀπογείωση(-ις)** 9d Abflug, Start
**ἀπόγευμα** 12$b_{10}$ Nachmittag
**ἀπόγονος** 12 Nachkomme
**ἀπόδημος** 12, 13h Auslands-
**ἀποδίδω** (δωσ· *od.* δωκ·δοθ·δο(σ)μ/ἀπε-) 13 wiedergeben; leisten
**ἀποζημίωση(-ις)** 11d Entschädigung
**ἀποθήκη** 7, 14 Vorratskammer
**ἀποκαρδιώνω** (σ) 13 entmutigen
**ἀποκοιμᾶμαι** (-οῦμαι), (ηθ·μημεν/*a.* ἀπε-) 7, C, 12a, 14c einschlafen
**ἀποκρίνομαι** (κριθ/ἀπε-) $13_2$ antworten
**ἀποκτῶ, ἀποχτῶ** (ᾶς·ησ·ηθ/ἀπεκτ-, ἀποχτ-, ἀποκεκτημ-) 12 erwerben, erlangen; (*Kinder*) bekommen
**ἀπομακρύνομαι** (*Dh.* ἀπομακραίν-) (υνθ/*a.* ἀπε-, ἀπομεμακρυσμ-) 12$b_3$ sich entfernen
**ἀπομεινάρι, τό** 12 Rest
**ἀπόμερος** 17a entlegen
**ἀπορία** 9 Zweifel
**ἀποσκευές** *f/pl.* 5b, 9d, 11f Gepäck
**ἀπόσταση(-ις)** 16 Abstand
**ἀποτείνομαι** (ταθ/ἀπε-) **σέ** 12c, $F_2$a sich wenden an
**ἀποτέλεσμα, τό** 7 Ergebnis, Folge
**ἀποτελοῦμαι** (εῖσαι·εσθ·ἀποτετελεσμ/ἀπε-) ἀπό 7, 12, $F_3$, 13c bestehen aus
**ἀποσώνω** (σ·θ) 20 fertig sein (werden); beenden
**ἀπουσιάζω** (σ·στ) 10a fehlen, nicht anwesend sein
**ἀποφασίζω** (σ·στ) 9g entscheiden; sich entschließen
**ἀποφεύγω** (φυγ/ἀπε-) 12$b_6$ (ver)meiden
**ἀποχαιρετισμός** $10_4$ Abschied
**ἀποχτῶ** *s.* **ἀποκτῶ**
**ἀποχωρητήριον** 7E Abort
**ἀπόψε** 10, 12c heute abend (nacht)
**ἀπών** *s.* 16D abwesend
**ἀραγμένος** (*von* ἀράζω) 14 vor Anker liegend
**ἀραδιάζω** (σ) 13 aufzählen; in Reihen ordnen
**Ἄραψ** (*G* -αβος, *pl.* Ἄραβες) 14, H Araber
**ἀργά** *Adv.* 12, 17G, 19c (zu) spät; **ἀργότερα** 13 später
**ἀργῶ** (εῖς·ησ) 6B, 11a, c, 14b zögern; sich verspäten; langsam kommen
**ἀρέσω** (I = II, *Impf.* ἄρεζα) *mst.* 3. *Pers.* 2, 9, e, 11c, e gefallen; schmecken
**ἄρθρο** 11b, d Artikel
**ἀρίθμηση(-ις)** 7G Rechnen
**ἀριθμητικός** 7G rechnerisch, Rechen-
**ἀριθμός** 11d Nummer
**ἄριστα** *s.* 17D sehr gut, ausgezeichnet
**ἀριστερά** 15b links
**ἀρκετά** *Adv.* 12c ziemlich (viel), genug
**ἀρκετός** 5a, 17H, J genügend, ziemlich groß; ziemlich viele, eine ganze Reihe von
**ἀρμενίζω** (σ) 8 verkehren, segeln, reisen
**ἀρνιέμαι, ἀρνοῦμαι** (ηθ,ηστ 7B, o, 19$d_{31}$ ablehnen; leugnen
**ἀρραβωνιάζομαι** (στ) 13, g sich verloben
**ἀρραβωνιαστικιά** 13f Verlobte
**ἀρρώστια** 11d Krankheit
**ἀρρωστιάρης** *s.* 16D kränklich
**ἄρρωστος** 2 krank
**ἀρχαιολογικός** 5a, 9S archäologisch
**ἀρχαιολόγος** 9S Archäologe
**ἀρχαῖος** 7, 12 alt, antik
**ἀρχαιότητα** 5, 6b Altertum

**ἀρχεῖο(ν)** 11b Archiv, Registratur
**ἀρχή** 7, 11b, 16 Anfang
**ἀρχηγός** 12 Befehlshaber, Anführer
**ἀρχίζω** (σ·στ) 2, 6b, $11_1$, $_2$, H, 12E, 14L; 20c beginnen, ἀπό mit (*z.B. Vokal*)
**ἀρχιτέκτονας** 17a Architekt
**ἄρχοντας** 17a Adelige(r)
**ἀρωματικόν** 14 Parfum, Riechstoff
**ἄς** (*gr. Partikel*) 9A, 10F
**ἀσημικά, τά** 14 Silberwaren
**ἀσθενής** $19c_6$, *s.* $16D_7$ schwach
**'Ασία** 12 Asien
**Μικρὰ 'Ασία** Kleinasien
**ἀσκητικός** 13 einsiedlerisch
**ἄσμα, τό** 13 Lied
**ἀστειεύομαι** $11_1$, 20H sich einen Spaß machen (**μέ** mit)
**ἀστεῖο** 17d Scherz
**ἀστραφτερός** 20 strahlend, leuchtend, blitzend
**ἀστράφτω** (ψ) 20 blitzen
**ἀστυνομικός** 7, 9S Kriminal-, polizeilich
**ἀστυνόμος** 6, b, 9S Polizeibeamte(r), Wachtmeister
**ἀστυφύλακας** 11f Schutzmann, Polizist
**ἀσφάλεια** 8a Sicherheit; Versicherung
**ἀσφαλτοστρωμένος** 16 asphaltiert
**ἀσχολοῦμαι**(-εῖσα ·ηθ/*a.* [ἀπ]ησ-) 7D, 12B sich beschäftigen (**μέ** mit)
**ἄταχτος** 2 ungezogen
**ἀτμοπλοϊκός** $8_1$ Dampfer-
**ἀτμόπλοιο** 8M Dampfer
**'Αττική** 13c Attika
**ἀτύχημα, τό** 8, 12b Unfall
**αὐγό** 10e, 17 Ei
**αὐθάδης** *s.* 16D frech
**αὐλή** 4, 6b Hof
**αὐξάνω** (ησ·ηθ/*K.* ηὐξ-) 11E, $12F_3$; *v/t.* vermehren; *v/p.* anwachsen, steigen
**ἀϋπνία** 13a Schlaflosigkeit
**αὔριο** 5 morgen
**αὐστηρός** 11f streng
**Αὐστραλία** 12 Australien
**Αὐστρία** 14 Österreich
**αὐτί, τό** 6b, 9 Ohr
**αὐτοδιοίκητος** 13c sich selbst verwaltend
**αὐτοκίνητο** 6, 16 Auto
**αὐτοκρατορία** 12 Kaiserreich, Reich
**αὐτοκράτωρ** (*G.* -τορος) $13d_8$ Kaiser
**αὐτός** 3G, 5D, 16B er; dieser
**ἀφαίρεση(-ις)** 7G Subtraktion
**ἀφήγημα, τό** 13 Erzählung
**ἀφήγηση(-ις)** 9 Erzählung
**ἀφῆκε** — **ἄφησε** 20 *s.* **ἀφήνω**
**ἀφήνω** (σ, κ·φεθ·η(σ)μ) 9, 11g lassen; (los)lassen; hinterlassen
**ἀφηρημένος** *s.* 18P abstrakt; zerstreut
**ἀφοῦ** 10c, 19B, $C_5$, $c_5$, d nachdem; da aber, da doch
**'Αφρική** 12, 14 Afrika
**ἄχ** *Interjektion s.* 10e ach
**ἀχαριστία** $20c_{23}$ Undank(barkeit)
**ἀχθοφόρος** 8, 10I Gepäckträger
**ἀχλάδι, τό** 10e Birne
**ἀχοῦρι, τό** 19 (Pferde)Stall

## B

**Βαυαρός** 17 Bayer
**Βαβυλῶνα** 20 Babylon
**βαγκὸν-λί, τό** 15b (*frz.* wagon-lit) Schlafwagen
**βαγόνι-ἑστιατόριο, τό** 9b (*a.* βαγκὸν-ρεστωράν) Speisewagen
**βάζο** 11c, 19 Vase
**βάζω** (βάλω·βαλθ) 4, 9, 10I, e, 11c, $14a_5$ setzen, stellen, legen; decken (*Tisch*)
**βάζω στὸ κυνηγητό** 6b in die Flucht schlagen
**βάζω τὰ κλάματα** 18 zu weinen anfangen
**βαθαίνω** *s.* **βαθύνω**
**βαθιά** *Adv.* 4, 11c tief
**βαθιός, βαθ(ε)ιά, βαθιό** $12b_3$, $19d_6$ (*K.* **βαθύς** *s.* 16D) tief
**βαθμός** 7 Grad; Rang
**βαθύνω** (I=II) $19d_6$ tiefer werden
**βαλίτσα** 15b Koffer
**Βαλκάνια, τά** $20c_{19}$ die Balkanländer, der Balkan
**βαλμένος** 15b angebracht *s.* **βάζω**
**βαπόρι, τό** 2, 11c Schiff, Dampfer
**βαριέμαι** (εθ) *A od.* **νὰ** ... 7B, o, 9, 12D überdrüssig sein; keine Lust haben; sich langweilen
**βάρκα** 7o, $19d_{47}$ Boot, Barke
**βαρύς** *s.* 16D, 17A schwer
**βασανίζω** (σ·στ) 13a quälen
**βάσει** *G od.* **ἐπὶ τῇ βάσει** 15D auf Grund
**βασιλεύω** (ψ) 10A, $11H_3$, 13e König sein, herrschen; untergehen (*Sonne*)
**βασιλιάς** (-άδες) *K* **βασιλεύς** 6A, 8f König
**βασίλισσα** $20c_{21}$ Königin
**βαστῶ** (ἄς·ηξ, αξ·αχτ) 5, 6b, 9F, 10, A, 11d, 20, c halten; aufrechterhalten; (an)dauern; *v/p.* sich festhalten (ἀπό/an)
**βγάζω** (βγαλ) $9g_{16}$, 10e, $12F_3$ herausnehmen; ausziehen; ablegen; lösen (*Karte*)
**βγαίνω** (βγῶ·βγηκ·βγαλμ) 6a, 9H, 10B, 11J, 14H, $19d_2$ hinausgehen, herauskommen
**βδομάδα** = **ἑβδομάδα** 6 Woche
**βέβαια** *Adv.* $11_2$ gewiß, sicher
**βεβαιώνω** (σ·θ) 17, 20 bestätigen; *v/p.* sich vergewissern (**ὅτι** ob)
**βεβαίως** *K. Adv.* 2, 9 gewiß, sicher
**βελόνα** 10b, $19c_9$ Nadel
**βεντέτ(τ)α** (ve'deta) 15 Star (*Schauspieler*)
**βεράντα** $18d_2$ Veranda
**Βερολῖνο** 4, $20A_2$ Berlin
**βεστιάριο** 10f Garderobe
**βιβλίο** 1, 8A, I Buch
**βιβλιοδέτης** 5 Buchbinder
**βιβλιοθήκη** 8M, e Bibliothek
**βιβλιοπώλης** 5, 11c Buchhändler
**βιομηχανία** 9, 14 Industrie
**βιομηχανικός** 17a Industrie-
**βιοπαλαιστής** 18 jemand, der sich abrackert, „Existenzkämpfer"
**βίος** 13 Leben
**βιτρίνα** 9b Schaufenster
**βλακεία** 18 Dummheit, Blödsinn
**βλάπτω** *A* (ψ·αφτ [*K.* αβ]·αμμ) 12c, $20c_{24}$ schaden
**βλέμμα τό** 10f Blick
**βλέπω** (δῶ·εἶδα·εἶδωθ· ἰδωμ) 9F, H, M, 0, 10B, e, 11J, $12F_3$, c, 14C, D, $a_5$ sehen
**βοήθεια** 11 Hilfe
**βοηθῶ** (ἄς, εἴς·ησ) *A* 6B, b, 10e, 11b, $12b_9$, $19d_{32}$ helfen
**βολεύω** (ψ·ευτ·εμ) $19d_{12}$ erledigen, in Ordnung bringen; arrangieren
**βολικός** *s.* 17G bequem
**Βόλος** 9d Volos (*Stadt in Thessalien*)
**βόρειος** 8 nördlich
**βοριᾶς** 11d Nordwind
**βορρᾶς** *a.* **βοριάς** 8, 10b Norden
**Βούλγαρος** 12 Bulgare
**βουλιάζω** (ξ·γμ, σμ) 20 untertauchen, -gehen, versinken
**βουλλώνω** (σ·θ) 18f versiegeln; plombieren, füllen
**βουνό** 10, 11g Berg
**βουτιά** $12b_2$ Untertauchen, Kopfsprung
**βούτυρο** 5 Butter
**βουτῶ** (ἄς·ηξ·ηχθ·η[γ]μ) 12c (ein)tauchen (*v/i. im II. St. auch pass.*); *v/p.* hinein-, untertauchen
**βραδάκι, τό** 18 früher Abend
**βραδιάζει** (σ·στ) 19 Abend werden, dämmern; *v/p.* von der Nacht überrascht werden
**βράδυ, τό** 7 Abend
**βραδυνός** 7 o Abend-, abendlich
**βράζω** (σ·στ) 17 kochen
**Βραζιλία** 4 Brasilien
**βράχος** 8H, $12b_2$ Fels, Klippe
**βρέ** 10I *vulgär*: „he", „Mensch!"
**βρέχομαι** (βραχ), $19c_7$ naß werden
**βρέχω** (ξ) regnen; naß machen
**βρηκ-** *s.* **βρίσκω**
**βρίσκω** (βρῶ·βρηκ·βρεθ) 8M, 9H, R, 10B, f, 11J, b, 12 $F_3$; $19d_{17}$ finden; *v/p.* sich befinden
**βροντοφωνάζω** (ξ) 12 schreien; ausrufen
**βροχή** $19c_7$ Regen
**βρύση** 7 o Wasserhahn; Brunnen
**βρῶ** *s.* **βρίσκω**
**βρωμόπαιδο** 18 Göre
**βρωμόχερο** 19 Tatze, Pfote
**Βυζάντιο(ν)** 14 Byzanz
**βυζαντινός** 12 byzantinisch
**βώδι** 7 Ochse
**βωλοδέρνω** (δειρ) $12F_2$, $19_2$ schwer ringen, sich abmühen

## Γ

**γαϊδαρος** 17 Esel
**γάλα, τό** 1 Milch
**γαλάζιος** 5a blau
**γαλανός** 4 blau
**γαλήνη** $19d_{25}$ Meeresstille; *fig.* innere Ruhe
**Γαλλίδα** 3 Französin
**γαλλικά** 1 französisch
**γαλλικός** 9S, e französisch
**γαλλικά, τά** 9g die franz. Sprache, Französisch
**Γάλλος** 3, 9S Franzose
**γάντι, τό** 10f Handschuh
**γαργαλῶ** (ᾶς·ιεμαι) 7B kitzeln
**γάτα** $20c_{11}$ Katze
**γατί, τό** 5, 11c Katze
**γάτος** 19c Kater
**γαυγίζω** (σ) 6 bellen
**γαύγισμα, τό** 6b Bellen
**γδύνομαι** (θ) 7, 12a, 14c sich ausziehen
**γειά** 10 Gesundheit
**γειτονιά** 6b, 8c Nachbarschaft
**γειτονικός** 10b benachbart
**γελῶ** (ᾶς·ασ·ιεμαι·αστ) 6B, 7C, 11a, 14F, 19d, 20H *v/i.* lachen; *v/t.* betrügen; täuschen; sich lustig machen (μέ über); *v/p.* sich täuschen
**γεμάτος** $12b_4$, 14G voll, gefüllt
**γενεά** 15 Generation
**γενέθλια, τά** 11f Geburtstag
**γενηθήτω** (*Altgr. aus der Bibel*) $11_2$ es geschehe
**γενικός** 20c General..., allgemein
**γενναῖος** (-αία) 12 heldenhaft
**γεννήματα, τά** $18d_6$ Ernte
**γέννηση(-ις)** 11 Geburt
**γεννιέμαι** (ηθ·ημ) 13D, g, $19d_{28}$ geboren werden
**γεράζω** (σ) 11A altern, älter werden
**Γερμανία** 4, 20A, $c_{27}$ Deutschland
**Γερμανίδα** 3 Deutsche
**γερμανική** $9g_9$ deutsche Sprache, Deutsch
**γερμανικός** 6b, 9S deutsch
**Γερμανός** 3, 9S Deutsche(r)
**γέρος** 6a, 17D alt
**γεῦμα, τό** 9b Mittagessen
**γέφυρα** $18d_2$, $20c_{17}$ Brücke
**γεωγραφία** 9 Erdkunde, Geographie
**γεωγραφικός** 9 geographisch
**γεωργία** 7m Ackerbau
**γεωργός** 12c Bauer
**γῆ, ἡ** 14 Erde
**γηρατειά** (*od. K.* -τεῖα), **τά** $18d_2$ Alter
**γιά** 2, 15A über; für
**γιά** *Partikel vor Imp.* 9A, O, 19B ... doch mal; damit
**γιαγιά** 4, 7m Großmutter
**γιατί** 2b warum
**γιατὶ** 5a, 19A, B weil, denn
**γιατρός** 5H, 9Q, a, 10I Arzt
**γίνομαι** (γίνω) 3, 10B, $11_2$, J, $12F_3$, G, 18L werden
**γινόμενον** 7G Produkt
**γιορτή** (*K.* ἑορτή) $11_1$, $_2$, 13I Fest
**γιός** (*a.* υιός) 5, 11f, 18 Sohn
**γκάζι, τό** 11d Gas
**γκαράζ(ι), τό** 15b Garage
**γκαρσόνι** 7, 11f Kellner
**γκρινιάζω** (σ, ξ) 13f (an)mekkern, keifen
**γλυκός** 16D, 17a, $19d_3$ (*Adj.*); 4, $19d_{22}$ (*Adv.*) süß, mild, sanft
**Γλυφάδα** 17a *Vorort von Athen*
**γλώσσα** 2, 8A, I Sprache; Zunge
**γλωσσάριο(ν)** 13 Glossar
**γλωσσάς** *s.* 16D geschwätzig
**γλωσσικῶς** *Adv. K.* 13 sprachlich
**γνήσιος** (-ια) 15 echt
**γνώμη** 8C Meinung
**γνωρίζω** (σ) 5, 8c, 11a, d, 14b kennen(lernen), erkennen
**γνωριμία** 11e Bekanntschaft, Bekannte(r)
**γόμμα** 15c Radiergummi
**γονεῖς, οἱ** 5G, 6A Eltern
**γόνιμος** 15 fruchtbar
**Γοργόνα** 19 Gorgo
**Γουλιέλμος** 8f Wilhelm
**γουναρικά, τά** 14 Pelzwerk
**γοῦστο** $13_2$ Geschmack
**γράμμα, τό** 1, 8I Brief; Buchstabe
**γράμματα, τά** 12, 13d (literarische) Bildung
**γραμματεύς, ὁ** *u.* **ἡ** 6A, $16_2$ Sekretär(in)
**γραμματισμένος** 14 Hochgebildete(r)
**γραμματόσημο(ν)** 11f, 10e Briefmarke
**γραμμή** 8 Linie *f*; Zeile *f*
**γραφεῖο(ν)** 8I Büro; Schreibtisch
**γραφικότητα(-της)** 8D, 16 Malerische(s)
**γραφομηχανή** $9g_1$ Schreibmaschine
**γράφω** (ψ·φτ, *K.* φ·γε...μμ) 9C, E, G, 10A, 11B, C, D, H, 12E, 14A, 18A, N schreiben
**γρήγορος** 6, 17G schnell
**γρινιάρης** *s.* 16D nörglich
**γυαλικά, τά** 14 Glaswaren
**γυιός** *s.* **γιός** Sohn
**γυναίκα** (*pl.* γυναῖκες) 2, 10e Frau
**γυναίκειος** (*K.* γυναικεῖος) 20 weiblich
**γυρεύω** (ψ·ευτ) 20 suchen
**γυρίζω** (σ·στ) 4, 6b, 11A, c, e, g, 18, 20 zurückgehen, -kehren; zurückgeben; kreisen lassen, schwenken; durchstreifen, umherstreifen
**γῦρος** 19b, $d_{44}$ Kreis; Spaziergang; Reise
**γύρω ἀπό, σέ** 4, $15B_1$ um (... herum)
**γωνία** *od.* **γωνιά** 9d, 10 Ecke

## Δ

**δαμάζω** (σ·στ) 16 bändigen, zähmen
**δαμάσκηνο** 10e Pflaume
**δανείζω** (σ·στ) $11_2$, f, 20 leihen
**Δανία, ἡ** 20b Dänemark
**δάσκαλος** 8C, 10G, I Lehrer
**δάσος, τό** 10b Wald
**δάχτυλο** 9a, 11d Finger
**δειλά** *Adv.* 18 schüchtern
**δεῖνα(ς)** *s.* 17H, J der und der, soundso
**δεινός** $12b_3$ tüchtig, fähig
**δεῖπνο** 9b Abendessen; *Bild von Leonardi da Vinci*: Abendmahl
**δεισιδαίμων** *s.* 16D abergläubisch
**δείχνω** (ξ·χτ) 7, 9M, 11A, a, f, 14b, 20c zeigen
**δέκα** 1, 2E zehn
**δεκάρα** 11d 10-Lepta-Münze
**δεκάλογος** 10a die zehn Gebote
**δεκαριά**: **καμμιὰ δεκαριά** etwa zehn
**δελφίνι, τό** 16a Delphin
**Δελφοί, οἱ** 5a, $20c_{18}$ Delphi
**δέν** 1, 9 nicht
**δὲν μοῦ λέτε** 5 sagen Sie (mir) mal ...
**δὲν ... παρά** 6, 8 nur
**δὲν ... πιά** 7, m nicht mehr
**δέντρο** 10e Baum
**δένω** (σ·θ) 12E, *s. Übersicht* binden
**δεξιά** *Adv.* $10_2$ rechts (entlang)
**δέρμα, τό** 9, 10E Haut; Leder
**δέρνω** (δειρ·δαρθ) $12F_2$a, 18 schlagen, prügeln
**δεσποινίς** (-ίδος) 1, 10I Fräulein
**Δευτέρα** 7, 13C, I Montag
**δευτερόλεπτο(ν)** 7 Sekunde
**δεύτερον** *Adv.* 13f, K zweitens
**δεύτερος** 5, 6, 9 zweite(r)
**δέχομαι** (χτ) 9a, 12E, c, 16 empfangen; Sprechstunde haben
**δῆ** *s.* **βλέπω**
**δηλαδή** 17 nämlich, das heißt
**Δῆλος, ἡ** 5a Delos (*Insel*)
**δηλώνω** (σ·θ) $9g_1$ erklären; *hier*: verzollen
**δήμαρχος** 8f Bürgermeister
**δημιουργῶ** (εῖς·ησ·ηθ) 16 schaffen
**δῆμος** 13c Großgemeinde
**δημοσιεύω** (ευσ·ευτ·ευμ) 5a, 11G, a, 14b veröffentlichen
**δημοσιογράφος** 16 Journalist
**δημοφιλής** 15, $16D_7$ volkstümlich
**δια-, διε-** *Präfix s.* 11F
**διά** (*G*) *K.* 15C durch, über
**διαβάζω** (σ·στ) 9E, 10A, 11B, D, a, d, 18O lesen
**διαβαίνω** (διαβῶ) 11J überqueren
**διάβασμα, τό** 10f Lesen; Lernen; Lektüre
**διαβατήριο(ν)** $9g_4$ Paß
**διαβάτης** 7 Passagier
**διαδέχομαι** (δεχθ/διε-) *v/t.* 13d nachfolgen
**διάδρομος** 11c Korridor
**διαθέτω** (σ·τεθ·διατεθειμ/διε-) *A* $20c_6$ verfügen über
**διαιρεμένος σέ** 13c eingeteilt in
**διαίρεση(-ις)** 7G Division; (Ver)Teilung
**διαιρῶ** (εσ·εθ·εμ) 7m, o, 10A, 20H, $a_{21}$ (unter)teilen, verteilen
**δίαιτα** 5b, 11f Diät
**διακοπές** *f/pl.* 6, b Ferien
**διακόπτω** (ψ·π/διε-) 10G, a unterbrechen

διακρίνω (I = II·θ·διακεκριμ-/διε-) 12 unterscheiden, gewahren; erkennen (ἀπό an); *v/p.* sich auszeichnen (γιά durch)
διαλέγω (ξ·χτ·ε[γ]μ) 9E, e wählen
διάλειμμα, τό 11 Pause
διάλεξη (-ις) 6A, 16b Vortrag
διαμαρτύρομαι (ρηθ·ρημ) $13_2$, $20c_{43}$ protestieren (κατά *G*/ gegen)
διαμέρισμα, τό 10c, 13c Abteil; Etagenwohnung; Bezirk
διά(β)ολος 10F, 19 Teufel
διάρκεια 8 Dauer
διαρκῶ (εῖς·εσ/δι η-) 13e, h dauern
διάσημος 15 berühmt, prominent
διασκεδάζω (σ·στ) 15 sich vergnügen
διάστημα, τό 9 Raum
διασχίζω (σ/διε-) 17 durchqueren; durchschneiden
διατάσσω (ξ·δια[τε]ταγμ/*a.* διε-) 11, F, f, 14d, $20c_{48}$ anordnen, befehlen
διατηρῶ (εῖς·ησ/διε-) 10a, 16 halten
διατρέχω (ξ/διε-) 9e (durch-) fahren
διαφεύγω (φυγ/διε-) 10f entgehen
διαφορά 7G Differenz, Unterschied
διαφορετικά *Adv.* 17 auf andere Weise
διάφορος 6b, 16 verschieden
διδάκτωρ (-ορος) (*Abkürz.*: δρ, *G* δρος) 16b Doktor
διδάσκαλος *K.* *für* δάσκαλος 6b Lehrer
διδάσκω (ξ·χθ) $12b_9$, 14 lehren
διε- *s.* δια-
διεθνής (-ές) 15, $16D_7$, c international
διερμηνεύς (-έας) 8I Dolmetscher
διεύθυνση(-ις) 6a, 11d Adresse; Leitung
διευθυντής 7, 10I Direktor
διηγοῦμαι (ηθ) 7D, o, 12a, c, 14E, c, 16b, $20c_{18}$ erzählen
δίκαιο(ν) $16a_{15}$ Recht
ἔχω δίκαιο $11_2$ recht haben
δικαιολογῶ (εῖς·ησ) 16 rechtfertigen
δικάταρτος 20 zweimastig
δικός, ὁ δικός μου 5J, K mein *usw.*
δίνω (δῶσε! δωσ,δωκ·δοθ·δο[σ]μ) 5, 6b, 11P, a, f, $12F_3$, $14a_5$, b, 18L geben
διοίκηση(-ις) 13c Verwaltung
διοικητικός Verwaltungs-
διοικητική περιφέρεια 13c Verwaltungsbezirk
διόλου $13_2$ überhaupt nicht
διορίζω (σ·στ/διω-) 20H, c bestimmen, ernennen zu
δίπλα σέ 3, $15B_1$ neben
διπλός, *K.* διπλοῦς, -ῆ, -οῦν 13b doppelt
δισεκατομμύριο 13A, K Milliarde
δίσκος 8b Scheibe, Schallplatte
δίσκος μεγάλης διαρκείας Langspielplatte
δίχως *A* 5E, 15A ohne
διψῶ (ᾶς·ασ) *v/t.* *u.* *v/i.* 6b Durst haben, dürsten nach
δοκιμάζω (σ·στ) 10e, 12c, $19d_{19}$ anprobieren; leiden (ἀπό unter), durchmachen
δοκιμή 10e Anprobe
δολλάριο(ν) 16 Dollar
δόντι 7 Zahn
δόση(-ις) 12c Dosis
δουλειά 2 Arbeit; Angelegenheit
δουλεύω (ψ) 11H, 14F arbeiten
Δούναβης 13d Donau
δρᾶμα, τό 13 Schauspiel
δραχμή 1, 10e Drachme
δρομολόγιο 9d Fahrplan
δρόμος 2 Weg, Straße
δροσερός 4, 11c kühl, frisch
δροσίζομαι = δροσίζω (σ·στ) 4 abkühlen
Δρχ. = δραχμή *od.* δραχμές 7e
δυνάμει *Präp.* *G* 15D kraft
δύναμη(-ις) 7, 8I Kraft
δυναστεία 13d Dynastie
δυνατά *Adv.* 3, $11_2$ laut
δυνατός 10f, 17B, G möglich; stark
δύο 2E, 7E, 13A zwei
δύση(-ις) *a.* Δύση 8d, 14 Westen
δύσκολος 2, 9 schwierig
δυστυχισμένος 10e unglücklich
δυστυχῶς 1 leider
δύω (σ) 13e untergehen
(ἰ)δῶ *s.* βλέπω 9H
δώδεκα 2 zwölf
Δωδεκάνησα, τά (*K.* Δωδεκάνησος, ἡ) 12 der Dodekanes
δωμάτιο 1, 8e Zimmer
δωμάτιο ἀναμονῆς 16b Wartezimmer
δωσ- *s.* δίνω

## E

ἑαυτός: ὁ ἑαυτός μου 16C, b ich selbst
ἑβδομάδα 6 Woche
ἔγγραφον 6b Akte
ἐγγράφω (ψ·φηκ/ἐνε-) 12c immatrikulieren
ἐγγυοῦμαι (ᾶσαι·ηθ/ἠγγ) 7C, o, 14E garantieren
ἐγκαίρως *Adv.* $9g_{16}$ rechtzeitig
ἐγκατασταίνω (στησ·σταθ/ἐγκατε-) $12F_2a$, 18L einrichten, anlegen
ἔγκαυμα, τό $12b_{10}$ Verbrennung
ἔγκλημα, τό $20c_{40}$ Verbrechen
ἐγχείρηση(-ις) 10d Operation
ἔδαφος, τό 8C Boden
ἐδῶ 5 hier
ἐδῶ καί *Präp.* $15B_1$ heute vor …
ἐθνικός 13b national
ἔθνος, τό 5J, 6A Nation
εἴδηση(-ις) 6, 8C Nachricht
εἰδοποιῶ (εῖς·ησ·ηθ) 6B, $19c_7$ benachrichtigen
εἰκόνα 4 Bild
εἶμαι 3F, 9K, 11K, J sein
εἶπε *s.* λέ(γ)ω
εἰρηνικός friedlich
ὁ Εἰρηνικὸς ὠκεανός 10b der Stille Ozean
εἰρωνικός 16 ironisch
εἰσιτήριο 5, 12c Eintrittskarte; Fahrkarte
εἴσοδος, ἡ 7h, 15 Eintritt, Zutritt
ἐκ- *Vorsilbe* *s.* 11F
ἐκ (*vor Vokalen* ἐξ) *Präp.* *G* 15C aus
ἑκατομμύριο 13A, K Million
ἑκατομμυριοῦχος $19d_{20}$ Millionär
ἑκατόν 13A, K hundert
ἑκατοντάδα 9e (ungefähr) hundert, *pl.* Hunderte (von)
ἔκδοση(-ις) 13 Ausgabe
ἐκδότης 11b Herausgeber
ἐκδρομή 7, 11g Ausflug
ἐκεῖ 1, 9 dort
ἐκεῖ πέρα 1 dort hinten
ἐκειδά 20 siehe da!
ἐκεῖνος 2, C, 6C, 16B jener
ἔκθεση(-ις) 16b Aufsatz; Ausstellung 16c
ἐκλεκτός 7 ausgewählt
ἔκπληκτος 6a überrascht
ἔκπληξη (-ις) 7 Überraschung
ἐκπομπή 7j Sendung
ραδιοφωνική ἐκπομπή 15c Rundfunksendung
ἐκρηγνύομαι (ἐκραγ-·ἐξεραγ-) 13g ausbrechen
ἐκσφενδονίζω (σ·στ) $19_1$ schleudern
ἔκταση (-ις) 13c Ausdehnung
ἐκτελῶ (εῖς·εσ·εσθ/ἐξετ-) 6b ausführen
ἐκτοξεύω (ευσ·ευθ/ἐξε-) 16 hinausschleudern; abschießen
ἐκτός *G* *od.* ἀπό 15B, C außer(halb), mit Ausnahme
ἐκτὸς ἄν $19d_{16}$ außer wenn
ἐκφράζω (σ·στ/ἐξε-) $9g_{17}$, 11F ausdrücken
ἐκφωνητής 3 Ansager, Sprecher
ἔλα, ἐλᾶτε *s.* ἔρχομαι
ἐλαφρύς *s.* 16D leicht
εἰλικρινής *s.* 16D aufrichtig
ἐλεεινός $19_1$ elend, Elender
ἐλευθερία 12 Freiheit
ἐλεύθερος 7h, 9d frei
ἐλευθερώνω (σ·θ) 12 befreien
Ἐλευσῖνα 17a Eleusis
ἐλθ- *s.* ἔρχομαι
ἕλικα 20 Schiffsschraube
Ἑλλάδα, *K.* Ἑλλάς 4, 6b, 20A, $c_{25}$ Griechenland
Ἕλληνας, *K.* Ἕλλην 3, 9S, 12, c, 13h Grieche
Ἑλληνίδα 3 Griechin
ἑλληνικά *Adv.* 1 griechisch
ἑλληνικός 6, 7 griechisch
ἡ ἑλληνική 7, 9 die griechische Sprache
Ἑλληνισμός 14 Griechentum
ἐλπίδα 8D Hoffnung
ἐλπίζω(σ) 9e hoffen
ἐμεῖς 10F wir
ἐμένα *s.* ἐγώ 12c
ἐμπόρευμα 5b, 14 Ware
ἐμπορικός 14 Handels-
ἐμπορικὸ κατάστημα 6b Handelsfirma
ἔμπορος 2, 14 Kaufmann

**ἐμπρός** 6, 10I, 12c Hallo! (*am Telefon*); los!
**ἐμφάνιση(-ις)** 15 Erscheinen
**ἐν** *D*; 15C in
**ἕνα** 13A, 17H ein, eins
**ἔναρξη(-ις)** 13g Ausbruch, Beginn
**ἕνδεκα** 2 elf
**ἐνδιαφέρον** $9g_{17}$ Interesse
**ἐνδιαφέρων (-ουσα, -ον)** 15c, 17C, $16D_8$ interessant
**ἐνδιαφέρω (I = II·ερθ·ρομ/** *K.* **ἐνδιεφ-)** 6, b, $13_2$ interessieren; *v/p.* sich interessieren (γιά für)
**ἔνδοξος** 5a, 14 berühmt, ruhmreich
**ἕνεκα** *G* 8M, 15C wegen, auf [Grund]
**ἐνέργεια** $19d_{40}$ Handlung, Tat
**ἐνθουσιασμένος** $20c_{18}$ begeistert
**ἑνικός** 9L Einzahl, Duzform
**ἐννέα, ἐννιά** 2, E neun
**ἐννοῶ** (εἶς·ἐνόησα·ἐνοήθην) verstehen
**ἀφήνω νά ἐννοηθῆ** 16 zu verstehen geben, durchblikken lassen
**ἐνοχή** 7o Schuld
**ἐνοχλητικός** 10f, 16 aufdringlich, unbequem
**ἐνοχλῶ (εἶς·ησ·ηθ)** 6B, b belästigen
**ἔνστικτο** $19c_7$ Instinkt
**ἐντελῶς** 16 gänzlich, völlig
**ἐντόπιος** 20b Einheimischer
**ἐντός** *G* 15C innerhalb
**ἔντυπο(ν)** 10 Formular
**ἐντύπωση(-ις)** 9, S, 16 Eindruck
**ἐν τῷ μεταξύ** $11_2$ inzwischen
**ἐνῶ** 7, 14H, 19B während
**ἑνώνω (σ·θ/***a.* **ἡ-)** 8, 11a, 14b, 18N vereinen, einen
**ἐνωρίς** 17D, G, 19b früh
**ἐξ αἰτίας** *G* 15D wegen, auf Grund
**ἐξαδέλφη** 4 Kusine
**ἐξαιρετικός** 9e, 10c außergewöhnlich
**ἐξακολουθῶ (ᾶς, εἶς·ησ/***a.* **ἐξη-)** 7, 11E, F, 14L fortfahren, weitermachen
**ἐξακριβώνω (σ·θ)** $19d_{40}$ feststellen, prüfen
**ἐξαργυρώνω (σ)** $9g_6$ einlösen
**ἐξάρτημα, τό** *mst. pl.* $18d_{11}$ Zubehör(teil)
**ἐξαρτοῦμαι (ᾶσαι·ηθ/***a.* **ἐξηρ-) ἀπό** 5E, 7C, n abhängen von
**ἔξαφνα, ἐξαφνικά** $11_2$, 13b plötzlich
**ἐξε-** *s.* **ἐκ-**
**ἐξηγῶ (εἶς·ησ·ηθ)** 6B, b, 9g, 10f, 11f, 12c erklären, erläutern
**ἑξῆς** (*unveränd.*) 5b folgende(r)
**ἔξι** 2, E sechs
**ἐξιστορῶ (ησ)** $20c_8$ ausführlich erzählen
**(ἐ)ξοδεύω (ψ·ευτ;** *K.:* **ευσ·ευθ/ἐξω-)** $16a_2$, $19d_{20}$ ausgeben (*Geld*)
**ἐξουδετερώνω (σ·θ)** 16 neutralisieren
**ἐξουσιάζω (σ·στ)** $13d_5$, 14 (be)herrschen
**ἐξοχή** $9g_{13}$ Land, Provinz
**στὴν ἐξοχή** 6 auf dem Lande

**ἐξυπνάδα** 12 Intelligenz
**ἔξυπνος** 2, 20 klug
**ἔξω** *Adv.* 6, 7, 9, $10_6$, 17E draußen, hinaus
**ἔξω ἀπό** *Präp.* 12, $15B_1$ außer (-halb)
**ἔξω φρενῶν** 18 außer sich, von Sinnen
**ἐξωτερικό(ν)** 16c Ausland
**ἐξώφυλλο** 5 (Buch)Umschlag
**ἑορτάζω (σ·στ)** $11_1$ feiern
**ἑορτή** *s.* **γιορτή** Fest
**ἐπάγγελμα, τό** 16d Beruf
**ἐπαγγελματίας** 15 Berufstätige(r)
**ἐπαναλαμβάνω** *s.* 18N wiederholen
**ἐπανάσταση(-ις)** 12 Revolution
**ἐπαρχία** 8c, 13c Provinz
**ἐπαρχιακός** 7 provinziell
**ἐπε-** *s.* **ἐπι-**
**ἐπειδή** 9, 11g, 19B da, weil
**ἔπειτα** 4, 7 dann, darauf
**ἐπί** *Präp.* 7G, 15C mal (*Rechnen*); unter, während
**ἐπι-, ἐπε-** *Vorsilbe s.* 11F
**ἐπιβάτης** 8I, 16 Fahrgast
**ἐπιγραφή** $10_6$, 12 Aufschrift
**ἐπίδειξη(-ις)** 16 Schau, Vorführung
**ἐπίθεση(-ις)** $19_1$ Angriff
**ἐπιθεώρηση(-ις)** 7 Inspektion; Revue
**ἐπιθεωρητής** 7, 10c Inspektor
**ἐπιθυμῶ (εἶς·ησ)** $9g_{17}$, 11F wünschen; sich sehnen
**ἐπικαιρότητα (-της)** 15 Aktualität
**ἐπιμελής** *s.* 16D fleißig
**ἐπιμένω (μειν/***a.* **ἐπε-)** 17 beharren (σέ auf)
**ἐπιμόνως** *Adv.* 7o beharrlich
**ἔπιπλο(ν)** 8e Möbel(stück)
**ἐπισήμως** *Adv.* 8 offiziell
**ἐπίσης** $11_2$ ebenfalls
**ἐπισκέπτης** 10d Besucher
**ἐπισκέπτομαι (φθ/ἐπε-)** 5a, 6b, 8f, 12a, 14c besuchen
**ἐπιστήμη** 12 Wissenschaft
**ἐπιστήμονας** (*K.* **ἐπιστήμων**) 16a Wissenschaftler
**ἐπιστολή** 5 Brief
**ἐπιστρατεύω (ευσ·ευθ, ευτ/ἐπε-)** 14a aufbieten, mobilisieren
**ἐπιστροφή** $12b_{3,8}$ Rückkehr, Rückfahrt
**ἐπιταγή** $9g_6$Anweisung, Scheck
**ἐπιτρέπω (ψ·τραπ·εμμ/ἐπε-)** 9g, $12F_2b$, 18N gestatten
**ἑπόμενος** 9d folgend, nächst-
**ἐποχή** 5, 13H Epoche, Zeitabschnitt
**ἑπτά** *s.* **ἑφτά** sieben
**ἐπωφελοῦμαι ἀπό (ηθ)** 20H,b ausnutzen, profitieren von
**ἐργάζομαι (στ/***K.* **εἰρ-)** 4, 10e, 12a, 14c arbeiten
**ἐργάτης** 3, 6a Arbeiter
**ἐργατικός** 8 arbeitsam, fleißig; Arbeits-
**ἐργοστάσιο(ν)** 4 Fabrik
**ἔρχομαι (ἔλα, ἐλᾶτε· ἐλθ-, ερθ·ἀρθ-ἦλθα, ἦρθα)** 4, 6b, $10_4$, B, $11_1$, J, a, 14F, $a_5$ kommen; fallen auf (*Fest*)
**ἐρχόμενος** 13f kommend-, nächst-

**ἐρωτεύομαι (ευτ)** *A* 13g sich verlieben (μέ in)
**ἐρώτηση(-ις)** 6 Frage
**ἐσφαλμένος** 11b falsch
**ἑταιρία** 9d, 12c Gesellschaft
**ἑτοιμάζω (σ·στ/***K.* **ἡτ-)** 10a $11_1$ vorbereiten, bereitlegen *v/p.* sich vorbereiten (γιά auf) sich anschicken (νά zu)
**ἑτοιμασία** $19d_2$ Vorbereitung
**ἕτοιμος** 10e fertig, bereit
**ἔτος, τό** 8I, 13B, D F Jahr
**ἔτσι** 3, 10F so
**ἔτσι κ'ἔτσι** sowieso; (so) einigermaßen 12c
**Εὔβοια** 12 Euböa
**εὐγενής** $16D_7$, d höflich
**εὐγενικός** *s.* 16D höflich
**εὐγνώμων** *s.* 16D, c dankbar
**εὐγνωμοσύνη** $9g_{17}$ Dankbarkeit
**εὐθεῖα** 17a gerade Linie
**εὐθυμογράφημα, τό** 18 Humoreske
**εὐθύς** *Adv.* 16 gleich, sofort
**εὐκαιρία** $9g_{17}$ Gelegenheit
**εὐκολοδιάβαστος** 13 leicht lesbar
**εὔκολος** 2, 11g; $19d_{40}$ leicht
**εὐλογῶ (εἶς·ησ·ηθ)** $18d_{13}$ segnen
**Εὐρώπη** 4 Europa
**εὐστάθεια** 16 gute Straßenlage
**εὐτυχής** *s.* 16D glücklich
**εὐτυχισμένος** 11g glücklich (über μέ)
**εὐτυχῶς** 19d glücklicherweise, Gott sei Dank
**εὐφυής** *s.* 16D intelligent, geistreich
**εὐχαριστημένος (ἀπό, μέ)** 2, 7 zufrieden mit
**εὐχαρίστηση(-ις)** $19_2$ Behagen, Zufriedenheit
**εὐχάριστος** $9g_{15}$ angenehm
**εὐχαριστιέμαι (ηθ)** 11e, 14E zufrieden, erfreut sein
**εὐχαριστῶ (ησ/***K.* **ηὐ)** *A* 6B, 10A, 11I, a, 20H danken
**εὐχαρίστως** *Adv.* 9 gern, bereitwillig
**εὐχή** 13J Glückwunsch
**εὔχομαι (χηθ/***K.* **ηὐ-)** $11_1$, $12F_3$, 13J wünschen; segnen
**ἐφετεινός** 15 diesjährig
**ἐφέτος** $11_1$, e in diesem Jahr
**ἐφεύρεση(-ις)** 16 Erfindung
**ἐφημερίδα** 5b, 10 Zeitung
**ἐφοδιάζω (σ·στ/ἐφω-)** $18d_{11}$ ausrüsten
**ἐφοπλιστής** 8L Schiffsreeder
**ἐφτά** 2, 9 sieben
**Ἑφτάνησα, τά** (*K.* **Ἑπτάνησος, ἡ**) 13c, 12 die Ionischen Inseln (*wörtl.* die „Siebeninsel")
**ἐχθρός** 13b Feind
**ἔχω** 9K, 11A, J, K haben

## Z

**ζάλη** $12b_5$ Schwindelgefühl
**Ζάππειον** 18 Zappion (*Park und Ausstellungsgebäude in Athen*)
**ζεσταίνω (αν·αθ)** $12F_2a$, 13e wärmen, beheizen

ζέστη 5a, 7m Hitze
ζεστός 2, $12b_{10}$ heiß
ζῆ s. ζῶ 20
ζηλεύω (ευσ, ψ) γιά 14d neidisch sein auf, wegen
ζημία $20c_9$ Schaden
ζήτημα, τό 16 (Streit)Frage
ζητῶ (ᾶς, εῖς·ησ) 6, B, 10G, a, 11a, 14b, $16_2$, 20H, $c_{35}$ verlangen; suchen; fragen
Ζορμπᾶς 13 *Eigenname*
ζουρλοπαντιέρα 18 launisches Weib; Wetterfahne
ζυγαριά 5 Waage
ζῶ (ζῆς, ζῆ, ζοῦμε, ζῆτε, ζοῦν; *a.* ζεῖς, ζεῖ, ζεῖτε·II ζησ. *Impf.* ζουσ) 9, 11a, 13g, 14F, H, b, $20_1$ leben (μέ von)
ζωγραφιά 5 Gemälde
ζωγράφος 5 Maler
ζωή 2 Leben
ζωντόβολο 18 Dummkopf

## H

ἤ 9 oder
ἤδη 11f schon
ἡδονή 13 Lust, Genuß
ἤθελα ich möchte *s.* θέλω
ἠλεκτρικός 4 elektrisch
ἠλεκτρισμός 11d Elektrizität, Strom
ἠλθ-, ἠρθ- *s.* ἔρχομαι
ἡλικία 13B, g Alter
ἥλιος 4, 10I Sonne
ἡμέρα 9a, 13F Tag
ἡμερομηνία $11_1$, 13C Datum
'Ηνωμένες Πολιτεῖες, οἱ (*vgl.* ἑνώνω) 12 die Vereinigten Staaten
Ἤπειρος, ἡ 10b der Epirus (*westgr. Landschaft*)
ἥσυχα *Adv.* 7 ruhig
ἦταν *s.* εἶμαι
ηὐ- *s.* εὐ-
ἠχογραφῶ (εῖς·ησ) 15c aufnehmen (auf Tonband)

## Θ

θά 9A, 11L, 14K, $18E_3$, I, $19C_{10}$ *Futurpartikel*
θάλασσα 4, 7o Meer
θαλασσινός $13d_{10}$, 20 See...; *Su.* Seefahrer
θαλάσσιος 8 Meer-, See-
θάνατος 12 Tod
θανατώνω (σ·θ) 14d töten
θαρρῶ (εῖς·εψ) 19 glauben, meinen
θαυμάζω (σ·σθ) 12, 14 bewundern
θαυμάσιος 8, $19d_{39}$ wunderbar
θέαμα, τό 16 Schauspiel, Anblick
θεατρικός 15 Theater-
θέατρο 15, $19c_9$ Theater; Schattenspiel
θεέ μου (*Interjektion*) 10I Ausruf: „mein Gott"
θεία 13f Tante
θεῖος 5, $10_4$ Onkel
θέλημα, τό $11_2$ Wille
θέλω (θελησ-, *Impf.* ἤθελ-) 9R, 11J, 12a, 14F, J wollen; gern haben
θέμα, τό 6, b Thema
θεόρατος 20 riesig
θεός $11_1$ Gott
Θεοτόκος, ἡ 13b Mutter Gottes
θεραπευτικός 16a therapeutisch, Heil-
θεριεύω(ψ) $19_1$ toben, rasen
θεριόψαρο 20 Seeungeheuer
θερισμός, θέρος 13e Ernte
θέρμανση(-ις) 15c Heizung
θερμαντικός Heiz-
θερμαντικὸ σῶμα 15c Heizkörper
θερμοκρασία 7m Temperatur
θερμομετρικός 7m, 9S Thermometer-
θερμόμετρο 7, 9S Thermometer
θέση(-ις) 5, 9b, e Klasse (*Eisenbahn*); Platz; Stelle
σὲ θέση 12c in der Lage, fähig
θεωρεῖο 15b Loge
θεωρῶ (εῖς·ησ·ηθ) 6B betrachten
θίασος 15 Ensemble, Truppe
θλιβερός $19d_{13}$ traurig, betrübend
θολωτός 14 gewölbt
θόρυβος 6b, 10a, e, 20b Lärm
Θράκη 12 Thrazien
θρανίο 10a Schulbank
θρησκεία $18d_3$ Religion
θρησκευτικός 13b religiös
θυμίζω (σ) (τοῦ ... τό) 13, 20H erinnern (ihn an etw.)
θυμός 7m Zorn
θυμοῦμαι (*a.* -ᾶμαι, ᾶσαι·ηθ) 7C, o, 12c, 14E sich erinnern
θυμώνω (σ) 7 ärgerlich, wütend werden
θύρα *K.* 10a Tür

## I

ἰατρός *s. a.* γιατρός Arzt
ἰαματικός 5 Heil-
ἰδέα $11_2$ Idee
ἰδεώδης $16_2$, $D_7$, c ideal
ἰδιαίτερος 8c, 13d besonder-, speziell
ἴδιο, τό $11_1$ das gleiche
ἴδιος 9P, $11_1$ selb-
ἰδιότητα (-της) 16a Eigenschaft
ἰδιότυπος 15 eigenartig
ἰδίωμα, τό 13 Idiom, Spracheigenheit, Dialekt
ἰδιωματισμός $10_5$ Redewendung, idiomatischer Ausdruck
ἰδού 6 da ist ...!
ἱδρύω (σ·θ) 12, $13d_4$ gründen, erbauen
ἱδρώνω (σ) schwitzen
ἱδρωμένος 12 durchgeschwitzt
ἱκανοποιητικός 15 zufriedenstellend
ἱκανοποιῶ (ησ·θ) 17 zufriedenstellen, befriedigen
ἱκανός $20c_{11}$ fähig, geeignet
'Ινδίες, οἱ *od.* 'Ινδία 14 Indien
'Ινδός 14 Inder
ἱπποπόταμος 16 Nilpferd
ἱπτάμενος 16, 18A fliegend
ἴσαμε, ἴσα μέ 14, 15A bis
ἴσκιος 16d Schatten
ἴσος 7G, m, o, 14 gleich
'Ισπανία 13 Spanien
ἴσως (νά) 11e, 12a, 16 vielleicht
'Ιταλός 12 Italiener

## K

κ' *vor* [ε, i] und *s.* καί
καημένε 10I *etwa:* mein Lieber; Pechvogel
καθαρά 10e deutlich (*sprechen*)
καθαρίζω (ἀπό) 7, 10G, a, e, 11d reinigen (von)
καθαρ(ε)ιότητα (-της) 5a Sauberkeit
καθαρός 5, 10a sauber
καθάρσιο(ν) 9a Abführmittel
(ὁ) κάθε 3, 5, 17H (ein) jeder
κάθε πότε 17 wie oft (in welchen Zeitabständen)
καθείς *s.* καθένας
καθένας (*a. K.* καθείς) 4, 8f, 17H, I, J jeder
κάθετι, καθετί 9, 10a, 17J alles
καθηγητής 3, 10I Professor, Gymnasiallehrer
καθημερινός 10, 7h täglich
κάθισμα, τό 10f Sitz, Platz, Bank
καθόλου 6, b durchaus nicht, keineswegs
κάθομαι (κάτσε, καθῆστε! ησ) 6a 10B, e, 11J, 18Q sich setzen, Platz nehmen
καθρέφτης 4 Spiegel
καθρεφτίζομαι (σ·στ) 4 sich spiegeln
καθυστερῶ (εῖς·ησ) 8M sich verspäten
καί *a.* κι, κ' 1, 19A und; auch
καὶ οἱ δυό 4 (alle) beide
καινοτομία 9e Neuerung
καινούργιος 2, 10f neu
καιρός 2 Zeit, Wetter
εἶναι καιρὸς νὰ ... $9g_{11}$ es ist Zeit zu ...
ἔχω καιρὸ νὰ ... 12c es ist lange her, daß
τὸν κακό σου τὸν καιρό! 18 Hol dich der Teufel!
ἀπὸ καιρό $18d_3$ seit langem
τὸν καιρό *G Präp.* 15D während
καίω (καψ·καηκ) $12F_2b$, 14D, 18L *v/t.* verbrennen; *v/i.* heiß sein; *v/p.* sich verbrennen
κακοκαιρία 8M schlechtes Wetter
κακό 20c Übel
κακός 16D, 17D schlecht, böse
κακοσιδερώνω (σ) 18d schlecht bügeln
καλά *Adv.* 1, 2D gut, wohl
καλά, τά 14 die Güter
καλάθι, τό 5 Korb
καλημέρα 1 guten Tag!, guten Morgen!
καληνύχτα 3 gute Nacht!
καληνυχτίζω (σ) 11A gute Nacht wünschen
καλλιεργῶ (ησ·ηθ) 7D, m bestellen (*Boden*), bearbeiten
καλλιτέχνης 15 Künstler
καλόγερος 14 Mönch
καλοκαίρι, τό 2, 13H, e Sommer

καλοκτισμένος 14 gut gebaut, stabil
καλός 3, 8I, 10I, 17D gut
γιὰ καλὸ καὶ γιὰ κακό 17 unter allen Umständen
καλύτερος 9, 17D besser
τὸ καλύτερο 9d das beste ...
τόσο τὸ καλύτερο 17E umso besser
καλῶς (τον, την, το, τους, τες) 18 *Willkommensgruß, etwa:* „Grüß dich (euch)"
καλῶς (ἤλθατε) 12c willkommen!
καμαρώνω *A* 20H, $c_{29}$ stolz sein auf; angeben mit
καμιά *s.* κανένας
καμπαναριό (*od.* -ειό) 14 Glockenturm
κάμποσος 17H, J ziemlich viel, recht ansehnlich, *pl.* eine (ganze) Reihe von
κάμψη(-ις) 15 Biegen; *hier:* Niedergang
κ'ἄν *s.* 16B ... auch immer
Καναδᾶς, ὁ 12 Kanada
κάνα-δύο 11d ein paar
καναπές (-έδες) 12c, 15b Sofa
κανείς *s.* κανένας
κανέλλα $20c_{41}$ Zimt
κανελλής *s.* 16D zimtfarben
κανένας (*od. K.* κανείς) 9R, 14, 17H, I, J jemand; (irgend)ein; ein gewisser
κανόνας 11f Regel
κάνω (I = II 'καμωμ-) 1, 11J, g, 18L machen, tun
τί κάνετε; 1 wie geht es Ihnen?
κάνει ζέστη 10b es ist heiß
κάνει κρύο 5a es ist kalt
κάνει δάσος μέ ... 14 einen Wald von ... bilden
κάνω καλά 12c dafür einstehen
κάνω στόπ 17 halten, stoppen
καπέλλο 5 Hut
καπετάν $19_2$ Kapitän (*als Titel oder Anrede*)
καπετάνιος 20 Kapitän
καπνίζω (σ) 9g, 10c rauchen
κάπνισμα, τό 11d, $20c_{24}$ Rauchen
καπνιστής 10c Raucher
καπνοδόχος $18d_2$ Schornstein
καπνοπώλης 9Q Tabakverkäufer, -händler
Καποδίστριας 13 *Regent des neuen griech. Freistaates* (1827 bis 1831)
κάποιος (-οια) 11, 17H, J (irgend)ein, *pl.* einige, gewisse
κάποτε 7j, 12 einmal, manchmal, irgendwann
κάπου 9, 19 irgendwo, irgendwann
κάπως 15 irgendwie
καράβι, τό 14 Schiff
καραβοκύρης (-ηδες) 20 Schiffsherr
Καραγκιόζης 15 Karagöz
καραμέλλα 18 Bonbon
καρβέλι $18d_{12}$ Brotlaib
καρδιά $11_1$ Herz
μὲ τὴν καρδιά του aus vollem Herzen
καρριέρα 15 Karriere
καρύδι, τό 7m Nuß

καρφώνω (σ·θ) 20 fest-, annageln
κατα-, κατε- *Vorsilbe s.* 11F
κατά *A Präp.* 7F, 15A gegen (*bei Uhrzeiten*)
καταιγίδα 20c Sturm, Gewitter
κατακλυσμός $19d_{16}$ Überschwemmung, Wolkenbruch
κατακτητής 12 Eroberer
καταλαβαίνω (λαβ) 1, 11F, a, $12F_3$, 10d verstehen
καταλαμβάνω *s.* 11F, 18N besetzen, einnehmen
κατάλληλος 9e, 20I, $c_{31}$ geeignet
κατάλογος 5b, 11d Speisekarte
καταπίνω (*s.* πίνω) 18, 11F herunter-, hinunterschlucken
κατάπλασμα 9a Umschlag, Wickel
κατάρτι 14 Mast
κατασκευάζω (σ·στ) 4 herstellen
κατασκευαστής 16 Hersteller, Fabrikant
κατάσταση(-ις) 7l, 11f Zustand, Lage
κατάστημα 1, 16d Geschäft
καταστρέφω (ψ·αφ) $12F_2b$ zerstören
καταστροφή 12 Katastrophe
κατατοπίζω (σ·στ) 20H, $c_{32}$ Bescheid sagen
καταφατικός 18 bejahend
καταφέρνω (φερ·ερμ) 10d, 11g es zustandebringen, damit fertig werden
κατε- *s.* κατα-
κατεβαίνω (βῶ·βηκ) 4,10 B, 11c, d hinuntergehen; absteigen; einfallen; fallen (*Fieber, Preise, Temperatur*)
κατ'εὐθεῖαν 9, 10 direkt
κατηγορῶ (ησ·ηθ) 10a anklagen; verpetzen
κάτι 7o, 9g, 17H, J etwas
κάτιτι *s.* 17H etwas
κάτοικος 7m, 13c Bewohner
κατοικῶ (εῖς·ησ) 6, B, b, 9G, 12 (be)wohnen
κατόπιν $7_2$ dann
κατόρθωμα 12c, $20c_{46}$ Errungenschaft
κάτω *Adv.* $11_2$, 17D unten, hinunter; nieder mit ...!
στὸ κάτω-κάτω 16 schließlich
(ἀπὸ) κάτω ἀπό (*od.* σέ) $7_2$, f, $15B_1$ unter(halb)
καυγάς(-άδες) 18 Streit, Zank
καημένος 7n, 10I arm, bedauernswert
καυχιέμαι (ηθ, ιστ) γιά 12c sich *einer Sache* rühmen
καφενεῖο(ν) $7_2$ Café
καφές (-έδες) 2, 8E, 10H Kaffee
καφετζής (-ῆδες) $19_2$ Kaffeehauswirt
καφετής (-ιά, -ί) 16D, 17a (kaffee)braun
κείμενο 15 Text
κεντρικό $7_2$ Zentrale
κεντρικός 6, 9S Zentral-
κέντρο(ν) 9S, 13 (Kultur-) Zentrum; Taverne, Lokal
κεντῶ (ᾶς·ησ·ηθ) 14G sticken

Κεράτιος, ὁ 14 Goldene(s) Horn
κερδίζω (σ·στ) 16b, $19d_{43}$ verdienen; gewinnen (*Sport; Los*)
Κέρκυρα, ἡ 5a, 11e Korfu
κεχαριτωμένος *K.* 13b gnadenvoll
κεφάλαιο 17 Kapitel
κεφάλι, τό 7m,o Kopf
κῆπος 4, 11c Garten
κηρύσσω (ξ·κεκηρυγμ) 13b erklären (*Krieg*), verkünden
κι *vor* [a, u] *s.* καί
κιλό 9d Kilo
κινδυνεύω (ευσ, κιντυνεψ) νά $12b_{10}$ Gefahr laufen, riskieren zu ...
κίνδυνος 7 Gefahr
Κίνα, ἡ 14 China
κινηματογραφικός 9, S Kino-, Film-
κινηματογράφος 2, 9S, 11c Kino
κίνηση(-ις) $12b_8$, 13 Bewegung; Betrieb, Verkehr
κινητήριος 7m Antriebs-
κίνητρον $19d_{40}$ Beweggrund
κινῶ (εῖς·ησ·ηθ) 6B, 7D, $12b_7$; *v/p.* 7D, 14 bewegen; *v/p.* sich bewegen, sich regen, sich rühren
κίτρινος 9 gelb
κλαδί, τό $19c_6$ Zweig, Ast
κλαίω (αψ·αυτ·αμ) (-αῖς, αίει, αῖμε, αῖτε, αῖνε) $10_5$, $12F_2a$, 14D, 18L (be)weinen
κλασ(σ)ικός 15 klassisch
κλειδί, τό $10_3$, 18 Schlüssel
κλείνω (σ·στ) 6b, 9, g, 10e, 11H, 12E, 14F schließen; (*Zimmer*) bestellen, reservieren lassen
κλειστός 2 geschlossen
κλέφτης 19b Dieb
κλητήρας 7 Kassenbote
κλῖμαξ, ἡ 7 Skala
κλινάμαξα 15b Schlafwagen
κλοπή 20c Diebstahl
κλουβί, τό $11_2$ Käfig
Κνωσσός, ἡ 5a Knossos
κόβω (ψ·πηκ·μμ) 4, 11A, H, a, c, d, 12E, 14b schneiden; brechen; unterbinden
κοιμοῦμαι (ᾶσαι·ηθ·ισμ) 7C, o, $9g_{19}$ 12c, 14E, 18L schlafen
κοινότητα(-της) 8D, 13c Gemeinde
κοιτάζω (ξ·χτ) 3, 10, b, e, 14G hin-, an-, zusehen; sich kümmern um
κόκκινος 9 rot
κόκ(κ)ορας 18f Hahn
κολυμβητής (*pl. K.* -αί) 12b Schwimmer
κολυμβῶ (ᾶς·ησ) 12b schwimmen
κολύμπι, τό Schwimmen
ξέρω κολύμπι $12b_3$ schwimmen können
κοντά *Adv.* 1 nahe
κοντὰ σέ *Präp.* $15B_{1,2}$ in der Nähe
κοντός *s.* 17D kurz, untersetzt
κοπιάζω (σ) 5, 11G sich abmühen
κοπιαστικός $12b_3$ anstrengend
κόπος 17b Mühe

**κορδόνι, τό** 7 Schnur, Schnürsenkel
**κόρη** 10d, 11f Tochter
**κοριτσάκι, τό** 10d Mädelchen
**κορίτσι, τό** 5, 11f Mädchen
**κορμί, τό** 7m Rumpf
**κορμός** 17 Stamm
**κοσμοξακουσμένος** 14 weltberühmt
**κόσμος** 3 Welt; Leute
**τοῦ κόσμου** 10e alle möglichen
**κοστίζω** (σ) 5, 11d kosten
**κόττα** 19c Huhn, Henne
**κουβεντιάζω** (σ) 20b plaudern
**κουβέρτα** $18d_4$ Decke
**κουδούνι, τό** $10_3$ Klingel, Türglocke
**κουδουνίζω** (σ) 18 läuten; klappern
**κουζίνα** 5b Küche
**κουμαντάρω** (αρισ) 18 (herum)kommandieren; verfügen über
**κουμπί, τό** 10e Knopf
**κουνῶ** (*mst.* ᾶς·ησ·ηθ) 20 wakkeln, schlingern; bewegen
**κουπαστή** 20 Reling, Bordkante
**κουπί, τό** 7o Ruder
**κουράζω** (σ·στ) 11e, 12c; *v/t.* ermüden; *v/i.* müde werden
**κουρασμένος** 7, $12b_5$ ermüdet
**κουρδίζω** (σ·στ) $18d_8$ (*Uhr*) aufziehen
**κουρνιάζω** (σ) 19c hockend schlafen
**κουτάλι, τό** 5b, 6 Löffel
**κουταλιά** 9a Löffel(voll)
**κουτός** 2 dumm
**κουφός** 10F taub
**κρασί, τό** 5 Wein
**κρατιέμαι: δὲν κρατιέμαι ἀπό** 7m, $12b_8$ es nicht aushalten vor ..., nicht an sich halten können vor ...
**κράτος, τό** 8A, 13d, $20c_{32}$ Staat
**κρατῶ** (εῖς, ᾶς·ηθ) 6B, 7B, 10A, 11c, d, 18 halten; dauern
**κρατῶ ἀπὸ τὸ χέρι** 6 an der Hand halten
**κρέας, τό** 5, 8G Fleisch
**κρεββάτι, τό** 2, 7o Bett
**κρεββατοκάμαρα** 7, 9S Schlafzimmer
**κρέμαμαι, κρέμομαι, κρεμιέμαι** (αστ) 4, 7m, 12F *v/i.* hängen
**κρεμῶ** (ασ) 7, $12F_3$, 14E *v/t.* (auf-, hin-)hängen
**κρεοπωλεῖο** 7m Fleischerladen
**Κρήτη, ἡ** 11e Kreta
**Κρητικός** 13 Kreter
**κρῖκος** 5, 18 Ring, Bund
**κρῖκος μὲ κλειδιά** 18 Schlüsselbund
**κρῖμα**+*N* 17 schade (um)
**κρῖμα πού** schade, daß
**κρύβω** (ψ·φτ·μμ) 10a, 12E verstecken, verbergen; verhehlen
**κρύο, τό** 5a, 7 Kälte
**κρυολογῶ** (εῖς·ησ) 11A, 12c sich erkälten
**κρύος** 2, 12c kalt
**κρυώνω** (σ) *od.* **κρυολογῶ** (εῖς·ησ) 11A, 12c sich erkälten

**κτλ.** = **καὶ τὰ λοιπά** 2 usw.
**κτύπος** 20 Schlag, schlagendes Geräusch
**κτυπῶ** *s.* **χτυπῶ**
**κυβέρνηση** (-ις) 20c Regierung
**κυβερνῶ** (ᾶς·ησ) $13d_4$ regieren
**κυβικόν** (**μέτρον**) 16 Kubikmeter
**Κυκλάδες** *f/pl.* 12 Zykladen (-inseln)
**κυκλοφορῶ** (εῖς·ησ·ηθ) 13 in Umlauf setzen (sein), veröffentlichen
**κυνηγητό** 19d Haschen
**κυνηγῶ** (ᾶς, εῖς·ησ) 6, 11a, c, 14b, 19c jagen
**κύπτω** *K.* (ψ); *Dh.* **σκύφτω** *u.* **σκύβω** (ψ) $10_6$ sich neigen; (*Kopf*) bewegen
**κύρ** 10I *Kurzform von* **κύριε**
**κυρά** (**μου**) 20 Herrin, *a.* Frau (*als höfl. Anrede bes. vor Berufsbezeichnungen*)
**κυρία** 2, 8D, 10I Frau, Dame
**Κυριακή** 7g Sonntag
**κύριος** (*als Anrede* **κύριε**) 1, 10I, 9a Herr (*als Anrede*); (*Adj.*) Haupt...
**κυψέλη** $19c_7$ Bienenstock
**κωμωδιούλα** 18 kleine Komödie
**Κωνσταντινούπολη(-ις), ἡ** (*oft nur* **ἡ Πόλη**) 14 Konstantinopel
**Κωστάκης** 12c (*Vorname*) Kostakis

## Λ

**λαβαίνω** (λαβ·λυφθ) 11b, $12F_3$, 17 nehmen, greifen; erhalten
**λάθος, τό** (*pl.* -η) $19d_{10}$, $20c_{34}$ Fehler; Irrtum
**λαϊκός** 15 Volks-
**λαιμός** 7 Hals
**λάκκος** 9P Grube
**λαμβάνω** *s.* **λαβαίνω**
**λάμπα** 15c Lampe
**λαμπρότητα** (-της) 13d Glanz
**λάμπω** (μψ) $20c_{13}$ strahlen, scheinen
**λανθασμένος** 11b falsch, fehlerhaft
**Λάρισ(σ)α, ἡ** 8 Larissa (*Stadt in Thessalien*)
**λασπωμένος** 10a schmutzig
**λαχαίνει** (λαχ) $19_2$ es trifft sich (zufällig)
**λάχανα, τά** 3 Gemüse
**λαχεῖο(ν)** $19d_{43}$ Los
**πρῶτον λαχεῖον** großes Los
**λαχταρῶ** (ᾶς, εῖς·ησ) 6B herbei-, ersehnen
**λεβέντης** *s.* 16D schlank und stark; kühn
**λέ(γ)ω** (πές! πῶ·εἶπα·εἰπωθ) (γιά) 1, 9H, L, M, N, 10B, E, 11J, 12F, 14H,c sagen; erzählen (über)
**λείπω** (ψ·φθ) 11H, 12E, 18, 19c fehlen, abwesend sein
**λεκές, ὁ** (-δες) 11d Fleck
**λεκιάζω** (σ·στ) 18d beflecken, beschmutzen
**λέξη(-ις)** 6, A Wort
**λεξικό** 2 Lexikon, Wörterbuch
**λέπι, τό** 20 Schuppe

**λεπτό(ν)** 7, 9 Minute; „Pfennig"
**λέω** *s.* **λέγω**
**λεωφορεῖο** 2, 9d Autobus
**λησμονῶ** (ησ·ηθ) 6, 7, 11a, d, 14b vergessen
**λιγάκι** $11d_1$ etwas, ein wenig
**λίγος** 1, 3, 16, 17D etwas, wenig
**σὲ λίγο** 11, 11g bald
**λιμάνι, τό** 8, 14 Hafen
**λινός** 14 leinen
**λίστα** 11d Speisekarte
**λογαριάζω** (σ·στ) $11_1$, 13g zählen, rechnen
**λογή** *nur im Gen.* **λογῆς**: Art
**κάθε λογῆς** 13 jede Art (von)
**λόγιος** 13d Gelehrte(r)
**λογιστής** 6b Buchhalter
**λόγος, ὁ** (*pl.* **λόγια, τά**) 5, 9e, $11_2$, d Wort
**λόγος, ὁ** (*pl.* **λόγοι, οἱ**) 8f Rede; Grund
**λογοτεχνία** 13 Literatur
**λοιπόν** 13g, 19A also, nun
**λουλάκης** *s.* 16D lila
**λουλούδι, τό** 4, 11c Blume
**λοῦστρος** $19_1$ Schuhputzer
**λουτρό** 7 Bad
**λουτρόπολις** 5a Badeort
**λόφος** 14 Hügel
**λυγμός** 18 Schluchzer
**λυπᾶμαι, λυποῦμαι** (ᾶσαι·ηθ) (γιά) 7C, o, 14E bedauern; traurig sein (über)
**λυπημένος** 2, 11g traurig, betrübt
**λυρικός** 13 lyrisch
**λύσσα** 18 Wut, Zorn
**λύω**, *a.* **λύνω** (σ·θ) 9, E, 11H, a, 12E, 18L, N lösen

## M

**μά** 6 aber
**μαβής** *s.* 16D dunkelbraun
**μαγαζί, τό** 14 Laden
**μαγειρική** 5b, 17 Küche, Kochkunst
**μαγειρεύω, μαγερεύω** (ευσ, ψ·ευθ, ευτ·ε[υ]μ) 11a, 14b kochen
**μάγειρος** 17 Koch
**μαγιονέζα** 20b Mayonnaise
**μαγνητικός** 10b magnetisch
**μαγνητόφωνο** 15c Tonbandgerät
**μαζεύομαι** (ευτ) 14 sich versammeln
**μαζί** (μέ) 4, 6b, $15B_{1,2}$ zusammen (mit)
**μαθαίνω** (μαθ·μαθημ) 1, $5_1$, 11a, d, $12F_3$, 18L lernen; erfahren; lehren
**μάθημα, τό** 7o, 10a Lektion, Unterrichtsstunde, Lehre
**μαθητής** 1, 8A Schüler
**μακάρι** (ἄν) 19B, $d_{38}$ schön wär's; (ach) wenn doch ...!
**μακαρίτης** *s.* 16D selig
**μακαρίως** *Adv. K.* 7 seelenruhig
**Μακεδονία, ἡ** 12 Mazedonien
**μακεδονικός** 13d mazedonisch
**Μακεδών** 13d Mazedonier
**μακριά** *a.* **μακρυά** 1, 11g, 19c weit (weg)

μακρινός *a.* μακρυνός 14 entfernt
μακρύς *s.* 16D weit
μάλιστα 1, 9a, 15 jawohl, ganz recht
 ἂν μάλιστα $12b_3$ besonders, vor allem wenn
μαλλιά, τά 4 Haare
μᾶλλον $19_1$ lieber, eher
μανάβης (-ηδες) 3, 8E Obsthändler
μάν(ν)α 17a Mutter
μαντάμ $19_1$ Madame
μαντήλι, τό $20c_{41}$ Taschentuch
μαξιλάρι, τό 16 Kissen
μάρκο(ν) 9 Mark (*Währung*)
Μαρμαράς, ὁ 14 Marmarameer
μασκαράς (-άδες) 17 Taugenichts
μασῶ (ᾶς·ησ·ηθ) kauen; τὰ μασῶ 17 sich verschwommen ausdrücken
μάταιος $18d_3$ vergeblich
μάτι, τό $20_1$ Auge - τὰ μάτια μου τέσσερα scharf aufpassend
μαῦρος (μαύρη) 9, 14 schwarz
μαχαίρι, τό 5b, 11d Messer
μάχη $19_1$ Schlacht, Kampf; ἐκτὸς μάχης außer Gefecht
μέ 1, 15A mit
μεγαλεῖο 14 Größe
μεγαλειότητα (-της) 8f Majestät; *Vokativ*: Μεγαλειότατε
μεγαλοπρεπής *s.* 16D großartig
μεγάλος 2, 17D, 20c groß, erwachsen
μεγαλόφρων *s.* 16D großmütig, hochmütig
μεγαλύτερος 8, 10a größer, älter
μεγαλώνω (σ) 12, 14d, $19d_5$ wachsen, größer, länger werden
Μέγας 'Αλέξανδρος, ὁ 12 Alexander der Große
μεθ' ὑπολήψεως 11b hochachtungsvoll
μεθαύριο 5 übermorgen
μέθοδος, ἡ 8B Methode
μεθυσμένος 16 betrunken
μειονέκτημα, τό 13f, 16 Nachteil
μελετῶ (ᾶς·ησ·ηθ) 14 studieren (*durchforschen*)
μέλισσα 19c Biene
μέλλει: δὲ μὲ μέλλει (γιά) $20c_7$ j-n nichts angehen; sich nicht kümmern um
μέλλων *s.* 16D zukünftig
μελόδραμα, τό 3 Oper
μελοποιῶ (ησ·ηθ) 13 vertonen
μενεξεδής *s.* 16D violett
μένω (μειν) 9, 11a, d, e, $12b_{10}$, 14 (erhalten) bleiben
μέρα, *a.* ἡμέρα 1, 13F Tag
μεριά 14 Seite
μερικοί 4, 11b, c, 13h, 17H einige, verschiedene, mehrere
μέρος, τό 7m, o, 8I Ort; Abort
μέσα *Adv.* 6a, 9P (dr)innen
(ἀπὸ) μέσα ἀπό *Präp.* 6 durch; aus ... heraus
 μέσα σέ *Präp.* 4, 10, 15B (h)in(ein)
Μεσαίωνας, *K.* Μεσαίων (-ονος) 14d Mittelalter
μεσαιωνικός 14 mittelalterlich
μέση $20_1$ Taille; Mitte
μεσημβρινός 9b Mittags-
μέσον Mitte
 τὰ μέσα 5a Mitte(*eines Monats*)
μετα-, *Vorsilbe s.* 11F
μετά *Adv.* nachher, danach
 μετά (ἀπό) *A*; 15A, $11f_{21}$ nach
 μετά *G* (*K.*) 11b, $13b_1$ mit
μεταδίδω (*s.* δίνω/μετε-) 15 übertragen; vermitteln
μετακίνηση(-ις) 8 Beförderung, Transport
μέταλλο(ν) $18d_{11}$ Metall
μετανοιώνω (ἐμετάνοιωσα) 20H, c bereuen; sich besinnen
μεταξύ (*G*) 8M, e, 15C zwischen
 μεταξὺ ἄλλων 20b unter anderem
μεταξωτό 14 Seidenstoff
μετατοπίζω (σ·στ) 19 versetzen, wegsetzen; vom Fleck rühren
μεταφέρω (φερ·φερθ/μετε-) 15 (über)bringen; übertragen; transportieren
μεταφορά $8_1$ Transport
μεταφράζω (σ·στ) 9, $g_9$, 11F, a, 14b übersetzen
μετε- *s.* μετα-
μετεκπαιδεύω (ευσ/μετεξεπ-) $11_2$ umerziehen
μετ' ἐπιστροφῆς mit Rückfahrt, Rückflug 9d
μέτριος 7m (ge)mäßig(t)
μέτρο(ν) 10e, 17 Maß; Maßnahme
 παίρνω μέτρο Maß nehmen
μετρῶ (ᾶς·ησ) 7E, 13a zählen
μέχρι (*Dh.* A/*K.* G) 15A,C bis (zu)
μή(ν) 9A, 10F, e, 19D, $19C_{18}$ *Verneinungspartikel*
μηδέ(ν) 19 nicht einmal
μηδέν, τό 7E Nullpunkt
μηδενικό 7E Null
μῆλο 3, 10e Apfel
μῆνας 8G, 13D, F, G Monat
μήπως 10f, $19C_{18}$ vielleicht, etwa (*nur in Fragesätzen*)
μητέρα 1, 8D Mutter
μηχανή 4, $19d_{19}$ Maschine; φωτογραφικὴ μηχανή 9g Fotoapparat
μηχανικός 17, 18 mechanisch; *Su.* Ingenieur
μιά, *K.* μία *s.* ἕνα(ς)
 μιὰ γιὰ πάντα 20c ein für allemal
μικραίνω (αν *od.* υν) 13e kürzer, kleiner werden
μικρασιατικός 12 kleinasiatisch
μικρός *Adj.* 2, 17B; *Su.* 5b, 6, 10I klein; kleiner Junge; Page
μίλι(ον) 16 Meile
μιλιούνια, τά *s.* 13A Millionen
μιλῶ (ᾶς·ησ·ηθ) 6B, 7B, $10_6$, G, d, 11B, C, I, a, c, 14F sprechen (γιά über)
 μιλῶ *D* στὸν ἑνικό 9L (j-n) duzen
μιμοῦμαι (εἶσαι·ηθ) 7D, 14E, $c_5$ nachahmen
μινωϊκός 12 minoisch
μισός $5_4$ halb
μ.μ. = μετὰ μεσημβρίαν 7F nachmittags
μόδα Mode; εἶναι τῆς μόδας 7 es ist Mode
μοδίστρα 9Q, $g_{15}$, 16b Schneiderin, Modistin
μοιάζω (σ/ἐμοιασ-) 14G, 16, 20H, $c_{30}$ aussehen wie, ähneln *D*
μοιράζω (σ·στ) σέ 13c teilen in
μόλις 10f, 16, 19B, c, d kaum; erst
μ' ὅλο πού 15, 19B obgleich
μολύβι, τό 6 Bleistift
 μολύβι διαρκείας 15c Kugelschreiber
μοναστήριο(ν) 14 Kloster
μονάχα *Adv.* 6b nur, bloß
μόνο 1; $19d_{35}$ nur; erst (*zeitlich*)
μονομιάς 20 auf einmal, sofort
μοντέλο 9M Modell
μοντέρνος 3, 8e modern
μόρφωση(-ις) 13 Bildung
μοσχομυρίζω (σ) 4, 11a, c, 14b duften
μου 5G mein
μοῦ 5F mir
μουσική 3 Musik
μουστάκι, τό 18 Schnurrbart
μπαινοβγαίνω (*s.* βγαίνω) 14 ein- und ausgehen (-laufen)
μπαίνω (ἔμπα, μπῆτε!/μπῶ· μπῆκα· μπασμ-) 1, 6a, 9H, J, 10B, E, 11J, a, 14b, c hineingehen
μπάλα Ball
 μπάλα μὲ χιόνι 4 Schneeball
μπαλώνω (σ·θ) 9c flicken, stopfen
μπάνιο Bad; κάνω μπάνιο 7 baden, ein Bad nehmen
μπαμπάκας (*a.* -ης) 18 Vati, Papa
Μπαρμπαριά $20_1$ Berberland, *alte Bezeichnung für* Nordafrika
μπάτης 4 (See)Brise
μπατσίζω (σ·στ) 18 ohrfeigen
μπόμπιρας 18 Knirps
μπορῶ (εἶς·εσ) 5, 6B, 9L, R, 11a, $12b_9$ können, dürfen
μποτίλια 5 Flasche
μπουκέτο 4, 11c Bukett, Strauß
μπροστὰ σέ, (ἐ)μπρὸς σέ 4, $9g_{15}$, $15B_{1,2}$ vor; in Gegenwart von
μπύρα 6 Bier
μπῶ *s.* μπαίνω
μυαλό 17b, 18 Gehirn, Verstand
μυθιστόρημα, τό 13 Roman
μύθος $18d_3$ Sage, Mythos
μυκηναϊκός 12 mykenisch
Μυκῆνες, *f/pl.* 5a Mykene
μυριάδες *s.* 13A Abermillionen, Myriaden
μυρίζω ἀπό 20H, $c_{41}$ riechen nach
μυρωμένος 11c wohlriechend, duftend
μυρώνω (σ·θ) 4 parfümieren; salben
μυστηριώδης 16D, $19c_7$ geheimnisvoll
μυτερός $18d_2$ spitz
μ.Χ. = μετὰ Χριστόν 12, 13E nach Christi Geburt
(μω)ρέ 10I *vulgär, etwa*: „Mensch" „he"

## N

**νά** *Demonstrativpartikel s.* 5F hier, da ist ...!
**νά** *gr. Partikel* 9A, L, M, 10E, 12A, 19B
**ναί** 1, 9 ja
**νάνος** 9c Zwerg
**ναός** 12 Tempel
**ναύτης** 8C Matrose
**ναυτικός** 16a Seemanns-; Seemann
**νέα, τά** 11d Neuigkeiten
**νέος** *s.* 17B; 20c44 jung; neu
**νερό** 4, 7o, 12b3 Wasser
**νευριασμένος** 18 gereizt, nervös
**νησί, τό** 12 Insel
**νιάτα, τά** 17a Jugend
**νίβω** (ψ·φτ) 7, 11a, 14b, 18c2 waschen
**νικητής** 191 Sieger
**νικηφόρος** 12 siegreich
**νικῶ** (ᾶς·ησ·ηθ) 12 (be)siegen
**Νίτσε; νιτσεϊκός** 13 Nietzsche; nietzscheanisch
**νοικοκυρά** 20b Hausfrau
**νοικοκυριό** 9c Haushalt
**νοιώθω** (σ) 11H bemerken, spüren
**νομίζω** (σ) 6b, 7, 11a, 14J, b glauben
**νομικά, τά** 13 Jura
**νομικός** 13 juristisch
**νομός** 5A, 8c, 13c *größte Verwaltungseinheit in Griechenld., etwa*: Departement
**νοσοκομεῖο(ν)** 10d Krankenhaus
**νότιος** 8 südlich
**νότος** 8 Süden
**νοῦς, ὁ** (*G.* νοῦ) 13d6 Verstand, Sinn
**ντελικάτος** 17 empfindlich
**ντιβάνι, τό** 15c Couch
**ντουλάπι, τό** 15c Schrank, Seitenfach
**ντρέπομαι** (ντράπου!· ντραπηκ) 12 F2b, 14D sich schämen
**Ντανούντσιο** 13 d'Annunzio (*ital. Schriftsteller*)
**ντύνομαι** (θ) 4, 9, 12A, a, 132, 14c sich anziehen, sich kleiden
**νύχτα** 3, 6b Nacht
**νυχτικό** 7 Nachthemd
**νωρίς** = **ἐνωρίς** 19c6

## Ξ

**ξαγρυπνῶ** (ᾶς·ησ) 20 wachen, nicht schlafen können
**ξανα-** *vor Verben*: wieder-
**ξαναβλέπω** (ξανα[ι]δῶ *s. a.* βλέπω) 9e wiedersehen
**ξαναλέ(γ)ω** (*s.* λέω) 192 wieder, erneut erzählen
**ξαναμμένος** (*von* ξανάφτω, ψ) 18 aufgeregt, heftig, auffahrend
**ξαναπερνῶ** (*s.* περνῶ) 191 wiedervorbeikommen, -gehen
**ξαναρχίζω** (σ·στ) 8, 11a, 14b von neuem beginnen
**ξαναφέρνω** (*s.* φέρνω) 15 zurückbringen
**ξανθός** 14, 16D blond
**ξαπλώνομαι** (θ), **ξαπλώνω** (σ) 12a, c sich (hin)legen
**ξάστερος** 5a klar, heiter (*Himmel*)
**ξαφνίζω** (σ) überraschen
**ξεδρομίζω** (σ) 201 (*vom Kurs, Weg*) abweichen
**ξέθαρρος** 12c (er)mutig(t); dreist
**ξεκαθαρίζω** (σ·στ) 16 aufklären
**ξεκινῶ** (ᾶς·ησ) 6B, 9d, 19d37 aufbrechen; *Flugzeug*: starten
**ξεκουράζομαι** (στ) 12b8, c sich ausruhen
**ξενιτε(μ)μένος** (*a.* ξενη-) 11 in der Fremde (im Ausland) weilend
**ξενοδοχεῖο** 2 Hotel
**ξένος** 3, 8 fremd; *Su.*: Fremder, Gast
**στὰ ξένα** 11 in der Fremde
**ξεπλένω** (πλυν·πλυμεν) 7, 11a, 14b, 191 spülen
**ξέρω** (*Impf.*: ἤξερ) 1, 11J; 20H,c42 wissen; können; verstehen
**ξεφεύγω** *s.* **φεύγω** 14G entgleiten
**ξεφορτώνομαι** (θ) 14d loswerden, sich entledigen
**ξεχάνω** *od.* **ξεχνῶ** (ᾶς·χασ) 6B, b, 7, B, 11a, c, 14b vergessen
**ξηλώνω** (σ·θ) 18d auseinandernehmen; auf-, abtrennen
**ξημερώνω** (σ) 14Ia tagen, Tag werden
**ξηρά** 12b3 (Fest)Land
**ξοδεύω** (ψ,ευτ) 5a, 11a, 14b (Geld) ausgeben
**ξύλο** 201 Holz
**ξυλουργικὸ ἐργοστάσιο(ν)** 6a Tischlerwerkstatt
**ξυλουργός** 20c Tischler
**ξυπνῶ** (ᾶς·ησ) 6B, b, 9G, g8, 19, 10e, 11c, 12c wecken; aufwachen
**ξυρίζομαι** (στ) 4, 12a, 14c sich rasieren
**ξυριστικὴ μηχανή** 4 Rasierapparat

## O

**ὁδηγός** 5a, b, 106 Fahrer; (Reise)Führer
**ὁδηγῶ** (εἶς, ᾶς·ησ·ηθ/ώ-) 8c, 11E, a, d, 14b führen; (*Auto*) fahren
**ὁδοντόβουρτσα** 7, 9S Zahnbürste
**ὁδοντοϊατρός** 18f Zahnarzt
**ὁδοντόπαστα** 7 Zahnpasta
**ὁδός, ἡ** 6, 8I Straße
**'Οδύσεια** *mst.* **'Οδύσσεια** 13 Odyssee
**ὀθωμανικός** 13d6 ottomanisch
**οἰκογένεια** 132 Familie
**οἰκογενειακός** 18d Familien...
**οἰκογενειάρχης** 18 Familienvater
**οἰκοδόμημα, τό** 17a Bau(werk)
**οἰκονομικός** 20c32 wirtschaftlich, ökonomisch
**οἰκονόμος(-α)** 13 sparsam
**οἰκονομῶ** (εἶς·ησ/*K.*ώκ-) 11E sparen
**οἰκόπεδο** 18d Grundstück
**ὀκτώ** 6 acht
**ὁλάκερος** 192 ganz ... (hindurch)
**ὁλοζώντανος** 201 springlebendig
**ὁλόκληρος** 15 ganz
**ὁλομόναχος** 192 ganz allein
**ὅλος** ganz 3I
 **ὅλα** *n/pl.* 3, I alles
 **ὅλοι** *m/pl.* 3, I alle
**'Ολυμπία** 5a Olympia (*Ort auf dem Peloponnes*)
**ὁμιλῶ** (εἶς) *s.* **μιλῶ**
**ὁμοιάζω** *s.* **μοιάζω** 16
**ὅμοιος(-ια)** 15c ähnlich
**ὁμολογία** 17 (Ein)Geständnis
**ὁμορφιά** 5a, 8c Schönheit
**ὄμορφος** 2, 6b schön
**ὀμπρέλ(λ)α** 10f Regenschirm
**ὅμως** 2, 19A jedoch
**ὀνειρεύομαι** (ευτ) *A* 12E, 20H träumen (von)
**ὄνειρο** 20c10, 48 Traum
**ὄνομα, τό** 5, 10b Name
**ὀνομαστικός** 112 namentlich, Namen(s)-
**ὀνομαστικὴ γιορτή** 112 Namenstag
**ὀνομαστός** 17a berühmt, namhaft
**ὀπερέττα** 3 Operette
**ὅπλο** 13b Waffe
**ὅποιος** 9P, 16A, B wer; derjenige welcher
**ὁποῖος, ὁ** (*Relativpron.*) 16A, B der, welcher
**ὅπου** 5a, 19c6 wo (*relativ*)
**ὀπτικός** 16 optisch
**ὀπωροφόρος** 7m obsttragend
**ὀπωροπωλεῖον** 3 Obstgeschäft
**ὀπωροπώλης** 3 Obsthändler
**ὅπως** 13, 19A, C2 *Adv.* wie; *K.* daß (*Konjunktion*)
**ὅραση(-ις)** 19c6 Augenlicht, Sehvermögen
**ὀργανισμός** 12b Organisation, Verband
**ὀργίζω** (σ·θ/ώ-) 13 verärgern
**ὀργυιά** 19 2 Yards (= 1,83 *m*)
**ὀργώματα, τά** 19d3 Pflügen
**(ὀ)ρέγομαι** (χτ) (*A*) 18 gern mögen; Appetit, Lust bekommen auf ...
**ὄρεξη** 3, 20c45 Appetit
**ὀρθάνοιχτος** 7 weit offen
**ὄρθιος** 20 aufrecht, gerade, stehend
**ὁρίζοντας, ὁ** 8d Horizont
**ὁρισμός** 16 Definition
**ὁρίστε** 1, 6b, 103 wie bitte?; bitte!
**ὄρος, τό** (τῶν ὀρέων) 13c Berg
**ὀρυκτό(ν)** 20c27 Erz
**ὅσο** *Adv.* 11c wie sehr; so sehr
**ὅσο ... (ἄλλο) τόσο** 111, 19B, d40 je mehr ... desto
**ὅσος** 11d, 16B soviel (wie); jeder, der ...; *pl.* alle, die
**ὅταν** 6, 9A, 10G, 14I, 19B wenn; als
**ὅτι** 58, 19B daß
**ὅ,τι** 16B, 17F (das) was
**οὖλα** = **ὅλα** 19
**οὐρά** 5, 20 Schwanz
**οὐρανός** 5 Himmel

οὔτε 2 auch nicht, nicht einmal
οὔτε ... οὔτε 5, a, 19A, C weder ... noch
ὀφείλω (φελ/ώ-) 13h schulden
ὄφις (*G* -εως), ὁ 13 Schlange
ὄχημα, τό 16 Fahrzeug
ὄχι 1, 19D nein
ὀχτώ (*a.* ὀκτώ) 2, E acht

## Π

παγκόσμιος Welt-; ὁ Δεύτερος Παγκόσμιος Πόλεμος 12, 13g der zweite Weltkrieg (*G häufig K.* -έρου, -ίου)
πάγος 13e Frost; Eis
παγώνω (σ) gefrieren, vereisen
Παγωμένος ὠκεανός 10b Eismeer
παγωτό 11f, 18 (Speise)Eis
παθαίνω (παθ) 20 (er)dulden, (er)leiden, von etw. betroffen werden
πάθημα, τό 20c Leiden
πάθος, τό 12 Leidenschaft
παιδαγωγός 17a Erzieher
παιδί, τό 1, 8A, I Kind
παίζω (ξ·χτ) 1, 6b, $10_5$, 11a spielen
παίκτης (*a.* -χτης) 15 Spieler
παίρνω (πάρω·πηρ·παρθ) 3, $9g_{10}$, F, $11_1$, J, c, d, f, 13, $14a_5$ nehmen, erhalten
παίρνω μέτρο 10e Maß nehmen
παλάτι, τό 14 Palast
πάλι 5L, $10_2$, 17, 18 wiederum; immerhin; (schon) wieder
παλιάνθρωπος $19_1$ Spitzbube, Halunke
παλιός 2 alt
παλτό 10f Überzieher
πᾶν, τό $19d_{25}$ alles
πανάδα $13_2$ Sommersprosse
πανεπιστήμιο 3 Universität
πανί, τό 15 Segel, Leinwand
πάντα 2, 10a immer
πανταλόνι, τό $9g_8$, 10e Hose
παντοπωλεῖον 3 Lebensmittelgeschäft
πάντοτε 4 immer
παντρεύομαι (ευτ·εμ) 11L, 13f, $19d_{39}$ heiraten
πάντως 11b jedoch, immerhin
πάνω *Adv.* (nach) oben
πάνω σέ *Präp.* 10b, $15B_1$ auf
πάνω ἀπό *Präp.* 13c, $15B_1$ mehr als; über, oberhalb
παπαγάλος $11_2$ Papagei
παπάς (-άδες) $11_2$ Pfarrer
πάπια 10I Ente
παπούτσι, τό 10G, a Schuh
παππούς (-οῦδες) 4, 8E Großvater
παρα-, παρε- *Vorsilbe s.* 11F
παρά 17F als (*bei Vergleichen*) δὲν ... παρά 6, 8b nur
παρά *Präp. A*; 7F, 15A gegen, wider; trotz; vor (*Uhrzeit*)
παραβγαίνω (ηκ) $12b_2$ *v/t.* übertreffen (τὸν ... σὲ j-n an, in); *v/i.* wetteifern (σὲ ... in)
παραγγέλνω (ειλ·ελθ) 9, $12F_3$, 18 bestellen (τοῦ ... τό/ etw. bei)
παραδέχομαι (χθ, χτ/*a.* παρε-) 16 zugeben; annehmen

παραδίδω, -δίνω (δωσ·δοθ·δομ) 8, 11a, 14b übergeben
παράδοση(-ις) 15 Tradition
παράδοξο(ν) 13 Ausgefallene(s), Sonderbare(s)
παράθυρο 2, 8e Fenster
παραιτῶ *s.* παρατῶ
παρακαλῶ! 5 bitte (1. *bei einer Bitte,* 2. *als Antwort auf* εὐχαριστῶ)
παρακαλῶ (-κάλα! εσ) 6b, $9g_{14}$, 11F, a, $f_{10}$, 14b bitten
παρακάτω 11b unten, nachstehend; folgend
παρακείμενος $7_2$ benachbart, in der Nähe befindlich
παρακολουθῶ (εῖς·ησ·ηθ) 9, 11a, 14b verfolgen
παραλαβή Annahme; ἕτοιμος πρὸς παραλαβήν 12c abholebereit
παραμύθι, τό 16b Märchen
παρανυχίδα 9a Nietnagel
παράξενος 5 sonderbar
παραπάνω 9d *Adv.* weiter, mehr, darüber; *Adj.* (*unveränd.*) weiter-, darüberliegend
παραπονεμένος 20 klagend
παραπονιέμαι (εθ·νεμ-) 7B, m, 20b, $c_{38}$ sich beklagen (γιά über)
Παρασκευή 7g Freitag
παράσταση(-ις) $9g_{16}$ (*Kino, Theater*) Vorstellung
παρατηρῶ (εῖς, ᾶς·ησ·ηθ) 7D, m, 11a, $13_2$, 14b bemerken, beobachten, äußern
παρατῶ (ησ·ηθ/*a.* παρη-) verlassen; verzichten
παράτα με 18 laß mich!; geh weg!
παρε- *s.* παρα-
παρέα 11 Gruppe, Gesellschaft
παρελθόν (-οντος), τό 15 Vergangenheit
παρελθών *s.* $16D_8$ vergangen, ehemals
παρθένος, ἡ 13b Jungfrau
Παρίσι, τό (*K.* Παρίσιοι, οἱ) 13 Paris
παροιμία $10_5$ Sprichwort
παρόν, τό (-όντος) 15 Gegenwart
παρ- *s.* παίρνω
παρών *s.* $16D_8$ anwesend
πάσχω (παθ) $12b_{7,9,10}$ (er-)leiden
πατάτα 3 Kartoffel
πατέρας 1, 8A, I Vater
Πάτρα, ἡ (*K.* αἱ Πάτραι) 11e Patras
πατρίδα 8c, 12 Vaterland, Heimat
πατρικός 6 Vater-, väterlich
πατῶ (ᾶς, εῖς·ησ·ηθ) 13g treten; überfahren; πατῶ τὰ + *Grundzahl*: in das -te Lebensjahr gehen
πάτωμα, τό 6, 10b Boden; Etage
παύω (ψ·αυτ) 12E, 14L, $19d_{37}$ beenden; pausieren
παχύς 16D, 17A fett; dicht
πάω *s.* πηγαίνω
πεθαίνω (θαν) $11_2$ sterben; πεθαίνω γιά 20H, $c_{36}$ schwärmen für
πε(ν)θερά $11_2$ Schwiegermutter

πεινῶ (ᾶς·ασ·ασμ) 6, b, 11a 14b hungern
πείραγμα, τό $11_1$ Neckerei
πειράζω (ξ·χτ) $11_1$; 20H, $c_{43}$ necken, ärgern; *v/p.* sich ärgern; δὲν πειράζει 20b schadet nichts
Πειραιάς (*G* -αιᾶ) *Dh.* Piräus
Πειραΐας (*G* -αΐα) *Dh.* Piräus
Πειραιεύς (*G* -αιῶς) *K.* Piräus
Πειραιώτης 20 Piräote (aus Piräus)
πεισματάρης *s.* 16D trotzig
πέλαγος, τό $19_2$ das (offene) Meer
Πελασγός 12 Pelasger
πελάτης 5b, 17 Kunde; *Hotel*: Gast
Πελοπόννησος, ἡ 8, 12 Peloponnes, der
πελώριος (-ια) 14 riesig
Πέμπτη 7g Donnerstag
πέμπτος 6, 13K fünfter
πενθερά *s.* πεθερά Schwiegermutter
πεντάρα 13, f Heller
πέντε 2 fünf
πεντέμισι 7F, 9 halb sechs
πεπόνι, τό 3I Melone
πέρα *Adv.* 3 drüben
πιὸ πέρα weiter (hinten) *vgl.* 17E
πέρα ἀπό *Präp.* $15B_1$ jenseits; über-, hinaus
περασμένος (*s.* περνῶ) 5B, 11e vergangen, vorig-
περάστε (*s.* περνῶ) 9a, 10e
περασ- *s.* περνῶ
περήφανος γιά $20c_{46}$ stolz auf
περι- *Vorsilbe s.* 11F
περί (*K.*) *G* 15C um, über
περιβόλι, τό 3, 6b Garten
περιγράφω (ψ·φ/*a.* περιε-) 16 beschreiben
περιέργεια 10f Neugier
περίεργος 6, 10f neugierig; sonderbar
περιηγητής 5a Reisender, Tourist
περιηγητικός 13 Reise-
περιλαμβάνω (λαβ·ληφθ/περιε-) 16a enthalten, fassen
περιμένω (μειν) $9g_{14}$, 10D, G, a, 14H warten
περιοδικό 7j, 11b Zeitschrift
περίοδος, ἡ 15 Periode
περιουσία 17b Vermögen
περιοχή Gebiet $8_1$
περίπατος $18_1$, $19d_{47}$ Spaziergang
περιποίηση(-ις) $18d_9$ Pflege, Obhut, Wartung
περιποιοῦμαι (εῖσαι·ηθ) *v/t.* 7D, o, 12a, c, 14E, c pflegen; sich kümmern um
περισσότερος 17E, e mehr; τὸ περισσότερο 13d meistens; οἱ περισσότεροι 7, 17E die meisten
περίσταση(-ις) 10c Umstand
περιττός 9L überflüssig
περίφημος 17, 20I berühmt (γιά wegen)
περνῶ (ᾶς·περασ) 6, b, 9a, $g_{13}$, 11a, c, e, 14J, b (vorbei-, durch-)kommen, gehen, fahren; (*Zeit*) verbringen
περπατῶ (ᾶς·ησ) *a.* περιπατῶ (εῖς·ησ) $9g_{12}$ (zu Fuß) gehen
Πέρσης 12 Perser

**περσικός** 8 persisch
**πέρυσι** $19b_6$ voriges Jahr
**πετάγομαι** (*s.* **πετῶ**) 7 stürzen, eilen
**πεταλοῦδα** 19c Schmetterling
**πετράδι, τό** 14 Juwel
**πετσέτα** 4 Serviette; Handtuch
**πετῶ** (ἄς·αξ·αχτ·α[γ]μ) 14D, 15b, 16, $19_1$, c fliegen; werfen
**πέφτω** (πεσ·σμ) 7, 9P, 11a, 13h, 14G, J fallen (*a. von Städten*)
**πηγαίνω** (πάω·[ἐ]πηγ·πηγεμ) 9I, J, 10B, F, e, 11J, a, $14a_5$, 18F, G gehen; passen
**πηγή** 5 Quelle
**πηδῶ** (ἄς·ησ, ηξ·ηθ, ηστ) 6, b, 11a, c, 14b springen; *v/t.* überspringen
**πηλίκον** 7G Quotient
**πηρ-** *s.* **παίρνω**
**πηρούνι, τό** 5b, 6b Gabel
**πιά** *s.* **πιό**
**δὲν .. πιά** $7_1$, 20 nicht mehr
**πιάνω** (σ·στ) 9b, $g_3$, 12E, b (er)greifen; belegen; mieten
**πιές** *s.* **πίνω**
**πικάπ, τό** 15c Plattenspieler
**πικνότητα(-της)** 13c Dichte
**πικρός** 2 bitter
**πίνω** (πιέ[ς]·πιῶ·ἤπια·πιωθ·πιωμ) 1, 9H, 10B, e, 11J, a, $12F_3$, $14a_5$, b, 18O trinken
**πιό** 17F mehr, -er (*beim Komp.*)
**πιπεράτος** 15 gepfeffert
**πιπέρι, τό** 5b Pfeffer
**πιστεύω** (ευσ, ψ·ευθ, ευτ) 17a, 20H, c glauben; (*A + A*) halten für [Kredit]
**πίστωση(-ις)** $20c_6$ Guthaben
**πίσω** *Adv.* 17E rück-, zurück
**(ἀπὸ) πίσω ἀπό** *Präp.* 15a, $15B_{1,2}$ hinter
**πιτσιρῖκος** $18d_2$ Schlingel, Steppke
**πιῶ, πιωθ-** *s.* **πίνω**
**πιωμένος** 18O (voll)getrunken; betrunken
**πλαγιά** 14 Hang (*des Berges*)
**πλάϊ σέ** 15 neben (*a. fig.*)
**πλάκα τοῦ ρολογιοῦ** 7o Zifferblatt
**πλάσμα, τό** 17a Geschöpf
**πλατάνι, τό** 15b Platane
**πλατεῖα** 3, 14 Platz
**πλέκω** (ξ·χτ) 11H, 12E, 20 (ver)stricken, (durch)flechten
**πλένω** (πλυν·πλυθ·πλυμ) 4, 7o, $9g_8$, 10e, $12F_3$, 19 *v/p.*, 12a, 14c, 16C (aus)waschen; *v/r.* sich waschen
**πλέον** *K.* 15 mehr
**πλεονέκτημα, τό** $13_2$, 16 Vorteil
**πλῆθος, τό** 14 (Menschen) Menge; die meisten
**πληθυσμός** 8, 13c Bevölkerung
**πλήν** 7G minus
**πληροφορῶ** (εἴς·ησ·ηθ) 16 benachrichtigen; *v/r.* erfahren
**πληρώνω** (σ·θ) 7h, 9, d, 11a, d, 12E, 14b (be-, heim-)zahlen
**πλησιάζω** (σ/πλησία-) *v/t.* 6a, 7, 11, G, a, 14b, 19c sich nähern; herantreten an
**πλησιέστερος** 6, b nächst-
**πλησίον** *s.* 17D nahe
**πλοῖο** $18d_2$ Schiff

**πλούσιος** 2, 8I reich (**σέ** an)
**πλουσιοστόλιστος** 14 reich geschmückt
**πλοῦτος** *m u. n, mst.* **πλούτη** *n/pl.* 14 Reichtum
**πλώρη** 20 Bug
**π.μ.** = **πρὸ μεσημβρίας** 7F vormittags
**πνεῦμα, τό** 19c Geist
**πνέω** (ευσ) $19C_3$ wehen, blasen
**πνιγμός** $12b_9$ Ertrinken; Erstickung(sanfall)
**πνίγω** (ξ·γηκ·γμ) 9, 12E, $b_9$ *v/t.* ersticken; *v/p.* ersticken; ertrinken (*v/i.*)
**ποδήλατο** 11f Fahrrad
**πόδι, τό** 10a Fuß
**ποθῶ** (εἴς·ησ) *v/t.* 6, 11a, 14b sich sehnen nach
**ποιανοῦ** *s.* **ποιός** 5K
**ποίημα, τό** 2 Gedicht
**ποίηση(-ις)** $18d_3$ Dichtung
**ποιητικός** 13 poetisch
**ποιός** 2, b, 5K, 8K wer?; welcher?
**ποιὸς ... ποιός** 17H der eine ... der andere
**πόλεμος** 12 Krieg
**πολεμῶ** (εἴς, ἄς·ησ·ηθ) *v/t. a.* **μέ** 12 kämpfen mit, bekämpfen
**πόλισμαν, ὁ** (*indekl.*) 11f Schutzmann
**πόλη(-ις)** 8A, c, f Stadt
**Πόλη** 14, H *Abk. für* Konstantinopel
**πολιτεία** 11, 13 Staat; Stadt; Lebensführung
**πολίτης** 8 Bürger
**πολιτικός** 7o politisch
**πολιτισμένος** 14 zivilisiert
**πολιτισμός** 12 Kultur
**πολλαπλασιασμός** 7G Multiplikation
**πίνακας τοῦ πολλαπλασιασμοῦ** 7c Einmaleins
**πολλοί** 8J viele; **οἱ πιὸ πολλοί** 12 die meisten
**πολύ** *Adv.* 5, 8J sehr; viel
**πολυέξοδος** 9 kostspielig
**πολυθρόνα** 8e Sessel
**πολύπλοκος** 17 kompliziert
**πολύς** *Adj.* 8J, 17D viel
**πολυτελής** *s.* 16D luxuriös
**πολύτιμος** 14 kostbar
**ποντίκι, τό** 19c, **ποντικός** 7 Maus
**πόντος** 16 Zentimeter
**πονῶ** (ἄς,εἴς·εσ) 9a, $g_{12}$ schmerzen, wehtun; **μὲ** *od.* **μοῦ πονάει** es tut mir weh
**πόρτα** 2, 8e Tür
**πορτοκαλής** *s.* 16D apfelsinenfarben
**πόσιμος** 9R, $g_{20}$ trinkbar; **πόσιμο νερό** Trinkwasser
**πόσο** *Adv.* 2 wie sehr!
**πόσος** 6b, 13C, D wieviel(e)?; wievielt-
**ποσότητα(-της)** 16 Menge, Quantität
**ποτέ** 10G, a nie(mals)
**ποτήρι, τό** 1, 10e Glas
**ποῦ** 1 wo?
**πού** 5, 9, 16A der, welcher
**πουκάμισο** $9g_8$ (Ober)Hemd
**πουλί, τό** $11_2$ Vogel
**πουλῶ** (ἄς·ησ·ηθ) 7B, 11a, 14F, b verkaufen

**πρᾶ(γ)μα, τό** 10e Sache, Ding
**πράγματι** 5, 12c tatsächlich
**πραγματικός** $19d_{40}$ wirklich, tatsächlich
**πρακτορεῖο** Agentur
**πρακτορεῖο ταξιδίων** 9R, S Reisebüro
**πραμάτεια** 14 Ware
**πράξη(-ις)** 7G Verfahren, Handlung
**πρέπει νά** (*Impf.* **ἔπρεπε**) 9L, a, d, 10f, 11g müssen
**πρήσκω** *a.* **πρήζω** (σ, ξ·στ·σμ) 18 schwellen, quellen, blähen
**πρησμένος** 18 geschwollen
**πρίν** *Adv.* 7 vorher
**πρὶν ἀπό** *Präp.* 12, $15B_1$ vor
**πρὶν (νά)** *Konjunktion* 9A, 10G, a, 19B bevor, ehe
**πρό** *G* 8M, 15C vor (*zeitlich*)
**πρόβλημα, τό** 6b Problem
**προβολή** 15 Projektion; Aufführung
**πρόγευμα, τό** 10e Frühstück
**πρόγραμμα, τό** 8A, C Programm
**πρόθεση(-ις)** 11b Absicht
**πρόθυμος** 6a bereitwillig, eilfertig
**προίκα** $19d_{42}$ Mitgift
**προϊστάμενος** 6b Vorgesetzte(r), Chef
**προκαλῶ** (εἴς·εσ·κληθ/προε-) 16 hervorrufen
**πρόκειται** (*nur Impf.* **ἐπρόκειτο**) 11L sich handeln (**γιά** um); in Aussicht stehen (**νά** daß)
**προκόπτω** (ψ·μμ) 13d gedeihen, vorwärtskommen, sich entwickeln
**πρόληψη(-ις)** 18 Vorbeugung; Aberglaube
**προληπτικός** 18 abergläubisch
**προξενῶ** (εἴς·ησ·ηθ) $20c_9$ verursachen, zufügen
**προοδεύω** (ευσ·/προω-) $11_1$ Fortschritte machen
**προορισμός** 16 Bestimmung
**πρός** *A* 12c, 15A zu, in Richtung auf; zum Zwecke + *G.*, gegen, an, für
**προσβολή** 11d Beleidigung
**προσγειοῦμαι** (ωθ/προσε-) 12c landen
**προσδιορίζω** (σ·στ) 17 definieren
**προσεκτικός** 17a vorsichtig
**προσέχω** (ξ) 10, a, 11F, H aufpassen
**πρόσθεση(-ις)** 7G Addition
**προσθέτω** (θεσ·τεθ) $13_2$ hinzufügen, addieren
**προσκαλῶ** (ἄς·εσ·εστ) 18f, $19d_{47}$ einladen
**προσοχή** 18 Vorsicht, Aufmerksamkeit
**προσπάθεια** 12 Versuch, Bemühung
**προσπαθῶ** (εἴς·ησ) 10 versuchen, sich bemühen
**προσποιοῦμαι** 7D spielen, sich ... stellen
**προστακτική** 10 Imperativ
**προσφέρω** (II = I· φερθ/προσε-) $18d_7$ anbieten
**πρόσφυγας** (*K.* -φυξ) 12, 13h Flüchtling
**προσωπικό** 7 Personal

**προσωπηκότητα (-της)** 13 Persönlichkeit
**πρόσωπο** 7, 8C, 18 Person, Gesicht
**πρόταση(-ις)** 7o, 19$d_{39}$ Vorschlag
**προτείνω** (I = II·αθ/προε-) 12$F_2$a vorschlagen
**προτέρημα, τό** 9e Vorzug; Talent, Gabe
**προτιμότερος** 17 besser, (ist) vorzuziehen
**προτοῦ** 16a, 19$c_7$, $d_2$ ehe
**πρότυπο** 9 Muster
**προφθάνω** (σ, ξ) 19$b_{12}$ schaffen, zur Zeit erreichen
**προχθές** 13C, 18 vorgestern; kürzlich, neulich
**προχωρῶ** (εἰς·ησ/ἐπρο-) 10, 16 weitergehen; sich vorwärts bewegen; Fortschritte machen
**πρύμνη** 20 Heck
**πρωί** *Adv.* früh(morgens), vormittags; **τὸ πρωί** (*nur N u. A*) 1, 10 der Morgen, morgens
**πρωὶ-πρωί** 7o sehr früh am Morgen
**πρωϊνός** morgendlich, früh-; **τὸ πρωϊνό** 3, 9$g_8$ Frühstück
**πρῶτα** 10G, a, 19$b_{13}$ zuerst
**πρῶτα-πρῶτα** 5 zuallererst
**πρωτεύουσα** 8, 12 Hauptstadt
**πρωτοβρόχια, τά** 13e erste Regenfälle
**πρωτομάστορας** 13 Obermeister
**πρωτομηνιά** 13C Erster des Monats, Monatsanfang
**πρῶτον** *Adv.* 13f erstens
**πρῶτος** 5, 13K erste(r)
**πρωτοχρονιά, ἡ** 13e Neujahr
**πτῆση(-ις)** 9d, 16 Flug
**πυξίδα** 10b Kompaß
**πῦρ, τό** (*G* **-ρός**) 8, G, M Feuer
**πυρετός** 9a, 11d Fieber
**πυτζάμες** *m/pl.* 7 Pyjama
**π.Χ.** (**πρὸ Χριστοῦ**) 13E vor Christi Geburt
**πῶ** *s.* **λέ(γ)ω**
**πωλητής** 5b Verkäufer
**πωλῶ** (**εἰς**) *s.* **πουλῶ**
**πώς** 3, 19 daß
**πῶς** 9, 10c wie?

## Ρ

**ράβω** (ψ·φτ·μμ) 9c, 10e, 11A (an)nähen
**ραδιοφωνικός** 15c Rundfunk-
**ραδιόφωνο** 3 Radio(apparat)
**ραπτομηχανή** 9$g_1$ Nähmaschine
**ράπτω** *s.* **ράβω**
**ράφι, τό** 8e, 15c Regal
**ράφτης** 5I, 9Q Schneider
**ράφτρα** 9Q Schneiderin
**ράφτω** *s.* **ράβω**
**ρεπόρτερ, ὁ** 16 *engl.* Reporter
**ρεῦμα, τό** 9 Strom; Zug (Luft)
**Ρῆνος** 13d Rhein
**ρῖγος, τό** 12$b_5$ Schüttelfrost
**ριζώνω** (σ·θ) 19 wurzeln, Wurzel fassen
**ρόδι, τό** 3 Granatapfel
**Ρόδος, ἡ** 5a Rhodos (*Insel*)
**ρολόγι τό** 5 7o Uhr
**ροῦχο** 4, 11d Kleidungsstück; *pl.*: Kleidung
**ρωμαϊκός** 13d römisch
**Ρωμαῖος** 12 Römer
**Ρωσ(σ)ία** 13, 14 Rußland
**Ρῶσ(σ)ος** 14 Russe
**ρωτῶ** (ἄς·ησ·ηθ) 6, 10D, H, 11a, 18A, 20H fragen

## Σ

**Σάββατο** 7g Sonnabend
**σαββατοκύριακο** 17a Wochenende
**σακάτης** *s.* 16D verkrüppelt
**σακκάκι, τό** 9, 10I Jacke(tt)
**σακκουλάκι, τό** 7m Beutelchen
**σάλα** 4 Wohnzimmer
**σάν** 5, $11_2$, 14I, 19B, C, wie; als *z. B.*: *Mensch*; wenn, als (*zeitlich*)
**σὰν νά** 19B als ob
**σανίδα** 19$c_6$ Stange; Brett
**σαπούνι, τό** 7o Seife
**σαφής** *s.* 17A klar
**σατανικός** 7 teuflisch
**σβελτοσύνη** 13g Raschheit, Behendigkeit
**σβήνω, σβύνω** (σ·στ) 10c löschen; (*Licht*) ausmachen
**σγουρομάλλης** *s.* 16D kraushaarig
**σέ** 3D, 15A in; *Dativpartikel*
**σέβας, τό** (*G* **σεβασμοῦ**) Respekt; **τὰ σέβη μου** 12c (meinen) verbindlich(st)en Gruß
**σεβασμός** 10a Respekt, Ehrerbietung
**σεισμός** 19$d_{16}$ Erdbeben
**σειρήνα** (**τοῦ κινδύνου**) 7 (Alarm) Sirene
**σελίδα** 7j Seite
**Σελτζούκος** 13$d_5$ Seldschuke
**σέρνω** (συρ·συρθ·συρμ, σερμ) 10, C, 12$F_3$ ziehen
**σηκώνω** (σήκω!σ·θ) 14G; *v/p.* 4, 6, 12a, 14c, 19$c_5$ an-, ab-, hochheben; *v/p.* sich erheben
**σημαία** 5J Flagge
**σημαίνω** (αν·ανθ·ασμ) 10d bedeuten
**σημαντικός** 9e, 17A, B bedeutend, bedeutsam
**σημεῖο** 8d, 17a Punkt
**σήμερα** 2, 10e heute
**σημερινός** 9, 13h heutig
**σιγὰ-σιγά** [si'γasiγa] 6, 10f, e langsam, allmählich
**σιγανός** 17a, 19$d_7$ leise
**σιγοκατεβαίνω** *s.* **κατεβαίνω** 14
**σίδερο** 8C Eisen
**σιδερώνω** (σ·θ) 9g plätten, bügeln
**σιδηροδρομικός** 8, 9S Eisenbahn-
**σιδηρόδρομος** 8, 9S Eisenbahn
**σινεμά, τό** 15$b_9$ Kino
**σιχαίνομαι** (αθ/αμ) 12$F_2$, c verabscheuen
**σιχαμένος** (*s.* **σιχαίνομαι**) $19_1$ widerwärtig
**σκάβω** (ψ·φτ·μμ) 9P graben
**σκάζω, σκάνω** (σ·σμ) 18 zerbrechen
**σκαλίζω** (σ·στ) 20 meißeln, schnitzen
**σκαμπανέβασμα, τό** 16 Stampfbewegung, Stampfen
**σκαρφαλώνω** (σ) *v/i.* 10e klettern
**σκεπάζω** (σ·στ) 12$c_{19}$, 14G, 18f zu-, bedecken; *v/p.* sich zudecken
**σκέπτομαι** (φθ) *v/t.* 10f, 12$b_3$, c, 20H, $c_{39}$ denken an; nachdenken über
**σκέτς, τό** (*indekl.*) 3 Hörspiel
**σκευοφόρος, ἡ** 8 Gepäckwagen
**σκηνή** 15b Bühne
**σκιά** 15 Schatten
**σκληρός** 5b hart, streng
**σκοπός** 18$d_2$ Ziel, Absicht
**ἔχω σκοπὸ νά** 12a die Absicht haben zu
**σκοτεινός** 2 dunkel
**σκουπίζομαι** (στ) 4, 12a, 14c sich abtrocknen
**σκοῦρος** 17a dunkel
**σκύβω** (ψ·μμ) 12 beugen
**σκύλος** 6b, 16 Hund
**σκωληκοειδῖτις** (**-δίτιδος**) 10d Blinddarmentzündung
**Σκωτία** 19$b_6$ Schottland
**σοβαρός** 9a, 10a ernst(haft)
**σοκολάτα** 18 Schokolade
**σουβλάκι** 5b Spießbraten (*griech. Spezialität*)
**σουμπλιμέ, τό** (*indekl.*) $19_1$ Sublimat, Desinfektionsmittel
**σούρνω** *s.* **σέρνω** 18
**σουσάμι, τό** 7 Sesam
**σοφός** 13d, 14 weise; *Su.* Weise(r), Gelehrte(r)
**σπαρτά, τά** 18$d_6$ Saat
**σπέρνω** (σπειρ·σπαρθ) 12$F_2$a säen
**σπιταρόνα** $19_1$ großes Haus
**σπίτι, τό** (*G* **-ιοῦ**) 8A, I Haus
**σπόρ, τό** (*indekl.*) $13_2$,f Sport(art)
**σπορά** 13e Aussaat
**σπουδάζω** (σ) 13 studieren
**σπουδαῖος** 8, 19$d_{12}$ wichtig, bedeutend; *iron.* toll
**σταγόνα** 19$c_7$ Tropfen
**στάθμευση(-ις)** 20b Aufenthalt (*des Zuges*)
**σταθμός** 1 Bahnhof, Station
**σταλιά** Tropfen; kleine Portion
**σταλιὰ μπόμπιρας** 18 Dreikäsehoch, Knirps
**σταματῶ** (ἄς·ησ·ημ, ισμ) 6B stehenbleiben
**στάση(-ις)** 16b Haltestelle
**σταῦλος** $19_1$ Stall
**σταυρός** $20_1$ Kreuz(eszeichen)
**σταχτής** 16D aschfarben, grau
**στέκομαι** *od.* **στέκω** (στάσου·σταθ) $4_5$, 12$F_2$a, $20_1$ stehen; sich stellen
**στέλνω** (στειλ·σταλθ) 9$g_6$, 10e, 11b, f, 12D, $F_2$a schicken
**στενοχωριέμαι** (ηθ) 7B, 12c sich Sorgen machen (**γιά** um)
**στενοχωρῶ** (εἰς·ησ) *v/t.* 7B *v/t.* in Verlegenheit bringen
**στερεά(-ιά)** 8, 12, $b_7$, 14 Festland
**Στερεὰ Ἑλλάδα** 12, 13c etwa: Mittelgriechenland (*zwischen Thessalien und dem Korinthischen Golf*)
**στερεός, (-ιά)** 7o, 12 fest, dauerhaft
**στεριά** *s.* **στερεά**

**στεριανός** 8 (Fest)Land-
**στήνω** (σ·θ) 17a errichten
**στῆς** 9Q bei (der)
**στιγμή** 9M, $g_{14}$, 10e Augenblick
**στοιχειό** 20 Gespenst, Geist
**στοιχίζω** (σ) 9d, 16 kosten
**στόλος** 14 Flotte
**στόμα, τό** 7 Mund
**στομάχι, τό** 9a, $12b_4$ Magen (-gegend)
**στοῦ** 9Q, a bei(m)
**στραβώνω** (σ·θ) $19_1$ blind machen, blenden
**στρατιώτης** 17c Soldat
**στρατός** 14 Heer
**στρέφω** (ψ·αφ·έστραμμ) $12F_2b$ drehen; *v/p* sich drehen
**στρίβω** (ψ·φτ) 10, 20 ab-, einbiegen
**στριμμένος** *s.* **στρίβω** 18 gezwirbelt
**στριφογυρίζω** (σ·στ) 18 kreisen lassen, schwenken
**στρογγυλός** 16, $20c_{20}$ rund
**στρωμένος** 15c bedeckt
**στρώνω** (σ·θ) 9c, 15c ausbreiten, legen; (das Bett) machen; bedecken
**συγ-** *s.* **συν-**
**σύγγραμμα, τό** 14 Werk
**συγγραφεύς** 8F, 13 Schriftsteller
**συγκεκριμένος** *s.* 18P konkret; offensichtlich
**συγκέντρωση(-ις)** 15 Treffen
**συγκίνηση(-ις)** 15 Erregung, Rührung
**συγκοινωνία** 8, 9 Verkehr, Verbindung
**συγκρότημα, τό** 15 Ensemble, Truppe
**συγυρίζω** 1 aufräumen
**συγχαίρω** (*s.* **χαίρω**) 13J, 20a beglückwünschen (**γιά** zu)
**σύγχρονος** 15 modern, zeitgemäß
**συγχωρῶ** (**εἶς,ᾶς·ησ, εσ·εμ**) 6, B, b, 11a, c, $20c_{23}$ verzeihen
**συζήτηση** (**-ις**) 5, L Diskussion
**σύζυγος, ὁ, ἡ** $11_2$ Gatte, Ehemann; Gattin, Ehefrau
**συμ-** *s.* **συν-**
**συμβαίνει** (**βῆ/συνεβ-**) 18 es geschieht
**συμβουλεύω** (**ευσ, εψ·ευθ, ευτ**) $9g_2$, 11a, 13a, 14K, b, $20c_{14}$ (an)raten
**συμβουλή** 5, 10e Rat(schlag)
**συμμαθητής** 10a Mitschüler
**σύμμαχος** 12 Verbündete(r), Alliierte(r)
**συμμετοχή** 15 Teilnahme
**συμπληρώνω** (σ·θ) $10_3$, $a_6$, $13A_2$ ausfüllen; vollenden; ergänzen; nachholen (*von Schulaufgaben*)
**συν-** *Vorsilbe* 11F
**σύν** *Adv.* 7G plus
**σύν** *D* (*K.*) 15C mit
**συναπαντῶ** (**ᾶς·ησ·ηθ**) 7, 11a, 14b treffen
**συνάπτω** (**ψ·φθ/συνη-**) 8a abschließen (*z. B. Vertrag*)
**συνεννοοῦμαι** (**εἶσαι·συνεν-(ν)οηθ**) 7D, 14H sich verständigen
**σύνεση(-ις)** $12b_8$ Umsicht, Besonnenheit
**συνεχίζω** (σ·στ) $12b_8$, 14L fortsetzen
**συνήθεια** 9 Gewohnheit
**συνήθης** *s.* 16D gewöhnlich
**συνηθίζω** (σ) 20H, $c_{44}$, *v/t.* sich an etwas gewöhnen
**συνηθισμένος** 18P gewöhnlich
**συνήθως** *Adv.* 6, 7j gewöhnlich
**συνιστῶ** (**νὰ συστησ·συνεστησ·συνεσταθ·συστημ**) *a.* **συσταίνω** 5b, 9a, $g_{2,5}$, 11f, $12F_2a$ empfehlen; vorstellen
**σύννεφο** 18f Wolke
**συνοδεύω** (**ευσ, εψ**) $9g_8$, 11F, 14F begleiten
**συνοικισμός** 13c Ortschaft, Ansiedlung
**σύνορα, τά** 12, 13d Grenze
**συνταγή** 9a Rezept
**συντάκτης** 11b Redakteur
**συνταξιοῦχος** 18d Pensionär
**σύντομος** 9, 17B, G kurz
**Συρία** 14 Syrien
**συρτάρι, τό** 15c Schublade
**σύρω** (I = II) *s.* **σέρνω** $10_6$, C ziehen
**συσταίνω** *s.* **συνιστῶ**
**σύσταση(-ις)** 20c Empfehlung; Adresse
**σύστημα, τό** 9e System
**συχνά** 19b oft
**συχνὰ-πυκνά** $19b_9$ sehr oft, dauernd
**συχνότερα** *Adv.* 9e häufiger
**σφαῖρα** Kugel; **ὑδρόγειος σφαῖρα** 10b Erdkugel, Globus
**σφυγμός** 9a Puls
**σχεδόν** 10f fast, beinahe
**σχετικὸς μέ** 13 auf ... bezüglich
**σχηματίζω** (σ·στ) 12 bilden, entwerfen
**σχοινάκι, τό** 6, b (Spring-)Seil
**σχολεῖο** 1, 10a Schule
**σώζω** (σ·θ) 12, $b_9$, 13h, 14 retten, erhalten
**σῶμα, τό** 7m, 10a, $12b_6$ Körper
**σωματεῖο** 15 Körperschaft
**σωπαίνω** (**σῶπα!πασ**) 14I *v/t.* zum Schweigen bringen; *v/i.* schweigen
**σωριάζομαι** (στ) $19_1$ hinsinken
**σωστός** 13f richtig, recht

## T

**τάδε, ὁ** (*indekl.*) 13g, 17H soundso
**ταινία** 6b, 9 Film
**ταμίας** 7, 8C Kassierer
**τάξη(-ις)** 4 (Schul)Klasse; Ordnung; **ἐν τάξει** 5 in Ordnung
**ταξιδε(υ)μένος** 9 (Weit)Gereiste(r), Reisende(r)
**ταξιδεύω** (**εψ, ευσ·ε[υ]μ**) 9, 11a, 14b, 20 reisen
**ταξίδι, τό** 2, 9R Reise
**ταξιδιώτης** 8, 9S Reisender
**ταξιδιωτικός** 9S Reise-
**ταξιδιωτικὴ ἐπιταγή** $9g_6$ Reisescheck
**ταπεινός** 15 demütig; bescheiden
**ταχτικός** 10 regelmäßig
**ταχυδρομεῖο** 6 Post
**ταχυδρομικῶς** *Adv.* 11f per Post
**ταχύτητα(-της)** 9e Geschwindigkeit; Gang (*Auto*)
**τείνω** (I = II/ταθ) $12F_2a$, 18N spannen
**τέλειος** (**-εια**) 16 vollkommen
**τελειώνω** (**σ·ωμ**/*mst.* **τελεί-**) 10G, a, 11g, 19c, 20c beenden, fertig werden; enden (auf **σέ**)
**τελευταῖα** 15 kürzlich, jüngst
**τελευταῖος** 6, 11g letzte(r)
**τελικά** *Adv.* 11b schließlich, endlich
**τέλος, τό** 7 Ende
**τέλος** 12 schließlich
**τέλος πάντων** 16 letzten Endes, letztlich
**τεμπέλης** *s.* 16D faul, träge
**τέρας, τό** (*G* **-ατος**, *pl.* **-ατα**) 13 Ungeheuer
**τετραθέσιος** (**-ια**) 16 viersitzig
**τετραετής** 16d vierjährig
**τετραγωνικὸ μέτρο** 15c Quadratmeter
**τετραγωνικὸ χιλιόμετρο** 13c Quadratkilometer
**τέτοιος** 10f, 11g solch-
**τέταρτος** 6 vierte(r)
**Τετάρτη** 7g Mittwoch
**τέσσερα** *n* 2E, 13A vier
**τεράστιος** (**-ια**) 17 ungeheuer, riesig
**τεῦχος, τό** 7j Heft (Band)
**τέχνη** 8I, 12 Kunst
**τεχνικός** 16 technisch; *Su.* Techniker
**τηλεγράφημα, τό** 6 Telegramm
**τηλέφωνο** 6 Telefon
**τί** 1, 9 was; wie?
**τιμή** 11d, 16 Preis
**τιμόνι, τό** 17 Steuer *n*
**τιμῶ** (**ᾶς·ησ·ηθ**) 7B, m, 11a, 14b, $18d_{13}$ ehren
**τίποτε, τίποτα** 17H, J etwas, einige
**δὲν ... τίποτε** $6_7$, 9a, 17J nichts
**τίς** *s.* $8K_2$ wer; jemand
**τίτλος** 5b Titel
**τί ὥρα** 2 wieviel Uhr, wie spät
**τοῖχος** 4 Wand
**τ'ὀλιγώτερο** (**τὸ ὀ...**) 12c am wenigsten
**τολμηρός** 15 kühn, gewagt
**τόμος** 7 Band *m*
**τόπι, τό** 1 Ball
**τόπος** 5a, 7m, $19d_{28}$ Ort; Landschaft
**τόσο(ν)** 10d, e so (sehr)
**τόσο ... ὅσο** 17F so ... wie
**τόσος** 5, $20c_{12}$ so(viel, groß); *pl.* so viele
**τότε** 5a, 13 dann, damals
**τουλάχιστον** 16 wenigstens
**τουρίστας** 5, 11f Tourist
**Τοῦρκος** 12 Türke
**τοῦτος** 2C dieser (hier)
**τραβῶ** (**ᾶς·ηξ·ηχ·[γ]μ**) (**ἀπό**) 7B, m, 11a, 14b ziehen (an)
**τραγοῦδι, τό** 5, 9e Lied
**τραγουδῶ** (**εἶς, ᾶς·ησ·ιστ**) 6B, $20c_{47}$ singen
**τραῖνο** 2, 10f Zug, Bahn
**τρακτέρ, τό** $18d_{11}$ Traktor
**τράμ, τό** 2 Straßenbahn
**τράπεζα** 6b, 9 Bank(geschäft)
**τραπεζάκι** 15c Tischchen
**τραπεζαρία** 12c Eßzimmer
**τραπέζι, τό** 3, 8M Tisch

**τραυματίζομαι** (σ·στ) $12b_2$ sich verletzen
**τραχύς** *s.* 16D rauh
**τρεῖς** 2E drei
**τρεμούλα** $12b_5$ Körperzittern
**τρέπω** (ψ·τραπηκ) $12F_2b$ wenden; *v/p.* sich wenden
**τρελλός** $19C_2$ verrückt
**τρέμω** (*nur Präs.*) 20H, $c_{26}$ zittern
**τρέφομαι** $19c_{11}$ sich ernähren
**τρεχούμενος** $2_4$, 18A laufend, fließend
**τρέχω** (ξ) *v/i.* 4, 11a, c; 16 laufen, fahren
**τρία** *n.* 2E, 13A drei
**τριαντάρης** *s.* 16D dreißigjährig
**τρίβω** (ψ·φτ·μμ) 7, 11a, 14b, 20c reiben
**τρισεκατομμύριο** 13A, K Billion
**Τρίτη** 7g Dienstag
**τρίτον** *Adv.* 13f drittens
**τρίτος** 4, 13K, L, M dritte
**τρίχα** 18 Härchen; Kleinigkeit; *pl.* *a.* Dummheit, Nichtigkeit
**τρομάζω** (ξ·γμ, σμ) erschrekken
**τρομαγμένος** $11_2$ erschrocken
**τρόπος** 9, $10a_7$ Art (und Weise)
**τροῦλλος** 14 Kuppel
**τρύγος** 13e Weinlese
**τρυπῶ** (ησ·ηθ) 14G stechen, ritzen
**τρώ(γ)ω** (φάω·ἔφαγα·φαγωθ·φαγωμ) 1, 9I, 10e, 11J, a, c, $12F_3$, $14a_5$, 18O essen
**τσάϊ** (*G:* **τσαγιοῦ**) 1, 11c Tee
**τσαμπουνάω** (ισ, ησ) 18 Dudelsack spielen; flennen; quatschen
**τσακίζω** (σ) 20 zerdrücken, zerbrechen
**τσάντα** 15b (Akten)Tasche
**τσέκ, τό** Scheck
**τσὲκ ταξιδίου** $9g_6$ Reisescheck
**τσέπη** 7 Tasche
**τσιγάρο** 10 Zigarette
**τσουκνίδα** $19_1$ Brennessel
**τυπογράφος** 5 Drucker
**τύπος** 16 Presse
**τυπώνω** (σ·θ) 13 drucken (lassen); publizieren
**τυραννίζω** (σ·στ) 18 tyrannisieren; plagen
**τυρί, τό** 5 Käse
**τυχαίνω** (τυχ) 17 *v/t.* zufällig *j-n* treffen; *v/i.* (**νά** *od.* **καί**) sich (zufällig) treffen, (daß)
**τώρα** 1 jetzt

## Υ

**ὑγεία** 11g Gesundheit
**ὑγιεινή** 16a Hygiene
**ὑγιεινός** 5 gesund, gut für die Gesundheit
**ὑγιής** *s.* 16D gesund, solide
**ὑδρόγειος** 10b Erd-
**ὑπάλληλος** 4 Angestellter
**τραπεζικὸς ὑπάλληλος** 16b Bankbeamter
**ὑπάρχω** (**ὑπηρξ·** *Impf.* **ὑπηρχ-**) 2, 11J, a, 14b, F, $19d_{13}$ geben, existieren
**ὑπέρ** (*K.*) *G* 15C, 17D für, um ... willen; A über
**ὑπερασπίζω** (σ·στ) 13b verteidigen
**ὑπερβολή** 9e Übertreibung
**ὑπερτιμῶ** *s.* **τιμῶ** $12b_3$ überschätzen
**ὑπηρετῶ** (εῖς·ησ·ηθ) 14d dienen
**ὕπνος** 7 Schlaf
**ὑπό** *A* (*K.*) 15C unter
**ὑπογραφή** 11b Unterschrift
**ὑπογράφω** (ψ·αφ, αφτ·μμ/*a.* **ὑπε-**) $9g_4$, $10_3$ unterschreiben
**ὑποδέχομαι** (χθ/ὑπε-) 8f, 12c, 14F empfangen
**ὑποδουλώνω** (σ·θ) 12 unterwerfen; *v/p.* (**σέ** von)
**ὑπόθεση(-ις)** 18, $19d_{12}$ Angelegenheit
**ὑποκατάστημα, τό** 7 Filiale
**ὑποκείμενον** $19_1$ Subjekt (*a. als Schimpfwort*)
**ὑπομονή** 8f Geduld
**ὕποπτος** *G* 20I, $c_{28}$ verdächtig
**ὑποστηρίζω** (ξ) $19C_2$ (unter)stützen
**ὑπόσχομαι** (σχεθ·σχεμ/*a.* **ὑπε-**) $12F_3$, $19d_{32}$ versprechen
**ὑπουργός** 10I, 11f, 20B Minister
**ὑποφέρω** (I = II/ὑπε-) (**ἀπό**) 9a leiden (an)
**ὕστερα** *Adv.* 4, 10G, 16 später; außerdem, dazu
**ὕστερα ἀπό** *Präp.* 12, $15B_1$ nach
**ὑφαίνω** (φαν·φαθ·ασμ) *s.* 18L weben
**ὕφασμα, τό** 7o, 14 Stoff
**ὕφος, τό** 10f Miene (*Gesicht*)

## Φ

**φαγ-** *s.* **τρώγω**
**φαγητό** 2 Essen
**μεσημβρινὸ φαγητό** 9b Mittagessen
**βραδυνὸ φαγητό** 9b Abendessen
**φαίνομαι** (φανῶ·φανηκ) 5, 11, e, $12F_2b$, 14F, K, 18 scheinen, zu sehen sein
**Φάνης** *Koseform von* **Θεοφάνης** 11
**φαντάζομαι** (στ) 12c sich vorstellen
**φαντάζω** 14 aussehen
**Φαραώ** 20c Pharao
**φαρδύς** *s.* 16D breit
**φαρμακομύτης(-α)** $19_1$ böse, giftig(e) Person
**φασαρία** 20 Geräusch, Lärm; *pl.* Scherereien
**φάω** *s.* **τρώ(γ)ω**
**φεγγαράδα** 20 Mondschein
**φέρνω** (φερ·φερθ· φερμ) 5b, 10H, 11, $16_2$, $20c_{48}$ bringen, tragen
**φεστιβάλ, τό** 15 Festspiel(e)
**φέτα** 3, 11c Schnitte, Scheibe
**φεύγω** (φυγ) 2, 6b, 11a, c, d weggehen, abreisen; fliehen
**φθάνω** (σ) 2, 6, 9, 11a, 14b ankommen, erreichen; genügen
**φθινόπωρο** 13H, e Herbst
**φιγούρα** 20 Gallionsfigur (*Bugverzierung*)
**φιλαπόδημος** 13 reiselustig
**φιλενάδα, φίλη** 9 Freundin
**φιλί, τό** 7 Kuß
**φιλία** 6b Freundschaft
**φίλος** 3, 8A, 10I Freund
**φιλῶ** (εῖς, ᾶς·ησ) 10e küssen
**φλιτζάνι, τό** 10H Tasse
**φλογερός** 13 brennend, feurig
**φλυαρῶ** (εῖς·ησ) $11_2$ schwatzen
**φοβοῦμαι** (ᾶσαι·ηθ·ισμ) 7C, o, $11_2$, 12B, b, c, 14E, $19c_8$ (sich) fürchten
**φοιτητής** 3, 5I Student
**φορά** 8f Mal, ...mal
**μερικὲς φορές** 18f manchmal,
**τρεῖς φορές** 8f, 9a dreimal
**φορεσιά** $9g_8$ Kleid
**φόρος** $18d_2$ Zoll; Steuer
**φορτώνω** (σ·θ) 14 beladen
**φορῶ** (εῖς, ᾶς·εσ·εθ·εμ) 7, 10e, 11a, 14b tragen, anziehen (*Kleidung*)
**φουγάρο** $18d_2$ Schornstein
**φουντωμένος** 18 aufbrausend
**φουκαράς** $19_1$ Tropf, Ärmster
**φράση(-ις)** 6, 9 Satz
**Φρ(ι)εδερῖκος** 8f Friedrich
**φρέσκος** 3, 16D frisch
**φρόνιμος** 2 artig
**φροντίζω** (σ·σμ) *v/t.* (*od.* **γιά**) 3, 11a, 14b sorgen für
**φροῦτα, τά** 5, 11c Obst
**φταίω** (ξ) 14F schuld haben
**φτάνω** *s.* **φθάνω**
**φτηνός** 2 billig
**φτ(ε)ιάνω** (ξ, σ·γμ) 4, 11a, c, 14b machen, tun; bauen; ausbessern, in Ordnung bringen
**φτωχικός** 6 ärmlich, bescheiden
**φτωχός** 2, 12c arm
**φύκι, τό** 20 Seegras
**φυλάττω,** *a.* **φυλάγω** (ξ·χτ) 14 aufbewahren, bewachen
**φυσικός** 5, $20c_{25}$ natürlich
**φύσημα, τό** $20c_{17}$ Windstoß
**φυσῶ** (ᾶς·ηξ, *K.* ησ) 4, 6B, 9, 11a, d, 14b wehen, ziehen; (an)blasen
**φυτό** 13e Pflanze
**φωνάζω** (ξ) 2, 6a, 10F, e, 11c, 12 rufen, schreien, schimpfen
**φωνή** 2, 8A Stimme
**φῶς, τό** (*G.*: **φωτός**) 8G Licht
**φῶς ἡλίου** 8c Sonnenlicht
**φωτεινός** 2 hell
**φωτιά, ἡ** $18d_5$ Feuer
**φωτίζω** (σ·στ) 15c beleuchten
**φωτογραφία** 9 Fotografie

## Χ

**χάβω** (ψ) 18 verschlingen; hinnehmen, glauben
**χαϊδεύω** (εψ) $19d_4$ streicheln
**χαίρετε!** 1 *allg. Grußformel, mst.* Auf Wiedersehen

χαιρετισμός (*a.* χαιρέτισμα, τό) 8f, 10E Gruß
χαιρετῶ (ᾶς·ησ·ισμ) 6, b, $11_1$, a, c, 14b grüßen
χαίρομαι = χαίρω $9g_5$, $20c_{25, 45}$
χαίρω (χαρῶ·χαρηκ) 5a, 8, 11, J, 20H sich freuen, erfreut sein; *v/t.* genießen, sich erfreuen an
χαλαρώνω (σ) $12b_7$ lockern
χαλάζι, τό $18d_6$ Hagel
χαλί, τό 2, 8e Teppich
χάλι, τό (*mst. pl. ohne Artikel*) 10f (schlechter) Zustand
χαλνῶ, χαλῶ (ᾶς·λασ) 20b verderben, kaputt machen
χαμένο κορμί (*s.* χάνω) $19_1$ Tagedieb
χαμηλός 2 niedrig
χαμογελῶ (ᾶς·ασ) 10d, 20b lächeln
χάνω (σ·θ) 10e, 11b, 18D, $19d_{25}$ verlieren
τὰ χάνω 8 die Fassung verlieren
χαρ- *s.* χαίρω
χαρά 5, 20c Freude
χαρακτήρ(-ῆρος), χαρακτήρας, ὁ 13h Charakter
χαρακτηρίζω (σ·στ) 13 charakterisieren
χαραμίζω (σ·στ) $19_1$ vergeuden, (weg)schleudern
χάρη 5, C Dank; Gnade
χρωστῶ χάρη Dank schulden $5_1$,C
χαρίζω (σ·στ) 5, $11_2$, a, f, 14b schenken
χαρούμενος 2, 17C fröhlich
χαρτονένιος (-ια) 15 aus Pappmaché
χασάπικο 7m Fleischerei
χασμουριέμαι (ηθ) 7, A, 14F gähnen
χάφτω *s.* χάβω
χειμώνας 13H, $19d_2$ Winter
χειρότερος 11b, 17D schlimmer
τόσο τὸ χειρότερο 17E umso schlimmer
χελιδόνι, τό $19d_4$ Schwalbe
χέρι, τό 5, 6b Hand
χθές 2, 11c, g gestern
χήνα 10I Gans
χιλιάδα 8, 13A Anzahl von Tausend
χίλιοι 13A, K tausend
Χιονάτη 9c, 19c Schneewittchen
χιόνι, τό 4, 13e Schnee
χιονίζει (σ) 18f, $19d_{48}$ schneien
χλιαρός 7 lauwarm
χονδρός, χοντρός $18d_4$ dick
χορεύω (ψ) 19c tanzen
χορικό(ν) 13 Chorgesang
χόρτο 7 Gras; *pl.* Gemüse
χρειάζομαι (στ) 9e, $12b_9$ *v/t.* brauchen; *unpers.* nötig sein, fehlen
χρέος, τό 12c Schuld(igkeit)
χρεωστῶ (εῖς) *s.* χρωστῶ
χρήματα, τά 5a, $19d_{20}$ Geld
χρησιμεύω (εψ·ευσ) 14 dienen (σέ, γιά zu; ὡς als)
χρησιμοποιῶ (εῖς·ησ·ηθ) 6B, 7D, m, 11a, 14b, 20b verwenden, benutzen
χρήσιμος 5 nützlich, brauchbar
Χριστέ μου! 10I *Ausruf:* „herrje", „mein Gott!"
Χριστός $11_1$, 12 Christus
μετὰ Χριστόν (μ. Χ.) nach Christus 13E
πρὸ Χριστοῦ (π. Χ.) vor Christus 13E
Χριστούγεννα, τά 11, 13e Weihnachten
χρονιά 20 Zeitraum eines Jahres, Jahr
ἐκείνη τὴ χρονιά zu jener Zeit, damals
χρόνια πολλά! *s.* 13J *Wohlergehenswünsche bei allen priv. u. den mst. öffentl. Festen*
χρονικός 9, S zeitlich, Zeit-
χρόνος 7, 8, 9S, 13B, E Jahr, Zeit
χρόνια, τά 8H Jahre
χρόνοι, οἱ 8H Zeiten
χρυσαφής *s.* 16D goldgelb
χρυσαφικά, τά 14 Goldwaren
χρυσός 17a golden
χρῶμα, τό 8 Farbe
χρωστῶ (ᾶς·ησ) 5, C, L, 14 schulden
χτενίζω (σ·στ) 4, 11a, 14b, c kämmen
χτίζω (σ·στ) 18d bauen
χτυπῶ (ᾶς·ησ·ηθ) *v/t.* 6, B, $10_{3,6}$, E, a, 11a, 14b schlagen; (*Klingel*) läuten; klopfen an
χώλ, τό $19_1$ Diele
χώρα 2, 14 Land
χωρίζω (σ·στ) $11_1$, 18d trennen
χωριό 8c, $11_1$ Dorf
χωρίς 15A, 10a ohne
χωρὶς ἄλλο 10f, 11f bestimmt, ohne weiteres
χωριστά *Adv.* 8f einzeln

Ψ

ψάθα 7 Strohhut
ψαράς 8E Fischer
ψάρι, τό 2 Fisch
ψάχνω (ξ·χτ) 10b, e, 11b (herum-, durch)suchen
ψευδώνυμο(ν) 13 Pseudonym
ψηλός 2, 17A, B hoch
ψήνω (σ·θ) 19 braten; backen; *Kaffee* kochen, aufbrühen
ψιλοκέντητος 14 fein gestickt
ψιλοδούλευτος 14 fein gearbeitet
ψυγεῖο 12c Kühlschrank
ψυχή 10e Seele
ψυχίατρος 18f Psychiater, Seelenarzt
ψυχολογία 16a Psychologie
ψυχραιμία $12b_8$ Kaltblütigkeit, Gefaßtheit
ψυχρολουσία 17 kalte Dusche *a. fig.*
ψωμί, τό 1, 11c Brot

Ω

ὠδεῖον $9g_{16}$ Odeon
ὠδεῖον Ἡρώδου τοῦ Ἀττικοῦ Odeon des Herodes Attikus
ὠθῶ (εῖς·ησ) $10_6$ stoßen, drücken
ὠκεανός 10b Ozean
ὁ Εἰρηνικὸς ὠκεανός der Stille Ozean
ὁ Νότιος Παγωμένος ὠκεανός das Südl. Eismeer
ὁ Βόρειος Παγωμένος ὠκεανός das Nördl. Eismeer
ὥρα (ὧρες) 5, 7F, 9 Stunde; Uhrzeit
καλὴ ὥρα *etwa:* gottlob $19_2$
ὅλη(ν) τὴν ὥρα 13f andauernd, fortgesetzt
τὴν ὥρα (*G*) 15D während
ὡραῖος 2, 11c, e, 17B schön
(ὡ)ρολό(γ)ι, τό 6 Uhr
ὡς (*K.* ἕως) *A.* $5_4$, 7F, $10_2$, 13E, 15A bis (*zeitlich*); bis (nach) (*örtlich*)
ὡς *N* (*in der Eigenschaft*) als
ὥσπου νά $12b_8$, $19C_9$, $c_4$, $d_{15}$ bis (daß)
ὥστε νά 18d so daß
ὠφέλιμος 11g nützlich

Wörter mit Akzentvarianten, z. B.:

| | | | |
|---|---|---|---|
| γεμᾶτος — γεμάτος | | χειμῶνας — χειμώνας | |
| γλῶσσα — γλώσσα | | ψαρᾶς — ψαράς | |
| παπποῦς — παππούς | | | |

# PROBEN
# NEUGRIECHISCHER SCHREIBSCHRIFT

Die untenstehenden Texte finden Sie in Druckschrift in Lektion $11_1$ und Lektion $7_2$. Der kurze Brief ist in schulmäßiger Schönschrift und in einer ausgeschriebenen Schrift wiedergegeben.

Ἀγαπητή μου Ἀσημῖνα.

Μέ τήν βοήθεια τοῦ Θεοῦ εἶμαι καλά καί εὔχομαι τό ἴδιο καί γιά σᾶς. Ἑτοιμάζομαι νά ἔρθω στό χωριό γιά νά ἑορτάσωμε τήν Γέννηση τοῦ Χριστοῦ ὅλοι μαζί. Ἐπεθύμησα πολύ νά σᾶς ἰδῶ. Πόσο θά χαρῶ, ἄν μάθω, πώς τό παιδί μας, ὁ Φάνης, προοδεύει στά μαθήματα! Λίγες ἡμέρες μᾶς χωρίζουν ἀκόμα ἀπ' τή μεγάλη ἑορτή. Χαιρέτησέ μου τό παιδί.

Μέ ἀγάπη

Νῖκος Λιγέρης

Ἀγαπητή μου Ἀσημῖνα.

Μέ τήν βοήθεια τοῦ Θεοῦ εἶμαι καλά καί εὔχομαι τό ἴδιο καί γιά σᾶς. Ἑτοιμάζομαι νά ἔλθω στό χωριό γιά νά ἑορτάσωμε τήν Γέννηση τοῦ Χριστοῦ ὅλοι μαζί. Ἐπεθύμησα πολύ νά σᾶς ἰδῶ. Πόσο θά χαρῶ, ἄν μάθω, πώς τό παιδί μας, ὁ Φάνης, προοδεύει στά μαθήματα! Λίγες ἡμέρες μᾶς χωρίζουν ἀκόμα ἀπ' τή μεγάλη ἑορτή. Χαιρέτησέ μου τό παιδί.

Μέ ἀγάπη
Νῖκος Λογέρης

Γιά νά περάση ἡ ὥρα.

Σ' ἕνα ἐπαρχιακό ὑποκατάστημα τραπέζης, τοῦ ὁποίου τό προσωπικό ἀποτελεῖται ὅλο κι ὅλο ἀπό τόν διευθυντή, τόν ταμία καί τόν κλητῆρα, φθάνει μιά μέρα ὁ ἐπιθεωρητής ἀπό τό κεντρικό γιά ἐπιθεώρηση. Μέ μεγάλη του ὅμως ἔκπληξη βρίσκει ὅτι οἱ πόρτες εἶναι ὀρθάνοιχτες, ἐνῶ τό προσωπικό κοιμᾶται μακαρίως κάτω ἀπό ἕνα παρακείμενο δένδρο. Στήν ἀρχή θυμώνει, ἀλλά κατόπιν γελάει σατανικά. Μπαίνει στήν τράπεζα, πλησιάζει τήν σειρῆνα τοῦ κινδύνου καί τραβάει τό κορδόνι. Τρέχει ἀμέσως ἔξω γιά νά δῆ τό ἀποτέλεσμα. Οἱ τρεῖς ὑπάλληλοι ξανακολουθοῦν ἀμέριμνοι τόν ὕπνο τους, ἐνῶ ἀπό τό ἀπέναντι καφενεῖο πετάγεται τό γκαρσόνι φέροντας τρεῖς καφέδες.

# SACHREGISTER

Die Zahlen verweisen auf die Lektionen, die Großbuchstaben auf die Abschnitte der Grammatik, die dahinterstehenden Zahlen und Kleinbuchstaben auf deren Unterabschnitte. Die Zahlen in Kreisen ○ beziehen sich auf den Vorkursus.

# ÜBERSICHT ÜBER DIE DEKLINATION

Anzahl der Typen:

*maskulin: 4, feminin: 4, neutral 5*

*maskulin*

| | -ος | -ας | -ης | -εύς (-έας) | |
|---|---|---|---|---|---|
| ὁ | κύριος | πατέρας | ἐπιβάτης | διερμηνεύς | διερμηνέας |
| τοῦ | κυρίου | πατέρα | ἐπιβάτη (-ου) | διερμηνέως | διερμηνέα |
| τὸν | κύριον | πατέρα | ἐπιβάτη | διερμηνέα[1]) | |
| οἱ | κύριοι | πατέρες | ἐπιβάτες (-αι) | διερμηνεῖς | |
| τῶν | κυρίων | πατέρων | ἐπιβατῶν | διερμηνέων | |
| τούς | κυρίους | πατέρες | ἐπιβάτες (-ας) | διερμηνεῖς | |

*feminin*

| | -η | -α | -η (-ις) | -ος |
|---|---|---|---|---|
| ἡ | τέχνη | γλώσσα | δύναμη (-ις) | ὁδός |
| τῆς | τέχνης | γλώσσας | δυνάμεως (δύναμης) | ὁδοῦ |
| τὴν | τέχνη | γλώσσα[1]) | δύναμη[1]) | ὁδό(ν) |
| οἱ | τέχνες | γλῶσσες | δυνάμεις | ὁδοί, ὁδές[2]) |
| τῶν | τεχνῶν | γλωσσῶν | δυνάμεων | ὁδῶν |
| τὶς | τέχνες | γλῶσσες | δυνάμεις | ὁδούς, ὁδές[2]) |

*neutral*

| | -ο | -ι | -ί | -μα | -ος |
|---|---|---|---|---|---|
| τὸ | βιβλίο | σπίτι | παιδί | γράμμα | μέρος |
| τοῦ | βιβλίου | σπιτιοῦ | παιδιοῦ | γράμματος | μέρους |
| τὸ | βιβλίο | σπίτι | παιδί | γράμμα | μέρος |
| τὰ | βιβλία | σπίτια | παιδιά | γράμματα | μέρη |
| τῶν | βιβλίων | σπιτιῶν | παιδιῶν | γραμμάτων | μερῶν |
| τὰ | βιβλία | σπίτια | παιδιά | γράμματα | μέρη |

[1]) Beachte die Regel 4 A, *mst.* τὸ, τὴ.

[2]) Die Formen auf **-ες** sind heute selten.

**Endung der meisten Adjektive** (-ος, -η, -ο):

| | | | | | |
|---|---|---|---|---|---|
| ὁ | καλὸς κύριος | ἡ | καλὴ κυρία | τὸ | καλὸ βιβλίο |
| τοῦ | καλοῦ κυρίου | τῆς | καλῆς κυρίας | τοῦ | καλοῦ βιβλίου |
| τὸν | καλὸ(ν) κύριον | τὴν | καλὴ κυρία | τὸ | καλὸ βιβλίο |
| οἱ | καλοὶ κύριοι | οἱ | καλὲς κυρίες | τὰ | καλὰ βιβλία |
| τῶν | καλῶν κυρίων | τῶν | καλῶν κυριῶν | τῶν | καλῶν βιβλίων |
| τοὺς | καλοὺς κυρίους | τὶς | καλὲς κυρίες | τὰ | καλὰ βιβλία |

Adjektive auf -ος, **-α**, -ο deklinieren im Femininum wie γλώσσα

| | |
|---|---|
| ἡ | πλούσια κυρία |
| τῆς | πλούσιας κυρίας |
| τὴν | πλούσια κυρία |
| οἱ | πλούσιες κυρίες |
| τῶν | πλούσιων κυριῶν |
| τὶς | πλούσιες κυρίες |

# ÜBERSICHT ÜBER DIE ZEITFORMEN

1. Konjugation: δένω (σ·θ) binden — 2. Konjugation: ἀγαπῶ (ησ·ηθ) lieben

| | Aktiv | Passiv | Aktiv | Passiv |
|---|---|---|---|---|
| | | I. Stamm | | |
| | δέν- | | ἀγαπ- | |
| Präs. Ind. | **δέν**ω | **δέν**ομαι | **ἀγαπ**ῶ | **ἀγαπι**έμαι |
| Präs. Konj. | νὰ **δέν**ω | νὰ **δέν**ωμαι | νὰ **ἀγαπ**ῶ | νὰ **ἀγαπι**έμαι |
| Fut. I | θὰ **δέν**ω | θὰ **δέν**ωμαι | θὰ **ἀγαπ**ῶ | θὰ **ἀγαπι**έμαι |
| Impf. | **ἔδενα** | **δεν**όμουν | **ἀγαπ**οῦσα | **ἀγαπι**όμουν |
| Kond. | θὰ **ἔδενα** | θὰ **δεν**όμουν | θὰ **ἀγαπ**οῦσα | θὰ **ἀγαπι**όμουν |
| Imper. | **δέν**ε | (**δέν**ου)[1] | **ἀγάπ**α | (νὰ ἀγαπιέσαι) |
| | **δέν**ετε | **δέν**εστε | **ἀγαπ**ᾶτε | (νὰ ἀγαπιέστε) |
| Adverbial-part. | **δέν**οντας | — | **ἀγαπ**ώντας | — |
| | | II. Stamm | | |
| | δεσ- | δεθ- | ἀγαπησ- | ἀγαπηθ- |
| Präs. Konj. | νὰ **δέσ**ω | νὰ **δεθ**ῶ | νὰ **ἀγαπήσ**ω | νὰ **ἀγαπηθ**ῶ |
| Fut. I | θὰ **δέσ**ω | θὰ **δεθ**ῶ | θὰ **ἀγαπήσ**ω | θὰ **ἀγαπηθ**ῶ |
| Aor. | **ἔδεσ**α | **δέθ**ηκα | **ἀγάπησ**α | **ἀγαπήθ**ηκα |
| Perf. | ἔχω **δέσ**ει | ἔχω **δεθ**ῆ | ἔχω **ἀγαπήσ**ει | ἔχω **ἀγαπηθ**ῆ |
| Plusqu. | εἶχα **δέσ**ει | εἶχα **δεθ**ῆ | εἶχα **ἀγαπήσ**ει | εἶχα **ἀγαπηθ**ῆ |
| Fut. II | θὰ ἔχω **δέσ**ει | θὰ ἔχω **δεθ**ῆ | θὰ ἔχω **ἀγαπήσ**ει | θὰ ἔχω **ἀγαπηθ**ῆ |
| Kond. II | θὰ εἶχα **δέσ**ει | θὰ εἶχα **δεθ**ῆ | θὰ εἶχα **ἀγαπήσ**ει | θὰ εἶχα **ἀγαπηθ**ῆ |
| Imper. | **δέσ**ε | δέσου | **ἀγάπησ**ε | ἀγαπήσου |
| | **δέσ**τε | **δεθ**ῆτε | **ἀγαπῆσ**τε | **ἀγαπηθ**ῆτε |
| Part. | — | δεμένος | — | ἀγαπημένος |

[1]) *mst.* νὰ δένεσαι, *s.* 12 A 2 d.

## Weitere Sprachwerke Neugriechisch

# Langenscheidts Taschenwörterbuch Neugriechisch

Teil I: Neugriechisch-Deutsch
Von Dr. Heinz F. Wendt. 552 Seiten.
Teil II: Deutsch-Neugriechisch
Neubearbeitung 1985 von Dr. Heinz F. Wendt. 556 Seiten.

Etwa 73 000 Stichwörter in beiden Teilen.
Beide Teile auch in einem Band. Format 9,6 × 15,1 cm, Plastikeinband.

Neben dem Wortschatz aus der heutigen Schrift- und Umgangssprache sind viele Fachausdrücke aus Wirtschaft, Politik, Verkehr, Wissenschaft, Technik und Sport aufgenommen. Das Wörterbuch berücksichtigt die neueste Rechtschreibung und bringt im griechischen Wörterbuchteil die Aussprachehinweise nach den Regeln der A.P.I. Ein Verzeichnis der unregelmäßigen Verben sowie eine Liste der gebräuchlichen Abkürzungen ergänzt den deutschen Wörterbuchteil.

# Langenscheidts Universal-Wörterbuch Neugriechisch-Deutsch/Deutsch-Neugriechisch

447 Seiten, Format 7,2 × 10,4 cm, Plastikeinband.

Dieses praktische, kleine Nachschlagewerk mit dem überraschend großen Wortschatz von ca. 30 000 Stichwörtern paßt bequem in jede Tasche. Es ist nützlich auf Reisen, für Lesen und Lernen.

# Langenscheidts Sprachführer Neugriechisch

Praktische Redewendungen und Wörter für die Reise.
Mit ausführlichem Reisewörterbuch im Anhang.

240 Seiten, Format 9,6 × 15,1 cm, Plastikeinband.

Nach Sachgebieten geordnet findet der Benutzer in diesem Sprachführer alle wichtigen Redewendungen, Fragen und Wörter. Im Anhang sind die wichtigsten grammatischen Regeln für jeden verständlich zusammengefaßt. Darüber hinaus enthält er ein deutsch-neugriechisches Reisewörterbuch mit über 3500 Stichwörtern.

Zu diesem Sprachführer ist auch eine **Begleit-Cassette** erhältlich. Sie enthält in der Reihenfolge Deutsche Wendung, Wendung in der Fremdsprache, Pause zum Nachsprechen, das Wichtigste (etwa 400 Wendungen und Wörter) zum Hören und Üben.

# Langenscheidts Universal-Sprachführer Neugriechisch

Wichtige Redewendungen und Wörter für die Reise.
256 Seiten, Format 7,2 × 10,4 cm, Plastikeinband.

Für fremde Sprachen **Langenscheidt**